ملالا يوسفزاي

أنا ملالا

ملالا يوسفزاي
(بالاشتراك مع كريستينا لامب)

أنا ملالا

ناضلتُ دفاعاً عن حق التعليم وحاول الطالبان قتلي

ترجمة: أنور الشامي

المركز الثقافي العربي

سما للنشر

العنوان الأصلي للكتاب:

I Am Malala
by
Malala Yousafzai
with Christina Lamb

This edition published by arrangement with Little, Brown, and Company, New York, New York, USA.

الكتاب

أنا ملالا

تأليف

ملالا يوسفزاي
(بالاشتراك مع كريستينا لامب)

ترجمة

أنور الشامي

الطبعة

الثانية، 2015

عدد الصفحات: 416

القياس: 14 × 21

الترقيم الدولي:

ISBN: 978-9953-68-719-3

الناشر

المركز الثقافي العربي

الدار البيضاء ـ المغرب

ص.ب: 4006 (سيدنا)
42 الشارع الملكي (الأحباس)
هاتف: 0522 303339 ـ 0522 307651
فاكس: 305726 522 212+
Email: markaz.casablanca@gmail.com

بيروت ـ لبنان

ص.ب: 5158 ـ 113 الحمراء
شارع جاندارك ـ بناية المقدسي
هاتف: 01 750507 ـ 01 352826
فاكس: 343701 1 961+
Email: cca_casa_bey@yahoo.com

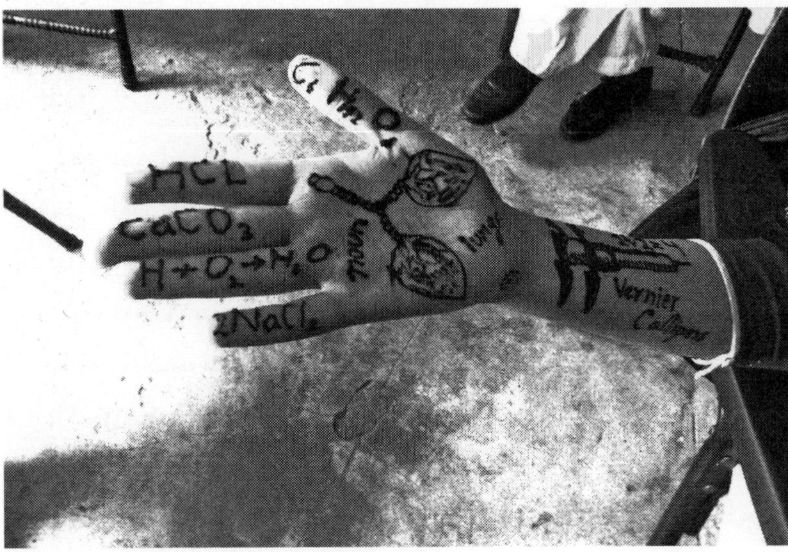
HCL
CaCO3
Vernier
Calipers

ملالا يوسفزاي

دخلت ملالا يوسفزاي الناشطة الباكستانية في مجال التعليم دائرة الضوء أول مرة من خلال مدوّنتها على موقع البي بي سي قسم الأُردو حيث تحدَّثت خلالها عن الصعوبات التي يواجهها سكان وادي سوات في ظلّ حكم الطالبان. وكانت تكتب تحت اسم مستعار هو جول مكاي واعتادت أن تتحدث عن نضال أسرتها في الدفاع عن حق فتيات مجتمعها في التعليم.

وفي تشرين الأول/ أكتوبر 2012، تعرضت ملالا لهجوم من أحد مسلحي الطالبان أصيبت خلاله بطلق ناري في رأسها وهي في طريق العودة إلى البيت على متن حافلة المدرسة. وقد نجت من الموت بأعجوبة وما زالت تواصل دعوتها ونضالها من أجل التعليم.

وتقديراً لشجاعتها ودعوتها للتعليم، نالت ملالا جائزة السلام الوطني في باكستان في العام 2011 وجائزة السلام الدولية للأطفال في العام 2013. وقد أصبحت أصغر مرشح لنيل جائزة نوبل للسلام. وأُدرجت ضمن القائمة القصيرة لمجلة **تايم** لشخصية العام وتلقَّت العديد من الجوائز الأخرى.

وما زالت ملالا تتزعم الجهود العالمية الرامية لإتاحة التعليم عبر صندوق ملالا، وهو منظمة غير ربحية تضطلع ببرامج تعليمية تقودها المجتمعات المحلية وتدعم النشطاء في مجال التعليم عبر العالم.

www.malalafund.org

كريستينا لامب

تُعتبر كريستينا لامب إحدى الصحفيات البارزات في العالم. فقد اضطلعت بدور رائد في التغطية الصحفية في باكستان وأفغانستان بداية من العام 1987. وتلقت تعليمها في جامعتي أكسفورد وهارفارد، وألّفت خمسة كتب وفازت بعدد من الجوائز، ومنها جائزة أفضل مراسل أجنبي في بريطانيا خمس مرات، بالإضافة إلى نيلها لجائزة «بري باييه»، وهي الجائزة الأرفع في أوروبا للمراسلين الحربيين. وتعمل كريستينا حالياً لدى صحيفة **صنداي تايمز** وتعيش ما بين لندن والبرتغال برفقة زوجها وولدها.

Map of Swat, Pakistan, and surrounding areas
AFGHANISTA
20 kms
SWAT
Swat
SHANGLA
Karshat
Shahpur
Barkana
Matta
Mingora
Alpuri
Imam Deri
(Fazlullah's HQ)
Malakand
TAJIKISTAN
CHINA
Line of control
BAJAUR
Kabul
Tora Bora
Mardan
Abbottabad
KASHMIR
Peshawar
Islamabad
Rawalpindi
AFGHANISTAN
WAZIRISTAN
Kandahar
Lahore
Quetta
PAKISTAN
INDIA
IRAN
N
Karachi
0
100
200
300 miles
0
200
400 kms
ARABIAN
SEA

إلى جميع الفتيات اللواتي واجهن إجحافاً وتم إسكاتهن.

معاً سوف نُسمِع صوتَنا.

تمهيد

يومَ تغيَّـر عالمي

نشأتُ في بلد تأسس في منتصف الليل. وعندما كنت على شفا الموت كان الوقت قد تجاوز منتصف النهار بقليل.

قبل عام مضى خرجتُ من البيت إلى المدرسة، فلم أعد إليه مرة أخرى. تعرضتُ لطلق ناري من أحد مسلحي الطالبان ونُقلتُ على أثره إلى خارج باكستان وأنا فاقدة للوعي. يزعُم البعض أني لن أعود إلى وطني أبداً، لكني أؤمن في قرارة نفسي بأني سأعود يوماً ما. وليس حرمان المرء من وطنه الذي يحبه بالأمر الهيِّن.

والآن، عندما أفتح عينيّ مع إطلالة كل صباح، أجد نفسي تهفو إلى غرفتي القديمة الملأى بأشيائي، وملابسي المتناثرة في أرجائها، وجوائزي المدرسية التي تُزين أرففها، لكني بدلاً من ذلك، أجدني في بلدٍ يتأخر توقيتُه عن وطني الحبيب باكستان وعن بيتنا في وادي سوات خمس ساعات، بيْد أن وطني يتأخر عن هذا البلد قروناً من الزمن. فهنا تتوفر كل أسباب الراحة التي تخطر على البال. فالمياه تجري من كل صنبور، ساخنة أو باردة حسبما تشاء؛ والأنوار رهن ضغطة زرّ منك، ليلاً كان ذلك أو نهاراً، فلا تحتاج إلى مصابيح زيت؛ وأفران الطهو تعمل دون الحاجة إلى أسطوانة غاز يتعيَّن جلبها

من السوق. هنا يجد المرء كل ما هو عصري بين يديه، وحتى الطعام بوسعه أن يجده جاهزاً مطهوّاً في عبوات.

عندما أقف أمام شرفتي وأطل منها على الخارج، أرى بنايات عالية، وطرقات ممتدة وقد ازدحمت بسيارات تسير في طوابير منتظمة وسط شجيرات مصفوفة وحدائق مُشذَّبة وتحيط بها أرصفة مُنسَّقةٌ للمارة. أُغمض عينيّ لبرهة وأعود إلى وادي سوات، فأرى الجبال العالية وقد غطَّت قممها الثلوج، والمروج الخضراء، والأنهار العذبة الزرقاء، وتعتري قلبي ابتسامة وهو ينظر إلى أهل سوات. يحملني خيالي إلى حيث مدرستي فيلتئم شملي بصديقاتي ومدرِّسيني، وأقابل صديقتي الحميمة مُنيبة فنجلس معاً نثرثر ونتبادل النكات كما لو أني لم أغادر الوادي قط.

ولكني أتذكر عندئذٍ أني في مدينة برمنغهام في إنجلترا.

كان الثلاثاء الموافق للتاسع من تشرين الأول/ أكتوبر 2012، هو اليوم الذي تغيَّر فيه كلُّ شيء. منذ البداية، لم يكن أفضل أيامي لأنه جاء في غمرة الامتحانات المدرسية، رغم أني ولكوني فتاة مُجدّة في دراستي لم أكن أبالي بها بقَدْر ما كانت تفعل بعض زميلاتي.

في ذاك الصباح وصلنا كما هي العادة إلى مسار طيني ضيِّق يتفرع من طريق حاجي بابا في ركبٍ من عربات الريكشا بألوانها الزاهية وقد راحت تنفث دخان الديزل واكتظّت كلّ منها بخمس فتيات أو ست. منذ ظهور الطالبان لم تعُد مدرستنا تحمل لوحة باسمها ولم يعُد بابُها النحاسي بمنمناته الزخرفية والمثبت في سور أبيض مقابل ساحة قطع الأخشاب، يَشي على أيّ نحو بما يحجب وراءه.

كان ذلك المدخل بمثابة الباب السحري الذي يُفضي بنا نحن الفتيات إلى عالمنا الخاص؛ فما إن نجتازه حتى نلقي بأغطية رؤوسنا مثلما تدفع الريحُ الغيوم فتنبلج عنها الشمس، ثم نركض في هرجٍ ومرجٍ ونحن نرتقي درجاً يؤدي إلى فناء تنفتح عليه أبواب الصفوف كلها حيث نلقي بحقائب ظهورنا ثم نتجمع لطابور الصباح ونقف في حالة انتباه لا تُظلّلنا سوى السماء فيما ظهورنا إلى الجبال. تأمرنا فتاة: «مدرسة صَفًا»، فنضرب الأرض بكعوبنا ونُلبي نداءها قائلات «الله» ثم تقول «مدرسة انتباه!» فنضرب الأرض بكعوبنا مرة أخرى قائلات، «الله».

تأسست المدرسة بمبادرة من والدي قبل مولدي، وقد خُطَّت على حائطها عبارة «مدرسة خوشال» بأحرف بارزة باللونين الأحمر والأبيض. كنا نذهب إلى المدرسة ستة أيام في الأسبوع، ومع بلوغي الخامسة عشرة من عمري وانتقالي إلى الصف التاسع، أصبحنا نُمضي حصصنا الدراسية تارة في ترديد المعادلات الكيميائية أو دراسة قواعد نحو اللغة الأُردية؛ وتارة أخرى في كتابة قصص باللغة الإنجليزية تحمل دروساً أخلاقية مثل: «في التأني السلامة وفي العجلة الندامة»، أو رسم أشكال توضيحية للدورة الدموية لأن معظم زميلاتي كنَّ يُردن أن يُصبحن طبيبات. وهي أمور يصعب أن يتصور المرء أنّ أحداً قد يرى فيها تهديداً أو خطراً. بيْد أنه خارج باب المدرسة لم يكن يوجد ضجيج وصخب منجورا، وهي المدينة الرئيسة في سوات، فحسب، بل يقبع أيضاً أُناسٌ من قبيل الطالبان يرون أن الفتيات لا ينبغي لهن الذهاب إلى المدرسة.

بدأ ذاك الصباح مثل أي صباح، وإن تأخَّرت بدايته قليلاً عمّا

هو معتاد. كان وقت امتحانات حيث تفتح المدرسة أبوابَها في التاسعة بدلاً من الثامنة، وهو أمرٌ حسن، فلا أحبّ الاستيقاظ باكراً وبوسعي أن أظلّ نائمة رغم صياح الديكة وأصوات المؤذّنين. وعادة ما تأتي محاولة إيقاظي الأولى من أبي، فيقول «حان وقت استيقاظك، جاني مون» وهي عبارة تعني «حبيبتي» بالفارسية، وقد دأب على مناداتي بذلك في مطلع كل نهار. فكنت أتوسل إليه قائلة، «بضع دقائق أخرى، يا أبتِ، أرجوك» ثم أغوص تحت الغطاء. ثم تأتي أمي تنادي «بيشو» وهي كلمة تعني «قطة» وهو الاسم الذي تناديني به. عند هذه النقطة كنت أعي بالوقت وأصيح، «بهابي، سأذهب اليوم متأخرة!» وبحسب ثقافتنا، فإن كل رجل هو بمثابة أخيك وكل امرأة بمنزلة أختك. وهكذا يرى بعضنا بعضاً؛ ولذلك عندما اصطحب أبي زوجته إلى المدرسة أول مرة، كان المُدرسون جميعهم يشيرون إليها بقولهم «زوجة أخي» أو «بهابي». وهكذا بدأنا جميعا نناديها باسم «بهابي» الآن.

كنت أنام في غرفة طولية تقع في واجهة المنزل، ولم تكن تضم من الأثاث إلا سريراً وخزانة ملابس اشتريتهما ببعض المال الذي نِلته مكافأة على دعوتي للسلام في وادينا ومناصرتي لحق الفتيات في الالتحاق بالمدارس. وفوق بعض الأرفف كنت أضع كلّ الكؤوس البلاستيكية ذات اللون الذهبي والدروع التي أتسلمها عندما أحرز المركز الأول في صفي. ولم يحدث أن أخفقت في إحراز المركز الأول إلا مرتين، وفي كلتيهما تفوقت عليّ منافستي وزميلتي ملكة النور. ولكني عزمتُ على ألّا يحدث ذلك مرة أخرى أبداً.

لم تكن المدرسة بعيدة عن البيت، واعتدت الذهاب إليها مشياً،

ولكني أصبحت منذ بداية العام الدراسي الأخير أستقلّ عربة الريكشا في الذهاب برفقة فتيات أخريات ثم العودة إلى البيت بحافلة المدرسة. كان الطريق لا يستغرق سوى خمس دقائق بمحاذاة نهر صغير تنبعث منه رائحة كريهة، ونمرّ خلاله بلوحة إعلانية ضخمة لـ«معهد الدكتور همايون لزراعة الشعر»، فنتندر بأن أحد مدرسينا الصُلع لا بد وقد ذهب إلى هناك بعد أن رأينا شعره يَنبُت فجأة من جديد. كنت أفضل ركوب الحافلة في العودة لأني لم أكن أتعرّق فيها قدر تعرُّقي عندما أقطع المسافة مشياً، ولأني كنت أستطيع الثرثرة فيها مع صديقاتي وتبادل القيل والقال مع عثمان سائق الحافلة، الذي كنا نناديه «بهاي جان» وهي تعني أخ، واعتاد إمتاعنا جميعاً بحكاياته المُسلية.

بدأت أستقل الحافلة بعد أن باتت والدتي تخشى من الطريق عليّ إن مشيتُ بمفردي؛ فقد ظلّت التهديدات ترِدُنا على مدار العام، تارة عبر صفحات الجرائد، وتارة أخرى عبر تنبيهات أو رسائل ينقلها لنا الناس. أصبح القلق يساور والدتي بشأني، ولكن الطالبان لم يتعرضوا لفتاة صغيرة قط، ولذلك كان قلقي الأكبر هو أنهم ربما يستهدفون والدي؛ فقد دأب على التنديد بهم. وكان صديقه الحميم ورفيق دربه في انتقاد الطالبان، زاهد خان قد تلقّى رصاصة في وجهه في آب/ أغسطس وهو في طريقه إلى الصلاة، وعلمتُ أن الجميع يقولون لوالدي، «توخَّ الحذر، فالدور عليك».

كان الوصول إلى شارعنا بالحافلة متعذِّراً، ولذلك كنت أُضطر في طريق عودتي إلى البيت النزول من الحافلة على الطريق الموازي للنهر الصغير قبل أن أجتاز بوابة ذات قضبان حديد وأرتقي الدرج.

كنت أحسب أني إن تعرّضت لهجوم، فسيكون أعلى ذلك الدرج. ومثل والدي، كنت دائماً ما أستغرق في أحلام اليقظة، فأحياناً يشطح بي الخيال خلال الحصص الدراسية فأخالُ إرهابياً وقد بَرَز لي وأطلق عليّ النار فوق ذلك الدرج. وكنت أسأل نفسي ماذا عساي أن أفعل؟ سوف أخلع حذائي وأضربه، ولكني أعود وأقول إن فعلتُ ذلك، فأي فرق إذن بيني وبين هذا الإرهابي. سيكون الأحرى بي أن أدافع عن نفسي قائلة: «حسناً، اقتلني، ولكن أنصت إليّ أولاً. إنك سترتكب جُرماً بفعلتك هذه. لست أحمل أي ضغينة ضدك، فكل ما أريده هو أن تلتحق كل الفتيات بالمدرسة».

لم ينتبني الهلع، ولكني بدأتُ أتحقق من أن البوابة مُقفلة ليلاً وبدأت أُناجي الله سائلة إياه عمّا يحدث لنا عندما نموت. اعتدتُ أن أقصّ على صديقتي الحميمة منيبة كل ما يقع لي، فقد كنا نقطن شارعاً واحداً ونحن صغيرتان، وأصبحنا صديقتين منذ المدرسة الابتدائية ونتبادل كل الأشياء، بداية من أغاني جاستن بيبر وسلسلة أفلام الشفق وصولاً إلى أفضل كريمات تبييض البشرة. كانت تحلم بأن تصبح مصممة أزياء رغم معرفتها بأنّ أسرتها لن توافق على ذلك أبداً، ولذلك ظلّت تردِّد أنها تريد أن تكون طبيبة. وفي مجتمعنا يصعب على الفتيات أن يَمتهنَّ أي مهنة عدا التدريس أو الطب، هذا إن أُتيح لهن أن يعملن أصلاً، لكني كنت مختلفة؛ ولم أُخفِ قط رغبتي في أن أصبح مخترعة أو سياسية وليس طبيبة. ولأن منيبة كانت على علم بكلّ ما يحدث لي، فقد كنت أطمئنها قائلة: «لا داعي للقلق. فالطالبان لم يتعرضوا لفتاة صغيرة قط».

عندما استُدعيتْ الحافلة إلى المدرسة ركضنا عبر الدرج، وقد

حرصت الفتيات الأخريات جميعهن على تغطية وجوههن قبل أن يخرجن من الباب ويصعدن إلى الحافلة من الخلف. وهي في واقع الأمر شاحنة نقل تويوتا من طراز «داينا» وقد ثُبتت فيها ثلاثة مقاعد طولية متوازية، مقعد في اليمين ومقعد في اليسار وآخر يتوسطهما. اكتظَّت الحافلة بعشرين فتاة وثلاث مدرسات فيما جلستُ في ذاك اليوم على الجانب الأيسر بين منيبة وفتاة أخرى تصغرني بسنة اسمها شادية رمضان، وقد ضَمَمْنا ملفات امتحاناتنا إلى صدورنا ووضعنا حقائبنا أسفل أقدامنا.

كان الطقس ضبابياً بعض الشيء، وأتذكر أن الهواء داخل الحافلة كان حاراً ولزجاً إذ تأخّر شتاء ذلك العام ولم تكن الثلوج قد تراكمت بعد إلا فوق جبال هندوكوش البعيدة. وكان المتّكأ الذي نسند ظهورنا إليه بلا نوافذ، فيما يتدلى على جانبي الحافلة غطاء سميك من البلاستيك بَهت لونه بشدة وبات مُغبراً تتعذر الرؤية من خلاله. لم يكن بوسعنا أن نرى عبر مؤخرة الشاحنة إلا جزءاً ضئيلاً من السماء وبصيصاً من ضوء الشمس، وكانت ثمة كرة صفراء من الغبار قد تجمّعت في ذاك الوقت من النهار وراحت تغمر كل شيء.

أتذكر أن الحافلة انعطفت يميناً عند بلوغها الطريق الرئيس مبتعدة عن نقطة تفتيش تابعة للجيش كما تفعل دائماً، قبل أن تستدير للسير بمحاذاة ملعب الغولف المهجور. ولا تُسعفني الذاكرة بأكثر من ذلك.

في أحلامي التي أجدني فيها أتعرض لإطلاق النار يكون والدي برفقتي في الحافلة حيث يُصاب بطلق ناري، ثم أرى أناساً وقد انتشروا في المكان فيما أشرعُ أنا في البحث عنه.

وأما ما حدث في الواقع فهو أننا توقفنا فجأة، حيث كانت توجد عن يسارنا مقبرة شير محمد خان، وزير المالية لدى أول حاكم لوادي سوات، وقد غطاها عشبٌ كثيف، وعن يميننا كان هناك مصنع يقوم بإعداد الوجبات الخفيفة. ولم يكن يفصلنا عن أقرب نقطة تفتيش للجيش سوى أقل من مائتي متر على الأرجح.

لم يكن بوسعنا رؤية ما يجري أمام الحافلة، ولكن شاباً ملتحياً يرتدي ملابس فاتحة اللون قد اعترض طريقنا ولوَّح للسائق بالوقوف.

«هل هذه هي حافلة مدرسة خوشال؟» ابتدر الشاب سائقنا بالسؤال، وهو سؤال رآه عثمان بهاي جان ساذجاً لأن اسم المدرسة كان ظاهراً على جانب الحافلة. فأجابه «نعم».

قال الرجل: «أريد معلوماتٍ عن بعض الأطفال».

قال عثمان بهاي جان: «عليك بالتوجّه إلى إدارة المدرسة».

وبينما كان يتحدث إليه، كان ثمة شابٌّ آخر بثياب بيضاء يدنو من مؤخرة الحافلة. قالت لي منيبة: «انظري، إنه أحد هؤلاء الصحفيين الذين يأتونك طلباً للمقابلات». منذ بدأتُ مشاركة والدي في دعوته إلى تعليم الفتيات والتنديد بالطالبان وأمثالهم ممّن يريدون لنا أن نتوارى خلف الحُجُب، أصبح الصحفيون، بمن فيهم الأجانب، يقصدونني كثيراً، ولكن ليس على هذه الشاكلة وعلى قارعة الطريق.

كان الرجل يرتدي غطاء رأس باهت اللون ويغطي أنفه وفمه بمنديل كما لو كان مُصاباً بالبرد وتوحي هيئته بأنه طالب جامعي. وقد دفع بنفسه عندئذٍ فوق المصد الخلفي للسيارة ثم مال نحونا مباشرة.

وسأل: «من فيكن ملالا؟».

لم تُحر أيٌّ منا جواباً، ولكن فتيات عديدات وجَّهن أنظارهن نحوي. فقد كنت الوحيدة مكشوفة الوجه بينهن.

وهنا شَهر مسدساً أسود اللون، علمت لاحقاً أنه كان من طراز كولت 45. بعض الفتيات لم تجدن بُداً من الصراخ، أمّا أنا فتُحدثني منيبة بأني اعتصرت يدها.

تقول صديقاتي إنه قد أطلق ثلاث رصاصات، الواحدة تلو الأخرى. اخترقت الأولى محجر عيني اليسرى وخرجت من تحت كتفي الأيسر. انحنيت إلى الأمام فوق حُجر منيبة حيث انبجست الدماء من أذني اليسرى، ولذلك وَجدتْ الرصاصتان الأخريان طريقهما إلى الفتاتين الجالستين إلى جواري. فأصابت الثانية اليد اليسرى لشادية، فيما اخترقت الثالثة كتفها الأيسر قبل أن تصيب الجزء العلوي من الذراع اليمنى لـ كاينات رياض.

وقد أخبرتني صديقاتي لاحقاً أنّ يد المسلَّح كانت ترتعش وهو يطلق النار.

عندما وصلنا إلى المستشفى كان شعري الطويل وحِجر منيبة قد تضرّجا بالدماء.

من فيكن ملالا؟ أنا ملالا وهذه هي حكايتي.

القسم الأول

ما قبل طالبان

لَأَنْ يأتيني جسدُك وقد مزَّقه الرصاص بشرف
أهونُ عندي من أن يَرِدني نبأُ فرارك من المعركة

شعر بشتوني قديم

1

مولد بنت

عندما ولدتُ، أشفق الناس في قريتنا على أمي فيما لم يهنّئ أحدٌ أبي. ولدتُ فجراً فيما كان آخر نجوم السماء يأفل، وهو ما نعتبره نحن البشتون فأل خير. لم يكن أبي يملك مالاً للمستشفى أو للاستعانة بقابلة، وأتت إحدى جاراتنا لمساعدة أمي في الولادة. جاء المولود الأول لأبويّ ميتاً، أما أنا فقد جئت إلى العالم أركل وأصرخ. وُلدتُ أنثى في أرض تطلق الرصاص ابتهاجاً بمولد الذكور، أما البنات فيُوارَين عن الأنظار وراء الحُجب، فدورهن في الحياة لا يتعدى إعداد الطعام وإنجاب الأطفال.

ويُعدّ يوماً حزيناً لدى معظم البشتون ذلك الذي تُولد لأحدهم فيه أنثى، ولذلك كان ابن عم والدي جيهان شير خان يوسفزاي أحد القليلين الذين جاءوا للاحتفال بمولدي، بل وقدَّم حتى مبلغاً من المال على سبيل الهدية. بيْد أنه أحضر معه رسماً لشجرة عائلة لقبيلتنا، وهي آل دالوخيل يوسفزاي، والتي تمتد حتى تصل مباشرة إلى والد والد جدّي لأبي ولا يظهر عليها سوى النسل الذكوري في العائلة. أما والدي، ضياء الدين، ولكونه يختلف عن معظم رجال البشتون، فقد أخذ الشجرة، ورسم خطاً يمتد من اسمه وفي نهايته

كتب، «ملالا». ضحك ابن عمه وقد اعترته الدهشة، لكن أبي لم يأبه بذلك. ويقول إنه قد نظر في عينيّ بعد مولدي فوقع حبي في قلبه. وقال للناس، «أكاد أرى شيئاً مغايراً في هذه الطفلة» وبلغ به الأمر أن طلب من أصدقائه أن يلقوا بالفاكهة المُجفَّفة والحلوى والنقود في مهدي، وهو شيء لا نفعله عادة إلا مع الذكور.

أسماني والدي باسمي هذا تَيمناً باسم ملالاي مايواند، وهي البطلة الأفغانية العظيمة. ويعتز البشتون الذين يتألفون من قبائل تتوزع ما بين باكستان وأفغانستان بأنفسهم أيّما اعتزاز، وقد ظللنا على مدى قرون نعيش مثلما اعتدنا وفق نظام يسمى «تقاليد البشتون» وهو نظام يفرض علينا أن نُكرّم وفادة ضيوفنا، وفيه تعلو قيمة الشرف أو «نانج» كل قيمة أخرى. وأفظع أذى يمكن أن يصيب بشتونياً هو أن يلحق به عارٌ ويفقد شرفه. وإحدى المقولات السائرة لدينا هي: «بدون شرف، فإن العالم لا يساوي شيئاً» ونحن قوم كثيراً ما تَنشب بيننا المشاحنات والخصومات حتى إن الكلمة التي نستخدمها للإشارة إلى ابن العم «تاربور»، هي ذاتها التي نستخدمها للإشارة إلى العدو. ولكننا دائماً ما نأتلف معاً في مواجهة الغزاة الذين يحاولون غزونا. ويتربى كل أطفال البشتون على قصة ملالاي وكيف كان اقتحامها لميدان المعركة مصدر إلهام للجيش الأفغاني الذي تمكّن من إلحاق الهزيمة بالبريطانيين في العام 1880 في واحدة من كبريات معارك الحرب الأنجلو أفغانية الثانية.

كانت ملالاي ابنة راعٍ في مايواند، وهي بلدة صغيرة تقع في السهول الترابية غرب قندهار. عندما كانت في سن المراهقة، كان والدها والشخص المُرتقَب زواجه منها ضمن آلاف الأفغان الذين

يحاربون الاحتلال البريطاني لبلدهم. توجهت ملالاي إلى ميدان المعركة برفقة نساء أخريات من القرية للعناية بالجرحى وسقايتهم. رأت الرجال يخسرون المعركة، وعندما رأت حامل الراية يسقط صريعاً نزعت حجابها الأبيض ثم اقتحمت ميدان المعركة حتى أصبحت في طليعة المحاربين.

وأخذت تصيح: «يا حبي الصغير! والله، إذا لم تسقط في معركة مايواند، فإن أحداً يبقيك حياً كي تظل رمزاً للعار».

لقيت ملالاي مصرعها وسط النيران، ولكن كلماتها وشجاعتها ألهمت المحاربين من الرجال فأحدثوا تحوّلاً كبيراً في مسار المعركة، واستطاعوا أن يدمّروا كتيبة كاملة، فيما يُعدّ ضمن أسوأ الهزائم في تاريخ الجيش البريطاني. وقد شعر الأفغان بفخر بالغ إزاء تضحيتها وأقام آخر ملوكهم نُصباً تذكارياً وسط كابل تخليداً لانتصار مايواند. وفي المدرسة الثانوية، قرأتُ بعض روايات شيرلوك هولمز وضحكت عندما تبين لي أن هذه المعركة هي ذاتها التي أصيب خلالها دكتور واتسون قبل أن يصبح شريكاً للمحقق العظيم شيرلوك هولمز. ونحن البشتون ننظر إلى ملالاي باعتبارها نظيرة جان دارك، ولذلك تحمل اسمها كثير من مدارس الفتيات في أفغانستان. ولكن جدي، الذي كان عالم دين وفقيهاً للقرية، لم ترُق له تسمية أبي لي بهذا الاسم. وقال: «إنه اسم حزين. إنه يعني المهمومة».

وقد اعتاد والدي عندما كنت رضيعة أن يغني لي أغنية لشاعر مشهور هو رحمة شاه سايل من بيشاور. وكان البيت الأخير فيها يقول:

يا ملالاي مايواند،
انهضي مرة أخرى كي تُفْهِمي البشتون أغنية الشرف،
فكلماتك الساحرة تجعل العالم يدور،
أتوسل إليك، انهضي مرة أخرى

اعتاد والدي أن يروي حكاية ملالاي لكلّ من يأتي بيتنا وقد أحببتُ الاستماع للحكاية والأغاني التي يغنيها والدي إليّ، وراق لي أن أجد اسمي يطوف الآفاق كلما ذكرها الذاكرون.

كنا نعيش في أجمل بقاع العالم قاطبة. إنه وادينا، وادي سوات، ومملكة سماوية من الجبال، تتدفق منه شلالات المياه وتنبجس فيه البحيرات ذات الماء الصافي. «مرحباً بك في الجنة»، هكذا كُتب على لوحة يراها المرء عندما يدخل إلى الوادي. وفي الأزمنة الغابرة كان سوات يسمى «أوديانا» التي تعني «البستان»، فيوجد لدينا حقول ملأى بالأزهار البرية وأشجار الفاكهة اللذيذة، ولدينا مناجم للزمرد وأنهار ملأى بأسماك السلمون المرقط. وكثيراً ما يسمي الناس سوات بسويسرا الشرق - فلدينا منتجع التزلج الأول في باكستان. وكان أثرياء باكستان يأتون لقضاء عطلاتهم هنا والاستمتاع بالهواء النظيف والمشاهد الخلابة والمهرجانات الصوفية في الموسيقى والرقص. وكان يأتينا أيضاً أجانب كثيرون كنا نسميهم «إنجليز» بغضّ النظر عن الدولة التي قدِموا منها. وحتى ملكة إنجلترا أتت، وأقامت في القصر الأبيض الذي شيده مَلكُنا، والي سوات الأول، من المرمر ذاته الذي شُيد به تاج محل.

ونحن أيضاً نمتلك تاريخاً مميزاً، ورغم أن سوات اليوم تقع ضمن إقليم خيبر بختونخوا الباكستاني، فإنها ظلت في الماضي منفصلة عن بقية باكستان. فقد كنا ولاية أميرية، مثل ولايتي شترال ودير المجاورتين، أما في الحقبة الاستعمارية فكان ملوكنا يدينون بالولاء لبريطانيا، بيْد أنهم يحكمون أرضهم. وعندما منح البريطانيون الهند استقلالها في العام 1947 وقاموا بتقسيمها، التحقنا بالدولة الوليدة عندئذٍ وهي باكستان وإنْ ظللنا نحظى بحكم ذاتي. استخدمنا الروبيه الباكستانية، ولكن فيما عدا السياسة الخارجية لم يكن يحق لحكومة باكستان التدخل في شؤوننا. وكان الوالي يقيم العدل ويحفظ السلام بين القبائل المتنازعة، ويجمع ضريبة العشور التي يستعين بها في بناء الطرق والمستشفيات والمدارس.

لم تكن تفصلنا عن العاصمة الباكستانية إسلام أباد سوى مائة ميل إذا قيست المسافة في خط مستقيم، بيد أنها كانت تبدو لنا وكأنها تقع في بلد آخر. كانت الرحلة إلى هناك تستغرق خمس ساعات على الأقل بالسيارة عبر ممر ملاكند، وهو حوض شاسع من الجبال قاتل فيه أسلافنا القوات البريطانية بين قممه الجبلية الوعرة قبل زمن طويل تحت قيادة عالم دين اسمه مُلا سعيد الله (والذي عرفه البريطانيون باسم الفقير المجنون). وكان من بينهم ونستون تشرشل، الذي ألَّف كتاباً عن ذلك، وما زلنا نسمي إحدى هذه القمم باسم «تشرشل بيكت» حتى وإن لم يُثْنِ ثناء حسناً على شعبنا. وفي نهاية الممر يوجد ضريحٌ ذو قبة خضراء يلقي فيه الناس بالنقود امتناناً لدى اجتيازهم له بأمان.

لم يكن أحدٌ ممّن أعرف قد ذهب إلى إسلام أباد. وقبل أن

تنشب الاضطرابات في وادينا، كان معظم الناس، مثلما هو حال والدتي، لم يغادروا وادي سوات قط.

كنا نعيش في منجورا، وهي كبرى المدن في الوادي، أو بالأحرى المدينة الوحيدة. وكانت في الأصل بلدة صغيرة، بيْد أن كثيرين هاجروا إليها قادمين من القرى المحيطة حتى أضحت مدينة مزدحمة وتفتقر للنظافة. وهي تضمّ فنادق وكليات ومضمار غولف وسوقاً شهيراً نشتري منه موادّ التطريز التقليدية والأحجار الكريمة وأي شيء آخر يخطر ببالنا. ويتدفق عبرها نهر صغير اسمه مارجزار، فيكتسب ماؤه لوناً بنياً مشرّباً بالبنّي بسبب ما يُطرح فيه من نفايات وأكياس بلاستيكية. وليس ماؤه بصفاء مياه الأنهار التي تجري في المناطق الجبلية أو مثل نهر سوات الواسع الذي يتدفق خارج المدينة، حيث اعتاد الناس اصطياد سمك السلمون المرقط وقضاء عطلاتهم. كان منزلنا يقع في جولكادا، التي تعني «حوض الأزهار»، ولكنها كانت تُسمى بوتكارا، أو «مكان التماثيل البوذية» وعلى مقربة من بيتنا كان يوجد حقل تتناثر فيه أطلال غريبة مثل تماثيل لأسود رابضة وأعمدة مكسورة وأشكال بلا رؤوس، وأغربها على الإطلاق، مئات من المظلات الحجرية.

دخل الإسلام وادينا في القرن الحادي عشر الميلادي عندما غزاه السلطان محمود الغزنوي قادماً من أفغانستان وأصبح حاكمنا، ولكن سوات كانت في أزمنة غابرة مملكة بوذية. فقد وصل البوذيون إلى هنا في القرن الثاني وظلّ ملوكهم يحكمون الوادي لأكثر من 500 عام. وقد كتب مستكشفون صينيون حكايات تفيد بأنه كان يوجد 1400 معبد بوذي عبر ضفّتي نهر سوات، وأن الصوت الساحر لأجراس هذه

المعابد كان يدوي عبر أرجاء الوادي. تلاشت هذه المعابد منذ زمن طويل، ولكن أينما ذهبت في سوات تقريباً، تجد أطلالها متناثرة هنا وهناك وسط أزهار الربيع والورود البرية. وقد اعتدنا قضاء نُزهاتنا بين صخور نُقشت عليها تماثيل تظهر بوذا بديناً ومبتسماً ويجلس القرفصاء على زهرة لوتس. وتشير حكايات كثيرة إلى أنّ «الرب بوذا» قد جاء بنفسه إلى هنا كي ينعم بالسكينة التي تسود المكان، ويقال إن بعض رماده قد دُفن في قبة عملاقة في الوادي.

كانت أطلال بوتكارا بقعة ساحرة لدينا في لعب الغميضة. وذات مرة جاءها بعض علماء الآثار الأجانب لإجراء حفريات وأخبرونا أنها كانت مزاراً يُحَجُ إليه في الأزمنة الغابرة، وأنها كانت ملأى بمعابد جميلة ذات قباب ذهبية يُدفن فيها الملوك البوذيون. وقد ألّف والدي قصيدة أسماها «أطلال بوتكارا»، وهي تلخص بدقة كيف يمكن للمعبد والمسجد أن يوجدا جنباً إلى جنب: «عندما يرتفع صوت الحق من المآذن، / تعلو الابتسامة مُحيًّا بوذا،/ وتتصل سلسلة التاريخ المكسورة».

كنا نعيش بالقرب من جبال هندوكوش، حيث يذهب الرجال لصيد الوعول والديكة الذهبية. كان منزلنا يتألف من طابق واحد ومبنياً بالخرسانة، وإلى اليسار كان يوجد دَرَج يؤدي إلى سطح واسع يكفينا نحن الصغار للعب الكريكيت فوقه. ولذلك كان هو مضمار لعبنا. وفي الغسق، كان والدي وأصدقاؤه غالباً ما يتجمعون للجلوس هناك واحتساء الشاي. وكنت أحياناً أجلس على السطح أنا الأخرى وأشاهد الأدخنة المتصاعدة من نيران الطهو حولنا وأسمع صوت ضربات مضرب الكريكيت ليلاً.

ويزخر وادينا بأشجار الفاكهة التي تُثمر أفضل أنواع التين والرُمان والخوخ، وفي حديقة المنزل نزرع أشجار العنب والجوافة والكاكي. وكانت لدينا شجرة برقوق في الباحة الأمامية لمنزلنا تُثمر أشهى الثمار، وكنا دائماً في منافسة مع الطيور حول مَن يسبق إليها أولاً؛ فقد كانت الطيور بما فيها نقَّار الخشب تحب تلك الشجرة.

وممّا تسعفني به الذاكرة أني كنت أرى والدتي تُكلِّم الطيور. وكانت لدينا في ظهر المنزل شرفة مسقوفة تلتقي فيها النساء. ولأننا جرَّبنا الشعور بالجوع، فقد دأبت والدتي على أن تطهو طعاماً زائداً وتوزِّعه بين الأسر الفقيرة. وإذا بقي منه شيء بعد ذلك، فإنها تطعم منه الطيور. ونحن نحب أن نغني بلغة البشتو قصائد شعرية نسمي الواحدة منها «تابا»، وهي تتألف من بيتين، وكانت والدتي تنثر الأرز للطيور فيما تدندن بإحداها: «لا تقتل الحمام في البستان/ لأنك إذا قتلت واحدة، فلن تأتي الأخريات».

كنت أهوى الجلوس أعلى السطح والاستغراق في أحلامي ومشاهدة الجبال التي كان أعلاها جميعاً هو جبل إلوم ذو الشكل الهرمي. وهو جبل يحظى بمكانة خاصة لدينا ودائماً ما تزيِّنه قلادة من السحب البيضاء نظراً إلى ارتفاعه الشاهق، وتغطيه الثلوج حتى خلال أشهر الصيف. وقد تعلمنا في المدرسة أنه في سنة 327 قبل الميلاد، وحتى قبل مجيء البوذيين إلى سوات، اجتاح الإسكندر الأكبر الوادي بآلاف من الفيلة والجنود وهو في طريقه من أفغانستان إلى السند. فرَّ سكان سوات إلى أعلى الجبل، ظناً أنه سوف يعصمهم لكونه بالغ الارتفاع وأن آلهتهم سوف تدفع عنهم. ولكن الإسكندر الأكبر كان قائداً صاحب عزيمة لا تلين وصبر لا ينفد، فقد بنى سُلماً خشبياً

واستطاع أن يصل بمقاليعه وسهامه إلى قمة الجبل. ثم صعد بعدئذٍ الجبل كي يُمسك بنجم جوبتر برهاناً منه على عِظَم سلطانه.

ومن أعلى السطح كنت أشاهد الجبال تتغير مع اختلاف الفصول الأربعة للسنة. ففي الخريف تهب الرياح الباردة، وفي الشتاء تكسو الثلوج البيضاء كل شيء، وتتدلى من سطح المنزل كتل ثلجية منسدلة تشبه الخناجر ونهوى تكسيرها. كنا نتسابق في العَدْو حول المكان، ونبني مجسمات لرجال الثلج وللدببة ونحاول الإمساك بندف الثلج. وأما في الربيع فإنّ الخضرة تكسو كل شيء في سوات، وتتساقط أزهار شجر الكافور داخل المنزل، فتغطي كل شيء باللون الأبيض، وتحمل الرياح الرائحة الكريهة التي تنبعث من حقول الأرز بعيداً. وُلدتُ صيفاً، وربما هذا هو السبب في كونه فصلي المفضل بين فصول السنة، رغم أنّ صيف منجورا صيف حار وجاف وتنبعث خلاله رائحة كريهة من النهر الصغير بسبب ما يُطرح في مياهه من مخلّفات.

عندما وُلدت، كنا نرزح تحت فقر شديد. وكان والدي وصديق له قد أسَّسا مدرستهما الأولى فيما كنا نعيش في كوخ متداعٍ يتكون من غرفتين ويقع مقابل المدرسة. كنت أنام مع أمي وأبي داخل غرفة واحدة، أما الغرفة الأخرى فكنّا نخصصها للضيوف. لم يكن لدينا حمام أو مطبخ، وكانت أمي تطهو الطعام على نار وقودها الخشب وتغسل ثيابنا من مياه صنبور في المدرسة. كان بيتنا دائماً ممتلئاً بضيوفنا الذين يفدون علينا من القرية؛ إذ يُعدّ إكرام وفادة الضيوف سمة رئيسة ضمن سمات ثقافة البشتون.

بعد سنتين من مولدي، وُلد أخي خوشال. وقد وُلد مثلي في البيت، إذ كنا لم نزل غير قادرين على تحمل تكاليف المستشفى،

وقد أُسمي المولود خوشال مثلما هي مدرسة والدي، تيمُّناً بالبطل البشتوني خوشال خان خاتاك، الذي كان محارباً وشاعراً معاً. كانت أمي تتوق لأن تضع ذكراً، ولم تستطِع إخفاء فرحتها بمولده واعتبرته قرّة عينها. أما أنا فقد رأيته نحيلاً وضئيلاً، مثل بوصة يمكن أن تقصفها الرياح. وبدا أن كل أمنية يتمناها تصبح بمنزلة الأمر الذي لا يُرد. فكان يرغب في شرب الشاي طول الوقت، شاينا التقليدي الممزوج بالحليب والسكر وحبّ الهيل، ولكن حتى والدتي سئمت ذلك، وأعدَّت له في نهاية الأمر شاياً جعلته شديد المرارة حتى فقد اشتهاءه له. أرادت أمي أن تشتري له سريراً جديداً - عندما ولدتُ لم يتحمّل والدي تكلفة شراء سرير، ولذلك قبلوا من جيران لنا سريراً خشبياً قديماً كان قد استُعمل بالفعل ثلاث أو أربع مرات - ولكن والدي رفض قائلاً: «ملالا تأرجحت في ذلك السرير، وهو أيضاً يمكنه ذلك». ثم وعقب خمس سنوات تقريباً، جاءنا ولدٌ آخر هو أتال، له عينان لامعتان ومحبٌّ للاستطلاع مثل السنجاب. بعد ذلك، قال والدي، لقد اكتمل عِقدنا. وبحسب المعايير السائدة في وادي سوات فإن أُسرة تتألف من ثلاثة أطفال هي أسرة صغيرة؛ إذ ينجب معظم الآباء سبعة أو ثمانية أطفال.

كنت ألعب غالباً مع خوشال لأنه لا يصغرني إلا بسنتين، بيد أننا كنا كثيري الشجار معاً. كان يأتي إلى أمي باكياً فيما ألجأ أنا إلى أبي. فيسألني أبي: «ماذا بك، عزيزتي؟» مثله، فقد ولدت مرنة المفاصل وكان بوسعي أن أثني أصابعي إلى الخلف ثنياً كاملاً. وكان كاحلاي يطقطقان عندما أمشي، وهو ما يُوتّر الكبار.

تتمتع والدتي بجمال فائق، وكان أبي يهيم بها حباً كما لو أنها

مزهرية هشّة مصنوعة من الخزف، فلم تمتدّ يده إليها بسوء قط، وذلك على النقيض من رجال كُثر لدينا. اسمها هو تور بكاي ويعني «المرأة ذات الضفيرة السوداء» رغم أن شعرها بني كستنائي. وهو اسم سمعه جدي لأمي، جانشير خان، وهو يستمع لراديو أفغانستان قبيل مولدها بقليل. كم تمنيت لو كانت لي بشرتها ناصعة البياض وقسماتها الجميلة وعيناها الخضراوان، ولكني بدلاً من ذلك ورثت عن أبي البشرة الشاحبة والأنف العريض والعينين البنيتين. في ثقافتنا يمتلك كل واحد كنية يدعى بها - وفضلاً عن «بيشو»، التي كانت أمي تناديني بها منذ كنت رضيعة، فإن بعضاً من بنات عمومتي يدعونني «لاتشي»، وهي تعني «الهيل» باللغة الأردية. وغالباً ما يُكنَّى الأشخاص ذوو البشرة السوداء بالبِيض فيما يُكنَّى قصار القامة بالطوال، وهو جزء ممّا نمتلكه من خفّة ظلّ وحساً للدعابة. أما أبي فكان معروفاً في أوساط العائلة باسم «خايستا دادا»، وهي تعني «جميل».

عندما كنت في الرابعة من عمري تقريباً سألت أبي: «أبي، ما هو لون بشرتك؟» فأجاب: «لست أدري، أبيض قليلاً وأسمر قليلاً».

فقلت له: «إنه أشبه باللون الذي ينتج عندما نمزج الحليب بالشاي».

ضحك كثيراً، ولكنه كان في صباه يتحرَّج كثيراً من بشرته الداكنة حتى إنه ذهب ذات مرة إلى الحقول كي يحصل على بعض حليب الجاموس ويغسل به وجهه، ظناً أن ذلك سوف يجعل لون بشرته أفتح. ولم يرضَ عن لون بشرته إلا بعدما التقى أمي، وأكسبه حبّ تلك الفتاة الجميلة ثقة بنفسه.

في مجتمعنا عادة ما يتمّ الزواج عبر العائلات، ولكن زواج أبي وأمي كان ثمرة حب. وبوسعي أن أظلّ أستمع إلى ما لا نهاية ودون ملل لحكاية لقائهما. لقد نشآ في قريتين متجاورتين في منطقة نائية في سوات العليا تسمى شانجلا وكان كلاهما يرى الآخر عندما يذهب أبي للمذاكرة في بيت عمه الكائن بجوار بيت عمة أمي. تبادلا من النظرات ما يكفي لأن يعرفا أنّ كليهما يحبّ الآخر، بيْد أن الإفصاح عن مكنون تلك المشاعر كان أمراً محظوراً في ثقافتنا. وعوضاً عن ذلك اكتفى بالقصائد التي ظلّ يرسلها إليها رغم كونها لا تستطيع قراءتها.

وهي تعلِّق على ذلك بقولها: «أعجبني عقله».

فيرد ضاحكاً: «أما أنا، فأعجبني جمالها».

لم تعترض سبيل حبهما سوى مشكلة كبيرة واحدة، وهي أن جدَّيّ الاثنين لم يتوافقا معاً. ولذلك عندما أفصح أبي عن رغبته في طلب يد أمي، تور بكاي، كان جلياً أنّ كلا الطرفين لن يرحِّبا بهذا الزواج. قال والده إن الأمر يرجع إليه ووافق أن يبعث الحلاق رسولاً، وهي الطريقة التقليدية لدينا نحن البشتون في طلب الزواج. رفض مالك جانشير خان الطلب، ولكن أبي كان عنيداً وأقنع جدي بأن يبعث الحلاق مرة أخرى. كان مجلس جانشير خان ملتقى يتبادل فيه الناس الآراء حول شؤون السياسة، وكان والدي كثيراً ما يتردد إلى هناك، ولذلك كان لا بد لهما أن يتعارفا. ومع ذلك وضعه رهن الانتظار لتسعة أشهر، وإن كان قد وافق في نهاية المطاف.

وتتحدر أمي من عائلة معروفة بنسائها القويات فضلاً عن رجالها المتنفذين. وقد ترمّلت جدتها فيما كان أبناؤها ما زالوا صغاراً، وكان

ابنها الأكبر جانشير خان قد حُبس بسبب ثأر قبلي مع عائلة أخرى رغم أنه لم يكن قد تجاوز التاسعة من عمره. ولإطلاق سراحه، قطعت أربعين ميلاً سيراً على قدميها عبر الجبال حتى تطلب العون من أحد أبناء عمومتها من ذوي النفوذ. وأحسَب أن والدتي كانت ستفعل الأمر نفسه معنا، ورغم كونها لا تستطيع القراءة والكتابة، فإن والدي يستشيرها في كلّ صغيرة وكبيرة، ويخبرها بكل أحداث يومه، حُلوها ومُرها. كانت تُقرِّعه كثيراً وتقدِّم له النصيحة بشأن أصدقائه وأيهم مخلص له وأيّهم غير ذلك، وكان والدي دائماً ما يقول إنها على صواب. وهو أمر لا يفعله معظم رجال البشتون، فمشاركة المشكلات مع النساء تُفسَّر لدينا بأنها علامة ضعف، فيقول قائلهم: «إنه يستشير حتى زوجته!» عندما أنظر إلى أبويّ أراهما سعيدين وكثيري الضحك. وعندما ينظر الناس إلينا، يقولون إننا أسرة سعيدة.

وتتسم أمي بالورع وشدّة التقوى وهي تحرص على الصلوات الخمس، وإن كانت لا تؤديها في المسجد الذي يظلّ مقصوراً على الرجال. تستهجن الرقص لأن الله، على حدّ قولها، لا يرضاه، ولكنها تحب أن تتزين بالأشياء الجميلة مثل الملابس المطرزة ولبس القلائد والأساور الذهبية. ولذلك أظنني قد خيَّبت أملها بعض الشيء نظراً إلى كوني أُشبه والدي كثيراً ولا أعبأ بالملابس والحلي. أشعر بالسأم من التردّد إلى الأسواق ولكنني أحب الرقص خلف الأبواب الموصدة مع صديقات المدرسة.

كنا نمضي معظم وقتنا ونحن صغار برفقة والدتنا خلال سنوات النمو، فقد كان والدي يقضي وقتاً طويلاً خارج المنزل لانشغاله، ليس بشؤون مدرسته فحسب، بل بالجمعيات الأدبية ومجالس القوم

أيضاً، بالإضافة إلى جهوده في الحفاظ على البيئة وعلى وادينا. نشأ والدي في قرية متخلفة، لكنه استطاع من خلال التعليم وقوة الشخصية أن يوفر لنا مستوى معيشياً طيباً وأن يصنع لنفسه سمعة طيبة.

كان يروق للناس الاستماع إلى أحاديثه، وكنت آنس بهذه الأمسيات التي يفدُ علينا فيها الضيوف حيث نتحلق فوق السطح على بساط طويل من البلاستيك تمدّه أمي وتضع فوقه الطعام. عندما يحلّ الظلام كنا نجلس بجوار مصابيح الزيت، ونهشّ الحشرات الطائرة فيما تصنع ظلالنا خيالات راقصة على الجدران. وفي أشهر الصيف كانت الدنيا تُبرق وترعد كثيراً في الخارج فما يكون مني إلا أن أحبو كي أحتمي بأبي.

كنت أنصت وأنا فرحة عندما يحكي قصص القبائل المتحاربة وزعماء البشتون وأصحاب الكرامات، وهو ما يكون غالباً عبر قصائد يقرأها بصوت رخيم، حتى إنه ليبكي أحياناً وهو يقرأها. ومثل معظم الناس في وادي سوات فإننا ننتمي إلى قبيلة يوسفزاي، وهي قبيلة تتحدر أصلاً من قندهار وتُعتبر إحدى كبرى قبائل البشتون التي تمتد عبر باكستان وأفغانستان.

نزل أسلافنا بوادي سوات في القرن السادس عشر قادمين من كابل، بعد أن كانوا قد أعانوا أحد أباطرة سلالة الملوك التيموريين على استعادة عرشه بعدما خلعته قبيلته. وقد كافأهم الإمبراطور بمناصب مهمة في بلاطه الملكي وفي الجيش، ولكن أصدقاءه وأقرباءه أوغروا صدره وحذّروه من أنّ قبيلة يوسفزاي قد تعاظم نفوذها إلى حدٍّ يمكِّنها من الانقلاب على سلطانه. ولذلك دعا كل

وجهاء القبيلة إلى وليمة ثم أطلق عليهم رجاله وهم يتناولون الطعام. وكانت مذبحة قُتل فيها زهاء 600 من وجهاء القبيلة، ولم ينجُ منهم إلا اثنان لاذا بالفرار إلى بيشاور برفقة أتباعهم من أبناء القبيلة. وبعد فترة ذهبوا في زيارة إلى بعض قبائل سوات طلباً لدعمهم حتى يمكنهم العودة إلى أفغانستان، لكن جمال الطبيعة في سوات قد سلب ألبابهم وقرروا بدلاً من ذلك المكوث هناك، بل وأرغموا القبائل الأخرى على الرحيل عنه.

اقتسمت قبيلة يوسفزاي كل الأراضي فيما بين أعضائها من الذكور. وكانوا في ذلك يطبقون نظاماً غريباً اسمه «ويش» وبموجبه تتبادل كل العائلات القرى فيما بينها كلّ خمس أو عشر سنوات حيث يعيدون توزيع أراضي القرية الجديدة بين الرجال كي تُتاح لكلّ فرد فرصة العمل في الأرض الخصبة وغير الخصبة. كان يُظنّ أن ذلك سوف يمنع العائلات المتنافسة من الاقتتال، وكانت القرى تُدار من قبل «خان[1]» فيما كان عامة الناس وأصحاب الحرف والعمال يعملون لديهم كأجراء يتعيّن عليهم أن يدفعوا الإيجار عيناً، والذي عادة ما يقدَّم في شكل حصّة من محاصيلهم. وكان لزاماً عليهم أيضاً أن يساعدوا «الخانات» في تشكيل قوة مسلَّحة شبه نظامية عبر تقديم رجل مسلح مقابل كل قطعة صغيرة من الأرض. وهكذا كان كل «خان» يحتفظ بمئات المسلحين الذين يستعين بهم في تسوية المشاحنات وفي الإغارة على القرى الأخرى ونهبها.

ونظراً إلى أنّ قبيلة يوسفزاي في سوات كانت بلا حاكم، فقد

---

(1) إقطاعي.

كانت تنشب مشاحنات دائمة بين زعمائها من الخانات، بل وحتى ضمن عائلاتهم. ويمتلك كل رجالنا بنادق، رغم أنهم لم يكونوا في تلك الأيام يسيرون بها مثلما يفعل الرجال في مناطق البشتون الأخرى، وقد اعتاد والد جدي لأبي أن يروي لنا قصصاً عن معارك البنادق عندما كان صبياً. وفي مطلع القرن الماضي بدأ يساورهم القلق من إمكانية استيلاء البريطانيين على أراضيهم، لا سيما بعد أن مَدّوا سيطرتهم وقتئذٍ على معظم الأراضي المحيطة. ولأن رجال القبيلة كانوا قد سئموا من الاقتتال المتواصل، فقد قرروا البحث عن رجل يتّسم بالنزاهة والإنصاف ليحكُم المنطقة برمّتها ويفصل في نزاعاتهم.

وبعد أن أخفق عدد من الزعماء في قيادة القبيلة، استقرّ الرأي بين وجهاء القوم في العام 1917 على اختيار رجل اسمه ميانجول عبد الودود وتنصيبه ملكاً. كنّا نعرفه باسم باد شاه صاحب، ورغم أنه كان أمياً لا يقرأ ولا يكتب البتة، فقد تمكَّن من بسط السلام على ربوع الوادي. ولأنّ نزع بندقية من أحد رجال البشتون هو أشبه بانتزاع حياته، فقد عحز عن نزع سلاح القبائل، لكنه وعوضاً عن ذلك، قام ببناء القلاع فوق الجبال بامتداد وادي سوات كله وأنشأ جيشاً. حظي باعتراف البريطانيين باعتباره رئيس دولة في العام 1926 وتمّ تنصيبه والياً، وهي الكلمة التي نُشير بها إلى الحاكم. أنشأ أول نظام اتصالات هاتفية وأول مدرسة ابتدائية وقضى على نظام «الويش» نظراً إلى أن الانتقال الدائم بين القرى كان يمنع أصحاب الأراضي من بيعها ولا يوفّر لهم أي حافز لتشييد منازل أفضل أو استزراع المزيد من أشجار الفاكهة.

وفي العام 1949، أي عقب عامين من تأسيس باكستان، تنازل عن العرش لصالح ابنه الأكبر ميانجول عبد الحق جيهانزب. كان أبي يقول دائماً، «أرسى بادشاه صاحب السلام، فيما جلب ابنه الرخاء». ونحن نصنِّف حكم جيهانزب بأنه الحقبة الذهبية في تاريخنا، فقد درس في مدرسة بريطانية في بيشاور، وربما لأن والده كان غير متعلم فقد كان حريصاً على بناء المدارس وبنى منها الكثير، بالإضافة إلى المستشفيات والطرق. وفي خمسينيات القرن العشرين ألغى النظام الذي كان الناس يدفعون بموجبه ضرائب إلى الخانات، لكن فترة حكمه خلت من حرية التعبير، وكان كلّ مَن يتعرض بنقد للوالي، يصبح عرضة للطرد من الوادي. وفي العام 1969، وهي السنة التي وُلد فيها أبي، تخلى الوالي عن السلطة وأصبحنا جزءاً من الإقليم الشمالي الغربي الحدودي في باكستان، والذي تغيَّر اسمه قبل بضع سنوات إلى خيبر بختونخوا.

وهكذا فقد وُلدتُ ابنة تعتدّ بوطنها باكستان، رغم أني، ومثلما هو حال كلّ شعب سوات، أعدُّ نفسي من سوات أولاً ثم من البشتون قبل أن أكون باكستانية.

بالقرب من منزلنا كانت تقطن أسرة لديها طفلة في مثل عمري اسمها صافينا وولدين متقاربين في عمرهما من أخويّ، وهما بابار وباسط، وقد اعتدنا جميعاً أن نلعب الكريكيت معاً في الشارع أو فوق سطح المنزل، ولكني علمت عندما كبرنا أن الفتيات ينبغي لهن المكوث في البيت. فالمأمول منا هو أن نطهو الطعام ونخدم أشقاءنا وآباءنا. وبينما يستطيع الصبية والرجال التجوال بحرية في أرجاء

البلدة، لم يكن بوسعنا أنا وأمي الخروج من المنزل دون مرافقة مُحرَم، حتى وإن كان طفلاً لم يتجاوز الخامسة من عمره! فهذا هو ما تُحتّمه التقاليد.

قررتُ منذ سنّ باكرة أنني لن أصبح هكذا. وكان أبي دائماً ما يقول، «ملالا سوف تكون مثل طائر حرّ طليق». كنت أحلم بصعود جبل إلوم مثلما فعل الإسكندر الأكبر لملامسة جوبتر، والذهاب إلى ما هو أبعد من الوادي، لكني كنت عندما أشاهد أَخويّ يركضان عبر سطح المنزل، ويُطيِّر كل منهما طائرته الورقية وبمهارة يرخيان ويشدّان خيطيهما لإسقاط طائرة الآخر، أتساءل عن مدى الحرية التي يمكن أن تبلغها الفتاة مستقبلاً.

2

أبي الصقر

كنت أدرك دائماً أنّ أبي يواجه صعوبة في نطقه للكلمات. فأحياناً يُتعتع في الكلمات فيظلّ يكرِّر المقطع الواحد مرة تلو مرة مثل أسطوانة عَلِقت في مسارها فيما ننتظر جميعاً حتى ينطق فجأة بالمقطع التالي. كان يقول إنه يشعر كما لو أنّ جداراً قد سَدّ حنجرته، وكانت أصوات مثل «إم وبي وكيه» كلها بمثابة الأعداء الذين يتربّصون به. كنت أمازحه فأقول له إنّ أحد الأسباب التي تجعله يدعوني «جاني» هو أنه يجد نطقه أسهل من ملالا. ولا شكّ أن التعتعة هي عيب مريع لدى رجل يعشق الكلمات والشعر. وكان لديه في كلا طرفي عائلته عمٌّ وخالٌ يعانيان من العيب ذاته. ولكن ما لا ريب فيه هو أن والده قد زاد حالته سوءاً، فقد كان صاحب صوت جهوري وبوسعه أن يجعل الكلمات تُرعد وترقص.

«انطق، يا ولد!» هكذا كان جدي يزجره كلما تعتع في منتصف جملة. وكان جدي يعتزّ كثيراً بأن اسمه هو «الروح الأمين» فكان يُعرِّف نفسه للآخرين بآية قرآنية وردَ فيها اسمه. كان نافد الصبر حتى وهو في أفضل أحواله ويستشيط غضباً لأتفه سبب حتى لو كان ذلك فقدان دجاجة أو كسر فنجان، فيحمرّ وجهه ويلقي بما تطوله يداه من

آنية وأوعية. أما جدتي فلم أرَها قط، ولكن أبي يقول إنها كانت تمازح جدي قائلة: «أدعو الله عندما أموت أن يرزقك زوجة لا تبتسم في وجهك أبداً طالما أنك دائم العبوس في وجوهنا».

كانت جدتي شديدة القلق بشأن تعتعة أبي، ما دفعها لأن تصطحبه وهو صبي صغير إلى أحد المعالجين. وقد قطعت في سبيل ذلك رحلة طويلة بالحافلة، قبل أن تمضي ساعة سيراً فوق الهضبة حتى تصل إلى مكان المعالج. وخلال ذلك كان ابن شقيقتها فضلي حكيم هو من يحمل أبي على كتفيه. كان المعالج اسمه «ليوانو بير»، أو معالج المجاذيب، لأنه يستطيع علاج مَن مسَّهم عارض من الجنون. عندما أُدخلوا إلى المعالج، طلب من أبي أن يفتح فمه ثم تفل فيه وأخذ بعض المولاس الأسود المصنوع من قصب السكر ودهن به حول فمه ثم بلَّله بتفلة أخرى. ثم أخذ كتلة المولاس وقدّمها لجدتي كي تعطي لأبي منها جزءاً صغيراً كل يوم. لم يُجْدِ ذلك شيئاً في علاج التعتعة، بل رأى البعض في واقع الأمر، أن حالته تفاقمت. ولذلك ذُهل جدي عندما أبلغه أبي، وكان وقتئذٍ في الثالثة عشرة من عمره، أنه يعتزم المشاركة في مسابقة في الخطابة. «كيف لك ذلك؟» سأله الروح الأمين، ساخراً. «إنك تستغرق دقيقة أو دقيقتين كي تنطق بجملة واحدة فقط».

فردّ عليه أبي: «لا تقلق. لا عليك سوى كتابة الخطاب وأنا سوف أتدرب عليه».

اشتُهر جدي بخطبه القوية، إذ اعتاد أن يُدرِّس علم التوحيد في المدرسة الثانوية الحكومية في قرية شاهبور، فضلاً عن كونه إماماً لمسجد القرية. وكان إذا خطب سحر سامعيه وأخذ بألبابهم، ولذلك

حظيت خطب الجمعة التي يلقيها بشعبية كبيرة، ما جعل المصلين يأتون من الجبال بالحمير أو سيراً على الأقدام كي يستمعوا إليه.

نشأ والدي في أسرة كبيرة وكان لديه شقيق أكبر هو سعيد رمضان وكنيته خان دادا، وخمس شقيقات. كانت قريتهم باركانا قرية يعيش سكانها في حالة شديدة البدائية، ولذلك كانوا يتكدّسون في منزل متداعٍ من طابق واحد وله سقف طيني يسرب ماء المطر كلما أمطرت السماء أو أثلجت. ومثلما هو حال معظم الأسر، كانت فتيات القرية تلزمن البيت فيما يذهب الصبيان إلى المدرسة. ويقول أبي «لم يكن لهن إلا انتظار الزواج».

لم يكن الالتحاق بالمدرسة هو الشيء الوحيد الذي خسرته عمَّاتي. ففي الصباح عندما كانت جدتي تقدم لوالدي القشدة أو الحليب، لم تكن شقيقاته تحصلن إلا على الشاي بلا حليب. وإذا توفر البيض، فيُقدَّم للصبيين فقط. وعندما تُذبَح دجاجة على طعام العَشاء، كانت البنات تحصلن على الأجنحة والرقبة فيما يحظى أبي وشقيقه وجدي بلحم الصدر الطري اللذيذ. ويقول أبي: «منذ مرحلة باكرة أدركت أنني متميز عن شقيقاتي».

لم تكن قرية والدي بها أنشطة كثيرة يمكن مزاولتها؛ فقد كانت مساحتها بالغة الصغر ولا تضم حتى ملعب كريكيت، ولم تكن بها سوى أسرة واحدة تملك جهاز تلفزيون. وفي أيام الجمعة اعتاد الشقيقان أن ينسلا إلى المسجد ويشاهدان في دهشة جدي وهو واقف على المنبر يعظُ المصلين لساعة أو أكثر، في انتظار اللحظة التي سيعلو فيها صوته فترتج له العوارض الخشبية للسقف.

درس جدي في الهند حيث حظي بفرصة الاستماع لكثير من

الخطباء والقادة العظام بمن فيهم محمد علي جناح (مؤسس باكستان)، وجواهر لال نهرو ومهاتما غاندي وخان عبد الغفار خان، وهو زعيمنا البشتوني العظيم الذي ناضل من أجل الاستقلال. وقد شهد جدي أيضاً لحظة التحرر من المستعمر البريطاني في منتصف ليلة الرابع عشر من آب/ أغسطس 1947. كان لديه مذياع قديم، ما زال عمي يحتفظ به، يسمع الأخبار من خلاله، حيث اعتاد أن يُدعِّم خطبه يوم الجمعة بالإشارة إلى الأحداث العالمية أو الوقائع التاريخية بالإضافة إلى القصص المستقاة من القرآن الكريم والأحاديث النبوية الشريفة. وكان يحب الخوض في المواضيع السياسية أيضاً. أصبحت سوات جزءاً من باكستان في العام 1969، وهي السنة التي ولد فيها أبي. وقد أثار ذلك استياء الكثيرين من شعب سوات، وأبدوا تبرّمهم من النظام القضائي في باكستان ورأوا أنه أبطأ كثيراً وأقلّ فاعلية من نظامهم القبلي القديم. وقد اعتاد جدي أن ينتقد بشدة في خطبه النظام الطبقي واستمرار سلطة الخانات والفجوة الواسعة بين الأثرياء ثراء فاحشاً والفقراء فقراً مدقعاً.

ربما لا يكون بلدي موغلاً في القدم، بيد أنه ولسوء الحظّ لديه سجلّ حافل من الانقلابات العسكرية، وعندما كان والدي في الثامنة من عمره استولى الجنرال ضياء الحق على السلطة. ولم تزل صوره الكثيرة تنتشر من حولنا. كان شخصاً تبعث ملامحه على الخوف وتحيط بعينيه هالة سوداء تشبه تلك التي تحيط عيني الباندا، وله أسنان كبيرة تبدو متأهبة وشعر مدهون ومنبسط فوق رأسه. اعتقل رئيس وزرائنا المنتخب، ذو الفقار علي بوتو، وقدّمه للمحاكمة بتهمة الخيانة ثم أعدمه شنقاً في أحد سجون روالبندي. وما زال الناس

حتى اليوم يثنون على الرئيس بوتو باعتباره صاحب كاريزما كبيرة، ويعدّونه أول زعيم باكستاني ينحاز إلى عامة الشعب، رغم أنه هو نفسه كان إقطاعياً ويمتلك مزارع شاسعة من حقول المانجو. أحدث إعدامه صدمة لدى الجميع ونقل للعالم صورة سيئة عن باكستان، فضلاً عن أنه دفع بالولايات المتحدة الأميركية لقطع مساعداتها عن باكستان.

وفي مسعى من جانبه لاستقطاب الدعم الشعبي إلى جانبه، أطلق الجنرال ضياء الحق حملة أسلمة كان هدفها هو جعلنا دولة إسلامية قويمة تُناط بجيشها مهمة الدفاع عن الخط الأيديولوجي للدولة وحدودها الجغرافية. وطالب الشعب بأن يطيع حكومته لأنها تتصرف وفقاً للمبادئ الإسلامية، بل وأراد أيضاً أن يفرض علينا كيف نصلي، فأنشأ لجاناً للصلاة في جميع أنحاء باكستان بما في ذلك قريتنا النائية، حيث قام بتعيين مائة ألف مفتّش صلاة. قبل ذلك كان رجال الدين موضع استخفاف تقريباً - ويقول أبي إنهم كانوا يتسكّعون في حفلات الزواج ثم يغادرون باكراً - ولكنهم اكتسبوا نفوذاً واسعاً خلال حكم ضياء الحق وأصبحوا يُدعون إلى إسلام أباد لتلقّي التوجيهات بشأن الخطب الدينية، وقد ذهب جدي نفسه إلى هناك.

وفي ظلّ نظام حكم ضياء الحق زادت القيود المفروضة على النساء في باكستان. ولم تشفَع لهن كلمات جناح مؤسس باكستان التي قال فيها: «ليس هناك كفاحٌ يمكن أن يُكلَّل بالنجاح ما لم تشارك فيه النساء جنباً إلى جنب مع الرجال. يقال إن هناك قوتين في العالم؛ أولاها هي السيف والأخرى هي القلم، لكن ثمة قوة ثالثة

تفوق هاتين القوتين، ألا وهي النساء»، فقد أدخل الجنرال ضياء الحق قوانين إسلامية أفضت إلى تقليص شهادة المرأة في المحكمة بحيث تعدل نصف شهادة رجل. وسرعان ما أصبحت سجوننا ملأى بحالات من قبيل تلك الفتاة ذات الثلاثة عشر ربيعاً التي اغتُصبت وحملت ثم اقتيدت إلى السجن بتهمة الزنا لأنها لم تستطع أن تأتي بأربعة شهود من الرجال ليثبتوا أنّ ما تعرضت له كان اغتصاباً لا زناً. ولم تعد المرأة تستطيع حتى أن تفتح حساباً بنكياً دون حصولها على موافقة من رجل. وعلى صعيد الرياضة، كنا نحظى دائماً بمكانة جيدة في رياضة الهوكي، ولكن ضياء الحق فرض على لاعباتنا في الهوكي ارتداء سراويل طويلة وفضفاضة بدلاً من تلك القصيرة، كما فرض حظراً تاماً على مزاولة النساء لبعض الرياضات.

شهدت تلك الحقبة إنشاء الكثير من مدارسنا الدينية، وفيها جميعها تمّ استبدال الدراسات الدينية، أو ما نسميه بـ«الدينيات»، بالدراسات الإسلامية أو ما نسميه بـ«الإسلاميات»، وهي مادة ما زال يتعين على الأطفال في ربوع باكستان دراستها حتى اليوم. وتمّت إعادة كتابة المناهج الدراسية في مادة التاريخ على نحو يُظهر باكستان باعتبارها «حصن الإسلام»، وهو أمر يوحي وكأننا قد وُجدنا كدولة قبل زمن أطول بكثير من العام 1947، ويُقبِّح أفعال الهندوس واليهود. وربما يظنّ كل من يقرأ هذه الكتب أن النصر كان حليفنا في ثلاثة حروب خضناها وخسرناها في مواجهة عدونا الأكبر الهند.

تغير كل شيء مع بلوغ أبي العاشرة. فبُعيد انقضاء أعياد الميلاد في عام 1979 غزا الروس جارتنا أفغانستان. وفرَّ ملايين الأفغان عبر الحدود مع باكستان حيث وفَّر لهم الجنرال ضياء الحق المأوى،

فأُنشئت لهم مخيمات شاسعة أقيمت أغلبيتها في محيط بيشاور، ولم يزل بعضها قائماً حتى اليوم. وقد أطلقت كبرى أجهزتنا الاستخباراتية التي تتبع الجيش ويُشار إليها اختصاراً بـ"ISI"، برنامجاً ضخماً لتدريب اللاجئين الأفغان الذين تمّ استقطابهم من المخيمات بصفتهم مقاومين أو مجاهدين. ورغم ما يُعرف عن الأفغان من كونهم مقاتلين أشداء، فقد اشتكى العقيد إمام، وهو الضابط الذي كُلِّف بمهمة قيادة البرنامج، من أن محاولة تنظيمهم «تشبه محاولة وزن مجموعة من الضفادع».

وهكذا تحول ضياء الحق بسبب الغزو الروسي من رئيس منبوذ دولياً إلى مدافع عظيم عن الحرية خلال حقبة الحرب الباردة. أعاد الأميركيون مدّ أواصر الصداقة معنا، لأن روسيا كانت عدوهم اللدود في تلك الأيام. وقبل بضعة أشهر من ذلك، كانت ثمة ثورة قد اندلعت بجوارنا، وهي الثورة الإيرانية التي خلعت الشاه، ما تسبب في خسران وكالة الاستخبارات المركزية الأميركية (السي آي إيه) لقاعدتها الرئيسة في المنطقة. وقد حلّت باكستان محلها. تدفقت مليارات الدولارات على خزينة الدولة من الولايات المتحدة ودول غربية أخرى، بالإضافة إلى الأسلحة لمساعدة جهاز الاستخبارات الباكستاني على تدريب الأفغان لمحاربة الجيش الأحمر الشيوعي. وُجِّهت الدعوة للجنرال ضياء الحق لمقابلة الرئيس ريجان في البيت الأبيض ورئيسة الوزراء البريطانية مارغريت تاتشر في 10 دوننج ستريت، حيث كالا له الثناء والتقدير.

كان رئيس الوزراء ذوالفقار بوتو قد عيَّن ضياء الحق قائداً للجيش ظناً أنه لا يحظى بذكاء كبير، ومن ثم لن يكون مصدر تهديد

له. وكان يسميه «قرده». بيد أنه تبين لاحقاً أنّ ضياء الحق كان رجلاً شديد المكر والدهاء؛ فقد استطاع أن يُحول أفغانستان إلى نقطة استقطاب ليس لدى الغرب الذي أراد إيقاف المدّ الشيوعي القادم من الاتحاد السوفيتي فحسب، بل أيضاً لدى المسلمين بداية من السودان وحتى طاجيكستان، الذين رأوا فيها دولة إسلامية شقيقة تتعرض لاعتداء من الكفار. تدفقت الأموال من جميع دول العالم العربي، وتدفق المقاتلون المتطوعون أيضاً الذين كان من بينهم مليونير سعودي اسمه أسامة بن لادن.

ونحن البشتون نتوزع على امتداد الحدود الفاصلة بين باكستان وأفغانستان ولا نعترف حقيقة بالحدود التي رسمها البريطانيون قبل ما يزيد على مائة عام. ولذلك غَلَت الدماء في عروقنا بعد الغزو السوفيتي لأسباب دينية وقومية على السواء. أصبح أئمة المساجد يضمنون خطبهم حديثاً عن الاحتلال السوفيتي لأفغانستان، وانبروا يرمون الروس بالكفر ويحضّون الناس على الالتحاق بالمجاهدين، بدعوى أنه فريضة يتعيّن عليهم أداؤها إذا أرادوا أن يكونوا مسلمين بحق. بدا الأمر وكأن الجهاد قد أصبح في ظل حكم ضياء هو الركن السادس لديننا إلى جانب الأركان الخمسة التي تعلّمناها صغاراً - وهي: شهادة ألا إله إلا الله وأن محمداً رسول الله، وإقامة الصلاة وإيتاء الزكاة وصوم رمضان وحج البيت الحرام لمن استطاع إليه سبيلاً. ويقول أبي إن فكرة الجهاد قد حظيت بتشجيع بالغ من قبل وكالة الاستخبارات المركزية الأميركية في هذه المنطقة، حتى إن الأطفال في مخيمات اللاجئين كانت تقدَّم لهم كتب دراسية أصدرتها جامعة أميركية تعلِّمهم مبادئ الحساب عبر أمثلة تتعلق بالعمليات

القتالية. فكانت الكتب تحتوي على أمثلة من قبيل «إذا قتل مسلمٌ خمسة جنود من أصل عشرة جنود روس كفار، فسوف يتبقى خمسة» أو «15 رصاصة - 10 رصاصات = 5 رصاصات».

وقد توجه بعض فتيان الحي الذي كان أبي يقطنه للقتال على جبهات أفغانستان، ويتذكر أبي أن رجل دين اسمه صوفي محمد قَدِمَ إلى القرية وحثَّ الشباب على الانضمام إليه لقتال الروس تحت راية الإسلام. وقد أجاب دعوته كثيرون، وانطلقوا معه، دون أن يكون بحوزتهم سوى بنادق قديمة أو حتى فؤوس وبنادق بازوكا. ولم نكن ندرك أن المنظمة التي يشرف عليها رجل الدين هذا سوف تصبح بعد سنوات هي طالبان سوات. كان أبي لم يتجاوز الثانية عشرة من عمره، ومن ثم لم يكن يقدر على القتال في ذلك الوقت. ولكن نظراً إلى أنّ أفغانستان قد تحولت إلى مستنقع غاصت فيه أقدام الروس لعشر سنين، تخللت معظم ثمانينيات القرن المنصرم، فقد أراد أن يصبح مجاهداً مع بلوغه مرحلة المراهقة. ورغم أنه قد أصبح لاحقاً أقل مواظبة على الصلاة، فقد اعتاد في تلك الأيام مغادرة المنزل فجراً كل يوم قاصداً مسجداً في قرية أخرى، حيث كان يدرس القرآن مع «طالب» علم يكبره سناً. وفي ذلك الوقت كانت كلمة «طالب» تعني «طالباً يدرس الدين» فحسب. ومعاً درسا الأجزاء الثلاثين للقرآن الكريم، ليس تلاوته فحسب، بل تفسيره أيضاً، وهو شيء لا يفعله إلا فتية قليلون.

وكان هذا «الطالب» يتحدث عن الجهاد مستخدماً مفردات ذات وقع مؤثّر على والدي حتى شغلت عقله ووجدانه، فلم يكن يملّ في حديثه إلى أبي من تكرار مقولات من قبيل أن الحياة قصيرة

وأن القرية لا تتيح إلا فرصاً ضئيلة أمام الشباب. لم تكن أسرتنا تمتلك إلا قطعة أرض صغيرة، ولذلك اعتاد أبي أن يسافر للعمل في مناجم الفحم جنوباً مثل كثيرين من زملائه في الدراسة. كان عملاً شاقاً وتكتنفه مخاطر جمّة، وكانت نعوش هؤلاء الذين يقضون في حوادث العمل تأتي عدة مرات خلال العام. وكان أقصى ما يطمح إليه معظم شباب القرية هو السفر إلى السعودية أو دبي للعمل في قطاع الإنشاءات. ولذلك بدا أن دخول الجنة برفقة اثنتين وسبعين حورية هو الخيار الأكثر جاذبية. فكان أبي يضرع إلى الله في كل ليلة ويقول، «اللهم أقم علم الجهاد وارزقني الشهادة في سبيلك».

وقد بدا أن هويته الإسلامية لا يعدلها أي شيء آخر في حياته خلال تلك الفترة، فبدأ يوقّع باسم «ضياء الدين بانشبيري» (والبانشبيري هي طائفة دينية) وبدأت تنبت لديه أولى علامات اللحية. وهو يصف ذلك الآن بأنه كان نوعاً من غسيل الدماغ ولا يستبعد أنه كان سيفكِّر في أن يصبح انتحارياً لو كانت العمليات الانتحارية قد ظهرت في تلك الأيام. بيْد أنه ومنذ سن باكرة كان يميل للتساؤل ونادراً ما يأخذ أمراً على عواهنه رغم أنّ طريقة تعليمنا في المدارس الحكومية كانت تعتمد أسلوب الحفظ ولم يكن حَرياً بالتلاميذ أن يناقشوا مدرِّسيهم.

تزامنت تلك الفترة التي كان يدعو الله فيها أن يرزقه الشهادة والجنة مع لقائه بشقيق أمي، فايز محمد، فبدأ يخالط عائلتها ويتردَّد على مجلس أبيها. كانت عائلة منخرطة بشدة في السياسة المحلية، وترتبط بأحزاب قومية علمانية وتعارض فكرة التورط في الحرب.

وفي ذلك الوقت حظيت قصيدة كتبها الشاعر رحمة شاه سايل، وهو شاعر بيشاور نفسه الذي ألَّف قصيدة حول سَميتي ملالاي مايواند، بشهرة واسعة حيث وصف ما كان يجري في أفغانستان باعتباره «حرباً بين فيلين» - هما الولايات المتحدة والاتحاد السوفيتي - وبأنها ليست حربنا، وقال إن البشتون «يشبهون عشباً سوف تسحقه حوافر هذين الوحشين المفترسين». اعتاد والدي أن يلقي هذه القصيدة على مسامعي خلال طفولتي ولكني لم أكن أعلم ما تنطوي عليه من معانٍ.

كان والدي شديد الإعجاب بخالي فايز محمد وكان يرى أنه محقّ في كثير من وجهات نظره، ولا سيما فيما يتعلق بضرورة القضاء على النظامين الإقطاعي والرأسمالي في بلدنا، حيث ظلّت العائلات الكبيرة ذاتها تسيطر لسنوات على كل شيء فيما كان الفقراء يزدادون فقراً. وقد وجد نفسه ممزّقاً بين طرفَي نقيض هما العلمانيين والاشتراكيين من جهة والإسلاميين المتشددين من جهة أخرى. وأحسب أن المطاف قد انتهى به إلى البقاء في منزلة وسطى.

كان والدي يَهاب جَدي وقد روى لي قصصاً رائعة بشأنه، ولكنه قال عنه أيضاً إنه كان لا يُلزم نفسه بما يطالب به الآخرين. كان جدي خطيباً محبوباً وانفعالياً وكان بوسعه أن يصبح زعيماً عظيماً فيما لو تحلى بقدر أكبر من الدبلوماسية ولم يستنفد طاقته في التنافس مع أبناء عمومته وغيرهم ممّن كانوا أفضل منه حالاً. وفي المجتمع البشتوني يصعب بشدّة على المرء أن يستسيغ حقيقة أن ابن العم قد بات أكثر شهرة وثراء وأوسع نفوذاً ممّا هو عليه، فكان لجدي ابن عم التحق بالمدرسة ذاتها التي كان يعمل بها، وعندما عُيِّن في

الوظيفة أبلغ المدرسة بسنٍّ جعلته أصغر من جدي بسنوات. ولأن شعبنا لا يعرف تواريخ ميلاده بدقة - فوالدتي، مثلاً، لا تعرف متى ولدت، فإننا نميل إلى تذكّر السنوات بأحداث من قبيل الزلازل. ولكن جدي كان يعرف أن ابن عمه يكبره في الحقيقة بسنوات؛ وغضب لذلك غضباً شديداً دفعه لأن يقطع رحلة بالحافلة استغرقت يوماً كاملاً قاصداً منجورا لمقابلة وزير التعليم في سوات. وقال له: «سيدي، لدي ابن عم يكبرني بعشر سنين وقد أقررتَه على أنّ سنه أصغر ممّا هو عليه بعشر سنين». فقال الوزير: «حسناً، مولانا، ماذا عليّ أن أسجل لك؟ هل تريد أن يكون مولدك في السنة التي ضرب فيها الزلزال كويتا؟» وافق جدي، ومن ثم أصبح تاريخ ميلاده الجديد هو العام 1935، ما جعله أصغر كثيراً من ابن عمه.

وبسبب هذا التنافس العائلي تعرّض أبي خلال طفولته لعمليات تنمُّر كثيرة من قبل أبناء عمومته؛ فقد أدركوا أنه لا يشعر بالثقة في مظهره، لا سيما وأن المدرِّسين في المدرسة كانوا دائماً ما يُؤْثِرون الأولاد ذوي الوسامة والبشرة البيضاء. فكان أبناء عمومته يوقفونه وهو في طريقه إلى المدرسة فيسخرون من قصر قامته وبشرته الداكنة. وفي مجتمعنا لا بد لك من الأخذ بثأرك من مثل ذلك الازدراء، ولكن أبي كان أضعف بنياناً من أبناء عمومته.

كان أبي يشعر أيضاً بأنه لا يستطيع أن ينال رضا جدي، ولأن جدي كان معروفاً بأنه صاحب خط يدوي جميل فقد اعتاد أبي أن يمضي الساعات دون كلل أو ملل في رسم الحروف، لكن جدي لم يكن ليثني عليه ولو لمرة واحدة.

أما جدتي فدأبت على رفع روحه المعنوية، واعتبرته ابنها

المفضَّل وتوقعت له مستقبلاً كبيراً. وأسبغت عليه حبها فكانت تؤثره على نفسها وتخصّه خلسة بقطعة لحم إضافية وقشدة الحليب. ولكن مذاكرة الدروس لم تكن عملاً سهلاً، فلم تكن شبكة الكهرباء قد مُدَّت بعد إلى القرية، واعتاد أن يستذكر دروسه على ضوء مصباح زيت في المجلس، وذات مساء أخذته سِنة من النوم ووقع المصباح أرضاً. لكن ولحسن الحظ اكتشفت جدتي الأمر قبل فوات الأوان واندلاع حريق. وبفضل هذه الثقة التي بثتها جدتي في أبي، فقد أصبح لديه من الشجاعة ما يسمح له باختيار طريقه الذي يشقه نحو المستقبل. وهو الطريق الذي سوف يدلني عليه لاحقاً.

لكنها ومع ذلك غضبت منه ذات مرة. فقد اعتاد بعض الزُهَّاد الذين كانوا يقطنون منطقة اسمها «ديراي سيدان» أن يجوبوا القرى في تلك الأيام لتسوّل الدقيق. وذات يوم وفيما كان والداه خارج المنزل، جاء بعض هؤلاء إلى المنزل طلباً للدقيق، فما كان من والدي إلا أن كسر القُفل الموضوع على صندوق خشبي يحوي شعيراً وملأ لهم أوعيتهم. وعندما عاد جداي إلى البيت استشاطا منه غضباً وضرباه.

يشتهر البشتون بأنهم قوم بخلاء على أنفسهم وكرماء مع ضيوفهم، وكان جدي يتملّكه حرص شديد عندما يتعلق الأمر بالنقود، فتثور ثائرته إذا ما أراق أيّ من أبنائه طعامه ولو بغير قصد. كان شخصاً شديد الانضباط ولم يكن يفهم لماذا لا يصبحون مثله. ولكونه مدرِّساً فقد كان يحق له الحصول على خصم في الرسوم المدرسية لأبنائه لممارسة الرياضة والالتحاق بفرق الكشافة. كان خصماً ضئيلاً للغاية ولم يبالِ به معظم المدرسين، ولكنه مع ذلك

أرغم والدي على التقدّم بطلب للحصول على الخصم، وهو أمر كان والدي يكرهه بطبيعة الحال. وبينما كان والدي ينتظر خارج مكتب مدير المدرسة، كان يتصبب عرقاً، وعندما سمح له بالدخول أصبحت تعتعته أسوأ مما كانت عليه من قبل. وقد حدثني عن ذلك قائلاً: «كنت أشعر بأنني أجازف بشرفي في مقابل خمس روبيات». وفوق ذلك فإن جدي لم يشترِ له كتباً جديدة قط، وكان يستعيض عن ذلك بأن يطلب من أفضل طلابه الاحتفاظ بكتبهم القديمة لوالدي في نهاية السنة وعندئذٍ يرسله إلى بيوتهم كي يتسلّمها منهم. كان والدي يشعر بالخجل من ذلك، بيد أنه لم يكن أمامه خيار آخر كي لا ينتهي به الأمر ليصبح أمياً لا يقرأ ولا يكتب. ولذلك كانت كتبه كلها تظهر عليها أسماء أولاد آخرين، ولم تحمل اسمه قط.

ويقول: «لا يعني ذلك أن توزيع الكتب عملٌ سيئ. كل ما هنالك هو أني كنت بحاجة ماسة إلى اقتناء كتب جديدة أشتريها بمال أبي ولا تحمل ملاحظات طالب غيري».

كان نفور والدي من حياة التقتير التي عاشها جدي هو ما دفعه لأن يصبح بالغ السخاء مادياً ومعنوياً. وقد عقد العزم على أن يضع حداً للتنافس التقليدي بينه وبين أبناء عمومته. وذات مرة عندما مرضت زوجة مدير المدرسة، تبرع لها والدي بدمه لإنقاذ حياتها، وهو ما أدهش مدير المدرسة الذي اعتذر له عن ضربه إياه سابقاً، لكن والدي وعندما يحدثني عن سنوات طفولته، فإنه دائماً ما يحرص على القول بأن جدي ورغم أنه كان صعب المراس، إلا أنه منحه أهم شيء على الإطلاق - وهي هبة التعليم. فقد ألحق والدي بالمدرسة الثانوية الحكومية كي يتعلم الإنجليزية ويتلقى تعليماً حديثاً

بدلاً من نوعية التعليم الذي تقدِّمه المدارس الدينية، رغم أن ذلك جعله عُرضة لألسنة الناس لكونه إمام مسجد. وقد أورثه جدي أيضاً حباً عميقاً للتعلُّم والمعرفة فضلاً عن الوعي الشديد بحقوق الناس، وهي خَصلة أورثني أبي إياها لاحقاً. وقد اعتاد جدي أن يتطرق في خطبه أيام الجمعة إلى الحديث عن الفقراء وعن مُلاك الأراضي وكيف أن صحيح الإسلام يعارض النظام الإقطاعي. كان جدي أيضاً يتحدث الفارسية والعربية ويعرف كيف ينتقي كلماته بعناية. وقد اعتاد أن يلقي القصائد الكبرى للشاعر سعدي الشيرازي، والعلامة محمد إقبال وجلال الدين الرومي على مسامع أبي بشغف وحماس كما لو كان يلقيها وسط جمع غفير من الناس.

كان أبي يتوق لأن يصبح فصيح اللسان وصاحب صوت مجلجل لا تعتوره أي تعتعة، رغم علمه بأن جدي كان يريد له بشدة أن يصبح طبيباً. ورغم أنه كان طالباً بالغ الذكاء وشاعراً بالسليقة، فقد كان ضعيفاً في الحساب والعلوم وهو ما جعله يشعر بأنه قد خيَّب رجاء والده. ولذلك السبب قرّر أن يجعل والده يزهو به في شيء آخر وذلك عبر تقدّمه للمسابقة السنوية للخطابة في المنطقة. ظنَّ الجميع أنه قد جُن، وحاول معلموه وأصدقاؤه أن يثنوه عن ذلك، بل وتمنَّع والده عن كتابة الكلمة التي سيلقيها. ولكن في نهاية الأمر قدَّم جدي له كلمة رائعة، وهي الكلمة التي تدرَّب عليها والدي مراراً وتكراراً. نقش كل حرف فيها داخل ذاكرته وهو يسير عبر التلال، وراح يلقيها على مسامع السماء والطيور، ذلك أنه كان يفتقر للخصوصية في بيت أسرته.

لم تكن هناك أنشطة كثيرة يمكن مزاولتها في المنطقة التي

عاشوا بها، لذلك عندما حلّ يوم المسابقة اجتمع لها حشد كبير. ألقى فتيان آخرون كلماتهم أولاً، بعضهم كان معروف عنهم أنهم خطباء بارعون. وفي النهاية نُودي والدي كي يتقدم ويلقي كلمته. وقد حدثني قائلاً: «وقفت أمام منصة الإلقاء. وجدتُ يديّ ترتعشان وركبتيّ ترتجفان، ولقصر قامتي كنت لا أكاد أرى أعلى المنصة، وبسبب الخوف الشديد الذي تملَّكني، بدت وجوه الحضور غائمة في عينيّ. تعرّقت راحتا يدي وجفّ حلقي حتى أضحى كورقة جافة». حاول جاهداً ألا يفكر في سواكن الحروف التي تتربص به، وتوشك أن تصيبه بالتعتعة عندما تَعلَق في حنجرته، لكنه عندما بدأ يتحدث، خرجت الكلمات من فمه بطلاقة تشبه رشاقة الفراشات في تحليقها. لم يكن صوته يجلجل مثل صوت أبيه، ولكن حماسه كان جليّاً واستطاع مع استمراره في الإلقاء أن يكتسب الثقة بنفسه.

وفي نهاية الكلمة تفاعل الحضور معه بالهتاف والتصفيق. وتفوّق على كلّ قرنائه، وبينما كان يصعد المنصة لتسلم الجائزة الأولى، رأى والده يصفق وهو مستمتع بتلك الأيدي التي تربت على كتفه من حوله مهنئة إياه. ويحدثني عن ذلك: «كانت هذه هي المرة الأولى التي أفعل فيها شيئاً يجعله يبتسم».

أصبح أبي بعد ذلك لا يفوت أي مسابقة للخطابة تُقام في المنطقة وكان جدي هو من يكتب له الكلمات. ولأنه كان دائماً ما يحرز المركز الأول، فقد حظي بسمعة طيبة في المنطقة باعتباره خطيباً يبعث على الإعجاب. وهكذا استطاع أبي أن يحوّل موطن ضعفٍ لديه إلى مكمن قوة؛ ومن ثم بدأ جدي لأول مرة يثني عليه في حضور الآخرين. وأضحى يباهي به قائلاً: «ضياء الدين صقر، لأنه

يحلق عالياً فوق الطيور الأخرى». وكان يقول له: «اكتب اسمك «ضياء الدين صقر»». وظل والدي يفعل ذلك لفترة من الزمن، ولكنه توقف عندما أدرك أن الصقر وإن كان يحلق عالياً في السماء إلا أنه طائر قاسٍ. وبدلاً من ذلك أصبح يسمي نفسه ضياء الدين يوسفزاي، نسبة إلى قبيلتنا.

3

ترعرعت في أروقة مدرسة

التحقت أمي بالمدرسة وهي في السادسة، لكنها ما لبثت أن انقطعت عنها في الفصل الدراسي ذاته. وقد كانت استثناء في ذلك، فقد وجدت أباً وأشقاء شجعوها على الذهاب إلى المدرسة، حتى إنها كانت البنت الوحيدة ضمن صف دراسي كله من البنين. كانت وهي في طريقها إلى المدرسة تحمل حقيبة كتبها بفخر واعتزاز وتزعم أنها أعلى ذكاء من الصبيان. ولكنها كانت تترك وراءها بنات عمومتها يلعبون في البيت كل يوم وبدأت تحسدهم على ذلك. بدا لها أنه ليس ثمة فائدة تُرجى من الذهاب إلى المدرسة طالما أن مآلها سيكون إلى طهو الطعام وأعمال التنظيف وتربية الأطفال، ولذلك قررت ذات يوم أن تبيع كتبها مقابل تسع أنَّات، وأنفقت النقود على شراء الحلوى ولم تعُد إلى المدرسة مرة أخرى أبداً. لم يعلق والدها بشيء. وهي تقول إنه حتى لم ينتبه لذلك، إذ كان ينطلق باكراً كل صباح بعد تناوله لوجبة إفطار من خبز الذرة والقشدة، ويتزنر بمسدسه الألماني تحت ذراعه، ويُمضي أيامه مشغولاً بشؤون السياسة المحلية أو بتسوية الخصومات الثأرية. وفوق ذلك كان لديه سبعة أطفال آخرين عليه أن يُعنى بشأنهم.

ولم تشعر أمي بالندم على خطوتها تلك إلا عندما التقت أبي إذ وجدت نفسها إزاء رجل قرأ كتباً كثيرة، وكتب لها قصائد لم تكن تستطيع قراءتها، بل ويطمح أن يؤسس مدرسة خاصة. ولكونها زوجته، فقد أرادت أن تعينه على تحقيق ذلك. وكان أبي ومنذ تشكُّل وعيه يحلم بأن يؤسس مدرسة، ولكنه كان حلماً صعب المنال في ظلّ غياب العلاقات العائلية وشحّ المال. ويرى والدي أنه ليس ثمة شيء يفوق المعرفة أهمية، ويتذكر كيف ظلّ حائراً بشأن النهر الذي يجري في قريته، ويتساءل من أين ينبع الماء وإلى أين يذهب، حتى اطَّلع على ما يُعرف بدورة مياه الأنهار التي تبدأ بالأمطار وتنتهي في البحار.

لم تكن مدرسة القرية التي تلقى فيها دروسه سوى مبنى صغير يتلقى فيه معظم الطلاب دروسهم في ظل شجرة وهم جلوس على الأرض. كانت مدرسة بلا مراحيض، ويضطر تلاميذها للخروج إلى الحقول لقضاء حاجاتهم، لكنه ومع ذلك يقول إنه كان محظوظاً في واقع الأمر؛ فشقيقاته - أي عمَّاتي - لم يذهبن إلى المدرسة قط، مثلما هو حال ملايين الفتيات في بلدي. ولذلك كان التعليم هبة عظيمة أتيح له الحصول عليها. وكان يرى أن انعدام التعليم هو أصل كل المشكلات التي تعانيها باكستان، فالجهل يُمكِّن السياسيين من خداع الناس، كما يمكِّن المسؤولين الفاسدين من أن يُعاد انتخابهم. وكان يؤمن بأن التعليم يجب أن يُتاح للجميع، أغنياء وفقراء، وفتيان وفتيات. أما المدرسة التي حلم بها أبي فكانت ستضمّ مناضد ومكتبة وحواسيب ولوحات لامعة على الحوائط، وأهم من كل ذلك، مراحيض.

لكن جدي كان لديه حلم مغاير لابنه الأصغر - إذ تمنى له أن يصبح طبيباً - ولكونه أحد ولدين فقط، كان ينتظر منه أن يسهم في ميزانية الأسرة. أما الشقيق الأكبر لأبي سعيد رمضان فقد عمل لسنوات معلماً في مدرسة محلية، وكان هو وأسرته يعيشون مع جدي، وكلما ادخر مبلغاً من راتبه، يشيدون مجلساً بالخرسانة في أحد جوانب المنزل ويخصصونه للضيوف. كان يجلب الخشب من الجبال لأغراض التدفئة، وبعد انتهائه من التدريس يعمل في الحقل حيث كانت عائلتنا تمتلك عدداً قليلاً من الجاموس. وكان يساعد جدي أيضاً في الأعمال الشاقة مثل إزاحة الثلوج عن سطح المنزل.

عندما تلقى أبي عرضاً للالتحاق بكلية جيهانزب، وهي أفضل معهد متخصِّص في التعليم العالي في سوات، رفض جدي أن يدفع له تكاليف عيشه. فقد تلقى تعليمه في الهند مجاناً حيث عاش مثلما يعيش طلاب العلوم الشرعية في المساجد، ويوفر أهل المنطقة لهم المأكل والملبس. كان التعليم في كلية جيهانزب مجانياً، ولكن أبي كان بحاجة إلى نقود ينفق منها على معيشته. ولم تكن الحكومة في باكستان توفر قروضاً للطلاب ولم تكن قدماه قد وطأتا مصرفاً من قبل. كانت الكلية تقع في سيدو شريف، وهي المدينة التوأم لمنجورا، ولم يكن يعرف أسرة هناك يمكنه العيش في كنفها. ولأن شانجلا لم تكن تضم أي كلية، فقد كان عدم التحاقه بالكلية يعني أنه لن يستطيع الانتقال من القرية وتحقيق حلمه.

تقطعت السبل بوالدي وراح يبكي من شدة الإحباط. توفيت والدته قبيل تخرجه من المدرسة، وأدرك أنها لو كانت على قيد الحياة، لانحازت إلى صفه. توسّل إلى والده ولكن دون جدوى.

أصبح أمله الوحيد معلقاً بزوج شقيقته في كراتشي الذي طلب منه جدي أن يسمح لأبي بالإقامة معهما خلال سنوات التحاقه بالكلية. وكان الزوجان يرتقب وصولهما إلى القرية لتقديم العزاء في وفاة جدتي.

كان والدي يدعو الله أن يوافقا، ولكن جدي طلب ذلك منهما فور وصولهما، ولم يمهلهما حتى أن يرتاحا من عناء سفر استغرق ثلاثة أيام بالحافلة، فما كان من صهره وابنته إلا أن رفضا طلبه رفضاً مطلقاً. استشاط جدي غضباً ولم يشأ أن يتحدث معهما طول فترة بقائهما. شعر والدي أن الفرصة قد ضُيعت وأن مآله سيكون مثل شقيقه عمي خان دادا الذي يعمل في مدرسة محلية. وهي مدرسة تقع في قرية جبلية اسمها سيور، وتبعد عن منزل جدي ساعة ونصف سيراً على الأقدام عبر الجبال، ولا يوجد لها مبنى خاص، وإنما يستخدم القائمون عليها قاعة كبيرة تابعة للمسجد في التدريس لأكثر من مائة طفل تتراوح أعمارهم ما بين خمس سنوات إلى خمس عشرة سنة.

يضم أهل سيور أناساً ينتمون عرقياً إلى مجموعات الجوجار والكوهستان والميان. وقد اعتدنا النظر إلى الميان باعتبارهم وجهاء أو أهل بَر، ولكن الجوجار والكوهستان همّ من نسميهم أهل جبل وفلاحين يعملون في تربية الجاموس وعادة ما يتسم أطفالهم بالقذارة وينظر إليهم البشتون نظرة ازدراء، وإن كانوا هم أنفسهم فقراء. وقد تجد من يقول: «إنهم قذرون وسود وحمقى. دعهم على جهلهم». ويتردد كثيراً أن المدرسين لا يحبون أن يُكلَّفوا بالعمل في مثل تلك المدارس النائية ويدخلون عموماً في اتفاقات مع زملائهم لا يذهب بموجبها إلى العمل إلا واحدٌ منهم فقط في اليوم. وهكذا إذا كانت

المدرسة تضم مدرسين اثنين، فإن كل واحد منهما سوف يأتي إلى المدرسة ثلاثة أيام فقط ويوقع بدلاً عن الآخر. أما إذا كانت تضم ثلاثة مدرسين، فإن كل واحد منهم سوف يأتي إلى المدرسة يومين فقط. وحتى عندما يوجدون في المدرسة، فإنّ كل ما يؤدونه هو إلزام الأطفال بالهدوء عبر التلويح بعصا طويلة، إذ لا يتصورون أن التعليم يمكن أن يعود بفائدة تُذكر على هؤلاء الأطفال.

لكنَّ عمي كان أكثر إحساساً بالمسؤولية إزاء أهل الجبل، ولم يشعر بالنفور منهم، بل ونظر إلى ظروف حياتهم الصعبة نظرة تقدير واحترام. ولذلك كان يذهب إلى المدرسة معظم الأيام ويحاول جدياً أن يُعلِّم أطفالهم. وبعد تخرّج أبي من الكلية لم يكن لديه ما يشتغل به، فتطوع لمساعدة شقيقه. وهناك ابتسم له الحظ، إذ كانت إحدى عمَّاتي قد تزوجت رجلاً من تلك القرية وكان يزورهم قريب لهم اسمه ناصر باشا، وقد التقى والدي في العمل. كان ناصر باشا قد أمضى سنوات في المملكة العربية السعودية عمل خلالها في قطاع الإنشاءات، فكان يجمع المال ويرسله إلى أسرته في بلاده. أخبره أبي أنه قد تخرج لتوه من المدرسة وفاز بمقعد في كلية في جيهانزب. لم يشأ أن يذكُر له عدم قدرته على تحمل تكاليف المعيشة هناك كي لا يتسبب في حرج لوالده.

لكن ناصر باشا ابتدره بالسؤال: «ولماذا لا تأتي وتعيش معنا؟»

وعن ذلك يقول أبي: «آه، كدت أطير من الفرح، والله».

أصبح ناصر باشا وزوجته جاجاي بمثابة الأسرة الثانية لأبي. كان بيتهما يقع في سبال باندي، وهي قرية جبلية جميلة تقع على الطريق المؤدي إلى القصر الأبيض، ويصفها والدي بأنها مكان يحرك

الخواطر ويبعث على الإلهام. ذهب والدي إلى هناك بالحافلة وبدت القرية له كبيرة إذا ما قورنت بقريته الأصلية حتى ظنها مدينة. وباعتباره ضيفاً، فقد حظي بمعاملة بالغة الكرم، وحلّت جاجاي محل والدته الراحلة وأصبحت أهم امرأة في حياته. وعندما اشتكى لها واحد من أهل القرية من أن والدي غازل فتاة تعيش على مقربة من مسكنهم، دافعت عنه بقوة قائلة: «ضياء الدين شخص نقي نقاء بيضة لا شعر فيها. عليك بابنتك بدلاً من ذلك».

وفي سبال باندي التقى والدي نساء كنّ يحظين بحرية أكبر، ولم يكنّ قابعات في بيوتهن مثلما هو حال نساء قريته. كان النساء في سبال باندي لديهن مكان جميل فوق الجبل يمكنهن الالتقاء فيه وحدهن وتجاذب أطراف الحديث حول شؤونهن اليومية، وهو ما لم يكن مألوفاً لديه. وقد التقى والدي هناك أيضاً بمرشده أكبر خان، الذي وإن كان لم يلتحق بالكلية إلا أنه أقرض والدي بعض المال حتى يقدر على تكاليفها. ومثلما هو حال والدتي، فرغم أن أكبر خان لم يتلقّ قدراً كبيراً من التعليم الرسمي، فقد حظي بنوع آخر من الحكمة. كان والدي كثيراً ما يستشهد بلُطف أكبر خان وناصر باشا عندما يريد القول إن المرء إذا مدّ يد العون لمحتاج، فسوف يقيض الله له من يساعده ساعة الضيق من حيث لا يدري.

التحق أبي بالكلية في لحظة مهمة في تاريخ باكستان. ففي ذلك الصيف، وبينما كان يسير عبر الجبال، تعرض حاكمنا المستبد الجنرال ضياء الحق إلى حادث تحطم طائرة يكتنفه الغموض، وقال كثيرون إنّ سببه هو قنبلة مخبأة في صندوق من ثمار المانجو.

وخلال الفصل الدراسي الأول لوالدي في الكلية، عُقدت الانتخابات الوطنية التي فازت بها بناظير بوتو، ابنة رئيس الوزراء الذي أُعدم شنقاً عندما كان أبي طفلاً. كانت بناظير هي أول امرأة تشغل منصب رئيس الوزراء في باكستان والعالم الإسلامي، وسادت فجأة في ربوع البلاد أجواء تفاؤل كبير بالمستقبل.

عاودت التنظيمات الطلابية التي سبق حظرها في ظلّ حكم ضياء الحق نشاطها بشكل مكثَّف. وسرعان ما انخرط والدي في النشاط الطلابي السياسي حيث اشتهر بكونه خطيباً ومناظراً موهوباً. فأصبح الأمين العام لاتحاد طلاب بختون، الذي كان ينادي بالمساواة في الحقوق للبشتون؛ فقد كانت أهم المناصب في الجيش والجهاز البيروقراطي والحكومة تذهب جميعها إلى سكان البنجاب كونهم ينتمون إلى الإقليم الأكبر والأكثر نفوذاً.

أما التنظيمات الطلابية الرئيسة الأخرى فكانت تشمل طلبة الجماعة الإسلامية، وهي الجناح الطلابي لحزب الجماعة الإسلامية الذي كان يحظى بشعبية واسعة في أوساط طلاب الجامعات الباكستانية. وكان هؤلاء يوفرون للطلاب كتباً دراسية مجاناً ومنحاً، بيد أنهم تبنوا آراء موغلة في التشدُّد وكان نشاطهم المفضل الذي يشغلون به أوقات فراغهم هو التجول داخل أروقة الجامعات وإفساد الحفلات الموسيقية. كان حزب الجماعة الإسلامية مقرباً من الجنرال ضياء الحق، ولكنه بدأ يحقق نتائج سيئة في الانتخابات، وقد شغل إحسان الحق حقَّاني منصب رئيس اتحاد الطلاب في كلية جيهانزب. ورغم أنه هو ووالدي كانا متنافسين لدودين، فإن كلاًّ منهما حاز إعجاب الآخر وأصبحا فيما بعد صديقين. يقول حقاني

إنه على يقين من أن والدي كان سيصبح رئيساً لاتحاد طلاب بختون وسياسياً لو كان يتحدر من عائلة خانات ثرية. كان كل ما تتطلبه السياسات الطلابية هو القدرة على المناظرة وامتلاك الكاريزما، أما السياسات الحزبية فكانت تتطلب المال.

وقد تمحورت إحدى أكثر مناظراتهما سخونة في تلك السنة الأولى حول رواية احتدم الجدال كثيراً بشأنها. إنها رواية «آيات شيطانية» لمؤلفها سلمان رشدي، التي كانت عبارة عن محاكاة لحياة النبي (ﷺ) وجرت أحداثها في بومباي. وقد اعتبرها المسلمون حول العالم تجديفاً على الله، وفجّرت موجات غضب عارم ولم يعُد للناس حديث سواها تقريباً. والغريب هو أن أحداً لم ينتبه لصدور الرواية في أول الأمر - فهي لم تُبَع في واقع الأمر داخل باكستان - ولكن رجل دين مقرَّب من أجهزة استخباراتنا هاجمها عبر سلسلة مقالات نشرتها صحف أردية واعتبرها تهجماً على النبي (ﷺ)، وقال إنه يتعين على كل مسلم حقّ أن يحتجّ ضدها. وسرعان ما انبرى رجال الدين في شتى أنحاء باكستان للتنديد بالرواية، وطالبوا بحظرها، ونُظمت في سبيل ذلك مظاهرات غاضبة، كان أعنفها هي تلك التي خرجت في شوارع إسلام أباد في 12 شباط/ فبراير 1989، وأُحرق خلالها العلم الأميركي أمام المركز الأميركي - رغم أن رشدي وناشري روايته كانوا بريطانيين. أطلقت الشرطة النيران على المتظاهرين، فقتلت منهم خمسة أشخاص. ولم تقتصر موجة الغضب على باكستان، فبعد يومين أصدر آية الله الخميني، المرشد الأعلى في إيران، فتوى أهدر بها دم سلمان رشدي.

أقامت الكلية التي يدرس بها أبي مناظرة حامية في قاعة غصَّت

بالحضور. حاجج بعض الطلاب بأن الكتاب يتحتّم حظره وحرقه والفتوى يجب تأييدها. أما والدي فقد رأى هو الآخر أن الكتاب يتضمن تهجّماً على الإسلام ولكنه أكَّد على أهمية حرية التعبير. وقال: «دعونا نقرأ الكتاب أولاً، ثم لماذا لا نرد عليه بكتاب». واختتم مداخلته بأن سأل بصوت دَوَّى كالرعد كان حرياً أن يحوز إعجاب جدي: «هل الإسلام دين من الضعف بمنزلة تجعله لا يحتمل كتاباً يتعرض له؟ إن إسلامي ليس كذلك!».

على مدى السنوات القليلة التي أعقبت تخرجه من كلية جيهانزب، عمل والدي معلماً للغة الإنجليزية في مدرسة خاصة معروفة. ولكن راتبه كان ضئيلاً، ولم يتجاوز 1600 روبيه شهرياً (حوالي 19 دولاراً)، واشتكى جدي من كونه لا يسهم في ميزانية الأسرة. ولم يكن ذلك الراتب يكفي لأن يدّخر منه لمصاريف الزواج الذي كان يأمل أن يتمّه على حبيبته تور بكاي.

وكان صديق والدي محمد نعيم خان من بين زملائه الذين التقاهم في المدرسة قبل أن يصبحا فيما بعد صديقين. فقد درسا معاً للحصول على درجتي البكالوريوس والماجستير في اللغة الإنجليزية وكان كلاهما من المتحمسين لقضية التعليم. كان كلاهما يشعر بالإحباط، لأن المدرسة كانت تتسم بصرامة شديدة ولا تشجع الخيال، ولم يكن مقبولاً أن يُبدي طلاب أو مدرسون آراءهم الخاصة، وكان أصحاب المدرسة يفرضون نظاماً صارماً ويستهجنون أي صداقة بين المدرسين. ولذلك أصبح والدي يتوق للحرية التي سوف تتأتى له عندما يدير مدرسته الخاصة ويشجع على التفكير الحر

وينأى عن النهج الذي تتبناه المدرسة التي عمل فيها في تقديم الطاعة والإذعان على انفتاح الذهن والابتكار. ولذلك عندما فقد نعيم وظيفته إثر مشادة مع إدارة المدرسة، قررا أن يؤسسا مدرستهما الخاصة معاً.

كانت خطّتهما الأصلية هي أن يقوما بفتح مدرسة في قرية والدي وهي قرية شاهبور، حيث ارتأيا أن ثمة حاجة ماسة إلى مدرسة هناك. وقال: «مثل متجر يُفتح حيث لا تُوجد متاجر». ولكنهما عندما ذهبا إلى هناك بحثاً عن مبنى مناسب، وجدا لافتات معلقة في كل مكان تعلن عن قرب افتتاح مدرسة - لقد سبقهم إليها شخص ما إذن. ولذلك قررا أن يؤسسا مدرسة للغة الإنجليزية في منجورا، ظنّاً أنّ كون سوات مقصداً سياحياً سوف يشجع أولياء الأمور على إرسال أبنائهم لتعلم اللغة الإنجليزية.

وبينما كان أبي موجوداً في المدرسة، كان نعيم يجوب الشوارع بحثاً عن مبنى يمكن استئجاره واتخاذه مدرسة. وذات يوم هاتَف أبي وهو مفعم بالحماس ليخبره بأنه قد عثر على مبنى في موقع مثالي. كان ذلك هو الطابق الأرضي من مبنى يتألف من طابقين في منطقة ميسورة الحال اسمها «لانديكاس» ولها فناء مُسوَّر يمكن للطلاب التجمع فيه. كان المستأجرون السابقون للمبنى يديرون مدرسة - هي مدرسة رمادا. وقد اختار لها المالك ذلك الاسم لأنه قد ذهب ذات مرة إلى تركيا ورأى هناك فندقاً اسمه رمادا! ولكن المدرسة أفلست، وهو ما كان يقتضي منهم التريث قبل الإقدام على هذه الخطوة. وفوق ذلك، كان المبنى يقع على ضفتي نهر مارجازار الصغير حيث اعتاد الناس أن يلقوا بالقمامة التي تنبعث منها روائح كريهة خلال أشهر الصيف الحارة.

توجه والدي لرؤية المبنى بعد انتهاء ساعات عمله. وكانت ليلة هادئة زانتها النجوم والقمر المكتمل الذي يعلو الأشجار، وهو ما اعتبره فألاً حسناً. ويستحضر ذلك قائلاً: «شعرت بسعادة غامرة. كان حلمي في سبيله إلى التحقق».

أنفق نعيم وأبي كل مدخراتهما وهي 60 ألف روبيه، واقترضا 30 ألف روبيه أخرى لإعادة دهان المبنى، واستأجرا كوخاً للسُكنى فيه ثم شرعا يطرقان أبواب البيوت باباً باباً لاستقطاب الطلاب، لكن ولسوء الطالع تبيَّن لهما أن الإقبال على تعلُّم اللغة الإنجليزية كان متدنياً، ومن ثم واجها استنزافاً غير متوقع لمدخولهما. واصل أبي مشاركته في النقاشات السياسية بعد تخرجه من الكلية. وكان زملاؤه من الناشطين يأتونه كل يوم إما في الكوخ أو المدرسة لتناول الغداء. وهو ما جعل نعيم يتبرم من ذلك قائلاً: «لن نستطيع تحمل كل هذه الضيافة!» أصبح جلياً لهما أيضاً أنهما وإن كانا صديقين حميمين، فإنه من الصعوبة أن يعملا معاً كشريكين في مشروع واحد.

وفوق ذلك أصبح هناك سيل من الضيوف الذين يتدفقون عليه من شانجلا بعد أن بات لديه مكان يمكن أن يؤويهم. ونحن البشتون لا يمكننا أن نردّ أقاربنا أو أصدقاءنا، مهما كانت الصعاب التي سنتجشمها لدى استضافتنا لهم، كما أننا لا نلقي بالاً لما يُسمى بالخصوصية وليس مألوفاً لدينا أن يطلب المرء موعداً لمقابلة شخص ما، ولذلك يمكن للضيف المجيء وقتما يشاء والمكوث بالقدر الذي يريده. وهو ما كان يمثل كابوساً لدى شخصين يسعيان لبدء مشروعهما، وأفقد نعيم صوابه وجعله يمازح أبي قائلاً إن من يسمح منهما لأقاربه بالمكوث في المدرسة، سوف يُغرَّم مبلغاً من المال.

وكان أبي يحاول إقناع أصدقاء نعيم وأسرته بالبقاء حتى يُغرَّم هو أيضاً!

بعد مضي ثلاثة أشهر كان نعيم قد فاض به الكيل. وقال: «يفترض أننا نجمع مالاً في رسوم التسجيل، لكن بدلاً من ذلك فإن بابَنا لا يطرقه سوى المتسولون! هذه مهمة تنوء بها الجبال. وليس باستطاعتي تحمل أي مزيد!».

أصبح الصديقان السابقان نادراً ما يتحدثان معاً وقتئذٍ، بل واضطرا للجوء إلى الزعماء المحليين للوساطة بينهما. استمات والدي كي لا يتخلى عن المدرسة ولذلك قبل أن يدفع لنعيم عائداً على حصتة في الاستثمار. لم يكن يدري كيف سيفعل ذلك، لكن ولحسن الحظ، فإن صديقاً قديماً آخر اسمه هداية الله قد تدخل ووافق على تحمّل نصيب نعيم والحلول مكانه شريكاً. مرة أخرى راح الشريكان الجديدان يطرقان الأبواب، ويخبران الناس بتأسيسهما لمدرسة من نوع جديد. كان أبي يمتلك قدراً كبيراً من الكاريزما في كسب الناس، ويقول عنه هداية الله إنه من نوعية الأشخاص الذين، إن دعوتهم لمنزلك، فإنهم يصادقون أصدقاءك، لكن ورغم أن الناس كانوا يشعرون بالسعادة في الحديث إليه، فقد ظلوا يفضّلون إرسال أبنائهم إلى المدارس المتعارف عليها.

قررا أن يُسمِّيا المدرسة «مدرسة خوشال» تيمناً باسم أحد أبطال البشتون العظام لدى والدي، وهو خوشال خان خاتاك، الشاعر المحارب الذي يتحدر من أكورا الواقعة إلى الجنوب من سوات، والذي سعى لتوحيد كل قبائل البشتون للتصدي لهجمات المغول في القرن السابع عشر. وبالقرب من مدخل المدرسة خطُّوا شعاراً

يقول: «ملتزمون بالبناء من أجل عصر جديد». صمم والدي أيضاً درعاً وضع عليه مقولة شهيرة بلغة البشتو لخاتاك، وهي: «إنني ما أُشهر سيفي إلا دفاعاً عن حياض الشرف الأفغاني». وكان أبي يريد لنا أن نستلهم هذا البطل العظيم، ولكن بطريقة تلائم عصرنا - بأن نُشهر القلم، وليس السيف. فمثلما أراد خاتاك أن يوحّد البشتون لمحاربة عدو خارجي، فعلينا أن نُوحّد جهودنا لمحاربة عدو آخر هو الجهل.

لسوء الحظ فإن ذلك لم يقنع أناساً كثيرين، وعندما فتحت المدرسة أبوابها لم يسجّل بها سوى ثلاثةِ طلاب فقط، لكن والدي أصرّ رغم ذلك على بدء اليوم الدراسي وفقاً لأحدث الطرق المتعارف عليها، عبر ترديد النشيد الوطني، ثم قيام ابن شقيقته عزيز، الذي كان قد جاء لمساعدته، برفع العلم الباكستاني.

ونظراً إلى أنه لم يُقبل على المدرسة إلا عددٌ محدودٌ من الطلاب، فلم يتوفر لديهما لتجهيز المدرسة إلا قدرٌ ضئيل من المال سرعان ما نَفد هو الآخر. لم يكن بوسع أي منهما أن يُدبر أي أموال أخرى عبر عائلته، ولم يُسَرّ هداية الله عندما علم أن والدي ما زال مديناً لأشخاص كثيرين منذ أيام الكلية، وكانت المدرسة دائماً ما تَرِدها مطالبات بسداد ديون مستحقة.

كان الأسوأ في انتظارهما عندما ذهب والدي لتسجيل المدرسة. فبعد إبقائه رهن الانتظار لساعات، سُمح له بالدخول إلى مكتب مسؤول المدارس، الذي كان يجلس خلف أكوام عالية من الملفات ويتحلق حوله عدد من المتطفلين الذين كانوا يحتسون الشاي. «أي نوع من المدرسة هذه؟» سأل المسؤولُ والدي مستهزئاً

بالطلب الذي تقدَّم به. «وكم عدد المدرسين لديك؟ ثلاثة! المدرسون لديك غير مدربين. كل من هبّ ودبّ يحسب أن بوسعه فتح مدرسة هكذا!».

تضاحك الأشخاص الآخرون في المكتب، وراحوا يسخرون منه. اغتاظ والدي من ذلك. أصبح واضحاً لديه أن المسؤول يريد مالاً، لكن البشتون لا يقبلون أن يستهزئ بهم أحدٌ، كما أنه لم يكن في وارد دفع رشوة للحصول على ما يراه حقاً له، لا سيما وأنه هو وهداية الله كانا يجدان صعوبة في توفير قوت يومهما، ناهيك عن دفع رشى. كانت الرسوم السائرة للتسجيل تناهز 13 ألف روبيه، وقد تزيد على ذلك إن كان صاحب المدرسة ثرياً. وفوق ذلك، كان يُنتظر من المدارس أن تَستضيف المسؤولين بانتظام على مأدبة غداء من الدجاج أو سمك السلمون المرقط من النهر. كان مسؤول التعليم عندما يهاتف المدرسة كي يرتب لجولته التفتيشية لا يفوته أن يحدّد مكونات غداءه المنتظر، وهي ممارسات تبرَّم منها والدي قائلاً: «نحن مدرسة ولسنا مزرعة دواجن».

ولذلك عندما كان المسؤول يرمي من طرف خفي للحصول على رشوة، كان والدي ينفجر غاضباً في وجهه (متسلحاً بخبرة سنوات أمضاها في المناظرات): «لماذا تسألني كل هذه الأسئلة؟ هل أنا في مكتب أو في نقطة شرطة أو في محكمة؟ هل أنا مجرم؟» لم يزده كل ذلك إلا تصميماً على التصدى لهؤلاء المسؤولين كي يحمي أصحاب المدارس الآخرين من مثل هذا الابتزاز والفساد. وأدرك أنه لن يستطيع ذلك إلا إذا خُوِّل قوة يستند إليها، ولذلك انضم إلى منظمة تسمي نفسها «رابطة المدارس الخاصة في سوات». كانت الرابطة

صغيرة في تلك الأيام، ولم يكن أعضاؤها يتجاوزن 15 عضواً، ولكن سرعان ما شغل والدي فيها منصب نائب الرئيس.

كان مدراء المدارس الآخرين يأخذون دفع الرِشى باعتباره أمراً مُسلَّماً به، أما والدي فقد ارتأى أن المدارس سيكون بوسعها التصدى لذلك إذا ما توحدت كلمتها. كان يقول لهم: «إن إدارة مدرسة ما ليست جُرماً. لماذا يجب عليكم أن تدفعوا رشى؟ إنكم لا تديرون مواخير؛ وإنما تعلمون أطفالاً! ومسؤولو الحكومة ليسوا رؤساءكم، بل هم موظفون من أجل خدمتكم. وهم يتقاضون رواتب مقابل هذه الخدمة. فأنتم من تُعلمون أطفالهم».

سرعان ما أصبح رئيساً للرابطة فانطلق يوسّع من قاعدة عضويتها حتى أضحت تضم 400 مدير مدرسة. وهكذا بات أصحاب المدارس فجأة في مركز قوة. ولكن والدي كان دائماً شخصاً حالماً وليس برجل أعمال، وفي الوقت ذاته كان هو وهداية الله يمران بضائقة مالية خانقة، ونفد رصيدهما لدى صاحب المتجر الكائن في المنطقة ولم يعد بوسعهما أن يشتريا ولو بعض الشاي والسكر. وفي مسعى منهما لتعزيز مواردهما، فتحا متجراً لبيع الحلوى في المدرسة، فينطلقان صباحاً ليشتريا الوجبات الخفيفة كي يبيعاها للأطفال. كان أبي يشتري الذرة الصفراء ويسهر حتى وقت متأخر من الليل لإعداد الفشار وتعبئته في أكياس.

أما هداية الله فقال: «كنت أشعر بحزن شديد، وأحياناً كنت أنهار عندما أرى المشاكل وقد أحدقت بنا من كل ناحية، أما ضياء الدين فعندما تواجهه أزمة، فكان يزداد تماسكاً وترتفع معنوياته».

أصرّ أبي على أنه ينبغي لهما أن يرسما لنفسيهما أهدافاً كبيرة

وبعيدة المدى. وذات يوم عاد هداية الله من زياراته لاستقطاب التلاميذ ليجد والدي جالساً في المكتب يتحدث مع مسؤول قناة تلفزيونية محلية بشأن عمل مادة دعائية للمدرسة. وما إن غادر المسؤول، حتى انفجر هداية الله بالضحك. وقال له يومها: «ضياء الدين، نحن لا نملك حتى جهاز تلفزيون. إذا ما وضعنا إعلاناً فلن يكون بوسعنا حتى مشاهدته». ولكن أبي كان ذو طبيعة متفائلة ولا توهن عزمه العقبات التي قد يواجهها على أرض الواقع.

وذات يوم أخبر أبي هداية الله بأنه عائد إلى قريته وسيمكث هناك بضعة أيام. كان في واقع الأمر ذاهباً من أجل إتمام زواجه، لكنه لم يشأ أن يفشي الأمر لأي من أصدقائه في منجورا؛ فلم يكن بمقدوره تحمُّل مؤونة ضيافتهم؛ لا سيما وأن أعراسنا تتواصل على مدى أيام وتتخللها الولائم والاحتفالات. وفي واقع الأمر، فإنه وكما دأبت أمي على تذكيره، فإن والدي لم يحضر الحفل الحقيقي للعرس. فهو لم يوجد إلا في اليوم الأخير فقط، وذلك عندما حمل أفراد العائلة مصحفاً وبسطوا شالاً فوق رؤوسهم وأمسكوا بمرآة لينظروا فيها. وفي زيجات كثيرة من تلك التي تتمّ عبر توافق الأهل فإن هذه تكون هي المرة الأولى التي يرى فيها الزوجان كلاهما الآخر. ثم يأتي ولد صغير ليجلس على حجريهما حضاً لهما على إنجاب ولد.

وفقاً لتقاليدنا فإن العروس تتلقى بعض الأثاث أو ربما ثلاجة من أسرتها فيما تقدم لها أسرة العريس بعض الحلي. لم يكن جدي بالذي يمكن أن يشتري قدراً كافياً من الحلي، ولذلك اضطر أبي لأن يقترض مبلغاً إضافياً من المال لشراء بعض الأساور. عقب الزواج

انتقلت والدتي للعيش برفقة جدي وعمي، وكان والدي يعود إلى القرية مرة كل أسبوعين أو ثلاثة لرؤيتها. كانت الخطة المرسومة هي أن يسعى لتشغيل المدرسة، وما إن ينجح في ذلك، حتى يستقدم زوجته. ولكن جدي الذي دأب على التبرم من استنزاف دخله أحال حياة والدتي جحيماً. كانت والدتي تملك قدراً يسيراً من المال، ولذلك استأجرا حافلة وسافرا معاً إلى منجورا. لم يكن لديهما هي ووالدي أدنى فكرة عن الكيفية التي سيدبران بها حياتهما. وهنا يحدثني والدي قائلاً: «لقد تأكد لنا أن أبي لا يريدنا أن نبقى هناك. كنت غاضباً من عائلتي في ذلك الوقت، ولكن شعوري بالغضب زال عندما أدركت أن ذلك هو ما جعلني أكثر استقلالية».

لكن أبي ومع ذلك كان قد غفل عن إخبار شريكه بشأن زواجه. ولذلك فَزِع هداية الله عندما ألفى أبي عائداً إلى منجورا وفي رفقته زوجة. وقال لأبي: «لسنا في حال يمكننا معها إعالة أسرة. أين ستُسكنها؟».

فأجاب أبي: «حسناً. سوف تطهو وتغسل لنا».

سعِدت والدتي بالمكوث في منجورا، فقد اعتبرتها مدينة حديثة. عندما كانت هي وصديقاتها يتجاذبن أطراف الحديث بشأن أحلامهن وهن صغار على شاطئ النهر، كانت معظمهن تقلن إنهن يردن الزواج وإنجاب الأطفال وطهو الطعام لأزواجهن. وعندما يحين دور الكلام على والدتي، كانت تقول: «أريد أن أعيش في المدينة وأن أطلب الكباب والنان فيأتيني جاهزاً بدلاً من أن أعده بنفسي». غير أن حياة المدينة لم تكن تماماً كما اشتهتها. فالكوخ لم يكن يضم سوى غرفتين، واحدة ينام فيها هداية الله وأبي وأخرى

كانت مكتباً صغيراً. ولم يكن هناك مطبخ ولا تمديدات للصرف الصحي. وقد اضطر هداية الله بعد وصول والدتي، للانتقال إلى المكتب حيث بدأ ينام على مقعد خشبي صَلب.

اعتاد أبي أن يطلب مشورة والدتي في كل شيء. فكان يقول: «بِكاي، لقد اختلط عليّ الأمر، فساعديني». وكانت تساعده حتى في طلاء حوائط المدرسة، وتحمل القناديل حتى يستطيعا مواصلة الطلاء عندما تنطفئ الأنوار بسبب انقطاعات التيار الكهربائي.

ويقول هداية الله: «ضياء الدين رجل مخلص لأسرته، فقد كانا زوجين منسجمين غاية الانسجام. وبينما لا يستطيع معظمنا العيش مع زوجاتهم، فإنه لا يستطيع العيش من دونها».

بعد بضعة أشهر أصبحت والدتي حاملاً. وُلد أول طفل لهما، وكانت بنتاً، ميتاً في العام 1995. يقول والدي: «أعتقد أنه كانت هناك مشكلة نظافة في ذلك المكان الطيني. كنت أظن أن النساء يمكنهن أن يلدن دون الحاجة إلى مستشفى، مثلما كان الحال مع أمي وشقيقاتي في القرية. لقد أنجبت أمي عشرة أطفال بهذه الطريقة».

ظلت المدرسة تتعرض لخسائر مالية. فكانت الأشهر تنقضي ولا يستطيعان دفع أجور المدرسين أو سداد إيجار المدرسة. وقد دأب صائغ الذهب على القدوم والمطالبة ببقية ثمن الأساور التي اشتراها أبي لوالدتي عند الزواج. كان والدي يعدّ له كوباً من الشاي المنعش ويقدِّم له البسكويت على أمل أن يسترضيه، فيما يضحك هداية الله من ذلك قائلاً: «هل تظن أن كوباً من الشاي سوف يُرضيه؟ لن يرضيه إلا حصوله على ماله».

اشتد خناق الضائقة المالية حتى إن والدي اضطر لبيع الأساور الذهبية. ووفقاً لثقافتنا فإنّ حلي الزواج تعتبر بمثابة الرباط بين الزوجين، لكن رغم ذلك كثيراً ما تبيع النساء حليهن لمساعدة أزواجهن في تأسيس مشروعاتهم أو لدفع نفقات سفرهم إلى الخارج. وكانت والدتي قد عرضت على أبي بيع أساورها بالفعل لسداد الرسوم التي يحتاجها ابن شقيقته للالتحاق بالكلية، وهو أمر كان أبي قد تسرَّع ووعد بتحمل تكلفته - ولحسن الحظ، فقد تدخل ابن عم أبي جيهان شير وتكفل بذلك، ولم تكن تدرك أن أساورها لم يسدد سوى بعض ثمنها. وقد استشاطت غضباً عندما علمت أن أبي قد باعها بثمن بخس.

وعندما بدا لهما أن وضعهما المالي لا يمكن أن يسوء أكثر ممّا ساء، إذا بالمنطقة تتعرض لسيول جارفة. تواصل سقوط المطر بلا توقف على مدى يوم كامل، وصدر تحذير في وقت متأخر من ظهيرة ذلك اليوم من حدوث فيضانات. كان يتعين على الجميع مغادرة المنطقة، لكن أمي لم تكن موجودة في المنزل واحتاج هداية الله لمساعدة أبي كي ينقلا كل شيء إلى الطابق الأول لتفادي المياه التي ترتفع مستوياتها سريعاً، ولكنه لم يعثر له على أثر. خرج هداية الله من المدرسة تحت المطر ينادي «ضياء الدين، ضياء الدين!» وهو ما كاد أن يكلفه حياته. فمياه الفيضانات كانت قد غمرت الشوارع الضيقة خارج المدرسة تماماً، وسرعان ما ارتفع منسوب الماء حتى كاد أن يغرق. ورأى بعض الأسلاك الكهربية العارية تتدلى وسط الرياح، وراح ينظر إليها والخوف يكبِّله لأنها تكاد تلامس الماء. في حال حدث ذلك، فسوف تصعقه الكهرباء.

عندما وجد أبي أخيراً، علم أنه كان قد سمع استغاثة امرأة حوصر زوجها في منزلهما فهَرِع إلى إنقاذه، ثم ساعدهما بعد ذلك في إنقاذ الثلاجة. استشاط هداية الله غضباً من ذلك. وقال له: «لقد أنقذت زوج هذه المرأة ولكنك لم تنقذ بيتك! هل كان ذلك بسبب استغاثة امرأة؟».

عندما تراجع منسوب المياه، تبيَّن لهما أن بيتهما ومدرستهما قد دمِّرتا: فالأثاث والسجاد والكتب والملابس ومكبرات الصوت قد غمرها تماماً طين كثيف ذو رائحة كريهة. لم يكن لديهما مكان للنوم ولا ملابس نظيفة لتبديلها. ولحسن الحظ، فقد وجدا جاراً اسمه السيد أمان الدين وفَّر لهما مأوى في تلك الليلة. استغرقت إزالة آثار الدمار الذي أحدثه الفيضان أسبوعاً، لكنه وبعد عشرة أيام، وبينما كان كلاهما غير موجود، ضربت موجة ثانية من الفيضان المنطقة وغصَّ المبنى مرة ثانية بالطين. وبعد فترة وجيزة زار مسؤول لدى شركة المياه والكهرباء المدرسة مدَّعياً أن ثمة تلاعباً قد جرى في قراءة عدّادها وطلب رشوة. عندما رفض والدي ذلك، وصلتهما فاتورة بها غرامة ضخمة. لم يكن من سبيل أمامهما إلا سداد هذه الغرامة، ولذلك لجأ والدي إلى أحد أصدقائه السياسيين كي يستخدم نفوذه في إخراجه من هذه المعضلة.

بدا وكأن المدرسة لم يكن مقدَّراً لها أن توجد، ولكن أبي ليس بالذي يتخلى عن حلمه بهذه السهولة. وفوق ذلك، كان لديه أسرة يعيلها. ولدتُ في 12 تموز/ يوليو من العام 1997، حيث ساعدت جارة سبق لها أن أنجبت أطفالاً أمي في الولادة. كان أبي في المدرسة يترقب، وعندما بلغه الخبر جاء يركض. توجست أمي من

إخباره بأنه رزق بنتاً وليس ولداً، ولكنه يقول إنه نظر في عينيّ وابتهج.

يقول هداية الله: «ملالا فتاة ذات حظ. فقد ابتسم لنا الحظ عندما ولدت».

ولكن ذلك الحظ لم يواتهما على الفور. ففي الذكرى الخمسين لتأسيس باكستان في 14 آب/ أغسطس من العام 1997، أقيمت العروض والاحتفالات في ربوع البلاد، لكن أبي وصديقه لم يريا أن ثمة ما يستحقّ الاحتفال، ذلك أن سوات لم يجنِ إلا المعاناة منذ اندماجه في باكستان. ولذلك ارتديا أربطة يد سوداء كي يتظاهرا تعبيراً عن رفضهما لهذه الاحتفالات، فألقت قوات الشرطة القبض عليهما، قبل أن يُطلق سراحهما لاحقاً بعد دفع غرامة كبيرة.

بعد أشهر قليلة من مولدي، أُخليت غرف ثلاثة كانت في الطابق الثاني من مبنى المدرسة فانتقلنا إليها جميعاً. كانت حوائطها إسمنتية ومزوّدة بالمياه، ولذلك عُدَّت وضعاً محسّناً مقارنة بكوخنا الطيني، بيْد أننا تكدّسنا داخلها لأن هداية الله كان يشاركنا إياها، فضلاً عن أن الضيوف لا يكادون ينقطعون عنا. كانت هذه المدرسة الأولى مدرسة ابتدائية مختلطة وصغيرة للغاية، وكانت عندما ولدت تضم خمسة أو ستة مدرسين وحوالي مائة تلميذ يدفعون مائة روبيه في الشهر. وفيها عمل أبي مدرساً ومحاسِباً ومديراً للمدرسة في آنٍ معاً، مثلما كان ينظف الأرضيات ويطلي الحوائط ويغسل دورات المياه. وقد اعتاد تسلق أعمدة الكهرباء لتعليق اللافتات للإعلان عن المدرسة، رغم أنه كان يعاني رهاباً من الارتفاعات وما إن يبلغ قمة السلم حتى ترتعش قدماه. وكان إذا توقفت مضخة المياه عن العمل،

ينزل إلى البئر لإصلاحها بنفسه، وكنت عندئذٍ أبكي ظناً أنه لن يعود ثانية. لم يكن يتبقى لنا إلا قدر ضئيل من المال لشراء الطعام بعد سداد إيجار المدرسة ودفع رواتب المدرسين، حتى إننا اضطررنا لشرب الشاي الأخضر، لأنه لم يكن بوسعنا شراء حليب للشاي العادي، لكن وبعد فترة بدأت المدرسة تحقق تعادلاً ما بين الربح والخسارة، ومن ثم راح أبي يخطِّط لإنشاء مدرسة ثانية، أراد أن يسميها أكاديمية ملالا للتعليم.

كانت المدرسة مرتع طفولتي. ويحدِّثني أبي بأني حتى وقبل أن أنطق بكلمة كنت أدلف إلى الصفوف الدراسية وأتحدث كما لو كنت معلمة. وكانت بعض المعلمات مثل ميس ألفت تحملني وتضعني فوق حجرها أو حتى تصطحبني إلى بيتها لبعض الوقت. وعندما بلغتُ الثالثة أو الرابعة وُضعت ضمن صفوف أطفال يكبروني سناً. كنت أجلس مندهشة، وأنا أستمع لكل ما يتعلمونه، وأحياناً أقوم بتقليد المدرسين. وتستطيع القول إنني نشأت وترعرعت في مدرسة.

ومثلما تبين لأبي مع نعيم، فإن خلط العمل بالصداقة ليس أمراً سهلاً. في نهاية المطاف غادر هداية الله كي يؤسِّس مدرسته الخاصة وتقاسما الطلاب، وأخذ كلّ منهما اثنين من السنوات الأربعة. لم يبلِّغا تلاميذهما بالأمر، وأرادا للناس أن يحسبوا أن المدرسة تتوسع وأنهما يملكان مبنيين. ورغم أن التواصل بين هداية الله وأبي كان قد انقطع، فإن هداية الله افتقدني كثيراً وبدأ يزورنا.

وخلال إحدى زياراته لنا بعد ظهيرة أحد أيام أيلول/ سبتمبر 2001 تناهى إلى سمعنا هرجٌ ومرجٌ عظيمان وبدأ أناس آخرون

يتدفقون على منزلنا. قالوا إن مبنى تعرض لهجوم كبير في نيويورك. طائرتان اصطدمتا بالمبنى. لم أكن قد تجاوزت الرابعة ولم أفهم ماذا جرى، بل كان صعباً حتى على الكبار أن يستوعبوا ما حدث، فأكبر البنايات في سوات هي المستشفى والفندق، وكلاهما لا يتجاوز ارتفاعه طابقين أو ثلاثة. ولأول وهلة تصورنا أن الهجوم الذي وقع قد وقع في بلد بعيد عنا كل البُعد. لم أكن أدري ما هي نيويورك وما هي أميركا. فقد كانت المدرسة هي العالم وكان العالم هو المدرسة، ولم نكن ندرك عندئذٍ أن أحداث الحادي عشر من سبتمبر سوف تُغيِّر عالمنا نحن أيضاً، وأنها سوف تجلب الحرب إلى وادينا.

4

القرية

وفقاً لتقاليدنا فقد اعتدنا أن نقيم احتفالاً اسمه «ووما» (التي تعني «السابع») في اليوم السابع من مولد الطفل، ويُدعى إليه الأهل والأصدقاء والجيران لرؤية المولود الجديد. لم يقِم أبواي لي هذا الاحتفال لأنه لم يكن بوسعهما تحمل ثمن العنزة والأرز المطلوبين لإطعام الضيوف، كما أن جدي لم يكن ليمدّهما بالمال لأني لم أكن ولداً. وعندما وُلِد شقيقاي وأراد جدي أن يتحمل تكاليف ذلك، رفض والدي، لكونه لم يبادر بذلك معي. ولأن جدي كان هو الجدّ الوحيد الباقي على قيد الحياة بعد أن مات جدي لأمي قبل مولدي، فقد توثقت عرى العلاقة بيننا. ويقول أبواي إنني ورثت خصالاً من كلا الجدين - فاكتسبت خفة الظل والتحلي بالحكمة من والد والدتي فيما ورثت الجرأة عن والد والدي. وأضحى جدي أكثر تساهلاً بعد أن شابت لحيته وتقدّم به السن وأصبحتُ أحب زيارته في القرية.

وكان كلما رآني استقبلني بأغنية، فلم يكن قلقه إزاء المعنى الحزين لاسمي قد زال بعد، وأراد أن يضفي عليه بعض السعادة: «ملالا مايواند هي أسعد إنسان في العالم قاطبة».

اعتدنا دائماً الذهاب إلى القرية في إجازة العيد، حيث نرتدي

أجمل الثياب ونتكدّس في الحافلة، وهي حافلة ذات ألواح وتمّ طلاؤها بألوان زاهية وتتدلى منها سلاسل يتراطم بعضها ببعض فتصدر خشخشة، ثم نتجه شمالاً إلى قرية باركانا في شانجلا حيث تقطن عائلتنا. يأتي العيد مرتين في كل عام - عيد الفطر أو العيد الصغير الذي يعقب شهر الصوم رمضان، وعيد الأضحى أو العيد الكبير وهو يخلد امتثال النبي إبراهيم عليه السلام لأمر الله بذبح ولده إسماعيل. ويتم الإعلان عن حلول العيدين عبر لجنة خاصة من علماء الدين يُناط بها رصد ظهور الهلال. وبمجرد سماعنا للخبر عبر المذياع حتى ننطلق في رحلتنا.

لم يغمض لنا جفن عشية الرحلة تقريباً من فرط ما يتملكنا من حماس وابتهاج بها. تستغرق الرحلة عادة خمس ساعات تقريباً، طالما أن الطريق لم تجرفها مياه أمطار أو لم تتعرض لانهيارات أرضية، تنطلق الحافلة بنا في الصباح الباكر. تجشمنا مشقة كبيرة حتى بلغنا محطة الحافلات في منجورا، لا سيما وأن حقائبنا كانت مُثقلة بالهدايا التي نحملها لعائلتنا مثل الشالات المزركشة وعلب الحلوى الطرية بالإضافة إلى الأدوية التي قد لا يجدونها في القرية، فيما كان بعض الناس يحملون أشولة من السكر والدقيق. كانت معظم الحقائب تثبّت فوق سقف الحافلة حتى تصبح مثل كومة عالية. زاحم بعضنا بعضاً ورحنا نتنازع على المقاعد الملاصقة للنوافذ رغم أن زجاجها كان ملطخاً بالطين وتصعب الرؤية من خلاله. وتتميز حافلات سوات بأنّ جوانبها مرسوم عليها مشاهد زهور بنفسجية وصفراء، ونمور برتقالية وجبال مغطاة بالثلوج. وكان أخواي يسعدان إنْ ركبنا حافلة تحمل صوراً لطائرة من طراز إف-16 أو

صواريخ نووية، رغم أن والدي اعتاد القول بأن ما أنفقه ساستنا من أموال طائلة على تصنيع القنبلة الذرية، كان كفيلاً بأن يوفِّر لنا ما نحتاجه من مدارس.

انطلقت الحافلة من السوق، ومررنا بلوحات إعلانية لأطباء أسنان تظهر فيها أفواه ذات ابتسامات عريضة، وبعربات نقل كُدِّست فوقها أقفاص خشبية تغصّ بدجاج أبيض ذي عيون صغيرة براقة ومناقير قرمزية، ومتاجر حُلي امتلأت نوافذها بالأساور الذهبية. كانت آخر متاجر مررنا بها في طريقنا شمالاً للخروج من منجورا هي أكواخ خشبية يلاصق بعضها بعضها وقد رُصَّت إزاء كلّ منها أكوام من الإطارات التي تمّ إصلاحها وأصبحت مهيأة للسير عبر الطرق السيئة التي تنتظر المسافرين. بعدئذٍ دخلنا إلى الطريق الرئيس الذي أنشأه الوالي الأخير، وهو طريق يسير بمحاذاة الضفة اليسرى لنهر سوات ويحتضن الأجراف من جهة اليمين بما تضمه من مناجم لأحجار الزمرد. وتطل على النهر مطاعم سياحية ذات نوافذ زجاجية كبيرة لم تطأها أقدامنا قط. وعبر الطريق مررنا بأطفال ذوي وجوه مغبرة وقد ناءت ظهورهم بأكوام كبيرة من العشب، فيما يرعى آخرون قطعاناً من الماعز ذات الشعر الكثيف.

مع مواصلة السير عبر الطريق، تبدَّلت المناظر الطبيعية إلى حقول أرز يكسوها اللون الأخضر الزاهي وتنبعث منها رائحة منعشة، وبساتين من أشجار المشمش والتين. وما بين حين وآخر كنا نمر بمواقع صناعة الرخام فوق الجداول وقد اصطبغت مياهها باللون الأبيض بسبب ما يُطرح فيها من مواد كيميائية. وهو ما كان يستثير غضب والدي فيعلق قائلاً: «انظروا إلى ما يفعله هؤلاء المجرمون

لتلويث وادينا الجميل». انفصل الطريق عن النهر ووصل إلى ممرات ضيقة فوق مرتفعات تغطيها أشجار التنوب، وظللنا نصعد أعلى فأعلى، حتى كادت آذاننا تنفجر من شدة الضغط. وفوق بعض قمم هذه المرتفعات تظهر خرائب تتحلق حولها النسور وأطلال قلاع بناها الوالي الأول. بدا أثر الإنهاك على الحافلة فيما كان السائق يتفوّه بأقذع الألفاظ كلما تجاوزتنا شاحنة عند منعطف خطير يطلّ على منحدرات حادة. كان أخواي يحبّان ذلك، ويهزآن بخوفنا أنا وأمي عبر إيماءاتهم إلى المركبات المهملة على جانبي الطريق وقد صارت حطاماً جراء حوادث الطرق.

وأخيراً وصلنا إلى ما يُسمى بمنعطف السماء، بوابة الدخول إلى قمة شانجلا، وهو ممرّ جبلي يُشعرك وكأنك تتربع فوق قمة العالم. هنالك كنا في موقع يعلو القمم الجبلية التي تحيط بنا من كل صوب. نستطيع أن نرى من بعيد ثلوج منتجع التزلج لدينا «ملام جابا». وهنا تنتشر على جانبي الطريق ينابيع الماء العذب والشلالات، وعندما توقفنا لنيل قسط من الراحة واحتساء بعض الشاي، وجدنا الهواء نقياً وعبِقاً برائحة الأرز والصنوبر. ولا يرى المرء في شانجلا من حوله إلا جبالاً وجزءاً صغيراً من السماء. بعد ذلك ينعطف الطريق إلى الخلف لفترة ثم يبدأ في السير بمحاذاة نهر «جوربان» ويتحول تدريجياً إلى دربٍ جبلي وعرٍ. كان السبيل الوحيد لعبور النهر هو استخدام الجسور المصنوعة من الحبال أو عبر نظام البَكَر الذي يُحمَل فيه الأشخاص في صناديق معدنية. وهي ما يسمّيها الأجانب جسور الموت، ولكننا نحبها.

عندما تطالع خريطة سوات تراه وادياً طولياً تتخلله أودية صغيرة نسميها «داراي» تتفرع منه مثل أغصان شجرة. وتقع قريتنا في منتصف الطريق تقريباً باتجاه الشرق، حيث «كانا دارا»، التي تحيط بها جدران جبلية وعرة وبالغة الضيق فلا يجد المرء فيها متّسعاً ولو لملعب كريكيت. نسمي قريتنا شاهبور، وإن كان ثمة عِقدٌ من ثلاث قرى يمتد عبر سفح الوادي - وشاهبور هي أكبرها؛ وباركانا هي التي نشأ فيها أبي؛ وكارشات هي حيث عاشت أمي. وعند نهاية كل قرية من القريتين ينتصب جبلٌ ضخم: «تور جار»، وهو الجبل الأسود، ناحية الجنوب، و«سبين جار»، وهو الجبل الأبيض، ناحية الشمال.

كنا عادة ما نقيم في باركانا حيث منزل جدي الذي نشأ فيه والدي. مثلما هو حال كلّ المنازل تقريباً في المنطقة، كان مبنياً بالحجر والطين وله سطح مستوٍ، لكني كنت أفضِّل المكوث في كارشات مع أبناء أخوالي إذ كان لديهم منزل خرساني به حمَّام ويضمّ أطفالاً كثيرين يمكنني اللعب بصحبتهم. كنت أقيم مع والدتي في طابقه السفلي في جناح الحريم حيث تمضي النساء أوقاتهن في العناية بالأطفال وإعداد الطعام وتقديمه إلى الرجال في مجلسهم الكائن بالطابق العلوي. وفي الليل كنت أنام مع بنات أخوالي أنيسة وسُمبل في غرفة واحدة معلّق بها ساعة على شكل مسجد وخزانة حائط تحوي بندقية وبعض علب صبغ الشعر.

كان اليوم يبدأ باكراً في القرية، وحتى أنا التي تحبّ النوم حتى ساعة متأخرة من النهار، كنت أستيقظ على صياح الديكة وقعقعة الأطباق فيما تعدّ النساء طعام الإفطار للرجال. في الصباح تنعكس

الشمس على قمة جبل «تور جار»؛ وعندما نستيقظ لصلاة الصبح، كنا نولي وجهنا يساراً فنرى القمة الذهبية لجبل «سبين جار» وقد سطعت عليها أولى أشعة الشمس فتبدو مثل امرأة شقراء تتحلى بسلسلة ذهبية فوق جبينها.

كان المطر يهطل كثيراً عندئذٍ فيغسل كلّ شيء، وتتجمّع الغيوم فوق المصاطب الخضراء للتلال حيث يزرع الناس الفجل وأشجار الجوز. وتتناثر خلايا النحل في المكان وكنت أشتهي عسلها الذي نأكله مع ثمار الجوز. أما في نهاية قرية كارشات فيوجد جاموس الماء الذي يسبح في النهر. وتوجد أيضاً سقيفة تظلِّل ناعورة خشبية يوفر دورانها الطاقة اللازمة لتشغيل رحى حجرية ضخمة لطحن القمح والشعير، حيث يقوم صبية صغار بتعبئته في أشولة. وبالقرب من ذلك توجد سقيفة أصغر تظلِّل لوحة تضم مجموعة أسلاك كثيرة. لم تكن الحكومة قد مدّت شبكة الكهرباء إلى القرية بعد ولذلك اعتاد كثيرون من أهلها على تدبير احتياجاتهم من الطاقة عبر هذه الأنظمة الكهرومائية البديلة.

مع تواصل ساعات النهار وارتقاء الشمس إلى كبد السماء، ينكشف المزيد والمزيد من «الجبل الأبيض» الذي يغتسل تحت أشعة الشمس الذهبية. ثم عندما يحلّ المساء يدخل في الظلّ مع تحول الشمس عنه إلى «الجبل الأسود». وقد اعتدنا أن نحدِّد مواقيت الصلاة وفقاً لطول الظل على الجبال. فعندما تصل الشمس إلى صخرة معينة نقول لقد حانت صلاة عصرنا. وفي المساء، عندما تمسي القمة البيضاء لجبل «سبين جار» أكثر جمالاً ممّا كانت عليه في الصباح، كنا نقول حانت صلاة المغرب. ويستطيع المرء أينما

كان أن يرى الجبل الأبيض، وكان أبي يرى فيه رمزاً للسلام على أرضنا وراية بيضاء ترفرف عند نهاية وادينا. ويقول لي إنه خلال سنيّ طفولته كان يحسب أن هذا الوادي الصغير هو العالم كله، وأن كلّ مَن يذهب لما وراء نقطة تعانق جبل من الجبال مع السماء، سوف يَهوي من قمة العالم.

رغم أنني ولدت في مدينة، فإني أشبه أبي في شغفه بالطبيعة. فقد أعجبتني رؤية التربة الخصيبة وخضرة الزروع والمحاصيل والجاموس والفراشات الصفراء التي تطير من حولي وأنا أسير وسط الحقول. ورغم أن القرية كانت ترزح تحت فقر شديد، فقد اعتادت عائلتنا أن تمدّ لنا مائدة عامرة بصنوف الطعام، فنجد أطباقاً من الدجاج والأرز والسبانخ ولحم الضأن المتبّل، وقد طهتها جميعها النساء فوق النار، ثم تتلو ذلك أطباق من شرائح التفاح والكعك الأصفر وإبريق كبير من الشاي الممزوج بالحليب. لم يكن لدى أي من أطفال القرية لعباً أو كتباً. وعندما يلعب الأولاد الكريكيت، فإنهم يلعبونه في فجّ من الفجاج ويستخدمون كرة مصنوعة من أكياس بلاستيكية كُوِّرت معاً بأربطة مطاطة.

كانت القرية مكاناً منسيّاً واعتاد أهلها أن يدبّروا احتياجاتهم من المياه عبر الينابيع. لم تكن تضم إلا عدداً قليلاً من البيوت الخرسانية التي تعود إلى عائلات ذهب أبناؤها أو الآباء فيها إلى الجنوب للعمل في المناجم أو سافروا للعمل في الخليج العربي، ومن هناك يرسلون بالأموال. ويبلغ تعدادنا نحن البشتون أربعون مليون نسمة، يعيش منهم عشرة ملايين خارج أرضنا. ويقول والدي إنه لَمِن المُحزن أن هؤلاء لا يستطيعون العودة أبداً، لأن عليهم أن يواصلوا

العمل هناك كي يحافظوا على المستوى المعيشي الجديد لأسرهم. ولذلك يغيب عن أسر كثيرة رجالها؛ فهم يزورون عائلاتهم مرة كل عام، وعادة ما يولد طفل جديد بعد تسعة أشهر من تلك الزيارة.

تتناثر أعلى التلال وأسفلها بيوت مصنوعة من القصب والطين، تشبه بيت جدي، وهي بيوت تتهدم غالباً خلال الفيضانات. وأحياناً يموت الأطفال في القرية من شدّة البرد في الشتاء، لا سيما في ظلّ عدم وجود مستشفى. ولا توجد عيادة صحّية إلا في شاهبور، وإذا ما مرض أحد سكان القرى الأخرى كان يتعين على أقربائه نقله إليها عبر محفّة من الخشب، كنا نسميها تندراً «إسعاف شانجلا». أما إن كانت حالة المريض حرجة فإن عليهم قطع رحلة طويلة بحافلة النقل الجماعي وصولاً إلى منجورا، ما لم يكونوا محظوظين ويعرفون شخصاً يملك سيارة.

ولا يزور السياسيون القرية عادة إلا مع مَقْدَم موسم الانتخابات، فيَعِدون أهلها بمدّ الطرق والكهرباء وإيصال المياه النظيفة وبناء المدارس ويقدّمون المال والمولدات الكهربائية للأشخاص ذوي النفوذ داخل القرية ممّن نسميهم أصحاب المصالح نظراً إلى قدرتهم على توجيه جماعاتهم في عملية التصويت. وبطبيعة الحال كان ذلك لا ينطبق إلّا على الرجال؛ فالنساء في منطقتنا لا يُصوتون. وكان السياسيون يقبعون بعدئذٍ في إسلام أباد في حال كان انتخابهم للبرلمان الباكستاني، أو في بيشاور في حال كان انتخابهم لبرلمان الإقليم، ثم لا نسمع عنهم أو عن وعودهم شيئاً.

كانت بنات أخوالي تسخرن مني بسبب طريقة عيشي التي تشبه طرائق أهل المدن؛ فلم أكن أحب السير حافية القدمين، وكنت أقرأ

الكتب وأتحدث بلهجة مختلفة وأستخدم عبارات عامية شائعة في منجورا، كما كانت ملابسي غالباً من متاجر وليست مثل ملابسهن المُخاطة في البيوت. وكان أقاربي يسألوني، «هل يمكنك طهي دجاجة لنا؟» فيكون جوابي: «لا، فالدجاجة طائر بريء. ولا ينبغي لنا ذبحها». كانوا يرون أني ذات سلوكيات عصرية لأنني قدمت إليهم من المدينة، ولا يدركون أنّ سكان إسلام أباد أو حتى بيشاور سوف يعدّوني شديدة التأخر.

وكنا نخرج أحياناً في نزهات عائلية نمضيها فوق الجبال أو على شاطئ النهر. كان نهراً كبيراً، وعميق المجرى وسريع التيار إلى حدٍّ يتعذّر معه عبوره عندما تذوب الثلوج في الصيف. واعتاد الصبيان اصطياد السمك باستخدام دود الأرض التي يسلّكونها مثل خرزات السبحة في خيط يتدلى من الصنارة، ويَصفر بعضهم ظنّاً أن ذلك سوف يجتذب السمك. لم يكن سمكاً طيب المذاق، فقد كانت أفواهه خشنة وصلبة للغاية، وكنا نسميه تشاكوارتي. أما الفتيات فكنّ يذهبن أحياناً إلى النهر في نزهة ومعهن أطباق من الأرز والعصير. وهناك تكون لعبتنا المفضلة هي «الأعراس». كنا نقسم أنفسنا إلى مجموعتين، حيث يفترض أن تمثّل كلّ منها أسرة، ثم تقوم كل أسرة بخطبة فتاة حتى يتسنى لنا القيام بطقوس الزواج. كانت كل واحدة منهن تريدني في أسرتها، لأنني كنت من منجورا وعصرية الأسلوب. وكانت أكثرنا جمالاً هي تنزيلة التي غالباً ما نضعها ضمن المجموعة الأخرى حتى يمكننا عندئذٍ خطبتها كعروس.

والجزء الأهم في العرس الوهمي هو الحُلي. فكنا نأتي بالأقراط والأساور والقلائد لنزيّن العروس فيما نردّد أغاني مستقاة

من أفلام هندية. ثم نضع على وجهها مساحيق الزينة التي أخذناها من أمهاتنا، ونغمس كفيها في حجر جيري وصودا ساخنة حتى يصبحان أكثر بياضاً، ونقوم بطلاء أظافرها بالأحمر والحناء. وما إن تَجهَز العروس حتى تبدأ في البكاء فيما نُمسِّد شعرها ونحاول إقناعها بألا تقلق: «الزواج سنّة الحياة. عاملي حماتك وحماك بلطف حتى تحظين بمعاملة حسنة منهما. اعتنِ بزوجك واستمتعي بالحياة».

وتُقام من آن إلى آخر أعراس حقيقية تصحبها احتفالات كبيرة تتواصل على مدى أيام حتى إنها تترك الأسرة إما مفلسة وإما ترزح تحت الديون. فتظهر العرائس في ملابس فاخرة وهنّ يلبسن الذهب والقلائد والأساور التي تقدمها الأسرتان. وقد قرأت أن بناظير بوتو أصرّت على ارتداء أساور من زجاج في عرسها كي تكون قدوة تُحتذى في ذلك، ولكن تقاليدنا بشأن زينة العروس ما زالت مستمرة. أما فيما يتعلق بالموت، فقد كان يصل القرية ما بين حين وآخر نعش خشبي منقول من أحد المناجم، فتتجمع النسوة في منزل زوجة المتوفى أو منزل والدته ثم ينهمكن في عويل رهيب يتردَّد صداه في ربوع الوادي، وهو ما كان يقشعر له جلدي.

وعندما يرخي الليل سدوله على القرية فإنها تغرق في ظلام دامس لا تقطعه إلا مصابيح الزيت التي يلوح وميضها في المنازل المقامة فوق التلال. لم تكن أي من النساء كبيرات السن قد تلقين أي قدر من التعليم، ولكنهن جميعاً كنّ يُتقنَّ سرد القصص وإلقاء ما نسميه «تاباي» وهي أبيات شعرية بلغة البشتو. كانت جدتي لوالدتي تجيد إلقاء هذه الأبيات إجادة بالغة، وهي أبيات عادة ما تدور حول الحب أو كون المرء بشتونياً. فتقول: «لا يغادر بشتوني وطنه

مختاراً. فإما أن يكون ذلك من إملاق أو من أجل حبيب». وكانت خالاتنا تخوّفنا بقصص الأشباح، مثل تلك القصة التي تدور حول «شالجواتي»، وهو الرجل ذو العشرين إصبع الذي يخوفوننا بأنه سوف ينام في فراشنا. كنا نبكي هلعاً، رغم أننا جميعاً في حقيقة الأمر لدينا عشرين إصبعاً نظراً إلى أن لغة البشتو تستخدم كلمة واحدة للإشارة إلى «إصبع القدم» و«إصبع اليد»، ولكننا لم نكن نُدرك ذلك. ولجعلنا نستحمّ، كانت خالاتنا تحكي لنا قصصاً عن امرأة مخيفة اسمها «شاشاكا» التي تتعقبك بيديها الملطختين بالطين وبأنفاسها الكريهة إذا لم تستحمي أو تغسلي شعرك فتحولك إلى امرأة قذرة شعرها يشبه ذيول الفئران الملآنة بالحشرات، بل وحتى ربما تقتلك. وفي الشتاء عندما لا يريد أبوان لأطفالهم أن يبقوا خارج البيت للعب على الثلج، فإنهم يقصون لهم حكاية الأسد أو النمر الذي يكون دائماً صاحب الخطوة الأولى على الثلج. ولم يكن يسمح لنا بالخروج من المنزل إلا عندما يطبع أسدٌ أو نمرٌ أثر مخالبه على الثلج.

باتت القرية تبعث على الملل عندما كبرنا؛ فلم تكن تضمّ إلا جهاز تلفزيون واحد موجود في مجلس إحدى أكثر العائلات ثراء، فيما لم يكن لدى أحد جهاز حاسوب.

وتغطي نساء القرية وجوههن عندما يغادرن منازلهن ولا يستطعن أن يقابلن أو يتحدثن إلى رجال ليسوا من أقربائهم المحارم. أما أنا فكنت أرتدي ملابس أكثر مسايرة للموضة ولم أغطِّ وجهي حتى بعد بلوغي سن المراهقة. وهو ما أثار غضب أحد أبناء أخوالي الذي سأل والدي: «لماذا لا تغطي وجهها؟» فأجاب والدي: «إنها ابنتي.

عليك بشؤونك فحسب». ولكن بعض أفراد العائلة رأى أن الناس سوف يتبادلون القيل والقال عنّا ويقولون إننا لا نتّبع تقاليد البشتون كما ينبغي.

برغم فخري واعتزازي بانتمائي البشتوني، إلا أنني أرى أحياناً أن تقاليدنا البشتونية ربما تكون مسؤولة عن بعض الأوضاع السلبية التي نعانيها، ولا سيما فيما يتعلق بمعاملة النساء. وقد حدّثتني امرأة اسمها شهيدة عملت لدينا في منزلنا وهي أمّ لثلاث بنات صغيرات، أنها عندما بلغت العاشرة من عمرها باعها أبوها لعجوز متزوج كان يرغب في زوجة شابة، لكنه ليس بالضرورة أن تكون الفتيات قد زُوجن عندما يختفين؛ فقد كانت هناك فتاة جميلة اسمها سيما في الخامسة عشرة من عمرها، وعلم الجميع بأمر علاقة حبّ تربطها بفتى كان يتعمّد المرور من أمامها أحياناً فتنظر إليه من طرف خفي برموشها الطويلة السوداء، التي كانت مثار حسد من قريناتها الأخريات. وفي مجتمعنا إذا راودت فتاة رجلاً فإن ذلك من شأنه أن يجلب لعائلتها الخزي والعار، رغم أنّ التصرف ذاته يصبح لا غبار عليه إذا صدر عن رجل. وقد قيل لنا إنها ماتت منتحرة، ولكن تبين لنا لاحقاً أن عائلتها قد دسَّت لها السُّم في الطعام.

ومن بين التقاليد السائدة لدينا، يوجد تقليد اسمه «سوارا» والذي بموجبه يمكن أن تُقدَّم فتاة إلى قبيلة أخرى في سبيل حلّ خصومة ثأرية. وهو وإن كان محظوراً على المستوى الرسمي فإنه ما زال يمارَس على أرض الواقع. فقد حدث في قريتنا أن تزوجت أرملة اسمها ثُريا من أرمل ينتمي إلى عائلة أخرى كانت تجمعها بعائلتها خصومة ثأرية. ولأنه لا أحد يستطيع الزواج بأرملة دون إذن

عائلتها، فقد استشاطت عائلة ثريا غضباً عندما انكشف أمر ذلك الزواج. وظلّت تتوعد عائلة الرجل الأرمل حتى أحيل النزاع إلى مجلس وجهاء القرية للحكم فيه. وقد قضى المجلس على عائلة الأرمل بأن تُسلّم أجمل فتياتها للزواج من أقل الرجال جدارة في العائلة الأخرى عقاباً لهم. كان الزوج المرتَقَب لا يصلح لأي شيء، ويعاني فقراً مدقعاً، ما اضطر والد الفتاة لتحمّل نفقات الزواج كلها وحده. لماذا إذن تُحطَّم حياة فتاة في سبيل تسوية نزاع لا جريرة لها فيه؟

عندما أفصحت لأبي عن تذمري من هذه التقاليد، قال لي إن الحياة في أفغانستان أشدّ قساوة على النساء. فقبل سنة من مولدي فرضَت جماعة اسمها الطالبان ويقودها مُلاًّ يرى بعين واحدة، سيطرتها على الدولة وبدأت تحرق مدارس البنات. وكانوا يجبرون الرجال على إطلاق لحاهم حتى تضاهي في طولها قِنديلاً فيما يفرضون على النساء ارتداء البرقع، ولذلك فقد اعتبرتُني محظوظة لكوني لستُ ملزمة على الأقل بارتدائه. وقال إن الطالبان قد حظّروا على النساء كل شيء بما في ذلك رفع أصواتهم بالضحك أو ارتداء أحذية بيضاء، وذلك لأن اللون الأبيض أصبح «حكراً على الرجال». وقد عوقبت نساء بالحبس والضرب لا لشيء إلا لأنهن قُمن بطلاء أظافرهن. كانت فرائصي ترتعد وهو يخبرني بمثل تلك الأشياء.

واصلتُ قراءة كتبي المفضلة مثل رواية «آنا كارنينا» وروايات جان أوستن وآمنت بكلمات أبي: «ملالا مثل طائر حرّ طليق». وقد تملكّني شعور بالفخر لكوني وُلدت في سوات عندما سمعتُ بالفظاعات التي يرتكبها الطالبان في أفغانستان، واعتدت القول:

«هنا تستطيع الفتاة الذهاب إلى المدرسة». ولكن الطالبان كانوا أقرب إلينا ممّا نتصور، بل وبشتوناً مثلنا. فقد كنت أحسب سماء وادينا صافية، ولم أستطع رؤية السحب المتلبدة وراء الجبال. وكان أبي يقول لي، «سوف أدافع عن حريتك، ملالا. استمري في أحلامك».

5

لماذا لا ألبس أقراطاً ولماذا لا يقول البشتون شكراً

عندما بلغت السابعة من عمري بدأتُ أحرز المركز الأول في صفي الدراسي. وكنت أساعد التلميذات الأخريات ممّن كنّ يواجهن صعوبات في التعلُّم. وكانت زميلاتي في الصف تقلن: «ملالا فتاة عبقرية». وأصبحتُ معروفة أيضاً بمشاركتي في كل الأنشطة مثل البادمنتون والتمثيل والكريكيت والفن، بل وحتى الغناء، وإن كنت لا أجيدها كثيراً. ولذلك عندما انضمّت إلى صفّنا فتاة جديدة اسمها ملكة النور، لم أُعِرها انتباهاً. اعتادت القول إنها تريد أن تصبح أول قائدة للجيش الباكستاني. وكانت والدتها تعمل معلمة لدى مدرسة أخرى، وهو شيء لم نعتده، إذ لم تكن أمهاتنا تعملن. في أول الأمر، لم تكن كثيرة المشاركة داخل الصف، وظلت المنافسة محصورة بيني وبين صديقتي المقرَّبة منيبة التي تميزت بخطها الجميل وسردها الواضح، وهو أمر كان يروق للممتحنين، ولكني كنت أعلم أن بمقدوري التفوق عليها في المحتوى. ولذلك تملكني الشعور بالصدمة عندما انتهينا من اختبارات نهاية العام وأحرزت ملكة النور المركز الأول. وما إنْ عدت إلى البيت حتى أجهشت بالبكاء وجاءت أمي تواسيني.

انتقلنا في ذلك الحين تقريباً من المنطقة التي كنّا نقطنها والتي كانت منيبة تعيش فيها أيضاً إلى منطقة ليس لدي فيها صديقات. وفي شارعنا الجديد وجدت فتاة اسمها صافينا تصغرني بقليل، وبدأنا نلعب معاً. كانت مدلَّلة ولديها دمى كثيرة وصندوق ممتلئ بحليّ أطفال. ولكنها ظلّت تحدق في الهاتف الجوال ذي اللون الزهري الذي اشتراه لي والدي على سبيل اللعبة، وكان إحدى اللعب القليلة التي بحوزتي. كان أبي يكثر من الحديث عبر هاتفه الجوال، ولذلك كان يروق لي تقليده عبر التظاهر بأني أجري مكالمات هاتفية به، لكنه اختفى ذات يوم.

وبعد بضعة أيام رأيت صافينا تلعب بهاتف يماثل هاتفي المفقود تماماً. سألتها: «من أين جئت بذلك؟» فأجابت: «اشتريته من السوق».

أدرك الآن أنها ربما كانت تقول صدقاً، ولكني قلت في نفسي وقتئذٍ، **إنها فعلت ذلك بي وسوف أفعل بها الشيء ذاته**. اعتدتُ الذهاب إلى منزلها لاستذكار الدروس، ولذلك كنت كلما سنحت لي فرصة وأنا هناك أسرق بعض متعلقاتها، ولا سيما الحلي غير الحقيقي مثل الأقراط والقلائد. كان الأمر سهلاً. في البداية كانت السرقة تمنحني شعوراً بالتشويق، ولكن ذلك لم يدُم طويلاً؛ فسرعان ما تحوّلت إلى فعل قهري لم أعُد أعرف كيف الخلاص منه.

وذات يوم عندما عدت إلى البيت قادمة من المدرسة ودخلت مسرعة كعادتي إلى المطبخ لتناول بعض رقائق الطعام، وقلت: «مرحباً، يا زوجة أخي. أكاد أموت جوعاً!» لم تعلق بشيء. كانت أمي تفترش الأرض وقد انهمكت في دقّ الكركم والكمون اللذين

عندما كنت طفلة صغيرة

برفقة أخي خوشال في منجورا

صديق والدي هداية الله يحملني
داخل أول مبنى لمدرستنا

جدي لأمي مالك جانشير خان
في شانجلا

البيت الذي شهد سنوات طفولة والدي

جدي لأبي معي ومع خوشال في منزلنا في منجورا

أشارك أخي خوشال في القراءة

أستمتع بشلالات شانجلا
برفقة خوشال

رحلة مدرسية

صلاة الجماعة في مدرسة خوشال

في البداية، كان الناس يتبرعون بأموال كثيرة إلى فضل الله

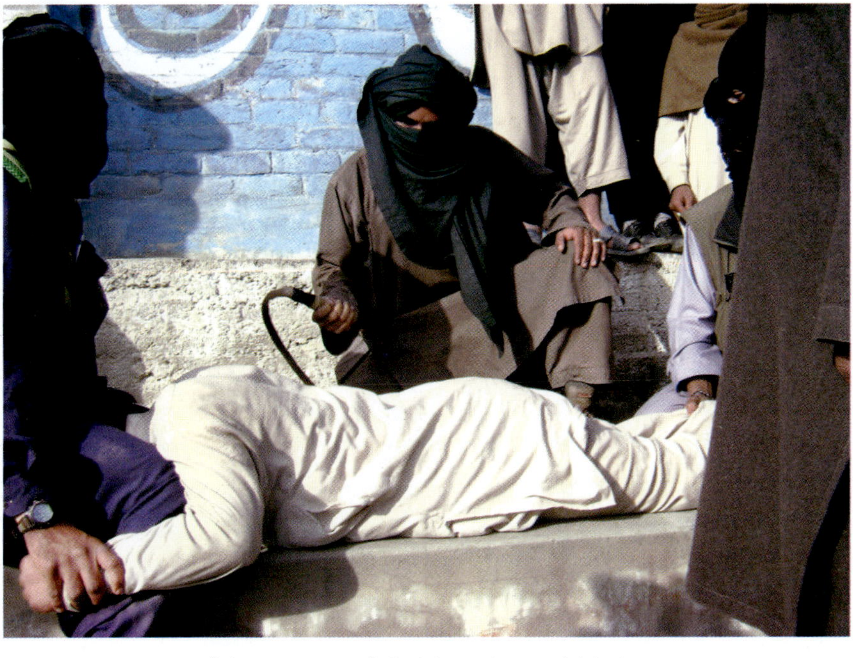

نفذ الطالبان عمليات جَلد للأشخاص على الملأ

ألقي خطاباً تأبيناً
للأشخاص
الذين قتلوا
في الهجوم
الانتحاري
على مدرسة
حاجي بابا

أُمثِّل دوراً
في مسرحية مدرسية

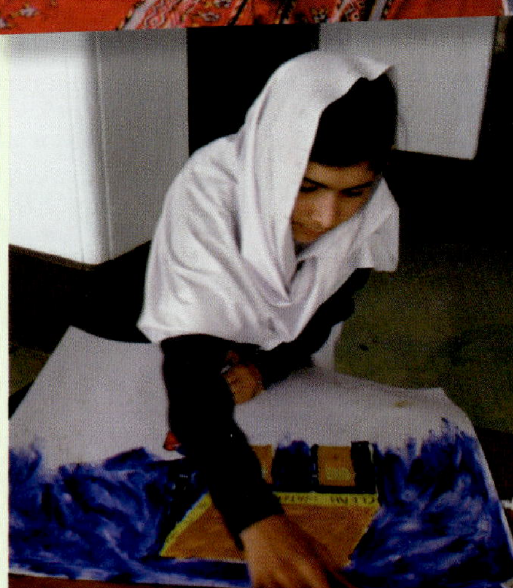

أمارس الرسم
في المدرسة

صورة رسمتُها عندما كنت في الثانية عشرة، وبعد عودتنا مباشرة
إلى سوات من رحلة النزوح. وهي تجسِّد حلم التوافق بين الأديان

في حديقة منزلنا في منجورا، أقوم ببناء رجل الثلج مع أتال

أثناء زيارتي إلى سبال بندي التي عاش فيها والدي خلال سنوات الدراسة

في المدرسة أقرأ قصة «ليس كل ما يلمع ذهباً»

عبقت رائحتهما هواء المنزل. واصلت الدق دون أن تعبأ بي. لم تلتقِ عيناها عينيّ. تُرى ما الذي فعلته حتى تتجاهلني؟ أهمَّني ذلك وأسرعت إلى غرفتي. ما إن فتحت خزانة ملابسي، حتى وجدت أنّ كل المسروقات قد تلاشت. لقد افتضح أمري.

دلفتْ رينا، ابنة عمي إلى غرفتي وهي تقول: «كانوا على علم بأنك تسرقين. وانتظروا أن تصارحيهم بالحقيقة، ولكنك أصررت على ما كنت فيه».

تمنيت لو انشقت الأرض وابتلعتني. عدتُ إلى أمي مطأطأة الرأس. فقالت لي: «ما فعلتِه خطأ، ملالا. هل تريدين أن تجلبي لنا العار لأننا لا نستطيع شراء مثل تلك الأشياء؟».

قلت كاذبة: «هذا كذب. إنني لم أسرق شيئاً».

ولكنها كانت تعلم أنني سرقتها. دافعت عن نفسي قائلة: «صافينا هي من بدأت ذلك. لقد سرقت الهاتف الزهري الذي اشتراه لي أبي».

لم تعبأ أمي بما قلت. «صافينا أصغر منك سناً وكان ينبغي لك أن تكوني قدوة تتعلم منها».

انخرطتُ في البكاء ورحت أعتذر المرة تلو المرة. وتوسلت إليها: «أرجوك لا تخبري أبي». لم أكن أحتمل رؤيته وقد خيّبت رجاءه. فكم هو شعور رهيب أن يجد المرء نفسه غير جدير بالثقة في أعين والديه.

لم تكن هذه هي المرة الأولى التي أقترف مثل هذه الفعلة. فعندما كنت صغيرة ذهبت إلى السوق بصحبة أمي ولمحت كومة من اللوز فوق عربة تجرّ باليد. سال لعابي أمام اللوز حتى إنني لم

أستطع مقاومة رغبتي في أخذ حفنة بيدي. وبَّختني أمي واعتذرت إلى صاحب العربة. استبد به الغضب ولم يكفه الاعتذار. كانت أمي ما زال معها بعض المال فدققت في حافظة نقودها لترى كم بقي معها. سألت: «هل تبيع اللوز بعشر روبيات؟» أجاب: «لا. اللوز ثمنه أغلى بكثير».

انزعجت أمي من ذلك الموقف انزعاجاً شديداً وأخبرت أبي، فما كان منه إلا أن ذهب من فوره واشترى كل اللوز من الرجل ووضعه في طبق من الزجاج.

وقال لي: «اللوز طعام طيب. وإذا تناولتيه مع الحليب قبل النوم بقليل فسوف يُنمي ذكاءك». ولكني كنت أعلم أنه لا يملك مالاً كثيراً وأصبح اللوز الموضوع في الطبق يذكِّرني بذنبي. تعهدتُ أمام نفسي ألا أفعل مثل ذلك الأمر مرة أخرى أبداً. والآن ها أنا ذا قد فعلتها. اصطحبتني أمي حتى أعتذر لـ صافينا ولأبويها. كان الأمر بالغ الصعوبة، فلم تعلِّق صافينا بأي شيء بشأن هاتفي، وهو ما ليس عدلاً، ولكني لم آتي على ذكره أيضاً.

رغم أنني شعرت بالاستياء من ذلك، فإن ما هوَّن علي هو أن المسألة قد طُويت. منذ ذلك اليوم وأنا لم أكذب أو أسرق قط. لم أتفوه بكذبة واحدة أو أسرق فلساً واحداً، ولا حتى النقود المعدنية التي يتركها أبي في أرجاء المنزل، رغم أنه مسموح لنا أن نشتري بها الوجبات الخفيفة. توقفت أيضاً عن لبس الحلي لأنني سألت نفسي، **ما هي تلك الحلي الرخيصة التي تغريني؟ لماذا عليّ أن أخسر نفسي مقابل بعض الحلي المعدنية التافهة؟** ولكني ما زلت أشعر بالذنب، وما زلت حتى يومنا هذا أسأل الله العفو في كل صلاة.

دأب أبواي على أن يخبر كلاهما الآخر بكل شيء، ولذلك سرعان ما علم أبي بالسبب وراء حزني. رأيت في عينيه خذلاني له. زاد حزني لأني كنت أريده أن يتباهى بي، مثلما فعلت عندما فُزت بجائزة المركز الأول في المدرسة، ومثلما فعلت عندما كتبت على السبورة جملة «تحدثي اللغة الأردية فقط» لزميلاتي في بداية حصة اللغة الأردية وأخبرته ميس أُلفت بذلك.

حاول أبي أن يواسيني فحدثني عما اقترفه أبطال وعظماء من أخطاء وهم صغار. وأخبرني بمقولة شهيرة للمهاتما غاندي هي: «الحرية غير ذات قيمة إذا لم تشمل الحرية في ارتكاب الأخطاء». قرأنا في المدرسة قصصاً حول محمد علي جناح وعرفنا من خلالها أنه كان يستذكر دروسه تحت أضواء مصابيح الشوارع وهو طفل في كراتشي لأن بيته لم يكن به كهرباء، وأنه كان يحث قُرناءه من الأطفال على التوقف عن لعب البلي في التراب ولعب الكريكيت بدلاً عنه كي لا تغبر ملابسهم أو تتسخ أيديهم. وقد اعتاد أبي أن يعلق خارج مكتبه نسخة من رسالة مُؤطرة بعث بها أبراهام لنكولن إلى معلم ابنه، وقد تُرجمت إلى البشتو. إنها رسالة رائعة للغاية، وتفيض بالنصائح السديدة، ويقول فيها: «عَلِّمه، إن استطعت، أن يتعرف على عجائب الكتب... ولكن أيضاً وفِّر له أجواء هادئة يمكنه أن يتأمل خلالها السحر الأبدي للطيور وهي تحلق في السماء، والنحل وهو يطير فوق الأزهار في الشمس الساطعة التي تنير المروج الخضراء. علِّمه أن الرسوب أشرف له من النجاح عن طريق الغش».

أعتقد أنّ كل إنسان لا بد وأن يقترف خطأ ولو مرة في حياته،

ولكن المهم هو ماذا يتعلم المرء من خطئه. وهذا هو السبب فيما كنت أواجهه من صعوبة في تقبّل التقاليد البشتونية. فنحن يتعين علينا أن نأخذ ثأرنا ممن ارتكب خطأً بحقنا، ولكن إلى أين يفضي بنا ذلك؟ إذا قُتل أو جُرح رجل من عائلة ما على يد آخر، فلا مناص عن الأخذ بالثأر كي يُستردّ الشرف، وهو ما لا يتمّ إلا عبر قتل شخص ذكر من أسرة القاتل. وبعدئذٍ يصبح لزاماً على تلك العائلة بدورها أن تأخذ بثأرها. وهكذا دواليك. فليس ثمة سقف زمني لذلك، ولدينا مقولة تتردد وهي: «لقد أخذ البشتوني ثأره بعد عشرين عاماً، فيرد آخر لقد أخذه سريعاً جداً».

نحن شعب يحتفظ بالكثير من الأقوال المأثورة. وإحدى هذه المقولات هي «إن حَجَر البشتون لا يصدأ في الماء»، وهي تفيد بأننا لا ننسى أو نسامح. وذلك هو السبب أيضاً في كوننا نادراً ما نقول «شكراً لك» أو «مناناً»، لأننا نؤمن بأن البشتوني لن ينس أبداً صنيع الخير وعليه ردّه يوماً ما، تماماً مثلما سيردّ صنيع السوء. فالإحسان لا يكافأ إلا بإحسان مثله، ولا يكفي أن يُردّ بعبارات من قبيل «شُكراً لك».

تعيش كثير من العائلات في مُجمعات سكنية مُسوَّرة ثُبتت على أسوارها أبراج مراقبة حتى يتسنى لهم رصد مَن يتربّص بهم من أعدائهم. كنّا نعرف كثيراً من ضحايا النزاعات الثأرية وكان أحدهم هو شير زمان، وهو زميل دراسة لوالدي اعتاد أن يتفوّق عليه دائماً في الدراسة. وكان أبي يفقد صوابه كلما عيره جدي وعمي بذلك: «إنك لست متفوقاً تفوق شير زمان»، وقد جعلاه ذات مرة يتمنى لو أن صخوراً تهوي من فوق الجبل وتقضي عليه. ولكن شير زمان لم

يلتحق بالكلية وانتهى به المآل لأن يصبح موزّع أدوية في صيدلية القرية. وكانت أسرته قد تورطت في نزاع مع أبناء عمومته على قطعة أرض صغيرة مزروعة بالأشجار. وذات يوم، وبينما كان شير زمان واثنين من أشقائه في طريقهم إلى قطعة الأرض، إذا بهم يتعرضون لكمين أعدّه لهم عمهم وبعض رجاله، حيث لقي الأشقاء الثلاثة مصرعهم.

كان والدي يحظى بالاحترام في الأوساط المحيطة بنا، ولذلك كان غالباً ما يُستدعى للوساطة في النزاعات الثأرية. لم يكن يؤمن بالثأر وكان يحاول إقناع الطرفين المتخاصمين بأن أياً منهما لن يفوز بشيء إذا استمرت دائرة العنف، وأن الأجدر بهما هو أن يفتحا صفحة جديدة. وتوجد في قريتنا عائلتان لم يفلح في إقناعهما بالعدول عن الثأر، وكانتا عالقتين في نزاعٍ طال أمده ولم يعُد أحد يذكر كيف بدأ - ربما فجَّرته إساءة صغيرة، نظراً إلى أننا أناس سريعو الغضب. فقد يبدأ شخص ما بالاعتداء على عمه، فما يكون من المُعتدَى عليه إلا أن يرد الاعتداء بالمثل. وهكذا تستمر الدائرة حتى يُفني بعضهم بعضاً.

ويُثني الناس لدينا على هذا النظام ويرونه ناجحاً، ويقولون إنّ معدل الجريمة لدينا أقلّ ممّا هو عليه في أي مناطق غير بشتونية. ولكني أرى أنه إن قتل أحدهم أخاك، فلا ينبغي لك قتله أو قتل أخيه، وإنما بدلاً من ذلك ينبغي لك أن تضرب لهم المثل بالعفو والصفح. ومصدر إلهامي هنا هو خان عبد الغفار خان، وهو الرجل الذي يدعوه البعض غاندي الإقليم الحدودي، الذي أدخل فلسفة نبذ العنف إلى ثقافتنا.

والأمر نفسه يسري على السرقة. فبعض الأشخاص، مثلي، كُشف أمرُهم وأقسموا ألا يعودوا إلى ذلك تارة أخرى أبداً، لكن آخرين عندما يسرقون يقولون: «لا ضير في ذلك - إنه مجرد شيء صغير». ولكنهم في المرة الثانية سوف يسرقون ما هو أعظم وفي الثالثة ما هو أعظم وأعظم. وفي بلادي لا تبالي الأغلبية الساحقة من السياسيين بالسرقة، ورغم كونهم أغنياء وكوننا بلداً فقيراً فإنهم لا يكفّون عن السلب والنهب، ومعظمهم لا يسدّد الضرائب الواجبة عليه، وليتهم يتوقفون عند هذا. فهم يأخذون قروضاً من بنوك الدولة، ثم لا يردّونها، ويحصلون على عمولات مقابل ترسية العقود الحكومية على أصدقاء أو شركات بعينها، ولذلك يملك كثيرون منهم شققاً فاخرة في لندن.

لست أدري كيف يبيتون مرتاحي الضمير وهم يرون شعبنا يتضور جوعاً أو يجلس في الظلام بسبب انقطاعات الكهرباء المتكررة، أو يرون الأطفال غير قادرين على الذهاب إلى المدرسة، لأن آباءهم يحتاجون إلى عملهم. ويقول والدي إن باكستان رُزئت بأكثر ممّا تحتمله من السياسيين الذين لا هَم لهم سوى جمع المال. وهم لا يعبؤون بأن الجيش هو الذي يقود الطائرة، ويرضون بأن يكونوا خارج قمرة القيادة طالما كانوا يجلسون في مقاعد رجال الأعمال، حيث يسدلون الستائر ويستمتعون بالطعام الشهي والخدمة الممتازة فيما تنسحق بقية فئات الشعب تحت وطأة وضع اقتصاد سيئ.

لقد وُلدتُ في ديمقراطية ظلت فيها بناظير بوتو ونواز شريف يتبادلان رئاسة الوزراء على مدى عشر سنوات، دون أن تتمكن أيٌ من حكومتيهما أن تكمل عُهدتها ودائماً ما تلقي كل منها باتهامات

الفساد على الأخرى. ولكن بعد سنتين من مولدي عاد قادة الجيش للإمساك بزمام الأمور، وهو ما حدث على نحو بالغ الإثارة حتى بدا وكأنه مشهد مستوحى من فيلم سينمائي. كان نواز شريف يشغل منصب رئيس الوزراء عندئذٍ ونشب خلاف بينه وبين قائد الجيش الجنرال برويز مُشرَّف انتهى بإقالة الأخير. كان برويز مشرف وقتئذٍ على متن إحدى طائرات خطوطنا الباكستانية الوطنية عائداً من سريلانكا. وبسبب تخوفه الشديد من ردة فعل مشرف، حاول نواز شريف منع الطائرة من الهبوط في باكستان، حيث أمر مسؤولي مطار كراتشي بإطفاء أضواء الهبوط وإيقاف عربات إطفاء على مدرج الهبوط للحيلولة دون هبوط الطائرة رغم أنها كانت تقلّ على متنها 200 مسافر آخرين ولم يكن بها ما يكفي من الوقود للوصول إلى دولة أخرى. وخلال ساعة تمّ بث بيان عبر التلفزيون بشأن إقالة مشرف، فنزلت الدبابات في الشوارع واستولت القوات العسكرية على غرف الأخبار والمطارات. وهاجم القائد المحلي للجيش، الجنرال افتخار، برج المراقبة في كراتشي كي يُفسح المجال أمام طائرة مشرف للهبوط. أمسك مشرف عندئذٍ بزمام السلطة وألقي بشريف في زنزانة في قلعة أتوك. بعض الناس ابتهجوا بذلك وقاموا بتوزيع الحلوى لأن شريف لم يكن محبوباً، بيد أنّ والدي بكى لدى سماعه الخبر إذ كان يحسب أن بلادنا قد طوت صفحة الحكام العسكريين.

كان مشرَّف هو حاكمنا العسكري الرابع، ومثل حكامنا المستبدين جميعاً، فقد استهلّ عهده بمخاطبة الأمة عبر التلفزيون بعبارة: «المواطنون الأعزاء» قبل أن يشنّ هجوماً مطوّلاً على

شريف، قائلاً إن باكستان في عهده قد «فقدت الشرف والكرامة والاحترام»، ثم آل على نفسه أن يجتثّ جذور الفساد وأن يتعقب هؤلاء «المتورطين في سلب الثروات الوطنية ونهبها». وتعهَّد بأنه سوف يعلن أرصدة البلاد وعوائد الضرائب على الملأ. وقال إنه لن يتولى دفة الأمور في البلاد إلا لفترة قصيرة، ولكن أحداً لم يصدقه. فقد فعلها من قبله الجنرال ضياء وتعهّد بأنه سيمكث في سدّة السلطة تسعين يوماً، ولكنه أمضى فيها أكثر من إحدى عشرة سنة حتى اغتياله في حادث تحطم طائرة.

إنها القصة القديمة ذاتها تُستعاد المرة تلوَ المرة، هكذا كان يقول والدي، وقد كان مُحقاً. تعهَّد مشرف بأن يقضي على النظام الإقطاعي القديم والذي بموجبه تسيطر بضع عشرات من العائلات على البلد برمّته، وبأن يفتح المجال أمام وجوه جديدة لدخول المُعترك السياسي. رغم ذلك، وجدناه يؤلف وزارته من الوجوه القديمة ذاتها. ومرة أخرى تمّ إبعاد بلدنا من منظمة الكومنولث وأصبح بلداً منبوذاً من قبل المجتمع الدولي، لا سيما وأن الأميركيين كانوا قد علَّقوا بالفعل معظم مساعداتهم في السنة السابقة عندما أجرينا التجارب النووية، ولكن بات الآن الجميع تقريباً يقاطعوننا.

بمثل هذا التاريخ، يمكن للمرء أن يدرك لماذا ظلّ الناس لا يستحسنون فكرة انضمامنا إلى باكستان. وقد دأبت باكستان على أن ترسل لنا كلّ بضع سنوات مسؤولاً جديداً لحكم سوات، تماماً مثلما كان يفعل البريطانيون خلال الحقبة الاستعمارية. وقد بدا أن هؤلاء المسؤولين لا يأتون إلى إقليمنا إلا للإثراء على حسابنا، قبل أن يعودوا إلى بيوتهم دون أن يعبأوا بتنمية سوات. اعتاد شعبنا على

الخنوع الذي فُرض عليه منذ حكم الوالي ولم يكن مسموحاً لأحد بتوجيه أي انتقاد إليه، وإذا ما أساء له أحد، فإن مصيره يكون الطرد له ولأسرته من سوات. ولذلك كان المسؤولون الذين يأتون من باكستان أشبه بملوك جدد ولم يكن ثمة أحدٌ يسائلهم. وغالباً ما يشعر كبار السن لدينا بالحنين إلى أيام الوالي الأخير. وعندما يتحدث أحدهم عن تلك الحقبة تجده يقول إن الجبال كانت ما زالت مغطاة بالأشجار فيما كانت توجد مدرسة كل خمسة كيلومترات، وكان السيد الوالي يزور الناس شخصياً لحلّ مشكلاتهم.

بعد الذي حدث مع صافينا، أقسمت ألا أسيء معاملة صديقة مرة أخرى. ولا يملّ أبي من أن يكرِّر على مسامعي أهمية حسن المعاملة مع الأصدقاء، ويقول إنه خلال سنوات الكلية لم يكن يملك نقوداً لشراء طعام أو كتب، وكان كثيرون من أصدقائه يمدّون إليه يد العون، ويؤكد أنه لم ينسَ لهم حُسن صنيعهم قط. أما أنا فلدي ثلاث صديقات جيدات - صافينا من منطقتنا وسمبل من القرية ومنيبة من المدرسة. كانت منيبة قد أصبحت الصديقة المقرَّبة في المدرسة الابتدائية عندما كنا نقطن شارعاً واحداً، وقد أقنعتها بالالتحاق بمدرستنا. وهي فتاة رزينة، رغم أننا كنا نختلف كثيراً معاً، ولا سيما عندما نخرج في رحلات مدرسية. نشأت منيبة في أسرة كبيرة تضم ثلاث شقيقات وأربعة أشقاء. أرى فيها شقيقتي الكبرى رغم أني أكبرها بستة أشهر. ومنيبة هي من تُرسي القواعد التي أسعى لاتباعها، ولا تخبئ أيٌّ منا سراً عن الأخرى ولا نفشي سراً بيننا لأي أحد آخر. لم يكن يروقها أن أتكلم مع فتيات أخريات غيرها،

وتقول إن علينا أن نكون حذرين عند الاختلاط بأي فتيات أخريات سيئات التربية أو السمعة. وتردِّد دائماً: «لدي أربعة أشقاء، وإذا ارتكبت أتفه الأخطاء فسوف يمنعوني من الذهاب إلى المدرسة».

كنت أحرص حرصاً شديداً على ألا أخيب رجاء والدي حتى إنني كنت أقضي الحوائج لكل شخص. وذات يوم طلب مني جيراننا أن أشتري لهم بعض الشعير من السوق. وفي الطريق إلى السوق صدمني صبي يركب دراجة هوائية فجُرح كتفي الأيسر جرحاً آلمني حتى دمعت عيناي، لكني رغم ذلك واصلت طريقي واشتريت الشعير، وأوصلته إلى جيراننا ثم عُدت إلى المنزل. عندئذٍ فقط أخذت أبكي. وبعد ذلك بفترة وجيزة وجدت الطريق الأمثل لكسب احترام والدي، فقد علّقت لوحات للإعلان عن مسابقة في الخطابة وقرَّرنا أنا ومنيبة التقدم للمسابقة. تذكرتُ قصة والدي عندما حاز إعجاب جدي وتمنيت لو حذوت حذوه.

عندما علمت بموضوع المسابقة، لم أصدِّق عينيّ. فقد كان الموضوع هو «الصدق منجاة».

كان التدريب الوحيد المُتاح لنا هو إلقاء الأشعار في طابور الصباح، وكانت معنا في المدرسة فتاة تكبرني اسمها فاطمة تجيد فن الخطابة إجادة بالغة. كانت جميلة وتلقي كلماتها بطريقة حيوية ويمكنها التحدّث بثقة في حضور مئات الأشخاص وتجعلهم ينصتوا لكل كلمة تنطق بها. كنا أنا ومنيبة نتوق لأن نكون مثلها وقمنا بدراستها من كثب.

في ثقافتنا عادة ما يكتب الكلمات لنا آباؤنا أو أعمامنا أو معلِّمونا. ويُفترض أن تُكتب بالإنجليزية أو بالأردية، وليس بلغة

البشتو المحلية. وكنا ننظر إلى مَن يلقي كلمته بالإنجليزية باعتباره أكثر ذكاء، وهي نظرة خاطئة بطبيعة الحال. لا يهمّ أي لغة ستختار، المهم هو الكلمات التي تستخدمها في التعبير عن نفسك. كان أحد أشقاء منيبة هو من كتب لها كلمتها، فاقتبس أبياتاً شعرية جميلة من قصائد للعلامة محمد إقبال، وهو شاعرنا القومي. أمّا أنا فقد كتب لي والدي كلمتي. وفيها دفع بأنه إن كان المرء يريد أن يفعل الخير، ولكنه يفعله بطريقة سيئة، فإن ما يفعله يصبح سيئاً. وبالقياس نفسه، إذا اخترت طريقة حسنة لعمل شيء سيئ، فإن ما تفعله يظل سيئاً. وقد اختتمها بكلمات لأبراهام لنكولن مفادها أن: «الرسوب أشرف من النجاح عن طريق الغش».

وفي اليوم الموعود لم يشارك سوى ثمان أو تسعة أولاد وبنات. ألقت منيبة إلقاء جيداً واحتفظت برباطة جأشها وكانت كلمتها أكثر عاطفية وشعرية من كلمتي، وإن كانت كلمتي ربما تحمل في مضمونها رسالة أفضل. انتابني توتر شديد قبل أن أُلقي كلمتي، حتى إنني كنت أرتجف من شدة الخوف، وزاد من توتري أنّ جدي حضر لمشاهدتي وكنت أدرك أنه يريد لي حقاً الفوز بالمسابقة. استحضرت نصيحة والدي لي بضرورة أخذي نفساً عميقاً قبل بدء الإلقاء، ولكن ما إن رأيت العيون كلها مسلَّطة عليّ حتى تعجلّتُ البداية. بدأت عيناي تزيغان عن موضع القراءة فيما كانت الأوراق المكتوبة تتراقص في يديّ المرتعشتين، ولكني عندما اختتمت بكلمات لينكولن، نظرت إلى والدي فوجدته يبتسم.

عندما أعلن المُحكِّمون النتائج في نهاية المسابقة، فازت منيبة بالمركز الأول فيما حللتُ أنا في المركز الثاني.

لم يهمني ذلك. لقد كتب لنكولن أيضاً في رسالته إلى معلم ولده، «عَلِّمه كيف يخسر باحترام». لقد اعتدتُ أن أفوز بالمركز الأول في صفي المدرسي. ولكني أدركت أنه حتى وإن حققت الفوز ثلاث مرات أو أربع، فليس من الضروري أن يكون الانتصار التالي من نصيبك طالما أنك لم تسعَ لذلك بالجد والعرق، وأدركت أيضاً أنه من الأجدر أحياناً بالمرء أن يتولى شأنه بنفسه. وهكذا بدأت أكتب كلماتي بنفسي وأغير من طريقة إلقائي كي تصبح نابعة من قلبي وليس من الورقة.

6

أطفال جبل القمامة

عندما بدأت مدرسة خوشال تستقطب مزيداً من التلاميذ، انتقلنا مرة أخرى من مكان سكنانا وأصبحنا أخيراً نمتلك جهاز تلفزيون. كان برنامجي المفضل هو «شاكا لاكا بوم بوم»، وهو مسلسل أطفال هندي يدور حول فتى اسمه سانجو وبحوزته قلم رصاص سحري يحوّل كل ما يرسمه به إلى حقيقة. فإذا رسم نباتاً أو رجل شرطة، يظهر أمامه نبات أو رجل شرطة عبر القوة السحرية. وإذا رسم مصادفة ثعباناً، فإنّ بوسعه أن يمحوه فيختفي الثعبان. كان يستخدم قلمه الرصاص في مساعدة الناس - بل لقد أنقذ والديه من أيدي عصابة - ولذلك كان هذا القلم السحري هو ما أريده أكثر من أي شيء آخر في العالم.

كنت خلال الليل أدعو الله قائلة: «اللهم أعطني قلم سانجو. لن أخبر بذلك أي أحد. اتركه لي في خزانة ملابسي. سوف أستخدمه في إدخال السرور على قلب كل إنسان». كنت كلما انتهيت من دعائي، ذهبت لتفحص خزانتي، لكني لم أجد قلم الرصاص قط. كنت أعرف جيداً مَن الذي سوف أساعده أولاً. فقد كانت توجد قطعة أرض مهجورة عبر شارعنا الجديد تحوّلت بمرور الوقت

إلى مقلب للقمامة، لا سيما وأن خدمة جمع القمامة غير متوافرة في سوات. وسرعان ما تراكمت المخلفات حتى صارت جبلاً من القمامة. لم أكن أحبّ السير بالقرب منها بسبب ما ينبعث منها من رائحة كريهة. وأحياناً كنا نلمح فئراناً تجري خلالها فيما تحلق فوقها غربانٌ.

وذات يوم لم يكن أخواي في البيت وطلبت مني والدتي أن أُلقي بعض قشر البطاطا وقشر البيض في مقلب القمامة. غضَّنتُ أنفي فيما كنت أقترب ورحت أهش الذباب عن وجهي وأتوخى الحذر خشية أن أطأ بحذائي الجميل شيئاً كريهاً. وبينما كنت أرمي بالقمامة فوق جبل الطعام المتعفّن، رأيت شيئاً يتحرك فجفلتُ. تبين أنها فتاة في مثل عمري، ولكن شعرها مُتلبد وبشرتها مغطاة بالبثور حتى خِلتها لأول وهلة «شاشاكا»، وهي المرأة القذرة التي كانوا يُخيفوننا بها في حكايات القرية الخيالية كي نستحمّ. كانت الفتاة تحمل شوالاً كبيراً وتفرز القمامة إلى أكوام، فهذه كوم للعُلب المعدنية وتلك لأغطية القنينات، وكومة ثالثة للزجاج وكومة أخيرة للورق. وبالقرب منها رأيت صبية آخرين ينقِّبون في الكومة عن المعادن مستخدمين مغناطيسات مثبتة في قضبان. كنت أرغب في التحدث إلى هؤلاء الأطفال، ولكن خوفي الشديد أقعدني عن ذلك.

في تلك الظهيرة، عندما عاد والدي إلى البيت قادماً من المدرسة، أخبرته بشأن الأطفال جامعي القمامة ورجوته أن يصحبني ليلقي نظرة عليهم. حاول التحدث إلى بعضهم، ولكنهم لاذوا بالفرار. أوضح لي أن هؤلاء الأطفال سوف يبيعون ما قاموا بفرزه ببضع روبيات إلى متجر القمامة الذي يقوم بدوره ببيعها ولكن بهامش

ربح. وفي طريق عودتنا إلى البيت رأيت الدموع وقد طفرت من عينيه.

رجوته: «أبي، لا بد أن تمنحهم أماكن مجانية في مدرستك». ضحكَ. بيد أننا أقنعناه فعلاً أنا وأمي بأن يمنح مجموعة من الفتيات بعض الأماكن المجانية.

رغم أن والدتي لم تحظَ بأيّ قدر من التعليم، فقد كانت الشخصية العملية التي تضطلع بتنفيذ المهام داخل الأسرة فيما يقوم والدي بدور المتكلم. كانت كثيراً ما توجد خارج المنزل لمساعدة الآخرين، وهو ما كان يثير غضب والدي أحياناً عندما يعود إلى البيت وقت الغداء، فينادي: «تور بكاي، أنا في البيت!» ليكتشف أنها بالخارج وألا غداء في انتظاره، لكنه لا يلبث أن يتبيّن أنها ذهبت إلى المستشفى كي تعود مريضاً، أو كانت تساعد أسرة ما، فيزول عنه الغضب. وفي أحيان أخرى كان يجدها خارج المنزل تشتري ملابس من سوق «بزار تشينا»، وهذه مسألة أخرى.

كانت والدتي أينما حللنا تملأ البيت ضيوفاً. فقد شاركت غرفتي مع ابنة عمي أنيسة عندما قدمت من القرية للعيش معنا كي يمكنها الالتحاق بالمدرسة، ومع فتاة أخرى اسمها شهناز كانت والدتها سلطانة قد عملت في السابق لدينا في المنزل. كانت شهناز قد اضطرت هي وشقيقة لها للعمل في جمع القمامة بعد وفاة والدهما الذي تركهما في فقر شديد، وكان أحد أشقائها يعاني مرضاً عقلياً يدفعه لأن يأتي أفعالاً غريبة مثل إشعال النيران في ملابسهما أو بيع مروحة كهربائية كنا قد أعطيناها لهم لتبريد المنزل. ورغم أن سلطانة كانت ذات طبع حاد جعل والدتي تقرِّر ألا تبقيها في المنزل، فقد

خصص لها والدي إعانة مالية صغيرة ودبَّر مكاناً لشهناز وشقيقها الآخر في مدرسته. لم تكن شهناز قد ذهبت إلى المدرسة قط، ولذلك فقد سُجِّلت في صف دراسي أقلّ مني بسنتين رغم أنها تكبرني بسنتين، ومن ثم جاءت للعيش معنا كي أساعدها في دروسها.

كانت هناك أيضاً نورية التي قامت أمها خارو ببعض أعمال الغسيل والتنظيف في بيتنا، وأليشبا، وهي إحدى بنات خالدة، وهي امرأة اعتادت أن تساعد والدتي في طهو الطعام. وكانت خالدة قد بيعت عبر الزواج إلى رجل عجوز اعتاد أن يضربها ضرباً مبرحاً حتى انتهى بها الأمر إلى الهروب منه مصطحبة بناتها الثلاثة. ولم تكن عائلتها لتستقبلها نظراً إلى ما يمكن أن تجلبه المرأة التي تهجر زوجها من عار لأسرتها. وقد اضطرّت بناتها خلال فترة للعمل في جمع القمامة كي تدبرن أقواتهن. وتبدو حكايتها كأنها مستوحاة من الروايات التي بدأت قراءتها.

تمت توسعة المدرسة توسعة كبيرة عندئذٍ وأضحت تضم ثلاثة مبانٍ - المبنى الأصلي في لانديكاس وكان يضم المدرسة الابتدائية، ثم مدرسة ثانوية للبنات في شارع يحيا وأخرى للبنين وبها حديقة كبيرة من الأزهار بالقرب من أطلال المعبد البوذي. كان لدينا زهاء 800 طالب إجمالاً، ورغم أن المدرسة لم تكن تحقق عائداً، إلا أن والدي اعتاد أن يقدِّم أكثر من مائة مكان مجاناً. وقد منح أحد هذه الأماكن لولدٍ كان والده، واسمه شرفات علي، قد أعان والدي عندما كان طالباً في الكلية ولا يملك فلساً واحداً. فقد كانا صديقين منذ أيام القرية واعتاد شرفات علي الذي كان يعمل في شركة

الكهرباء أن يقدم لوالدي بضع مئات من الروبيات كلما تيسّر له ذلك. وقد شعر والدي بالسعادة كونه استطاع أن يردّ له إحسانه في ابنه. ومنح مكاناً آخر لفتاة في صفي اسمها كوثر، كان والدها يعمل في تطريز الملابس والشالات - وهي حرفة تشتهر بها منطقتنا. ولمعرفتي بأنها لا تستطيع تحمل رسوم الرحلات المدرسية، فقد كنت أسدِّد لها الرسوم من مصروف جيبي الخاص كلما خرجنا في إحدى الرحلات المدرسية إلى الجبال.

لم يكن توفير أماكن مجانية لأطفال الفقراء يتسبب في خسارة رسوم تسجيلهم فحسب، بل كان بعض أولياء الأمور ميسوري الحال يُخرجون أطفالهم من المدرسة عندما يتناهى إلى علمهم أنهم يجلسون في الصفوف ذاتها مع أبناء وبنات أناس ينظفون لهم بيوتهم أو يخيطون لهم ثيابهم. فكانوا يرونه أمراً مشيناً أن يختلط أبناؤهم مع أبناء العائلات الفقيرة. وكانت والدتي تقول إنه يصعب على أطفال الفقراء أن يتعلموا طالما كانوا لا يتغذون غذاء صحياً في بيوتهم، ولذلك كانت بعض الفتيات يجئن منزلنا للإفطار. وهو ما كان يجعل أبي يقول مازحاً «إن بيتنا قد أصبح نُزُلاً».

كان وجود أشخاص كثيرين حولي يعيقني عن المذاكرة. ولذلك سُررتُ عندما أصبح لدي غرفتي الخاصة، بل إن والدي قد اشترى لي منضدة زينة للمذاكرة عليها. ولكن بعدئذٍ باتت تشاركني في الغرفة فتاتان أخريان. كنت أبكي وأقول: «أريد مكاناً لي!» ولكن ما ألبث أن ينتابني الشعور بالذنب، عندما أعرف أننا أسرة محظوظة. كنت أعود بتفكيري عندئذٍ إلى الأطفال الذين يعملون وسط جبل من القمامة. وقد ظلّت صورة الفتاة ذات الوجه المغطى بالبثور لدى

خروجها من القمامة ماثلة أمام عيني، وظللتُ أُلحّ على والدي أن يمنح هؤلاء الأطفال أماكن في مدرستنا.

حاول أن يوضح لي أن هؤلاء الأطفال يعيلون أُسراً، وأنهم إذا ما ذهبوا إلى المدرسة، حتى ولو مجاناً، فسوف تتضور أسرهم جوعاً، لكن والدي ورغم ذلك أقنع ثَرياً محسناً اسمه أزادي خان، بأن يدعم كُتيباً يعتزم إصداره تحت عنوان، «أليس التعليم حقاً لهؤلاء الأطفال؟» طبع والدي آلاف النسخ من هذا الكتيب، وراح يوزعه خلال الاجتماعات المحلية وفي أنحاء المدينة.

أصبح والدي شخصية معروفة في سوات. ورغم أنه لم يكن خاناً أو ثرياً، فقد أضحى مسموع الكلمة. وكان إذا تحدث أصغى إلى كلامه الناس خلال الندوات وورش العمل، لا سيما أنه لم يكن يهاب انتقاد السلطات بما فيها الجيش، الذي كان عندئذٍ يمسك بزمام السلطة في البلاد. وقد بلغت شهرته حداً أصبح معروفاً معه لدى الجيش أيضاً، وحدّثه أصدقاء بأن القائد المحلي للجيش قد وصفه أمام ملأ من الناس بأنه «مميت». لم يعرف والدي ما الذي يعنيه بالضبط القائد العسكري بهذا الوصف، ولكن في بلادنا حيث يملك الجيش نفوذاً واسعاً، لم يكن ذلك يبشر بخير.

لم يكره والدي شيئاً قدر كراهيته لما يُعرف بـ«المدارس الوهمية»، إذ كان أصحاب النفوذ في المناطق النائية يأخذون الأموال من الحكومة بذريعة بناء مدارس لا تطأها قدما تلميذ، إذ اعتادوا أن يستخدموا هذه المباني لعقد مجالسهم أو حتى لإيواء ماشيتهم. وتبيّن له أيضاً أن شخصاً كان يحصل على معاش معلّم رغم أنه لم يعمل بالتدريس يوماً واحداً في حياته. وبعيداً عن انتقاد الفساد والإدارة

الحكومية السيئة، فقد أصبح الشاغل الرئيس لوالدي في تلك الأيام هي البيئة. شهدت منجورا نمواً سريعاً - وأصبح هناك حوالي 175 ألفاً يعدّونها مدينتهم - جعل هواءها الذي كان نقياً ذات يوم يصبح شديد التلوث بسبب عوادم المركبات ونيران الطهي؛ فالأشجار الجميلة التي تعلو تلالنا وجبالنا تعرضت لقطع جائر كي تستخدم في خشب الوقود. ولم يعُد ماء الشرب الآمن متاحاً إلا لحوالي نصف سكان المدينة، أما الصرف الصحي فلم يكن متوافراً لدى أغلبيتها التي نحن منها. ولذلك أسس هو وأصدقاؤه كياناً أسموه «مجلس السلم العالمي»، الذي ورغم اسمه، كان يضطلع بمهام ذات طابع محلي محض. كان اسم المجلس يبعث على السخرية والضحك، ولكنه تبنى هدفاً جاداً وهو الحفاظ على بيئة سوات وتعزيز السلم والتعليم بين أهل الإقليم.

كان والدي يحب كتابة الشعر أيضاً، فكتب عن الحب أحياناً، ولكن قصائده تدور غالباً حول قضايا يحتدم بشأنها الجدل مثل جرائم الشرف وحقوق المرأة. وذات مرة زار أفغانستان للمشاركة في مهرجان شعري في فندق إنتركونتيننتال كابل، وألقى هناك قصيدة عن السلام. وقد اعتُبرت أكثر القصائد إلهاماً في الكلمة الختامية، وطالبه بعض الحضور أن يكرِّر على مسامعهم مقطوعات وأبيات كاملة، وهم يهتفون «واها واها» عندما يعجبهم بيتاً معيناً، وهي عبارة استحسان تشبه «برافو» على نحوٍ ما. حتى جدي امتلأ فخراً بذلك. واعتاد أن يقول له: «أدعو لك الله يا بُني أن تصبح نجماً في سماء المعرفة».

كان الفخر يملؤنا نحن أيضاً، ولكننا لم نعد نراه كثيراً بعد عُلوّ

شأنه. لذلك أصبحت والدتي هي من تقصد السوق لشراء الثياب، وإذا مرضنا تصحبنا إلى المستشفى، رغم أن ثقافتنا، ولا سيما لدى هؤلاء القادمين من القرى، لا تجيز اضطلاع المرأة وحدها بهذه الأعمال. ولذلك كان أحد أبناء شقيقة والدي يصحبنا في قضاء مثل هذه الحوائج. أما عندما يوجد والدي في المنزل، فكان هو وأصدقاؤه يفترشون السطح وقت الغسق وينهمكون في أحاديث السياسة. وكانت أحداث الحادي عشر من سبتمبر في واقع الأمر هي محور كل حديث. ربما تكون هذه الأحداث قد غيرت العالم برمته، ولكننا كنا واقعين في قلب الأحداث؛ فقد كان أسامة بن لادن، زعيم تنظيم القاعدة، يعيش في قندهار عندما تعرّض مركز التجارة العالمي للهجوم، ما حدا بأميركا لإرسال الآلاف من قواتها العسكرية إلى أفغانستان لاعتقاله والإطاحة بحكم حركة طالبان التي وفرت له الحماية.

كنا لم نزل نرزح تحت حكم ديكتاتوري في باكستان، ولكن أميركا أصبحت بحاجة إلى مساعدتنا، تماماً مثلما كان الحال في ثمانينيات القرن العشرين عندما احتاجتنا إلى محاربة الروس في أفغانستان. وكما أن الغزو الروسي لأفغانستان قد بدَّل حال الجنرال ضياء الحق تماماً، فإن أحداث الحادي عشر من سبتمبر قد خلَّصت الجنرال مشرف من العزلة الدولية التي فُرضت عليه، فأصبح فجأة يُدعى إلى البيت الأبيض لمقابلة جورج دبليو بوش، وإلى 10 داوننج ستريت لمقابلة طوني بلير، لكن ومع ذلك ظلّت ثمة مشكلة كبيرة قائمة، وهي أن جهاز الاستخبارات الباكستاني هو مَن أنشأ حركة الطالبان في واقع الأمر. وكان كثير من ضباط هذا الجهاز من

المقربين لقادتها، ويقيمون علاقة معهم منذ سنوات، بل ويشاركونهم أفكارهم. وكان العقيد إمام في «الآي إس آي» يفاخر بكونه قد درَّب 90 ألف مقاتل من الطالبان، بل وأصبح القنصل العام لباكستان في هيرات عندما دانت السيطرة لنظام الطالبان على أفغانستان.

لم نكن من المتحمسين لوجود الطالبان، ولا سيما بعدما سمعنا أنهم فجروا مدارس بنات ونسفوا تماثيل بوذا العملاقة. ولكن كثيراً من البشتون لم يرُقْ لهم القصف الذي تتعرض له أفغانستان أو حقيقة أن باكستان كانت تساعد الولايات المتحدة الأميركية، حتى وإن اقتصر ذلك على السماح لهم بعبور مجالنا الجوي وقطع إمدادات السلاح عن الطالبان. ولم يكن قد تناهى إلى علمنا بعد أن مشرَّف يسمح للأميركيين باستخدام مطاراتنا أيضاً.

اعتبر بعض رجال الدين لدينا أسامة ابن لادن بطلاً. وأصبح بوسع المرء أن يشتري صوره من السوق وهو يمتطي صهوة جواد أبيض وعلب الحلوى التي تحمل صورته. وقد ارتأى هؤلاء الشيوخ في أحداث الحادي عشر من سبتمبر ثأراً من الولايات المتحدة الأميركية لما تقترفه من جرائم ضد شعوب أخرى حول العالم، وهم بذلك يغضون الطرف عن كون هؤلاء الذين قضوا في الهجوم على مركز التجارة العالمي هم من المدنيين الأبرياء ولا يجوز تحميلهم وزر السياسة الأميركية، كما يتناسون أن الإسلام يُحرِّم قتل مثل هؤلاء الأشخاص باعتباره ظلماً وعدواناً. ولأن الناس لدينا يؤمنون بوجود مؤامرة وراء كل شيء، فقد حاجج كثيرون بأن الهجمات إنما دبرَّها يهودٌ كي يجعلوا منها ذريعة لأميركا تشن من خلالها الحرب على العالم الإسلامي. وقد نشرت بعض صحفنا تقارير مفادها أن

أحداً من اليهود لم يتوجه إلى عمله في مركز التجارة العالمي ذاك اليوم. وهو ما علّق عليه أبي بأنه تُرَّهات.

وقد أخبر مشرف شعبَنا بأنه لم يكن لديه خيار عدا التعاون مع الأميركيين. وقال إنهم أخبروه «إما أن تكون معنا، وإما أن تكون مع الإرهابيين»، وهددوا بأن «يعيدونا إلى العصر الحجري» إذا وقفنا ضدهم. ولكننا لم نكن نتعاون تعاوناً كاملاً، إذ ظلّ مسؤولو جهاز الاستخبارات يُسلحون مقاتلي الطالبان ويوفرون لقادتهم الملاذ في كويتا، بل وأقنعوا الأميركيين بالسماح لهم بنقل مئات المقاتلين الباكستانيين من شمال أفغانستان. وقد طلب رئيس جهاز الاستخبارات من الأميركيين أن يُعلقوا هجماتهم في أفغانستان ريثما يذهب إلى قندهار ويطلب من الملا عمر زعيم الطالبان أن يسلم ابن لادن؛ لكنه بدلاً من ذلك قدم المساعدة للطالبان.

وفي إقليمنا أصدر مولانا صوفي محمد، الذي سبق وأن حارب الروس في أفغانستان، فتوى ضد الولايات المتحدة. وكان قد جمع حشداً كبيراً في ملاكند، حيث حارب أجدادُنا البريطانيين. لم تمنعه الحكومة الباكستانية من ذلك، بل إن حاكم إقليمنا قد أصدر بياناً أجاز فيه لكل من يريد القتال ضد قوات حلف شمال الأطلنطي «الناتو» في أفغانستان بعمل ذلك. وقد هبَّ زهاء 12 ألفاً من شباب سوات لمساعدة الطالبان. ولم يعد منهم الكثير مرة أخرى. والأرجح أنهم قتلوا هناك، ولكن لانعدام الدليل على وفاتهم، كان يتعذر إعلان زوجاتهم أرامل. وهو وضع بالغ القسوة عليهن. وكان شقيق وصهر وحيد زمان وهو أحد الأصدقاء المقربين لوالدي من بين الكثيرين الذين ذهبوا إلى أفغانستان. وما زالت زوجتاهما وأطفالهما ينتظرون

عودتهما. وأذكر أنني قمت بزيارتهم وشعرت بما يشعرون به من حرقة وتشوق. ومع ذلك، فقد بدا كل ذلك بعيداً للغاية عن وادينا الذي كان يشبه البستان الهادئ. كانت أفغانستان تبعد عنا بما لا يقل عن مائة ميل، ولكن حتى تصل إلى هناك يتعين عليك أن تعبر منطقة «باجاور»، وهي إحدى المناطق القبلية الواقعة بين باكستان وحدود أفغانستان.

وقد فر ابن لادن ورفاقه إلى الجبال البيضاء في تورا بورا الواقعة شرق أفغانستان، حيث استطاع أن يبني شبكة من الأنفاق عندما كان يحارب الروس. وقد هربوا عبر هذه الأنفاق وصعدوا إلى الجبال في «كُرَام»، وهي منطقة قبلية أخرى. والشيء الذي لم نكن نعرفه وقتها هو أن ابن لادن قد قدِم إلى سوات وأقام في قرية نائية مدة عام، مستفيداً من التقاليد البشتونية في الضيافة.

كان باستطاعة أي أحد اكتشاف أن مُشرف يلعب على الحبلين، فهو يحصل على الأموال الأميركية فيما يواصل تقديم الدعم للجهاديين - الذين يَعدُّهم جهاز الاستخبارات «أصولاً استراتيجية». ويقول الأميركيون إنهم قدَّموا لباكستان مليارات الدولارات لدعم حملتهم ضد القاعدة، ولكننا لم نرَ فلساً واحداً من هذه الأموال. فقد شيَّد مشرف قصراً يطلّ على بحيرة روال في إسلام أباد واشترى شقة في لندن. ومن حين إلى آخر كان يخرج علينا مسؤول أميركي رفيع يقول إننا لا نفعل ما يكفي ثم فجأة نجد صيداً كبيراً قد وقع. فقد وُجد خالد شيخ محمد، وهو العقل المدبر لأحداث الحادي عشر من سبتمبر، في منزل لا يبعد سوى ميل واحد عن المقر الرسمي لقائد الجيش في روالبندي. ولكن الرئيس بوش ظلّ يثني على مشرّف، ويدعوه إلى واشنطن ويصفه بأنه رفيقه. كان والدي

وأصدقاؤه يبدون تقزّزهم مما يحدث، ويقولون إن الأميركيين يفضلون دائماً التعامل مع حكام مستبدين في باكستان.

منذ سن باكرة بدأ اهتمامي بالسياسة، فكنت أجلس على ركبة والدي أستمع لكل النقاشات التي تدور بينه وبين أصدقائه. ولكني كنت أكثر اهتماماً بالوضع المحلي، وعلى وجه التحديد بوضع شارعنا. فقد أخبرت أصدقائي في المدرسة بشأن أطفال مقلب القمامة وأنه ينبغي لنا أن نساعدهم. لم يُبدِ الجميع رغبة في ذلك، إذ قالوا إن هؤلاء الأطفال قذرين وربما يحملون أمراضاً، فضلاً عن أن آباءهم لن يرضوا لهم بالذهاب إلى مدرسة تضم مثل هؤلاء الأطفال. ومما قالوه أيضاً إنه ليس من شأننا أن نجد حلاً لهذه المشكلة. لم أوافقهم الرأي في ذلك: «يمكننا أن نجلس نتفرج ونتمنى أن تساعدهم الحكومة، ولكن الحكومة لن تفعل. إذا استطعت أن أساعد طفلاً أو اثنين وقامت أسرة أخرى بمساعدة طفل أو اثنين، فعندئذٍ سيكون بوسعنا أن نساعدهم جميعاً».

كنت أدرك أنه لا طائل من مناشدة مشرف. ومن واقع تجربتي، كنت إذا وجدت أن والدي لا يستطيع المساعدة في أمور مثل هذه، فإنه ليس أمامي سوى ملاذ وحيد. وهو أن أكتب رسالة إلى الله. كتبت أقول: «إلهي الكريم، أعرف أنك ترى كل شيء، ولكن هناك أشياء كثيرة للغاية ربما تُنسى أحياناً، ولا سيما الآن في ظلّ القصف الذي تتعرض له أفغانستان. ولكني لا أعتقد أنه سوف يرضيك إذا رأيت أطفالاً في طريقي يعيشون على مقلب قمامة. إلهي، امنحني القوة والشجاعة واجعلني مثالية لأنني أريد أن أجعل هذا العالم مثالياً. ملالا».

كانت المشكلة هي أنني لا أعرف كيفية الوصول إليه. وكنت أظنّ أحياناً أنه يتعين عليّ أن أحفر عميقاً في الأرض، ولذلك دفنت الرسالة أول مرة في أرض الحديقة. ثم رأيت أنها سوف تتلف، ولذلك وضعتها في كيس من البلاستيك. ولكن بدا ذلك بلا جدوى. ولأنه يروق لنا أن نضع النصوص المقدَّسة في المياه الجارية، فقد قمتُ بلف الرسالة، وربطها بقطعة خشب ووضعت فوقها نبات هندباء برية، ثم جعلتها تطفو فوق مياه النهر الذي يتدفق عبر وادي سوات. يقيناً سوف يجدها الله هناك.

7

المفتي الذي سعى لغلق مدرستنا

أمام مدرستنا مباشرة في شارع خوشال، حيث ولدتُ، كان يوجد منزل يعود إلى رجل دين طويل القامة وسيم الملامح وعائلته. كان اسمه غلام الله وكان يَعُد نفسه «مفتياً» رغم أن والدي كان يتبرم من كون كلّ مَن اعتمر عمامة أسمى نفسه «مولانا» أو «مفتياً». أصبحت المدرسة تعمل جيداً وتحقق عائداً، وراح والدي ينشئ فناء رائعاً للمدرسة الثانوية للبنين يزينه مدخلٌ مقوس. ولأول مرة أصبح بوسع والدتي أن تشتري ملابس جميلة، بل وحتى تطلب طعاماً جاهزاً مثلما حلمت في الماضي وهي في القرية. ولكن «المفتي» كان طول الوقت يرصد ما يجري. كان يرصد الفتيات لدى خروجهن ودخولهن إلى المدرسة كل يوم وهو ما أثار غضبه، لا سيما أن بعض الفتيات كنّ في سنّ المراهقة. قال والدي ذات يوم: «مولانا هذا سيكون شؤماً علينا». وكان مُحقاً.

فلم تنقضِ سوى فترة وجيزة حتى ذهب «المفتي» إلى مالكة بناية المدرسة وقال لها: «ضياء الدين يدير مدرسة مخالفة للشرع في بنايتك ويجلب العار إلى المنطقة. هؤلاء الفتيات ينبغي لهن أن يحتجبن ويقرن داخل بيوتهن». وأضاف قائلاً: «استعيدي بنايتك منه

وسوف أستأجرها لمدرستي الدينية. إذا أخذتيها منه، فسوف أدفع لك قيمة الإيجار فوراً، فضلاً عمّا ستنالينه من ثواب الآخرة».

رفضت السيدة طلبه وجاء ابنها إلى والدي سراً وحذّره قائلاً: «مولانا هذا يسعى لتشويه صورتك. لن نعطيه البناية ولكن توخَّ الحذر».

غضب أبي لذلك وقال: «مثلما نقول إن نصف طبيب يمثل خطراً على حياة المرء، فإن المُلا غير الفقيه يمثل خطراً على الدين».

إنني أفخر بأن بلدي قد تأسس باعتباره أول وطن للمسلمين في العالم، بيْد أننا ما زلنا غير متفقين على ما يعنيه ذلك. ورغم أن القرآن يحثنا على الصبر، فإننا على الأرجح قد نسينا هذه الكلمة وأصبح الإسلام لدينا يتمحور حول بقاء المرأة في المنزل وارتدائها للبرقع فيما يخرج الرجال للجهاد، ولدينا في باكستان فرق إسلامية كثيرة. وكان محمد علي جناح مؤسس دولتنا يهدف للحصول على اعتراف بحقوق المسلمين في الهند، ولكن الأغلبية في الهند كانت تعتنق الهندوسية. فكان الأمر وكأن ثمة عداء نشب بين شقيقين واتفقا أن يعيشا في منزلين منفصلين. ولذلك قُسِّمت الهند البريطانية في آب/ أغسطس من العام 1947، وانبثقت من ذلك دولة مسلمة. وهو التقسيم الذي بلغ من الدموية والعنف حدّاً غير مسبوق، عندما عبر ملايين المسلمين الحدود الجديدة قادمين من الهند، فيما هاجر الهندوس في الاتجاه المعاكس. فقد أسفرت محاولات العبور من الاتجاهين عن مقتل مليوني شخص تقريباً، وذُبح كثيرون في القطارات التي كانت تصل إلى لاهور ودلهي محملة بالجثث الغارقة

في دمائها. وكان جدي قد أفلت بأعجوبة من الموت خلال أعمال الشغب عندما هاجم الهندوس قطاراً كان على متنه وهو في طريقه إلى وطنه قادماً من دلهي حيث كان يدرس. والآن أصبحنا دولة تضم 180 مليون نسمة، يمثل المسلمون 96 في المائة منهم، ولدينا مليوني مسيحي أيضاً تقريباً وأكثر من مليوني شخص يدينون بالأحمدية التي يقول أتباعها أنهم مسلمون فيما تنفي عنهم الحكومة تلك الصفة. وما يؤسف له هو أن تلك الأقليات كثيراً ما تتعرض للاعتداءات.

أمضى جناح سنوات شبابه في لندن حيث تدرّب للعمل في مهنة المحاماة. كان يحلم بتأسيس وطن يقوم على التسامح، وقد دأب الناس لدينا على الاستشهاد بكلمته الشهيرة التي ألقاها قبل بضعة أيام من الاستقلال: «لكم الحرية في أن تذهبوا إلى معابدكم، ولكم الحرية في أن تذهبوا إلى مساجدكم أو إلى أي مكان آخر للعبادة في دولة باكستان هذه. يمكنكم الانتماء إلى أي دين أو طائفة أو عقيدة - فذلك ليس من شأن الدولة». وبحسب والدي فإن المشكلة هي أن جناح كان يفاوض من أجل الحصول على قطعة أرض لنا وليس على دولة. مات بمرض السلّ بعد سنة واحدة من تأسيس باكستان ومنذ ذلك الحين لم يتوقف القتال عندنا؛ خضنا ثلاثة حروب ضد الهند ونعيش ما يبدو أنه حالة من الاقتتال الداخلي الذي لا يتوقف.

ونحن المسلمين ننقسم ما بين سنة وشيعة، وإن تشاركنا في أصل العقيدة والقرآن الكريم، فإننا نختلف حول أي الأشخاص كان أحق بخلافة النبي (ﷺ) الذي انتقل إلى الرفيق الأعلى في القرن السابع الميلادي. فقد وقع الاختيار على أبي بكر ليكون هو

الخليفة؛ إذ كان هو الصديق المقرَّب للنبي ومستشاره، وهو من اختاره ليؤم المسلمين في الصلاة وهو على فراش الموت. ولكن فئة صغيرة ارتأت أن الخلافة ينبغي لها أن تبقى داخل آل البيت النبوي وأن عليّ ابن أبي طالب، زوج ابنته وابن عمه، كان هو الأحق بها. وقد أصبحوا يُعرفون باسم «الشيعة» وهي صيغة مختصرة لـ «شيعة علي».

وفي كل عام يستحضر الشيعة ذكرى مقتل الحسين بن علي، حفيد النبي، في معركة كربلاء في سنة 680 ميلادية عبر طقوس تقام خلال شهر المحرم وتُسمى «تطبير» حيث يضربون أنفسهم خلالها بسلاسل من حديد أو بأنصال السيوف حتى تغرق الشوارع بالدماء. ولدى والدي صديق شيعي المذهب وهو يذرف الدمع كلما تحدث عن مقتل الحسين في كربلاء، وتنتابه مشاعر جياشة عندئذٍ حتى يخال المرء أن هذه الواقعة قد حدثت عشية أمس، وليس قبل أكثر من 1300 سنة. وقد كان مؤسس باكستان شيعي المذهب، كما أن والدة بناظير بوتو شيعية المذهب من إيران.

ومعظم الباكستانيين هم من المسلمين السنة مثلنا حيث نمثل أكثر من 80 في المائة من سكانها، ولكننا نعود ونتوزع ضمن المذهب السني نفسه إلى فرق كثيرة. وتعتبر فرقة البرلوية، التي سميت على اسم مدرسة دينية تأسست في القرن التاسع عشر في مدينة برلي الواقعة في ولاية أوتار براديش في الهند، هي أكبر هذه الفرق بلا منازع. ثم لدينا فرقة الديوباندي، والتي سميت على اسم مدرسة أخرى اشتهرت في القرن التاسع عشر في أوتار براديش، وفي هذه المرة في قرية ديوباند. وهؤلاء معروفون بتشددهم البالغ ومعظم

مدارسنا الدينية تنتمي إلى هذه الفرقة. ولدينا أيضاً فرقة أهل الحديث وهم سلفيون، وهي فرقة تسودها تأثيرات عربية وهي أكثر تشدداً من الفرق الأخرى، وهؤلاء هم من يسمّيهم الغرب الأصوليين. وهم لا يقبلون أولياءنا ولا أضرحتنا، لا سيما وأن باكستانيين كثر ينتمون إلى الطرق الصوفية ويتجمعون عند أضرحة شيوخهم للرقص والعبادة. وكل فرقة من هذه الفرق تضمّ داخلها فرقاً أصغر.

وكان مفتي شارع خوشال عضواً في جماعة التبليغ، وهي جماعة تنتمي إلى فرقة الديوباندي وتعقد ملتقى حاشداً كل عام في مقرها في رايويند، بالقرب من لاهور، ويحضره ملايين الأشخاص. وقد اعتاد آخر حكامنا العسكريين الجنرال ضياء الحق الذهاب إلى هناك، وأصبح التبليغيون في ثمانينيات القرن العشرين، وخلال فترة حكمه، ذوي نفوذ هائل. وكان الكثير من الأئمة الذين يُعيَّنون للوعظ في الثكنات العسكرية ينتمون إلى جماعة التبليغ، بل وصار ضباط الجيش غالباً ما يحصلون على إجازات للخروج في جولات التبليغ التي تقوم بها الجماعة.

وذات ليلة، وبعد أن أخفق المفتي في إقناع مالكة العقار الذي تشغله المدرسة لإلغاء عقد إيجارنا، جمع بعضاً من الأشخاص النافذين وكبار السن في منطقتنا وجاء بهم كوفد إلى بيتنا. كان الوفد يضم سبعة أشخاص - بعضهم تبليغيون كبار، وخادم مسجد وجهادي سابق وصاحب متجر - غصَّ بهم منزلنا الصغير.

بدت علامات القلق على والدي ونهرنا كي ندخل الغرفة الأخرى، ولكن المنزل كان صغيراً، وكان بوسعنا أن نسمع كل كلمة. قال الملا غلام الله: «إنني أمثل العلماء والتبليغيين

والطالبان»، في إشارة إلى جماعتين من العلماء المسلمين وذلك كي يمنح نفسه ثقلاً. وتابع: «أنا هنا لأمثل المسلمين الأتقياء وقد أجمعنا على أن مدرسة البنات التي تديرها هي مدرسة مخالفة للشرع ويترتب عليها انتهاك لأوامر الدين ونواهيه، ومن ثم يتحتّم عليك غلقها. فالفتيات لا ينبغي لهن الذهاب إلى المدرسة، بل يقرن في بيوتهن. إنّ كل فتاة يجب أن تحظى بحرمة وخصوصية بالغتين، وهذا هو السبب في أن القرآن لم يأتِ على ذكر أي امرأة فيه بالاسم لأن الله لا يريد ذِكرها».

لم يحتمل والدي سماع المزيد، فردّ عليه قائلاً: «لكن مريم ابنة عمران ورد ذكرها في آيات كثيرة من القرآن. ألم تكن امرأة وامرأة تقية؟»

قال الملا: «إن ذِكر مريم قد ورد في سياقه لإثبات بنوة عيسى لها وأنه ليس ابن الله!»

أجاب والدي: «ربما ذلك. ولكن ما أودّ إيضاحه هو أن القرآن قد أورد اسم مريم».

بدأ المفتي يجادل، ولكن والدي كان قد سمع ما يكفي. والتفت نحو الوفد، وقال: «عندما يمرّ هذا الرجل الكريم بي في الطريق، فإني أنظر نحوه وألقي عليه التحية، ولكنه لا يردّ التحية، ويكتفي بأن يطأطئ رأسه».

طأطأ المُلا رأسه، وقد استشعر الحرج نظراً لما لإلقاء التحية من أهمية في الإسلام. ولكنه عاد يقول: «إنك تدير مدرسة يُحرِّمها الشرع. وهذا هو السبب في كوني لا أردّ تحيتك».

وعندئذٍ تحدث أحد أعضاء الوفد الآخرين، موجِّهاً حديثه إلى

والدي: «لقد سمعت أنك كافر، ولكن أراك تعلق لوحات لبعض آيات القرآن في غرفتك».

أجاب والدي وقد تملّكته الدهشة عندما رأى إيمانه وقد أصبح موضع شك: «بالطبع أُعلق آيات القرآن. فأنا مسلم».

قال المفتي وقد رأى أن النقاش لا يسير في الوجهة التي رسمها: «دعونا نعود إلى موضوع المدرسة. يوجد رجال عادة في فناء المدرسة، وهو ما يتيح لهم رؤية الفتيات لدى دخولهن. وهذا أمر بالغ السوء».

قال والدي: «لديّ حلّ ذلك. للمدرسة بوابة أخرى، وسوف تدخل الفتيات منها».

كان واضحاً أن ذلك الحلّ لم يرضِ المفتي، إذ كان يريد غلق المدرسة نهائياً. ولكن أعضاء الوفد رضوا بذلك الحلّ الوسط وغادروا.

أدرك والدي أن ذلك لن يكون نهاية المطاف. وما كنا نعرفه ولا يعرفه أعضاء الوفد هو أن ابنة شقيقة المفتي كانت تأتي إلى المدرسة سرّاً. ولذلك بعد بضعة أيام اتصل والدي بالشقيق الأكبر للمفتي وبوالد الفتاة.

وقال: «لقد فاض الكيل من شقيقك. أي رجل دين هذا؟ إنه سوف يصيبنا بالجنون. هل يمكنك أن تتدخل حتى يكفّ أذاه عنّا؟».

فرد عليه: «يؤسفني أنه لا حيلة لي في ذلك ضياء الدين. لديّ مشكلات في بيتي أيضاً. إنه يعيش معنا وأخبر زوجته أن عليها الاحتجاب عنا وأن زوجاتنا لا بد أن يحتجبن عنه رغم أننا جميعاً نعيش في هذا المكان الضيق. إن زوجاتنا مثل أخواته وزوجته مثل

أخت لنا، ولكن هذا الرجل المجنون قد أحال المنزل جحيماً. أعتذر لك ولكني لا أستطيع مساعدتك».

أصاب والدي عندما رأى أن هذا الرجل لن ييأس - فقد أصبح رجال الدين ذوو نفوذ واسع منذ حكم ضياء الحق وحملة الأسلمة.

كان الجنرال مشرف يختلف وعلى نحو ما اختلافاً كبيراً عن الجنرال ضياء الحق؛ فرغم أنه كان يظهر غالباً بالزي العسكري، فقد كان يرتدي البذّة الغربية من حين إلى آخر ويسمي نفسه رئيساً تنفيذياً بدلاً من الرئيس. وكان يقتني كلاباً أيضاً، وهي ما نعتبرها نجسة. وبدلاً من حملة الأسلمة التي أطلقها ضياء الحق، فقد بدأ هو ما أسماه الوسطية المستنيرة. فقد فتح المجال أمام وسائل الإعلام، وسمح بإنشاء قنوات تلفزيونية خاصة وأتاح للنساء العمل كمذيعات لنشرات الأخبار، فضلاً عن سماحه ببثّ عروض الرقص عبر التلفزيون. وقد سمح بالاحتفال بالأعياد الغربية أيضاً مثل عيد الحب وليلة رأس السنة الجديدة وبإقامة حفل موسيقي سنوي كان يبث عبر التلفزيون الوطني عشية عيد الاستقلال. وقد أقدم على خطوة لم يُقدم عليها حكامنا الديمقراطيون، بمن فيهم بناظير بوتو، عندما ألغى قانوناً كان يقضي بأنه يتعين على المرأة أن تأتي بأربعة شهود من الرجال كي تثبت تعرّضها للاغتصاب. وفوق ذلك أصدر قراراً بتعيين أول امرأة في منصب محافظ البنك المركزي وأولى النساء في مهنة قيادة الطائرات وخفر السواحل، بل لقد أعلن أنه سوف يكون لدينا حارسات من النساء عند ضريح جناح في كراتشي.

لكن ومع ذلك، فقد كان الوضع لدينا نحن البشتون في إقليم

الحدود الشمالي الغربي مغايراً تماماً. في العام 2002 أقام مشرف انتخابات لـ«ديمقراطية موجهة». كانت انتخابات غريبة، لأن زعيمي الحزبين الرئيسين وهما نواز شريف وبناظير كانا في المنفى. ولذلك أتت هذه الانتخابات في إقليمنا بما أسميناه «حكومة الملالي» إلى السلطة. كان تحالف "Muttahida Majlis e-Amal" أو «إم إم أيه» يتألف من خمسة أحزاب دينية بما فيها جمعية علماء الإسلام، التي كانت تدير المدارس الدينية التي تدرِّب فيها الطالبان. وكان الناس يسخرون من هذا التحالف قائلين إنه تحالف الملالي والعسكر، ويقولون إنهم انتُخبوا لأنهم يحظون بدعم مشرف. ولكن بعض الناس ساندوهم لأنّ البشتون المعروفون بشدة تدينهم كانوا حانقين على الغزو الأميركي لأفغانستان الذي تسبب في الإطاحة بحكم حركة الطالبان.

اتسمت منطقتنا دائماً بأنها الأكثر تشدداً بين معظم مناطق باكستان الأخرى. وقد أُنشئت خلال سنوات الجهاد الأفغاني الكثير من المدارس الدينية التي مُوِّل معظمها بالمال السعودي وتخرّج منها شباب كثيرون نظراً إلى أنها كانت توفر تعليماً مجانياً. وكانت تلك المدارس هي بداية ما يسميه والدي «تعريب» باكستان، ثم جاءت أحداث الحادي عشر من سبتمبر لتجعل هذا التيار المتشدد أكثر شيوعاً ورسوخاً. وكنت عندما أسير أحياناً عبر الطريق الرئيس ألاحظ رسائل مكتوبة بالطباشير على جدران المباني كان بعضها يقول: إذا أردت التدريب على الجهاد فاتّصل بنا، ثم يُتبعون ذلك برقم الهاتف. واعتادت الجماعات الجهادية أن تعمل في أجواء من الحرية أتاحت لها أن تفعل ما تشاء خلال تلك الأيام، فكانوا

يجمعون علناً المساهمات المالية ويُجنِّدون الرجال. وقد تباهى ذات مرة مدير مدرسة في شانجلا بأن أعظم نجاحاته هو أنه أرسل عشرة فتية في الصف التاسع لتلقي التدريب على الجهاد في كشمير.

حظرت الحكومة التي ألَّفها تحالف «إم إم أيه» محلات بيع الأقراص المدمجة وأسطوانات الفيديو الرقمية "DVD"، وأرادت أن تحذو حذو طالبان أفغانستان وتنشئ شرطة للأخلاق. وكان يفترض أن عناصر هذه الشرطة سوف يُخوَّلون الحق في توقيف أي امرأة تسير بصحبة رجل للتثبت من أنه مُحرَم لها. ومما يُحمد له أن محكمتنا العليا قد أوقفت العمل بذلك النظام. وعقب ذلك أخذ نشطاء تحالف «إم إم أيه» يشنون هجماتهم على دور السينما ومزَّقوا اللوحات الإعلانية التي تحمل صور نساء أو سودوها مستخدمين الطلاء. ووصل الأمر بهم إلى حدّ إزالة مجسمات النساء من محلات الملابس وراحوا يتحرشون بالرجال ممّن يرتدون قمصان وبناطيل على النمط الغربي بدلاً من الزي التقليدي، وأصروا على تغطية النساء لرؤوسهن. بدا وكأنهم يريدون مَحْو كل أثر للنساء من فضاء الحياة العامة.

افتتحت مدرسة والدي الثانوية في عام 2003. وفي تلك السنة الأولى جمعت بين البنين والبنات، ولكن ومع مطلع عام 2004 تغير المناخ العام ولم يعُد الجمع بين البنات والبنين في صفّ واحد أمراً مقبولاً. وهذا المناخ الجديد نفسه هو ما جرَّأ غلام الله، إذ أبلغ أحد موظفي المدرسة والدي بأن المفتي لا ينفك يأتي إلى المدرسة ويسأل عن السبب وراء كوننا نحن الفتيات لم نزَل ندخل عبر البوابة الرئيسة. وأضاف الموظف أنه ذات يوم وعندما تصادف أن مدرِّساً

قد رافق مُدرِّسة زميلته حتى الطريق الرئيس كي يجد لها عربة ركشا، فإن مولانا سأله: «كيف يرافقها هذا الرجل إلى الطريق، هل هو شقيقها؟».

أجابه الموظف: «لا. إنه زميل لها».

قال مولانا: «هذا تصرف غير شرعي!».

طلب والدي من الموظف أن يتصل به عندما يرى مولانا مرة أخرى. وعندما جاءه الاتصال، خرج له والدي ومعلم الدراسات الإسلامية كي يواجهاه.

قال له والدي: «مولانا، لقد نفد صبري! من أنت؟ إنك مخبول! عليك أن تذهب إلى طبيب. هل تظن أنني عندما أدخل المدرسة أقوم بخلع ملابسي؟ عندما ترى ولداً وبنتاً فكأنما عاينت فضيحة. إنهم أطفال في مدرسة. أنصحك بالذهاب إلى الدكتور حيدر علي!».

كان الدكتور حيدر علي طبيباً نفسياً معروفاً في منطقتنا، ولذلك عندما نتساءل قائلين «هل علينا اصطحابك إلى الدكتور حيدر علي؟» فإننا نعني «هل أنت مجنون؟».

خيَّم الصمت على المفتي، وما كان منه إلا أن خلع عمامته ووضعها في حجر والدي. ولأن العمامة تمثل لدينا رمزاً للشهامة والقيم البشتونية، فإن خلع رجل لعمامته يُعد إذلالاً كبيراً. ولكنه عاد عندئذٍ وقال مرة أخرى: «لم يحدث أن تفوّهت بمثل تلك الأقاويل لموظفك. إنه كاذب».

فاضَ الكيل بوالدي وصاح في وجهه: «ليس لك شأن هنا. اغرب بعيداً».

صحيحٌ أن محاولة إغلاق المدرسة التي قام بها المفتي قد باءت بالفشل، ولكن تدخله مثَّل مؤشراً للوجهة التي كانت تسلُكها بلادنا. استبدّ القلق بأبي ولم تعُد لقاءاته التي يعقدها مع رفقائه النشطاء تقتصر على الدعوة لمنع قطع الأشجار، بل أصبحت تتطرق لقضايا التعليم والديمقراطية أيضاً.

وفي العام 2004، وبعدما ظلّ يقاوم ضغوطاً من واشنطن على مدى أكثر من عامين ونصف، أرسل الجنرال مشرّف الجيش إلى مناطق القبائل. وقد زعم الأميركيون أن مسلحي القاعدة الذين فروا من أفغانستان خلال القصف الأميركي قد استخدموا هذه المناطق كملاذ آمن، مستغلين تقاليد حُسن ضيافتنا البشتونية. وقد أداروا هناك معسكرات للتدريب وشنوا الغارات عبر الحدود على قوات حلف شمال الأطلنطي. وهو ما رأينا فيه صراعاً شديد القرب منا، فإحدى مناطق القبائل وهي باجور تقع مقابل سوات. وينتمي كل الذين يعيشون في مناطق القبائل جميعهم إلى قبائل بشتونية مثلنا نحن يوسفزاي، تعيش على جانبي الحدود بين باكستان وأفغانستان.

أنشئت الهيئات القبائلية خلال الوجود الاستعماري البريطاني لتكون منطقة عازلة بين أفغانستان وما كان يُعرَف عندئذٍ بالهند، وما زالت تُدار بالطريقة ذاتها، حيث يتولى تصريف الأمور فيها زعماء قبائليون أو وجهاء يعرف الواحد منهم باسم «ملك». ولسوء الحظ، فإن هؤلاء الملوك لا يملكون إلا نفوذاً ضئيلاً، ولا تخضع المناطق القبائلية في حقيقة الأمر لأي حكم على الإطلاق. فهي مناطق منسية تتكون من أودية صخرية وعرة يدبّر الناس فيها أقواتهم عبر التهريب. (لا يتجاوز متوسط الدخل السنوي 250 دولاراً أميركياً - وهو نصف

متوسط الدخل في باكستان)، وهم يعانون نقصاً شديداً في عدد المستشفيات والمدارس، ولا سيما مدارس البنات، وحتى عهد قريب لم يكن مسموحاً فيها بوجود الأحزاب السياسية. ويكاد المرء ألّا يجد امرأة هناك تُجيد القراءة والكتابة، كما يُعرَف أهل هذه المناطق بشراستهم ونزوعهم للاستقلالية، وهو ما يدركه كل من يُتاح له مطالعة أيٍّ من التقارير البريطانية القديمة.

لم يكن جيشنا قد دخل مطلقاً إلى المناطق القبلية. وعوضاً عن ذلك، فرض نوعاً من السيطرة غير المباشرة بطريقة تشبه تلك التي لجأ إليها البريطانيون، معتمداً في ذلك على قوات الحدود البشتونية بدلاً من الجنود النظاميين. ولذلك كان الزجّ بالجيش النظامي في هذه المنطقة قراراً صعباً. وهي صعوبة لم تكن تنبثق من كون جيشنا وأجهزة استخباراتنا ظلوا يحتفظون بعلاقات طويلة مع بعض المسلحين فحسب، بل من كون جنود الجيش سوف يحاربون أشقاءهم البشتون أيضاً. كانت أولى المناطق القبلية التي دخلها الجيش هي جنوب وزيرستان، في آذار/ مارس من العام 2004. ومثلما هو متوقع فقد رأى أهل المنطقة في ذلك اعتداء على طريقة عيشهم. ولأن السلاح كان ينتشر انتشاراً واسعاً بين رجال هذه المنطقة، فقد لقي مئات الجنود مصرعهم عندما وجه هؤلاء أسلحتهم ضد الجيش.

أحدث ذلك صدمة داخل أوساط الجيش، ورفض بعض الجنود القتال كي لا يجدون أنفسهم في مواجهة مع بني جلدتهم. ولذلك تراجع الجيش بعد اثني عشر يوماً فقط من توصله لما أسماه «تسوية سلمية عبر التفاوض» مع زعماء المسلحين المحليين مثل نِك محمد.

وقد انطوت عملية التفاوض على رشوة قدّمها الجيش لهؤلاء الزعماء كي يوقفوا هجماتهم نهائياً ويحُولوا دون تسلل المقاتلين الأجانب، لكن المسلحين استخدموا هذه الأموال في شراء المزيد من الأسلحة واستأنفوا نشاطاتهم. ولم تمضِ سوى بضعة أشهر على ذلك حتى تعرضت باكستان لأولى هجمات الطائرات الأميركية بدون طيار.

في 17 حزيران/ يونيو 2004 أطلقت طائرة بدون طيار صاروخاً من نوع «هيل فاير» على نِك محمد في جنوب وزيرستان، فيما كان يجري على ما يبدو مقابلة عبر هاتف يعمل بالأقمار الصناعية. وقد قتل في الحال هو ومن حوله من رجال. لم يدر أهل المنطقة عمّا يمكن أن تكون هذه - لم نكن نعلم عندئذٍ أن الأميركيين يمكنهم أن يأتوا بمثل ذلك الشيء. أياً كان رأيك في نِك محمد، فإننا لم نكن في حرب مع الأميركيين وصُدمنا عندما وجدناهم يشنّون هجماتهم من السماء على أرضنا. سادت حالة من الغضب بين أهل المناطق القبلية والتحق كثيرون منهم بالجماعات المسلحة أو شكّلوا بأنفسهم مليشيات محلية.

أعقب ذلك مزيد من الهجمات؛ فقد قال الأميركيون إن الرجل الثاني في القاعدة (نائب ابن لادن) أيمن الظواهري يختبئ في باجور وأنه قد تزوج هناك. وفي كانون الثاني/ يناير 2006 سقطت طائرة بدون طيار يرجّح أنها كانت تستهدفه فوق قرية اسمها دامادولا، فدمرت ثلاثة منازل وقتلت ثمانية عشر شخصاً. ادعى الأميركيون أنه قد لاذ بالفرار بعد أن سرِّبت إليه معلومة بشأن الغارة. وفي ذلك العام نفسه، في 30 تشرين الأول/ أكتوبر، ضربت طائرة أخرى بدون طيار مدرسة دينية فوق تل بالقرب من مدينة خار، فأودت بحياة

ثمانين شخصاً، كان بينهم الكثير من الأطفال. وقد زعم الأميركيون أنها كانت معسكراً لتدريب القاعدة وهو ما ظهر في شرائط الفيديو التي تبثّها الجماعة وأن التل كان مليئاً بالأنفاق ومرابض المدافع. وفي غضون بضع ساعات من هذا الهجوم، أعلن رجل دين محلي بارز اسمه فقير محمد، وكان يدير المدرسة، أنّ القتلى سوف يُثأر لهم عبر تنفيذ عمليات انتحارية ضد جنود باكستانيين.

استشعر والدي وأصدقاؤه القلق ودعوا معاً زعماء ووجهاء القوم في المنطقة لمؤتمر للسلام. كانت ليلة قارسة البرودة خلال شهر كانون الثاني/ يناير، ولكن 150 شخصاً التقوا معاً.

قال والدي محذراً: «إنها قادمة إلى هنا. إن النيران تقترب من الوادي. دعونا نطفئ نيران القتال قبل أن تصلنا».

ولكن أحداً لم يصغِ إليه، بل إن البعض ضحك، بمن في ذلك زعيم سياسي محلي كان يجلس في الصف الأمامي.

فتوجّه إليه والدي بالكلام: «السيد خان، لعلك تعرف ما حدث لشعب أفغانستان. وهم الآن لاجئون ويعيشون معنا. والأمر نفسه يحدث مع باجور. والأمر نفسه سوف يحدث لنا، تذكر كلماتي، ولن نجد مأوى أو بلداً نهاجر إليه».

ولكن التعبير الذي بدا على وجه الرجل كان يوحي بالسخرية، وبدا أنه يقول عن والدي: «انظروا إلى هذا الرجل. أنا خان. من يجرؤ على إخراجي من هذه المنطقة؟».

عاد والدي إلى المنزل محبطاً وقال: «لدي مدرسة، ولست خاناً أو زعيماً سياسياً. ليس لدي سلطة. ما أنا إلا رجل بسيط».

8

خريف الزلزال

ذات يوم صحو من شهر تشرين الأول/ أكتوبر وكنت لم أزل في المدرسة الابتدائية أخذتْ طاولاتنا تترجرج وتهتز بنا. كانت صفوفنا ما زالت مختلطة في ذلك السن، وصرخ الأولاد والبنات جميعاً: «زلزال!» ركضنا نحو الخارج مثلما تعلمنا أن نفعل. تحلَّق جميع الأطفال حول معلميهم مثلما تتجمع صغار الكتاكيت حول الدجاجة الأم.

يقع سوات على خط صدع جيولوجي ونتعرض كثيراً للزلازل، ولكن هذا الزلزال بدا مختلفاً. فقد بدا أنّ جميع المباني المحيطة بنا تهتز ولم يتوقف صوت الدمدمة. كان معظمنا يبكي فيما توجّه معلمونا بالدعاء إلى الله. طلبت منا ميس روبي، وكانت إحدى معلماتي المفضلات، أن نتوقف عن البكاء وأن نحافظ على هدوئنا؛ قائلة إنه سوف ينتهي حالاً.

عندما توقفت الهزة الأرضية، تم إرسالنا جميعاً إلى بيوتنا. وجدنا والدتنا تجلس على كرسي ممسكة بالقرآن، وقد عكفت على ترديد بعض الآيات القرآنية. عادة ما يُكثر الناس لدينا من الدعاء عندما تحلّ بهم المصائب. هدأ روعها عندما رأتنا وعانقتنا فيما

تسيل الدموع على وجهها. ولكن توابع الزلزال ظلت تضرب خلال ما بعد الظهيرة، ولذلك ظللنا في حالة فزع شديد.

انتقلنا مرة أخرى - سوف تبلغ مرات انتقالنا سبعاً حتى بلوغي الثالثة عشرة من عمري - وأصبحنا نعيش في بناية تتألف من شقق. كانت البناية التي تتألف من طابقين ويعلوها خزان ماء كبير فوق سطحها، تعتبر بناية عالية في منجورا. تملَّك الفزع والدتي وخشيت أن ينهار البيت فوق رؤوسنا، ولذلك دأبنا على الخروج منه في ذلك اليوم. لم يعُد والدي إلى البيت في ذلك المساء إلا متأخراً، وذلك لانشغاله بفحص جميع المباني الأخرى للمدرسة.

عندما حلّ الليل، استمرت الهزات الارتدادية وانتابت والدتي حالة من الذعر. وكنا مع كل هزة، نظن أنه يوم القيامة. كانت تبكي: «سوف ندفن في فُرشنا!» أصرت على أن نغادر المنزل، ولكن والدي كان منهكاً، ونحن المسلمين نؤمن بأنه لن يصيبنا إلا ما كتب الله لنا. ولذلك أرقدنا أنا وخوشال وأتال، الذي كان وقتئذٍ رضيعاً.

وقال لوالدتي وأحد أبناء عمومته: «اذهبا حيثما تريدان. سوف أبقى هنا. إذا كنتما تؤمنان بالله فابقيا هنا». أعتقد أنه عندما تحلّ بنا كارثة كبرى أو يداهم حياتنا خطر فإننا نتذكر ذنوبنا ونتساءل كيف سنقابل الله وما إن كان سيغفر لنا ذنوبنا. ولكن الله منحنا القدرة على النسيان أيضاً، ولذلك عندما تزول الغمّة نعود إلى سيرتنا الأولى. كنت أثق في إيمان والدي، ولكني كنت أشارك والدتي مخاوفها الواقعية أيضاً.

تبيَّن أن زلزال الثامن من تشرين الأول/ أكتوبر 2005 هو أحد أسوأ الزلازل في التاريخ. فقد بلغت قوته 7,6 على مقياس ريختر

وشعر به سكان مدن بعيدة مثل كابل ودلهي. لم تتأثر مدينتنا منجورا كثيراً - إذ لم تتهدم فيها سوى بضع بنايات - ولكن كشمير المجاورة والمناطق الشمالية من باكستان تعرضت لدمار بالغ، بل وحتى في إسلام أباد تهدمت بنايات.

استغرق الأمر منا بعض الوقت حتى ندرك هول ما حدث. عندما بدأت نشرات الأخبار تعرض الدمار رأينا قرى كاملة وقد أضحت أطلالاً. تسببت الانزلاقات الأرضية في سدّ الطرق المؤدية إلى الأماكن الأكثر تضرراً وانقطعت كلّ خطوط الاتصالات الهاتفية والطاقة الكهربية. وقد طال تأثير الزلزال منطقة تقدر مساحتها بـ 30 ألف كيلو متر مربع، وهي مساحة تعادل ولاية كنتاكي الأميركية. كانت الأرقام لا تصدق. فقد قُتل أكثر من 73 ألف شخص فيما أصيب 128 ألفاً سوف يكمل كثير منهم حياته مقعداً، وفقد زهاء ثلاثة ملايين ونصف شخص بيوتهم. لقد تلاشت الطرق والجسور والمياه والكهرباء جميعها، وتعرضت أماكن كنّا نزورها مثل بلاكوت لدمار شبه كامل. وكان من بين الضحايا أطفال كثيرون كانوا موجودين مثلي في المدرسة ذاك الصباح، إذ تهدّمت 6400 مدرسة تقريباً وقُتل 18 ألف طفل.

تذكرنا مدى الفزع الذي تملكنا في ذلك الصباح وبدأنا جمع التبرعات في المدرسة. جلب كل شخص ما يستطيعه. كان والدي يذهب إلى كل أحد يعرفه، ويطلب منه التبرع بالطعام أو الملابس أو المال، كما ساعدت والدتي في جمع الأغطية. جمع والدي تبرعات من رابطة سوات للمدارس الخاصة ومجلس السلم العالمي ليضيفها إلى ما تمّ جمعه في المدرسة. بلغ إجمالي قيمة ما تمّ التبرع به أكثر

من مليون روبيه. كما أرسلت شركة نشر في لاهور كانت تزودنا بالكتب الدراسية خمس شاحنات من الطعام وبعض المستلزمات الأخرى.

انتابنا قلق بالغ بشأن عائلتنا في شانجلا، المحشورة بين تلك الجبال الضيقة. وأخيراً وردتنا أخبار من أحد أبناء عمومتنا أفادت بأن ثمانية أشخاص قد لقوا حتفهم في قرية والدي الصغيرة وتهدّمت بيوت كثيرة كان من بينها منزل شيخ القرية مولانا خادم، الذي انهار سقف منزله فأودى بحياة بناته الجميلات الأربعة. كنت أريد الذهاب إلى شانجلا مع والدي والشاحنات، ولكنه أخبرني بأنها ستكون رحلة محفوفة بمخاطر بالغة.

عاد والدي من الرحلة بعد بضعة أيام شاحب الوجه. وحدَّثنا بأن الجزء الأخير من الرحلة كان بالغ الصعوبة، إذ كان معظم الطريق قد انهار في النهر فيما انزلقت صخور كبيرة على الطريق وأعاقت الحركة عليه. وأفادت عائلتنا وأصدقاؤنا بأنهم خالوا الزلزال هو نهاية العالم. تحدثوا عن صوت تساقط الصخور وهي تنزلق من فوق التلال فيما يَهرع الجميع خارجين من منازلهم وهم يرددون آيات من القرآن، وتعلو الصرخات عندما تنهار الأسقف ويُسمع نعير الجاموس وثغاء الماعز. ومع تواصل الهزات الارتدادية أمضوا النهار في العراء ثم الليل أيضاً، وهم يقتربون من بعضهم بعضاً للاستدفاء، رغم أن الطقس كان قارس البرودة في الجبال.

في أول الأمر لم يصل سوى عدد ضئيل من عمال الإغاثة الذين ينتمون إلى وكالة مساعدات أجنبية تعمل في المنطقة، فضلاً عن متطوعين من حركة «تحريك إنفاذ الشريعة المحمدية»، وهي

مجموعة أسسها صوفي محمد الذي كان يرسل الرجال للحرب في أفغانستان. كان صوفي محمد قيد الاعتقال منذ عام 2002 عندما اعتقل مشرف عدداً من قادة المسلحين بعد تعرضه لضغوط أميركية، ولكن جماعته واصلت عملها بعد أن تولى قيادتها صهره مولانا فضل الله. كان يصعب على السلطات الوصول إلى مناطق مثل شانجلا بعد أن تهدمت معظم الطرق والجسور، كما تلاشى كل أثر للحكومة المحلية من المنطقة وقد سمعنا مسؤولاً من الأمم المتحدة يقول عبر التلفزيون إنه «أسوأ كابوس لوجستي واجهته الأمم المتحدة».

أما الجنرال مشرف فقد أسماه «اختبار الأمة» وأعلن أن الجيش قد أطلق عملية شريان الحياة - حيث يروق لجيشنا أن يطلق على عملياته أسماء. عُرضت صور كثيرة في الأخبار لمروحيات الجيش المحملة بالإمدادات والخيام، ولكن هذه المروحيات لم تكن تستطيع الهبوط في كثير من الأودية الصغيرة، ولذلك كانت حُزم المساعدات التي يسقطونها غالباً ما تتدحرج فوق المنحدرات حتى تسقط في النهر. وفي بعض المناطق، كان السكان يندفعون بأعداد كبيرة أسفل المروحيات عندما تحلق فوق مناطقهم، وهو ما كان يعوقها عن إسقاط الإمدادات بأمان.

ولكن بعض المساعدات وصلت بالفعل. فقد سارع الأميركيون بتقديم المساعدات أيضاً، إذ كان لديهم آلاف القوات ومئات المروحيات في أفغانستان، ومن ثم لم يواجهوا صعوبة في إيصال المساعدات جواً وظهروا بمظهر من يمدّ إلينا يده ساعة العُسرة، رغم أن بعض الطيارين كانوا يطمسون العلامات التي تدل على هوية

المروحيات الأميركية خشية استهدافها. وكانت هذه هي المرة الأولى التي يرى فيها سكان هذه المناطق النائية أجنبياً.

كان معظم المتطوعين ينتمون إلى جمعيات خيرية إسلامية أو منظمات إسلامية، ولكن بعض هذه الكيانات كانت تعمل كواجهة للجماعات المسلحة. وكانت أبرزها هي جماعة الدعوة، وهي الجناح الإغاثي لمنظمة «عسكر طيبة» التي كانت تحتفظ بعلاقات وثيقة مع جهاز الاستخبارات وتأسست لتحرير كشمير، التي نعتبرها جزءاً من باكستان، وليس الهند نظراً إلى أن غالبية سكانها من المسلمين. ويقود هذه المنظمة أستاذ حادّ الطبع من لاهور اسمه حافظ سعيد، اعتاد أن يظهر عبر شاشات التلفزيون ويحثّ الناس على مهاجمة الهند. عندما وقع الزلزال ولم تقدم حكومتنا إلا قليلاً من العون، أنشأت جماعة الدعوة مخيمات إغاثة كان يحرسها رجال يحملون الكلاشينكوف وأجهزة الاتصال. كان الجميع يعرف أن هؤلاء الرجال ينتمون إلى «عسكر طيبة»، وسرعان ما بدأت ترفرف راياتهم ذات اللونين الأسود والأبيض وقد رُسم عليها سيفان متقاطعان في كل مكان في الجبال والأودية. وفي مدينة مظفر أباد في أزاد كشمير، أنشأت جماعة الدعوة مستشفى ميدانياً كبيراً يضمّ أجهزة تشخيص مثل «الإكس راي»، وغرفة عمليات وصيدلية تحوي ما يكفي من الأدوية وقسماً لعلاج الأسنان. كان الأطباء والجراحون يقدمون خدماتهم بالتعاون مع آلاف المتطوعين من الشباب اليافع.

أثنى ضحايا الزلزال على النشطاء الذين ارتقوا قمم الجبال وسفوحها ودلفوا إلى الأودية المدمرة وهم يحملون المساعدات الطبية كي يصلوا إلى المناطق النائية التي لم يعبأ بها أحد آخر. كانوا

يساعدون في رفع الأنقاض وإعادة بناء القرى المتهدمة فضلاً عن إمامة الصلاة ودفن الجثامين. وحتى اليوم، وبينما غادرت معظم وكالات الإغاثة الأجنبية، فإن المباني المدمرة ما زالت تقف شاهدة على جوانب الطرق وما زال الناس ينتظرون التعويضات من الحكومة كي يبنوا منازل جديدة، وما زالت رايات جماعة الدعوة ومتطوعوها هناك. وقال ابن عمي الذي كان يدرس في المملكة المتحدة إنهم جمعوا أموالاً طائلة من أفراد الجالية الباكستانية التي تعيش هناك. وقد قال الناس لاحقاً إن بعض هذه الأموال تمّ تحويلها لتمويل مخطط لتفجير طائرة متجهة من بريطانيا إلى الولايات المتحدة.

كان مقتل هذا العدد الكبير من الأشخاص يعني أن أطفالاً كثيرين تيتّموا، وقد قُدِّرت أعدادهم بـ 11 ألف طفل. ووفقاً لثقافتنا فإن الأيتام عادة ما تحتضنهم عائلاتهم الممتدة، ولكن الزلزال كان من الشدة بدرجة محا معها عائلات كاملة أو تسبَّب في فقدانها لكل شيء بما جعلها غير قادرة على استيعاب أي أطفال. وعدت الحكومة بأن الدولة سوف تشملهم جميعاً بالرعاية، ولكن بدا أنّ ذلك لا يعدو كونه وعداً زائفاً مثل معظم وعود حكوماتنا. سمع والدي أن كثيراً من الأولاد قد تمّ استيعابهم من قبل جماعة الدعوة وتمّ إيوائهم في المدارس الدينية. في باكستان، تمثِّل المدارس الدينية نظام رعاية اجتماعية فهي تقدم الطعام والمسكن مجاناً، ولكن التعليم فيها لا يسير وفقاً للمقررات الدراسية العادية. وفيها يحفظ الأولاد القرآن عن ظهر قلب ويتعلمون تلاوته، كما يتعلمون أنه ليس ثمة شيء اسمه العلوم أو الأدب، وأن الديناصورات لم توجد على الأرض قط وأن الإنسان لم يصعد القمر مطلقاً.

وبعد وقوع الزلزال، خيَّمت حالة من الصدمة على الدولة برمّتها لفترة طويلة. لقد واجهنا بالفعل حظاً عاثراً للغاية في من ابتُلينا بهم من سياسيين وحكام عسكريين، والآن، وفوق كل ذلك، وجدنا أنفسنا في مواجهة مع كارثة طبيعية لا تُبقي ولا تذر. وقد أخذ مَلالي حركة «تحريك إنفاذ الشريعة المحمدية» يروجون لفكرة أن الزلزال إنما هو إنذار من الله، فكان هؤلاء الملالي يصيحون بأعلى أصواتهم بأننا إذا لم نصلح من أنفسنا ونطبق الشريعة الإسلامية، فسوف ينزل الله بنا ابتلاءات أشد هولاً.

القسم الثاني

وادي الموت

أنشدوا أغنية الوداع!
فحتى أعذب ألحانكم سوف يتم إسكاتها
فقد كمم الطالبان على مشارف القرية كل الأفواه

9

الملا راديو

عندما حلّ الطالبان بوادينا كنت قد بلغت العاشرة. كنا أنا ومنيبة نقرأ في ذلك الوقت روايات الشفق ونتوق لأن نصبح مصاصتيّ دماء، وبدا لنا وكأن الطالبان قد جاءوا تحت جنح الظلام تماماً مثلما يفعل مصاصو الدماء. ظهروا أول ما ظهروا في سوات العليا وفي مجموعات مدججة بالسكاكين والكلاشينكوف. لم يكونوا يُسمون أنفسهم طالبان في أول الأمر ولم يكونوا يشبهون طالبان أفغانستان الذين رأيناهم في الصور بعماماتهم وعيونهم ذات الهالات السوداء.

كانوا ذوي مظهر غريب ولهم شعر ولحى طويلة غير مهذبة ويرتدون صدريات مموهة فوق قمصان الشالوار التقليدية التي يرتدونها فوق سراويل تعلو كواحل أقدامهم بكثير. وهم يرتدون أحذية رياضية أو صنادل رخيصة من البلاستيك أيضاً، وأحياناً يعتمرون قبعات بها فتحتين لعيونهم، ويتمخطون في أطراف عماماتهم. ويضعون شارات سود أيضاً مكتوب عليها الشريعة الإسلامية أو الشهادة، وأحياناً يرتدون عمامات سود، ولذلك أسماهم الناس ذوي العمامات السود. كانت وجوههم تبدو مغبرة

حتى إن أحد أصدقاء والدي كان يقول عنهم إنهم «أناسٌ محرومون من الحمامات والحلاقين».

كان زعيمهم هو مولانا فضل الله، يبلغ من العمر 28 سنة وقد عمل سابقاً عامل تلفريك لعبور نهر سوات، وهو يُجرجر ساقه اليمنى بسبب إصابته بمرض شلل الأطفال خلال طفولته. وقد درس في مدرسة مولانا صوفي محمد، مؤسس حركة «تحريك إنفاذ الشريعة المحمدية»، وتزوج من ابنته. وعندما سُجن صوفي محمد خلال حملة الاعتقالات التي شملت قادة المسلحين في عام 2002، حل فضل الله مكانه في قيادة الحركة. وكان فضل الله قد ظهر أول الأمر في قرية «إمام ديري»، وهي قرية صغيرة لا تبعد سوى بضعة أميال عن منجورا على الجانب الآخر من نهر سوات، قبل وقوع الزلزال بفترة قصيرة حيث أطلق محطة إذاعية غير قانونية.

في وادينا كنا نتلقى معظم معلوماتنا عبر الإذاعة لأن كثيرين لم يكن لديهم جهاز تلفزيون أو لكونهم أميين. سرعان ما أصبحت هذه الإذاعة هي حديث المدينة وباتت تُعرف باسم «راديو المُلا» فيما اشتهر فضل الله باسم «الملا راديو»، وكانت تبثّ برامجها مساء من الثامنة وحتى العاشرة، وصباحاً من السابعة وحتى التاسعة.

في البداية تحلى فضل الله بحكمة بالغة، وقدَّم نفسه باعتباره مصلحاً إسلامياً ومفسِّراً للقرآن الكريم. ولأن والدتي تحمل داخلها قدراً كبيراً من الورع، فقد حاز فضل الله إعجابها في أول الأمر إذ كان يحث الناس عبر أثير إذاعته على اتباع العادات الحميدة والإقلاع عن الممارسات التي يراها من الرذائل، فطالَب الرجال بإطلاق اللحى والإقلاع عن تدخين السجائر ومضغ التبغ وتعاطي الهروين

وتدخين الحشيش. وكان يرشد الناس إلى كيفية الوضوء الصحيح، بما في ذلك حتى كيفية غسلهم للمناطق الحساسة.

كان صوته أحياناً يأتي هادئاً، مثلما هو حال الكبار عندما يحاولون إقناعك بأن تفعل شيئاً لا تريده، وأحياناً يأتي مخيفاً ومزمجراً. وغالباً ما يبكي عندما يتحدث عن حبّه للإسلام. وعادة ما كان يتحدث عبر الأثير لبعض الوقت، ثم يحلّ مكانه نائبه شاه دوران، وهو رجل اعتاد أن يبيع الوجبات الخفيفة في السوق فوق دراجة ذات عجلات ثلاث. وكان كلاهما يحذران الناس من الاستماع إلى الموسيقى ومشاهدة أفلام السينما والرقص. وكان فضل الله يزمجر قائلاً إن مثل هذه الذنوب هي ما تسببت في الزلزال، وأنه إذا لم يقلع الناس عن هذه الذنوب فسوف يَجُرون على أنفسهم غضب الله مرة أخرى. وفي بلادنا غالباً ما يسيء الملالي تفسير القرآن الكريم والحديث النبوي عندما يتصدّون لشرحهما، وذلك لأن غالبيتنا تجهل اللغة العربية، وهو جهل استغله فضل الله.

سألت أبي: «هل هذا صحيح يا أبتِ؟» لم أكن قد نسيت حالة الرعب التي عشناها خلال الزلزال.

أجاب: «لا يا عزيزتي. إنه يستغفل الناس وحسب».

قال والدي إن المحطة الإذاعية أصبحت محور كل حديث في غرفة المدرسين، وكانت مدرستنا عندئذٍ تضم زهاء 70 مدرِّساً، ما بين أربعين مدرساً وثلاثين مُدرسة. وبينما تبنى بعضهم خطاً مناوئاً لفضل الله، فقد أيّده كثيرون منهم. وقد رأى الناس فيه مفسّراً جيداً للقرآن واجتذبهم بكاريزما شخصيته، واستهواهم بحديثه عن استعادة الشريعة الإسلامية، لا سيما وأن الجميع كان ساخطاً على النظام

القضائي الباكستاني، الذي حلّ محلّ نظامنا بعد اندماجنا في الدولة. وأصبحت قضايا مثل نزاعات الأراضي التي تشيع في منطقتنا وكان يتم حلها سريعاً، أصبحت الآن تستغرق عشر سنوات حتى تصل إلى المحكمة. وفوق ذلك كان الكيل قد طفح بالجميع بسبب فساد المسؤولين الحكوميين الذين يأتون إلى الوادي، وهو ما جعل الناس يعتقدون أن فضل الله سوف يعيد إحياء ولايتنا الأميرية القديمة التي كانت قائمة زمن حكم الوالي.

في غضون ستة أشهر أخذ الناس يتخلّصون ممّا لديهم من أجهزة التلفزيون وأسطوانات الفيديو الرقمية والأقراص المدمجة. كان رجال فضل الله يجمعونها في أكوام كبيرة في الشوارع ثم يشعلون فيها النار، فتنبعث منها سُحب دخان أسود كثيف يمتد عالياً في السماء. أغلقت المئات من متاجر بيع الأقراص المدمجة وأسطوانات الفيديو الرقمية أبوابها طواعية وتلقى أصحابها تعويضات من قبل الطالبان. أثار ذلك قلقنا أنا وأخويّ بشأن تلفزيوننا الذي كنّا نحبه، ولكن والدي طمأننا بأننا لن نتخلص منه، لكننا نقلناه رغم ذلك إلى خزانة الملابس كي يصبح في مكان آمن وبدأنا نخفض درجة صوته إلى أقصى حدّ عند مشاهدته. كان معروفاً أن الطالبان يتنصتون على أبواب البيوت ثم يقتحمونها ويأخذون أجهزة التلفزيون عُنوة ويهشمونها قطعاً في الشارع. كان فضل الله يكره السينما الهندية التي كنا نحبها كثيراً، ودأب على وصفها بأنها معادية للإسلام. أصبحت الإذاعة هي الشيء الوحيد المُباح لدينا بعد أن أُعلن أن الموسيقى بكلّ أنواعها، عدا تلك التي يستخدمها الطالبان في أناشيدهم، هي حرام شرعاً.

وذات يوم ذهب والدي لزيارة صديق له في المستشفى ووجد

أناساً كثيرين يستمعون إلى شرائط كاسيت سجّلت عليها خطب لفضل الله، وقالوا له: «لا بد لك أن تقابل مولانا فضل الله. إنه عالم عظيم».

رد عليهم سريعاً: «إنه في واقع الأمر لم يكمل المدرسة الثانوية، وحتى اسمه الحقيقي ليس فضل الله»، ولكنهم لم يأبهوا لكلامه. وَهن العزم من والدي عندما رأى الناس قد بدأوا فعلاً يتبنون آراء فضل الله والمثالية الدينية التي يُروج لها. وكان والدي يقول: «ما يبعث على السخرية حقاً هو أنّ هذا الذي يُسمَّى عالماً إنما ينشر الجهل بين الناس».

حظي فضل الله بشعبية واسعة ولا سيما في المناطق النائية التي لم ينسَ سكانها متطوعي حركة تطبيق الشريعة الإسلامية الذين مدوا لهم يد العون خلال محنة الزلزال، في وقت تقاعست الحكومة عن نجدتهم. وقد وُضعت مكبرات صوت موصولة بالإذاعة فوق بعض المساجد كي يتسنّى لكلّ أهل القرية سواء كانوا في بيوتهم أم حقولهم الاستماع إلى برامجها. وكان البرنامج الأكثر شعبية لديه يُذاع كلّ مساء عندما يقوم بذكر أسماء الأشخاص. فيقول: «السيد فلان كان يدخن الحشيش ولكنه أقلع عنه لأنه حرام شرعاً». أو «السيد س أطلق لحيته فتهانينا له»، أو «السيد ص أغلق متجره الخاص ببيع الأسطوانات المدمجة طواعية». وكان يؤكد لهؤلاء جميعاً أنهم سوف ينالون ثوابهم في الآخرة. راقَ للناس الاستماع لأسمائهم عبر الإذاعة؛ وراقَ لهم أيضاً أن يعرفوا عبر الإذاعة أياً من جيرانهم كان يرتكب المعاصي كي يستخدموا ذلك مادة للقيل والقال: «هل سمعت عن فلان وفلان؟».

كان «مُلا الإذاعة» يهزأ بالجيش، ويدمغ مسؤولي الحكومة الباكستانية بـ«الكفار»، قائلاً إنهم يعارضون تطبيق الشريعة الإسلامية. وتوّعدهم بقوله إنهم إذا لم يطبّقوها، فإن رجاله سوف «يطبقونها ويمزقونهم إرباً إرباً». وكانت إحدى موضوعاته المفضلة هي الظلم الذي ينطوي عليه النظام الإقطاعي الذي يوجد على رأسه الخانات. وقد سُرّ الفقراء عندما رأوا الخانات ينالون ما يستحقون من عقاب، ورأوا في فضل الله نوعاً من روبن هود وحسبوا أنه عندما يتولى السلطة سيوزع أراضي الخانات على الفقراء، لا سيما أن بعض الخانات قد فروا من مناطقهم. كان والدي يعارض «نظام الخانات» الإقطاعي ولكنه كان يقول إن الطالبان أشد سوءاً.

كان صديق والدي هداية الله قد أصبح مسؤولاً حكومياً في بيشاور وحذرنا قائلاً: «هذه هي الطريقة التي يعمل بها هؤلاء المسلّحون. يسعون لكسب قلوب الناس وعقولهم، فيسلطون الضوء على المشكلات المحلية ويستهدفون المسؤولين عنها، وهكذا يحظون بدعم الأغلبية الصامتة. ذلك هو ما فعلوه في وزيرستان عندما تعقبوا الخاطفين واللصوص. وعندما تؤول إليهم السلطة بعد ذلك، فإنهم يتصرفون مثل تصرفات المجرمين الذين كانوا يطاردونهم».

كان فضل الله يوجه برامجه غالباً إلى النساء؛ فهو يعرف حتماً أن كثيراً من رجالنا متغيبون عن بيوتهم، فهم إمّا يعملون في مناجم الفحم جنوباً أو في مواقع الإنشاءات في الخليج العربي. وكان أحياناً يقول، «أيها الرجال، اخرجوا من بيوتكم الآن، فسوف أتحدث إلى النساء». ثم يقول: «لقد خُلقت النساء للقيام بواجباتهن

داخل المنزل. ولا يجوز أن يخرجن إلا للضرورة، وحتى عندئذٍ يتعين عليهن ارتداء النقاب». وكان رجاله أحياناً يعرضون الملابس التنكرية التي يقولون إنهم أخذوها من «نساء متهتكات» لفضحهن.

وفي المدرسة قالت صديقاتي إنّ أمهاتهن تستمعن إلى إذاعة الملا رغم أن مديرة مدرستنا مدام مريم قد نَهتنا عن ذلك. لم يكن لدينا في البيت سوى جهاز راديو قديم يعود لجَدي، وكان لا يعمل، ولكن صديقات والدتي جميعهن كن يستمعن للإذاعة ويخبرنها بما سمعنه. كنّ يثنين على فضل الله ويتحدثن عن شَعره الطويل وكيف يمتطي صهوة جواده ويسلك مثل سلوك النبي (ﷺ). وقد اعتادت النساء أن تقصُص أحلامهن عليه حتى يدعو لهن بالخير، وكانت والدتي تأنس لأحاديثهن، لكن والدي كان يفزع من ذلك.

كان كلام فضل الله يصيبني بحالة من الإرباك والبلبلة. فالقرآن الكريم لا يقول بأنّ الرجال يجب أن يخرجوا فيما على النساء أن يعملن طول اليوم في المنزل. وقد اعتدنا في حصة الدراسات الإسلامية في المدرسة أن نكتب مقالات تحت عنوان «كيف كانت حياة النبي؟» وقد تعلمنا خلالها أن السيدة خديجة وهي الزوجة الأولى للنبي (ﷺ) كانت سيدة أعمال، وأنها كانت في الأربعين من عمرها، وتكبر النبي (ﷺ) بخمس عشرة سنة، وسبق لها الزواج من قبل، لكنه مع ذلك تزوجها. وعلمت أيضاً عبر والدتي أن نساء البشتون تُعرفن بشدة البأس والقوة؛ فقد كانت والدتها، التي هي جدتي، ترعى ثمانية أطفال وحدها بعد أن تعرض جدي لحادث كُسر فيه حوضه وظلّ ملازماً للفراش على مدى ثماني سنوات.

والرجل يخرج للعمل، ويتكسب رزقاً، ثم يعود إلى البيت،

يتناول طعامه ثم ينام. ذلك هو ما يفعله الرجال لدينا. فهم يرون أن السلطة تكمن في جني المال وتوجيه الأوامر للآخرين. ولا يعتقدون أن السلطة موجودة في يد المرأة التي تكلأ الجميع برعايتها طول اليوم وتنجب لهم الأطفال. وفي منزلنا كانت والدتي تتولى إدارة كل شيء نظراً إلى انشغال والدي الشديد. فهي من تستيقظ باكراً في الصباح، وتكوي لنا زي المدرسة ثم تُعدّ طعام الإفطار وتعلمنا كيف نتصرف بأدب. وهي أيضاً من يذهب إلى السوق كي تتسوق حاجياتنا وتطهو لنا الطعام. كانت هي من تقوم بكل هذه الأعمال.

في السنة الأولى التي دانت فيها السيطرة للطالبان خضعت لعمليتين جراحيتين، الأولى لاستئصال الزائدة الدودية والثانية لإزالة اللوزتين. وقد استُئصلت الزائدة الدودية لدى خوشال أيضاً. وكانت والدتي هي مَن رافقتنا إلى المستشفى؛ أما والدي فقد زارنا هناك فحسب وجلب معه الآيس كريم، لكن ومع ذلك ما زالت والدتي تعتقد أنّ في القرآن نصّ يقول إن على النساء ألا يخرجن من بيوتهن وألا يتحدثن إلى رجال من غير محارمهن. واعتاد والدي أن يقول لها: «بكاي، الحجاب ليس في اللباس فحسب، الحجاب في القلب».

تأثرت نساء كثيرات بخطابات فضل الله حتى أعطينه حليهن ونقودهن، ولا سيما هؤلاء اللواتي يعشن في القرى الفقيرة أو لديهن أزواج يعملون في الخارج. كانت الطاولات توضع في الساحات كي يتسنى للنساء أن تقدمن أساور وقلائد أعراسهن، فكنَّ تصطففن لتقديمها عن طيب نفس أو ترسلن أولادهن لعمل ذلك. وذهبت بعضهن إلى حدّ أنهن تبرعن بكل مدخراتهن، ظناً أنهن بذلك سوف

تنلن رضا الله. بدأ يشيد مركزاً ضخماً بالطوب الأحمر في قرية إمام ديري يضمّ مدرسة دينية ومسجداً وأحاطه بأسوار وسدود لحمايته من فيضانات نهر سوات. لم يتسنَّ لأحد معرفة من أين أتى بالإسمنت وحديد التسليح، ولكن العمالة كانت من أبناء المنطقة؛ إذ كان على كل قرية أن تتناوب في إرسال رجالها مدة يوم للمساعدة في بناء المركز. وذات يوم طلب أحد معلمي اللغة الأردية لدينا، اسمه نواب علي، إذناً من والدي كي يتغيب يوماً: «لن آتي إلى المدرسة غداً»، وعندما سأله والدي عن السبب، أوضح له أن دور قريته سيحين غداً للعمل في بنايات فضل الله.

أجابه والدي: «لكن مهمتك الرئيسة هي أن تُعلم الطلاب».

قال نواب علي: «لا، يجب عليّ أن أؤدي ذلك العمل».

عاد والدي إلى المنزل وهو يغلي غضباً وقال: «لو أنّ الناس يتطوعون بالطريقة نفسها لبناء المدارس والطرق أو حتى لتنظيف النهر من الأكياس البلاستيكية، لأصبحت باكستان، والله، جنة في غضون عام. العمل الخيري الوحيد الذي يعرفونه هو أن يتبرعوا لبناء المساجد والمدارس الدينية».

وبعد بضعة أسابيع أبلغ هذا المعلم ذاته والدي بأنه لم يعُد بمقدوره أن يُدرّس البنات، قائلاً إن «مولانا لا يرضى عن ذلك».

حاول والدي أن يثنيه عن قراره: «أوافقك الرأي أن تعليم البنات يجب أن تقوم به معلمات. ولكن علينا أولاً أن نُعلم بناتنا حتى تصبحن معلمات!».

ذات يوم أفتى صوفي محمد من السجن بأنه لا يجوز للفتيات أن يلتحقن بالمدارس، بما في ذلك مدارس البنات الدينية وقال: «إذا كان ثمة أحد لديه أي دليل على أن الإسلام قد سمح بوجود مدارس البنات الدينية، فليأتِ ويبول على لحيتي». وعندئذٍ أصبحت قضية المدارس هي محور اهتمام إذاعة الملا، فراح فضل الله يوجه هجومه ضد مسؤولي المدارس ويهنئ البنات اللائي تركن مدارسهن بذكر أسمائهن والثناء عليهن. فكان يقول: «الآنسة فلانة وفلانة . . . قد توقفن عن الذهاب إلى المدرسة وسوف يدخلن الجنة،» أو «الآنسة س من قرية ص قد أوقفت مسيرة تعليمها عند الصف الخامس. أهنئها». أما الفتيات اللائي ظللن يذهبن إلى المدرسة مثلي فكان يصفهن بأنهن جاموس وأغنام.

لم نستطع أنا وصديقاتي أن نفهم السبب الذي يجعل الذهاب إلى المدرسة إثماً عظيماً.

سألت والدي: «لماذا لا يريدون للبنات أن يذهبن إلى المدرسة؟».

فأجاب: «إنهم مرعوبون من قوة القلم».

وبعدئذٍ رفض معلِّم آخر في مدرستنا، وهو معلم حساب يرسل شَعره، التدريس للبنات. فما كان من والدي إلا أن أقاله، ولكن ذلك أثار القلق لدى بعض المعلمين الآخرين فأرسلوا وفداً إلى والدي ورجوه قائلين: «سيدي، لا تفعل ذلك. نحن نواجه أياماً سيئة. اسمح له أن يبقى وسوف نقوم مقامه في حصصه».

لم يكن يمرّ يوم إلا وتصدر فيه فتوى جديدة. أغلق فضل الله

صالونات التجميل وحظّر حلاقة اللحية، ولذلك لم يعد هناك عمل للحلاقين. أصرَّ والدي الذي كان لديه شارب فقط، على أنه لن يطلق لحيته من أجل الطالبان. وأصدر الطالبان أمراً يحظر على النساء الذهاب إلى الأسواق. لم أعبأ بحظر الذهاب إلى سوق تشينا، فلم أكن أستمتع بالتسوق، وذلك على العكس من والدتي التي تحب شراء الثياب الجميلة رغم ضيق ذات اليد لدينا. وكانت والدتي دائماً ما تقول لي: «غطّ وجهك، فالناس ينظرون إليك».

ضاقت والدتي وصديقاتها ذرعاً بقرار منع النساء من الذهاب إلى الأسواق، ولا سيما في الأيام التي تسبق الأعياد، عندما نتجمّل ونذهب إلى السرادقات المضاءة بمصابيح الزينة لشراء الأساور والحناء. توقف كل ذلك. لم تكن النساء تتعرضن للإيذاء في حال ذهبن إلى الأسواق، ولكن الطالبان كانوا يصرخون في وجوههن ويهددنهن كي يمكثن في بيوتهن. وكان بوسع عنصر واحد من حركة الطالبان أن يُرهب قرية كاملة. انتابنا الغضب نحن الأطفال أيضاً؛ فعادة ما تَصدُر أفلام جديدة في أيام الأعياد، ولكن فضل الله أغلق متاجر بيع أسطوانات الدي في دي. وفي هذا الوقت تقريباً، فقدت والدتي هي الأخرى حماسها لفضل الله، ولا سيما عندما راح يهاجم التعليم ويصرّ على أن هؤلاء اللائي التحقن بالمدارس سوف تكون جهنم هي مثواهن الأخير.

بدأ فضل الله لاحقاً يعقد مجالس الشورى، وهي نوع من المحاكم الأهلية. راقت هذه المحاكم للناس فقد رأوا العدالة فيها ناجزة، وذلك على النقيض من المحاكم الباكستانية التي قد يطول انتظارك لسنوات وعليك أن تدفع رشى كي تُنظر قضيتك. أخذ الناس

يلجأون إلى فضل الله ورجاله للفصل في المظالم بشتى أنواعها بدءاً من أمور التجارة والأعمال وانتهاء بالثارات الشخصية. وقد حدَّث شخص ما والدي قائلاً: «كان لديّ مشكلة عمرها ثلاثون عاماً، لكنها حُلَّت في جلسة واحدة». وكانت العقوبات التي تُصدرها مجالس الشورى تشمل الجلد أمام ملأ من الناس، وهي عقوبة لم نرَها من قبل قط. وقال صديق لوالدي إنه قد رأى ثلاثة رجال يُجلدون على الملأ بعد أن أدينوا من قبل مجلس الشورى بالاشتراك في اختطاف امرأتين. وقد أقيمت منصة بالقرب من مركز فضل الله، حيث اعتاد المئات أن يحتشدوا لمشاهدة الجلد بعد الانتهاء من سماع خطبة الجمعة التي يلقيها، وكانوا يهتفون: «الله أكبر!» مع كل جلدة سوط. وكان فضل الله أحياناً يظهر وهو يعدو بحصانه الأسود.

وقد منع رجاله مسؤولي حملات التطعيم ضدّ مرض شلل الأطفال، قائلين إن اللقاحات هي مؤامرة أميركية لإعقام نساء المسلمين حتى يتلاشى سكان سوات. وكان فضل الله يبرر ذلك عبر إذاعته قائلاً: «إن السعي لعلاج مرض قبل ظهوره هو أمر لا يتوافق مع الشريعة. لن تجدوا طفلاً واحداً يتلقى جرعة من لقاح في أي مكان في سوات».

كان رجال فضل الله يجوبون الشوارع بحثاً عن المخالفين لأوامره تماماً مثلما تفعل الشرطة الدينية التي سمعنا عنها لدى طالبان أفغانستان. وقد شكلوا أيضاً شرطة مرور من المتطوعين اسمها «كوماندوز الصقر»، وكانوا يسيرون في الشوارع بعربات النقل الخاصة بهم وقد ثبتوا عليها بنادقهم الآلية.

سُرَّ بعض الناس بذلك الوضع الجديد. وذات يوم التقى والدي مصادفة مدير البنك الذي يتعامل معه، فقال له: «العمل الجليل الذي يسديه لنا فضل الله بمنعه النساء والفتيات من الذهاب إلى سوق بزار تشينا، هو أنه يوفر علينا نحن الرجال أموالنا». قلة هم هؤلاء الذين أظهروا معارضتهم. وقد أبدى والدي امتعاضه من كون معظم الناس يشبهون حلاق منطقتنا الذي سبق وأن اشتكى لوالدي من أن خزينة محله ليس بها سوى ثمانين روبيه، أي أقل من عُشر ما كان يُحصِّله في السابق، لكنه مع ذلك أثنى قبل ذلك بيوم واحد في حديث مع صحفي على الطالبان واصفاً إياهم بأنهم مسلمون صالحون.

بعد مرور عام على إطلاق إذاعة الملا، بدا فضل الله أكثر عدوانية. وقد كان شقيقه مولانا لياقت وثلاثة من أبنائه، ضمن ضحايا هجوم شنته طائرة أميركية بدون طيار على مدرسة دينية في باجور في نهاية تشرين الأول/ أكتوبر 2006 حيث قضى ثمانون شخصاً، من بينهم أطفال لم يتجاوزوا الثانية عشرة، وكان بعضهم من سوات. روَّعنا جميعاً هذا الهجوم وأقسم البعض على الأخذ بثأرهم. وعقب عشرة أيام فجَّر انتحاري نفسه في ثكنات الجيش في دارجاي، الواقعة على الطريق من إسلام أباد إلى سوات، وهو ما أسفر عن مقتل اثنين وأربعين من الجنود الباكستانيين. كانت العمليات الانتحارية نادرة الحدوث وقتئذٍ في باكستان، فلم تقع سوى ست تفجيرات في ذلك العام، واعتُبرت هذه هي كبرى الهجمات التي نفذها مسلحون باكستانيون حتى ذلك الحين.

عادة ما نضحي في عيد الأضحى بحيوانات مثل الماعز والأغنام. ولكن فضل الله قال: «في هذا العيد سوف نضحي

بحيوانات من ذوات الرجلين». سرعان ما أدركنا ما كان يرمي إليه. فقد طفق رجاله يقتلون الخانات والنشطاء السياسيين ممّن ينتمون إلى أحزاب علمانية أو قومية، ولا سيما حزب عوامي الوطني. وفي كانون الثاني/ يناير 2007، اختطف صديق مقرَّب لأحد أصدقاء والدي في قريته على أيدي ثمانين مسلحاً يلبسون الأقنعة، وذلك قبل أن يُعثر على جثته ملقاة عند مقابر عائلته وقد كسرت ساقاه وذراعاه. وهذا الشخص هو ملاك بخت بيدار الذي كان ينتمي إلى عائلة ثرية ويشغل منصب نائب رئيس حزب عوامي الوطني في سوات. وقد اعتبر هذا الهجوم هو أولى عمليات القتل المستهدف في سوات، وقد تردَّد وقتها أن سبب قتله هو مساعدته للجيش في العثور على مخابئ الطالبان.

غضَّت السلطات الطرف عمّا يجري من أحداث؛ فحكومتنا الإقليمية كانت لم تزل تتألف من أحزاب دينية ولن تنتقد أحداً يدعي أنه يحارب في سبيل الإسلام. في البداية حسبنا أننا في مأمن طالما نحن في منجورا، وهي كبرى مدن سوات، لكن مركز فضل الله لم يكن يفصله عنا سوى بضعة أميال، وحتى إن كان الطالبان لا يوجدون بالقرب من بيتنا، فقد كانوا يجولون في الأسواق ويطوفون الشوارع ويعتلون التلال. لقد أخذ الخطر يزحف نحونا رويداً رويداً.

ومع حلول العيد ذهبنا إلى عائلتنا في القرية كما هي العادة، وتصادف أن سافرنا في سيارة ابن خالي. وفي الطريق تعين علينا الوقوف عند نقطة تفتيش أقامتها طالبان. وبينما كنت أجلس في المقعد الخلفي للسيارة مع والدتي، إذا بابن خالي يسارع بإعطائنا شرائط الموسيقى التي بحوزته لإخفائها في حقائبنا. كان الطالبان

يلبسون ملابس سوداء ويحملون الكلاشنكوف. قالوا لنا: «أختانا، إنكما تجلبان العار. لا بد أن ترتديا البرقع».

عندما عدنا إلى المدرسة عقب عطلة العيد، رأينا رسالة ملصقة على بوابة المدرسة تقول: «سيدي، إن المدرسة التي تديرها هي مدرسة غربية ومخالفة للإسلام. إنك تُعلِّم فتيات وزي المدرسة المتبع لديك غير إسلامي. توقف عن ذلك وإلا سوف تعرض نفسك للخطر وسوف يبكي أطفالك ويستغيثون بك». وقد وقِّعت الرسالة باسم «فدائيو الإسلام».

قرر والدي أن يغير زي الأولاد من القميص والبنطال إلى قميص الشالوار الباكستاني وسروال فضفاض وقميص خارجي طويل. أما زيُّنا نحن الفتيات فقد ظلّ قميص الشالوار الأزرق الملكي المصحوب بغطاء رأس أبيض، ونصحتنا إدارة المدرسة أن نُبقي رؤوسَنا مغطاة لدى دخولنا المدرسة وخروجنا منها.

لكن صديقه هداية الله طالبه بأن يَثبُت على موقفه، قائلاً: «ضياء الدين، إنك تتمتع بكاريزما؛ يمكنك أن تجهر برأيك وتَحشِد الناس ضدهم. الحياة ليست مجرد شهيق وزفير. إما أن تذعن لكل ما يأمر به الطالبان وإما أن تتصدى لهم».

أخبرنا والدي بما قاله له هداية الله، ثم كتب رسالة إلى صحيفة «دايلي أزادي»، وهي صحيفة محلية في سوات، جاء نصها كما يأتي: «إلى فدائيي الإسلام، ليس هذا هو السبيل القويم لتطبيق الشريعة الإسلامية. أرجوكم لا تلحقوا أي أذى بأبنائي، لأن الله الذي تؤمنون به هو ذاته الإله الذي يصلون إليه كل يوم. اقتلوني إنْ شئتم ولكن لا تقتلوا تلاميذ مدرستي». استشاط والدي غضباً عندما

طالع الصحيفة؛ فقد وجد أن الرسالة قد تمّت مواراتها في صفحة داخلية وأن المحرّر قد نشر اسمه وعنوان المدرسة، وهو ما لم يتوقعه والدي منه. ولكن أناساً كثيرين اتصلوا بوالدي وهنأوه، قائلين: «لقد ألقيت بالحجر الأول في المياه الراكدة. أصبحت لدينا الآن الشجاعة للجهر برأينا».

10

سكاكر وكرات تنس وتماثيل بوذا في سوات

قضى الطالبان أولاً على موسيقانا، ثم هدموا تماثيل بوذا، ثم محوا تاريخنا. كانت قلوبنا دائماً تهفوا للرحلات المدرسية، فقد حبانا الله بالعيش في وادي سوات ذي الطبيعة الخلابة والمناطق الجديرة بالزيارة مثل شلالات المياه والبحيرات ومنتجع التزلج وقصر الوالي وتماثيل بوذا ومقبرة آخوند سوات. كلّ هذه الأماكن كانت تحكي تاريخنا المميز. كنا نظلّ نتحدث عن الرحلات قبل الخروج فيها بأسابيع، وعندما يأتي يومها أخيراً، نرتدي أفضل الثياب ونتكدس في الحافلات ومعنا أوعية مترعة بالدجاج والأرز من أجل الرحلة. بعضنا كانت لديهن كاميرات وتلتقطن الصور. وفي نهاية اليوم كان والدي يطلب من كل واحدة منا أن تعتلي صخرة وتحكي ما رأته، كلّ بحسب دورها. ومنذ ظهور فضل الله لم نعُد نخرج في أي رحلات مدرسية؛ ولم يعُد مسموحاً للفتيات أن تراهنّ عينٌ خارج بيوتهن.

دمر الطالبان تماثيل بوذا والقباب التي كنا نلعب عندها، والتي وُجدت هناك منذ آلاف السنين وأصبحت جزءاً من تاريخنا منذ عصر

ملوك كوشان. وقد رأوا في كل تمثال أو لوحة عملاً محرَّماً ومن ثم يتحتم حظره. وذات يوم مشؤوم بلغ بهم الأمر أن قاموا بتفجير وجه تمثال بوذا في جيهان أباد الذي كان منحوتاً في جانب التل ويرتفع ثلاثة وعشرين قدماً في السماء. ولم يكن يفصله عن منجورا سوى نصف ساعة بالسيارة. ويقول علماء الآثار إن أهميته كانت تعدل تقريباً أهمية تماثيل بوذا في باميان التي قامت طالبان أفغانستان بنسفها.

تطلَّب الأمر منهم محاولتين لتدميره؛ ففي المرة الأولى صنعوا تجاويف في الصخرة وحشوها بالديناميت، ولكنها لم تُفلح. وبعد بضعة أسابيع، في الثامن من تشرين الأول/ أكتوبر 2007، حاولوا تارة أخرى وتمكنوا من إزالة وجه بوذا، الذي ظلّ شاهداً على الوادي منذ القرن السابع. أظهر الطالبان أيضاً العداء للفنون الجميلة وللثقافة ولتاريخنا، وهو ما حدا بالقائمين على متحف سوات بنقل محتوياته بعيداً لحمايتها. لقد دمر الطالبان كل قديم لدينا، ولم يأتونا بأي جديد. فقد استولوا على جبل الزمرد بمنجمه وأخذوا يبيعون الأحجار الكريمة من أجل شراء أسلحتهم القبيحة. وكانوا يتقاضون أموالاً من الأشخاص الذين يقطعون أشجارنا الثمينة للحصول على الخشب، ثم يتقاضون أموالاً أكثر للسماح لهم بمرور شاحناتهم.

امتد نطاق تغطية إذاعتهم حتى شمل ربوع الوادي والمناطق المجاورة. ورغم أننا ما زلنا نحتفظ بتلفزيوننا فقد أغلقوا قنوات الكيبل ولم يعُد باستطاعة منيبة أو أنا أن نشاهد برامجنا المفضلة مما تعرضه القنوات الهندية مثل Shararat أو Making Mischief. بدا أن الطالبان لا يريدون لنا أن نفعل أي شيء حتى إنهم حظروا إحدى

لعباتنا المفضلة، واسمها «كاروم» التي نصوب خلالها بقطع معدنية على لوحة خشبية. وقد سمعنا حكايات مفادها أن الطالبان ما إن يسمعوا ضحكات أطفال حتى يقتحموا المنزل ويحطموا اللوحات. بدأنا نشعر كما لو أن الطالبان يرون أننا دُمى صغيرة بمقدورهم أن يتحكموا فيها، فيحدِّدون لنا ماذا نفعل وكيف نلبس. كنت أقول في نفسي لو أن الله أراد لنا أن نكون كما يريدنا الطالبان، لما خلقنا جميعاً مختلفين عن بعضنا بعضاً.

وذات يوم وجدنا معلمتنا حميدة تنتحب نحيباً شديداً. كان زوجها يعمل شرطياً في مدينة ماتا الصغيرة التي هاجمها رجال فضل الله ما أسفر عن مقتل عدد من ضباط الشرطة كان من بينهم زوجها. وكان هذا الهجوم هو الأول من نوعه الذي تشنه الطالبان على الشرطة في الوادي، ثم سرعان ما أحكموا سيطرتهم على قرى كثيرة أخرى. وبدأت الرايات ذات اللونين الأبيض والأسود الخاصة بحركة تطبيق الشريعة ترفرف فوق مراكز الشرطة. كان المسلحون يدخلون القرى وهم يحملون مكبرات الصوت، فما يكون من رجال الشرطة إلا أن يلوذوا بالفرار. وخلال فترة وجيزة استولوا على تسع وخمسين قرية وأنشأوا نظاماً إدارياً موازياً. وقد انتابت رجال الشرطة حالة من هلع القتل حتى إن بعضهم وضع إعلانات في الصحف كي يعلن من خلالها عن تركه للخدمة في جهاز الشرطة.

كان كل ذلك يحدث دون أن يحرك أحدٌ ساكناً. بدا الأمر كما لو أن الجميع قد دخل حالة غيبوبة. أما والدي فكان يرى أن الناس قد أغواهم فضل الله، فالتحق بعضهم برجاله، ظناً أن ذلك سوف يضمن لهم عَيشاً أفضل. حاول والدي أن يتصدى لدعايتهم، ولكن

الأمر كان صعباً. وقال مازحاً: «ليس لدي مسلحون ولا إذاعة أف أم»، بل لقد واتته الجرأة ذات يوم وقرر الذهاب إلى قرية «الملا راديو» ليلقي كلمة في مدرسة، واجتاز النهر في صندوق معلق عبر بكرة نستخدمها بديلاً عن الجسور. وفي طريقه إلى القرية رأى عمود دخان أسود يتصاعد لأعلى حتى لامس السحاب، ولم يكن قد رأى في حياته دخاناً أشدّ سواداً من ذلك. ظنه في أول الأمر ينبعث من مصنع للطوب الأحمر، ولكنه عندما اقترب رأى أشخاصاً ذوي لحى وعمامات يحرقون أجهزة تلفزيون وحواسيب.

وفي المدرسة قال والدي للحضور: «لقد رأيت أهل قريتكم يحرقون هذه الأجهزة. ألا ترون أن المستفيد الوحيد هي الشركات اليابانية التي سيكون عليها أن تصنع المزيد؟».

جاءه شخص ما وهمس له: «كُفّ عن مثل هذا الكلام، ثمة خطر».

وفي أثناء ذلك، لم تحرّك السلطات، مثلما هو حال معظم الناس، ساكناً.

بدا كما لو أن البلد كلها قد فقدت صوابها. فقد انشغلت بقية باكستان بشيء آخر، وذلك عندما انتقل الطالبان مباشرة إلى قلب عاصمتنا، إسلام أباد. وشاهدنا صوراً عرضتها نشرات الأخبار لما أسماه الناس «فرقة البراقع» وهي مجموعة من النساء والفتيات يرتدين البراقع مثلنا ويحملن عصياً يهاجمن بها محلات بيع أسطوانات الفيديو الرقمية والأقراص المدمجة في الأسواق وسط إسلام أباد.

كانت هؤلاء النساء ينتمين إلى جمعية حفصة، وهي كبرى

مدارس البنات الدينية في دولتنا وتعتبر جزءاً من مسجد «لال» في إسلام أباد المعروف باسم المسجد الأحمر. بُني المسجد في عام 1965 وسمي بهذا الاسم بسبب جدرانه الحمراء، ولا يفصله عن مقر برلماننا وجهاز الاستخبارات سوى بضع بنايات، وقد اعتاد كثير من مسؤولي الحكومة والجيش أن يؤدوا الصلاة هناك. يضم المسجد مدرستين، واحدة للبنات وأخرى للبنين استُخدمت على مدى سنوات لتجنيد المتطوعين وتدريبهم كي يتمكنوا من القتال في أفغانستان وكشمير. أصبحت المدرسة التي كان يديرها شقيقان هما عبد العزيز وعبد الرشيد، مركزاً للدعاية لابن لادن الذي التقاه عبد الرشيد في قندهار خلال زيارة قام بها للملا عمر. اشتهر الشقيقان بخطبهما النارية التي اجتذبت آلافاً من المصلين، ولا سيما في أعقاب هجمات الحادي عشر من سبتمبر. وعندما قبل الجنرال مشرف أن يساعد أميركا في «الحرب على الإرهاب»، قطع المسجد علاقاته الطويلة بالمسؤولين العسكريين وتحول إلى بؤرة للاحتجاجات المناوئة للحكومة، وهو ما بلغ ذروته عندما اتُّهم عبد الرشيد بالضلوع في مؤامرة لتفجير موكب مشرف في روالبندي في كانون الأول/ ديسمبر 2003. وأفاد المحققون عندئذٍ أن المتفجرات التي استخدمت كانت مخبأة في مسجد «لال». ولكنه وبعد بضعة أشهر بُرِّئت ساحته.

عندما أرسل مشرف قوات الجيش إلى مناطق القبائل، وابتدأ بوزيرستان في عام 2004، تزعم الشقيقان حملة دعائية أعلنا خلالها أن الحملة العسكرية معادية للإسلامية. كانا قد أطلقا موقعاً خاصاً على شبكة الإنترنت وتمكنا من سرقة تردّد إحدى موجات «أف أم» كي يبثوا عبره إذاعتهما، تماماً مثل فضل الله.

في الوقت ذاته تقريباً وبينما كان الطالبان يظهرون في سوات، كانت فتيات مدرسة المسجد الأحمر قد أصبحن تثرن الرعب في شوارع إسلام أباد. فقد رحن يهاجمن البيوت التي ادّعين أنها تُستخدم كمراكز للتدليك، ويختطفن النساء اللائي يقلن إنهن عاهرات ويغلقن محلات بيع أسطوانات الفيديو، فيُضرمن النيران في الأقراص المدمجة وأسطوانات الفيديو. وهكذا يتبين أنه عندما يساير الأمر هوى لدى الطالبان فإن النساء يمكنهن أن يظهرن في العلن ويتحلّين بالجرأة. كانت مديرة المدرسة الدينية وهي أم حسن، زوجة الشقيق الأكبر، عبد العزيز، تتباهى بأنها قد درّبت فتيات كثيرات كي يصبحن انتحاريات. أنشأ المسجد محاكم خاصة لإنفاذ العدالة الإسلامية، بدعوى أن الدولة قد فشلت في عمل ذلك. وبدأ المسلحون التابعون لمجمع المسجد يختطفون رجال الشرطة وينهبون المباني الحكومية.

بدا أن حكومة مشرف تقف حائرة ولا تعرف ما يمكنها فعله. وهو ما يُعزى ربما للارتباط الوثيق بين العسكر والقائمين على هذا المسجد. ولكن مع منتصف العام 2007 ساء الموقف سوءاً بالغاً وبدأ القلق يساور الناس من إمكانية استيلاء المسلحين على العاصمة. بلغت الأمور حدّاً يكاد لا يصدقه أحد؛ فإسلام أباد مكان يتسم بالهدوء والنظام عادة وتختلف اختلافاً كبيراً عن بقية البلاد. وأخيراً، وفي الثالث من تموز/ يوليو، فرضت قوات خاصة مدعومة بالدبابات والعربات المصفحة حصاراً حول المسجد وتمّ قطع التيار الكهربائي عن المنطقة. مع حلول المساء بدأت تدوي فجأة أصوات الأسلحة والانفجارات. وقد قامت القوات المحاصرة بثقب فتحات في السور الذي يحيط بالمسجد وأطلقوا طلقات الهاون على المجمع

فيما حلقت الطائرات المروحية فوق الرؤوس بمدافعها. وعبر مكبرات الصوت طالبت قوات الجيش الفتيات اللائي بالداخل بالاستسلام.

كان كثير من المسلحين الموجودين داخل المسجد قد قاتلوا إما في أفغانستان أو كشمير. وقد تحصنوا هم وطلاب المدرسة الدينية داخل ملاجئ خرسانية أُحيطت بأكياس من الرمل. تجمع الآباء القلقون خارج أسوار المسجد، وراحوا يتصلون ببناتهم عبر الهواتف المحمولة، ويتوسلون إليهن أن يخرجن، وهو ما رفضته بعض الفتيات، قائلات إن معلماتهن قلن لهن إن الشهادة هي أعظم شيء يمكنهن نيله.

وفي المساء التالي خرجت من المسجد مجموعة صغيرة من الفتيات اللائي اندسّ بينهن عبد العزيز، بعدما تخفى في البرقع هو وابنته. ولكن زوجته وشقيقه الأصغر بقيا داخل المسجد بجانب طلاب كثيرين، ولم يكن يمرّ يوم دون تراشق بنيران الأسلحة بين المسلحين والقوات الموجودة في الخارج. كان المسلحون بحوزتهم قاذفات «آر بي جي» وقنابل المولوتوف. وقد استمر الحصار حتى وقت متأخر من يوم 9 تموز/ يوليو، عندما لقي قائد القوات الخاصة في الخارج مصرعه على يد قناص تمركز في إحدى المآذن، ما أدى إلى نفاد صبر القوات المحاصِرة للمجمع فقررت اقتحامه في نهاية الأمر.

أطلق الجيش على العملية اسم «عملية الصمت» رغم أنها كانت مُدوية، ولم يحدث أن دارت في قلب العاصمة مثل هذه المعركة قط. فقد ظلت القوات الخاصة تقاتل من غرفة إلى غرفة على مدى

ساعات حتى حاصروا عبد الرشيد وأتباعه في الطابق السفلي حيث لقي مصرعه. وبحلول ليل العاشر من تموز/ يوليو، عندما انتهى الحصار أخيراً، بلغت حصيلة القتلى زهاء مائة شخص من بينهم العديد من الجنود وعدد من الأطفال. وقد عرضت نشرات الأخبار صوراً صادمة لجثث القتلى الملقاة والدمار والدماء والزجاج المهشم. شاهدنا جميعاً ذلك ونحن في حالة من الهلع. فقد كان بعض طلاب المدرستين من سوات. كيف لمثل هذا أن يحدث في عاصمتنا وداخل مسجد؟ وأين حرمة المسجد لدينا؟

تغيَّر الطالبان في سوات عقب حصار المسجد الأحمر؛ ففي 12 تموز/ يوليو الذي أتذكره لكونه عيد ميلادي، ألقى فضل الله خطاباً عبر الإذاعة جاء مغايراً تماماً لكل خطاباته السابقة. فقد ندد تنديداً شديداً بالهجوم على مسجد «لال» وأقسم أن يثأر لمقتل عبد الرشيد، ثم أعلن الحرب على الحكومة الباكستانية.

كانت هذه هي بداية الاضطرابات الحقيقية. فقد أضحى بوسع فضل الله الآن أن ينفذ تهديداته ويحشد الدعم لطالبان باسم مسجد «لال». ولم تمرّ أيام قليلة حتى تعرض رتل عسكري من قوات الجيش كان في طريقه إلى سوات لهجوم أسفر عن مقتل ثلاثين جندياً منه. ولم تنحصر دائرة الانتقام في سوات، فقد شهدت باجور احتجاجات عارمة من رجال القبائل وتعرضت البلاد لسلسلة من العمليات الانتحارية. في خضم كل هذه الأحداث، لمحنا بريق أمل واحد - وهو أن بناظير بوتو كانت بصدد العودة إلى البلاد. استشعر الأميركيون القلق من التدهور الذي لحق بشعبية حليفهم الجنرال مشرف على نطاق واسع في باكستان ورأوا أنه قد بلغ حداً لا يمكنه

معه النجاح في مواجهة الطالبان، ولذلك ساعدوا في الوصول إلى وساطة لاقتسام السلطة في إطار صفقة لم يُقدَّر لها التحقق. كان المخطط هو أن يخلع مشرف زيه العسكري ويصبح رئيساً مدنياً، مدعوماً في ذلك بحزب بناظير بوتو. وفي المقابل يُسقط مشرف اتهامات الفساد التي وجهت لبناظير بوتو وزوجها ويوافق على عقد انتخابات برلمانية كان الجميع يفترض أن نتيجتها سوف تأتي ببناظير بوتو رئيسة للوزراء. لم يكن هناك باكستاني واحد، بمن في ذلك والدي، يعتقد أن هذه الصفقة سوف يُقدَّر لها النجاح، فقد كان مشرف وبناظير بوتو يضمران الكراهية لبعضهما بعضاً.

كانت بناظير تعيش في المنفى منذ كنت في الثانية من عمري، ولكن والدي حدثني كثيراً عنها، ولذلك شعرت بحماس غامر عندما علمت بأنها سوف تعود وأن امرأة ربما تتزعمنا مرة أخرى. ويعود الفضل لبناظير في أن فتيات مثلي أصبح بوسعهن أن يجهرن برأيهن وينخرطن في العمل السياسي. فقد اتخذناها قدوة واعتبرناها رمزاً لنهاية الدكتاتورية وبداية الديمقراطية بالإضافة إلى كونها تمثل رسالة أمل وقوة إلى بقية العالم. وكانت أيضاً هي الزعيم السياسي الوحيد في بلادنا الذي تجرأ على التنديد علناً بالمسلحين، بل بلغ الأمر بها أن عرضت على أميركا المساعدة في تعقّب ابن لادن داخل الحدود الباكستانية.

كان جلياً أن هناك أشخاصاً لن يروقهم ذلك. وفي 18 تشرين الأول/ أكتوبر 2007، تسمّرنا جميعاً أمام التلفزيون ونحن نشاهدها تنزل من على سلم الطائرة في كراتشي وتجهش بالبكاء عندما وطأت بقدميها أرض باكستان بعد تسع سنوات تقريباً أمضتها في المنفى.

سارت عبر الشوارع في حافلة مفتوحة السقف واحتشد لرؤيتها مئات الألوف من الأشخاص الذين توافدوا من شتى أنحاء البلاد وكان كثيرون منهم يحملون أطفالهم الصغار. أطلق البعض حمامات بيضاء فطارت إحداها وحطت على كتف بناظير. كانت هناك حشود غفيرة جعلت الحافلة تسير ببطء من يمشي على قدميه. توقفنا عن المشاهدة بعد فترة، إذ تبين أن المسير سوف يستغرق ساعات.

آويت إلى فراشي قبل أن يضرب المسلحون ضربتهم قبيل منتصف الليل. لقد استُهدفت الحافلة التي كانت تُقل بناظير بقنبلة وتحولت إلى كتلة من اللهب البرتقالي. أبلغني والدي بالخبر عندما استيقظت في الصباح. انتابته هو وأصدقاؤه صدمة شديدة ولم يغمض لهم جفن في تلك الليلة. لحسن الحظ، فقد نجت بناظير بحياتها لأنها نزلت لأسفل الحافلة حيث توجد غرفة مصفحة لتريح ساقيها قبل لحظات من الانفجار، ولكن 150 شخصاً آخرين لقوا مصرعهم. كانت هذه هي القنبلة الأكبر التي يتم تفجيرها في بلادنا. وكان من بين القتلى طلاب كُثر صنعوا سلسلة بشرية حول الحافلة، وأسموا أنفسهم شهداء بناظير. في المدرسة بدا الجميع في ذلك اليوم مكلوماً، بمن في ذلك هؤلاء الذين يعارضون بناظير. شعرنا بالإحباط ولكننا شعرنا بالامتنان لنجاتها من الاغتيال أيضاً.

بعد أسبوع تقريباً وصل الجيش إلى سوات، وأحدث ضجيجاً كبيراً بسيارات الجيب ومروحياته. كنا في المدرسة عندما وصلت طلائع المروحيات وشعرنا عندئذٍ بحماس غامر. ركضنا إلى خارج المدرسة فألقوا علينا بالسكاكر وكرات التنس التي اندفعنا لنمسك

بها. كان تحليق المروحيات في سوات أمراً نادر الحدوث، ولكن لأن منزلنا يقع على مقربة من الإدارت المحلية للجيش أصبحت الطائرات تحلق ما بين حين وآخر فوق منزلنا. وقد اعتدنا أن نقيم المسابقات حول من يمكنه أن يجمع أكبر قدر من السكاكر.

وذات يوم دخل علينا رجل من الشارع ليخبرنا بأنه قد أُعلن في المساجد أنّ حظر تجوال سوف يطبق في اليوم التالي. لم نكن نعرف ماذا يعني حظر تجوال وكنا نتوق لتجربة ذلك. كانت ثمة كوة في حائط مشترك بين منزلنا ومنزل جيراننا، عائلة صافينا، اعتدنا التواصل معهم عبرها، فنطرق الحائط عندما نريد منهم المجيء بالقرب من الكوة. سألناهم: «ماذا يعني حظر التجوال؟» عندما شرحوا لنا ما يكون، لم نغادر حتى غرفنا تحسباً لحدث سيئ ربما يقع. بعد ذلك أصبح حظر التجوال جزءاً من حياتنا.

سمعنا في نشرات الأخبار أن مشرَّف قد أرسل ثلاثة آلاف جندي إلى وادينا لمواجهة الطالبان، واحتلت قوات الجيش جميع المباني الحكومية والخاصة التي رأوها ذات أهمية استراتيجية. كان يبدو وحتى ذلك الوقت أن بقية باكستان تتجاهل ما يجري على أرض سوات. في اليوم التالي هاجم انتحاري شاحنة عسكرية أخرى في سوات، فأودى بحياة سبعة عشر جندياً وثلاثة عشر مدنياً. وقد ظللنا طيلة تلك الليلة نسمع دوي المدافع والبنادق الآلية يأتينا من التلال ولم يغمض لنا جفن.

وفي اليوم التالي سمعنا عبر التلفزيون أن القتال قد اندلع في منطقة التلال جهة الشمال. أُغلقت المدرسة ومكثنا في البيت، ونحن نحاول أن نفهم ماذا يجري. كان القتال يدور خارج منجورا وإن كان

بوسعنا أن نسمع صوت المدافع. وأعلن الجيش أنه قتل ما يزيد على مائة مسلح، ولكن عندئذٍ وفي الأول من تشرين الثاني/ نوفمبر اجتاح حوالى 700 من مسلحي طالبان ثكنة خاصة بالجيش في خوازاخيله حيث لاذ بالفرار حوالى خمسين شخصاً من كتيبة الحدود فيما احتجز المسلحون ثمانية وأربعين آخرين تم عرضهم بصورة مهينة على الملأ. وقد تعرض هؤلاء للإذلال على أيدي رجال فضل الله الذين أخذوا زيهم وأسلحتهم وأعطوا كل جندي 500 روبيه للعودة إلى بيوتهم. بعدئذٍ استولى الطالبان على مركزي شرطة في خوازاخيله ثم اتجهوا نحو ماديان، حيث ألقى المزيد من رجال الشرطة أسلحتهم. وسرعان ما سيطر الطالبان على معظم مناطق سوات فيما هو خارج منجورا.

في الثاني عشر من تشرين الثاني/ نوفمبر أمر مشرف قوة أخرى قوامها عشرة آلاف جندي بالتوجه إلى وادينا معززة بمروحيات إضافية ذات مدافع. انتشر الجيش في كل مكان، حتى إنهم أقاموا معسكراتهم فوق ملاعب الغولف، ونصبوا مدافعهم الكبيرة على جوانب التلال. وشنوا عندئذٍ عمليتهم العسكرية ضد فضل الله والتي عُرفت لاحقاً باسم المعركة الأولى في سوات. كانت هذه هي المرة الأولى التي يشنّ فيها الجيش عملية ضد شعبه خارج منطقة القبائل. وقد حاولت قوات الشرطة ذات مرة إلقاء القبض على فضل الله فيما كان يتحدث وسط حشد من الناس، ولكن عاصفة رملية رهيبة هبَّت على المنطقة فتمكن من الفرار، وهو ما أضفى عليه هالة من القداسة وزاده شُهرة.

لم ينل اليأس من المسلحين، وتقدموا باتجاه الشرق حيث

استولوا في 16 تشرين الثاني/ نوفمبر على ألبوري، وهي المدينة الرئيسة في شانجلا. ومرة أخرى ودون قتال لاذت قوات الشرطة بالفرار. وقال شهود بأن هناك بين المسلحين مقاتلين شيشان وأوزبك. ساورنا القلق بشأن عائلتنا في شانجلا، لكن والدي قال إن القرية نائية للغاية ولن يأبه بها الطالبان فضلاً عن أن أهل القرية أكدوا عزمهم على التصدي لهم. كانت قوات الجيش تفوق المسلحين عدة وعتاداً، ولذلك سرعان ما استعادت السيطرة على الوادي. استولوا على قرية «إمام ديري» التي تضم مركز فضل الله. وفرَّ المسلحون صوب الغابات وفي مطلع كانون الأول/ ديسمبر قال الجيش إنه قام بعملية تمشيط لمعظم المناطق، ما أرغم فضل الله على الانسحاب نحو الجبال.

ولكن الجيش لم يكن قد تمكن من طرد الطالبان. وهو ما تنبأ به والدي قائلاً: «لن يدوم ذلك الحال طويلاً».

لم تكن جماعة فضل الله هي مَن تقوم وحدها بعمليات التخريب، فقد ظهرت مجموعات مسلحة على امتداد شمال غرب باكستان تحت قيادة أشخاص ينتمون إلى قبائل مختلفة. وبعد أسبوع تقريباً من معركة سوات، التقى أربعون قيادياً من الطالبان ينتمون إلى مناطق مختلفة من إقليمنا في جنوب وزيرستان لإعلان الحرب على الحكومة الباكستانية. توافقوا على تشكيل جبهة متحدة تحت راية حركة طالبان باكستان، وزعموا أن لديهم أربعين ألف مقاتل تحت قيادتهم. واختاروا قائداً لهم هو بيت الله محسود، الذي كان في أواخر الثلاثين وسبق له القتال في أفغانستان. وقد تمّ تنصيب فضل الله قائداً لقطاع سوات.

عندما وصلت قوات الجيش حسبنا أن القتال سوف ينتهي سريعاً، ولكن كنّا مخطئين. ولم نكن نعلم أن الأسوأ ما زال في انتظارنا. لم يكتفِ الطالبان باستهداف السياسيين وأعضاء البرلمان ورجال الشرطة فحسب، بل شمل أيضاً النساء اللائي لا يَقرن في بيوتهن والرجال الذين لا يطيلون لحاهم بالقدر الواجب أو لا يلبسون قميص الشالوار الصحيح.

وفي 27 من كانون الأول/ ديسمبر خاطبت بناظير بوتو حشداً انتخابياً في لياقوات باغ، وهو متنزه في روالبندي كان مسرحاً لاغتيال أول رئيس وزراء لنا وهو لياقوات علي، وقالت وسط هتافات مدوية: «إننا عازمون على إلحاق الهزيمة بقوى التطرف والتمرد عبر الاستعانة بقوة الشعب». كانت تستقل سيارة تويوتا لاندكروزر مضادة للرصاص، وعندما غادرت المتنزه نهضت واقفة على المقعد وأطلت برأسها من فتحة السقف لتحية أنصارها. وفجأة سُمع صوت إطلاق نيران ودوي انفجار عندما فجَّر انتحاري نفسه بجانب السيارة. انزلقت بناظير للأسفل. وقالت حكومة مشرف لاحقاً إن رأسها قد ارتطمت بمقبض فتحة السقف؛ فيما قال آخرون إنها تعرضت لطلق ناري.

كنا نشاهد التلفزيون عندما بُثّ الخبر. وعلقت جدتي قائلة: «بناظير ماتت شهيدة». انخرطنا جميعاً في البكاء عليها والدعاء لها. وعندما علمنا بموتها، حدثتني نفسي: «لماذا لا تذهبين إلى هناك وتدافعين عن حقوق المرأة؟» كنا نتطلع للديمقراطية والآن أصبح الناس يتساءلون: «إذا كانت بناظير بوتو يمكن أن تموت، فلا أحد بمأمن». بدا وكأن نور الأمل ينطفئ في بلادي.

ألقى مشرف بالمسؤولية عن مقتل بناظير بوتو على بيت الله محسود، زعيم حركة طالبان باكستان، وكَشف عن نص مكالمة هاتفية تمّ اعتراضها ويُفترض أنها جمعت بين محسود ومسلّح تابع له ناقشا خلالها الهجوم، لكن بيت الله أنكر مسؤوليته، وهو أمر غير معتاد من طالبان.

اعتدنا أن نستقبل في بيتنا مدرّسي الدراسات الإسلامية لتحفيظي القرآن برفقة أطفال آخرين. وعندما جاءنا الطالبان كنت قد انتهيت من تلاوة القرآن كاملاً وهو ما يُسمّى لدينا ختم القرآن، ما أبهج جدي رجل الدين. ونحن عندما نتلو القرآن فإنما نتلوه بالعربية، ولذلك لا يعرف معظم الناس في واقع الأمر معاني آياته، ولكني بدأت أتعلمها مترجمة أيضاً. وقد هالني أن أحد هؤلاء المدرسين حاول أن يبرر اغتيال بناظير بوتو قائلاً: «إن مقتلها فيه فائدة عظيمة. لقد كانت غير مجدية وهي على قيد الحياة. ولم تكن ملتزمة بتعاليم الإسلام الصحيح. ولو طال بها العمر، لأضحت سبباً في انتشار الفتنة».

صدمت لذلك وأخبرت والدي بما قاله المدرس. فقال لي: «ليس لدينا خيار آخر. إننا نعتمد على هؤلاء الملالي في تعليمنا القرآن. انتفعي منه في تعلم الكلمات؛ ولكن لا تتبعيه في شروح أو تفسير. لا تتعلمي سوى ما يقوله الله سبحانه وتعالى، فكلامه رسائل إلهية لديك الحرية والاستقلالية في تفسيرها».

11

صف الفتيات النابهات

كانت المدرسة هي ما جعلتني أواصل الحياة في تلك الأيام العصيبة. عندما كنت أسير عبر الشارع كان يبدو لي وكأن كلّ شخص أمرُّ به ربما يكون أحد عناصر طالبان. كنا نواري حقائبنا وكتبنا المدرسية تحت شالاتنا. وقد دأب والدي على القول بأن أجمل مشهد في قرية هو مشهد طفل يرتدي زي مدرسته في الصباح ويحمل حقيبته، ولكننا الآن أصبحنا نخشى ارتداءه.

انتقلنا إلى المدرسة الثانوية. وأخبرتنا مدام مريم بأنه لا أحد من المدرِّسين يرغب في التدريس لصفّنا، لأننا دائماً ما نطرح أسئلة كثيرة. وكان يروق لنا أن نُعرَّف باسم الفتيات النابهات. عندما كنّا نزيِّن أيدينا بالحناء استعداداً للإجازات والأعراس، كنا نرسم معادلات خاصة بحساب التفاضل والتكامل ومعادلات كيميائية بدلاً من رسم الأزهار والفراشات. تواصلت المنافسة بيني وبين زميلتي ملكة النور، ولكن بعد صدمة تفوّقها عليّ عندما التحقت بمدرستنا أول الأمر، اجتهدتُ في دروسي حتى تمكّنت من استعادة المركز الأول على لائحة الشرف في المدرسة بين زميلات صفي، أما هي فعادة ما تحلّ في المركز الثاني فيما تأتي منيبة في المركز الثالث.

أخبرنا المدرِّسون أنّ مصحِّحي الاختبارات ينظرون أولاً لمقدار ما نكتبه، ثم لطريقة العرض ثانياً. من بين ثلاثتنا، كانت منيبة لديها أفضل خط في الكتابة وأفضل طريقة عرض، ولكني كنت دائماً أخبرها بأنها لا تثق في نفسها بما يكفي. كانت تداوم على الاجتهاد في دروسها، لأنها كانت قلقة من أنها إن حصلت على علامات منخفضة فربما يجد أشقاؤها في ذلك مسوّغاً لإيقاف تعليمها. كنت الأضعف في الحساب - وذات مرة حصلت على صفر في أحد الاختبارات - ولكني اجتهدت فيه لاحقاً. أمّا معلم الكيمياء، سير عبيد الله (كنا نادي معلمينا باسمي «سير» أو «ميس»)، قال إنني ولدت لأكون سياسية، لأنه في بداية الاختبار الشفهي، كنت دائماً أقول، «سير، أودّ أن أقول فقط بأنك أفضل معلم وأن حصتك هي حصتي المفضلة».

زعم بعض آباء زميلاتي في الصف أنّ ثمة محاباة لي لكون والدي هو صاحب المدرسة، بيْد أنّ ما يبعث على الدهشة هو أننا ورغم المنافسة، كنا نرعى حقوق الصداقة ولا تغار أيُّنا من الأخرى. وكنا نتنافس أيضاً فيما نسميه اختبارات البورد التي كان الهدف منها هو انتقاء أفضل طلاب المدارس الخاصة في المنطقة، وفي سنة من السنوات حصلت ملكة النور وأنا على علامات متساوية تماماً. فأعادت المدرسة الاختبار مرة أخرى لتحديد الفائزة بالجائزة، لكننا حقَّقنا مرة أخرى علامات متساوية. وكي لا يظن الناس أنني ألقى معاملة تفضيلية، قرَّر والدي أن نؤدّي هذا الاختبار في مدرسة أخرى، وهي تابعة لصديقه أحمد شاه. بيْد أننا مرة أخرى حصلنا على علامات متساوية، ولذلك منحت الجائزة لكلتينا.

لم تكن المدرسة تعني المذاكرة والواجبات فحسب، فقد أحببنا تمثيل المسرحيات. وقد كتبت حواراً على أساس مسرحية روميو وجولييت عن الفساد. وقد أدّيت دور روميو باعتباره موظّفاً عامّاً يُجري مقابلات مع أشخاص تقدَّموا لشغل وظيفة شاغرة. كانت المرشحة الأولى فتاة جميلة، فكان يسألها أسئلة سهلة مثل «كم عدد إطارات الدراجة الهوائية؟» وما إن تجيب «إطاران»، حتى يثني عليها قائلاً: «إنك بالغة الذكاء»، أما المرشح التالي فكان رجلاً، ولذلك يطلب منه روميو مطالب مستحيلة مثل «دون أن تتحرك من كرسيك أخبرني بنوع مروحة السقف التي فوق رؤوسنا»، فيسأل المرشح: «وكيف لي أن أعرف؟» فيجيب روميو: «إنك تقول إنك حاصل على شهادة دكتوراة ولا تعرف».

وعليه فإنه يقرّر إعطاء الوظيفة للفتاة.

أدّت منيبة، بطبيعة الحال، دور الفتاة فيما لعبت زميلة أخرى في الصف هي عطية، دور سكرتيري لإضفاء بعض المتعة عبر تعليقاتها الجانبية خفيفة الظلّ. ضحك الجميع كثيراً خلال العرض. ولأنني أحب تقليد الأشخاص، فقد اعتادت صديقاتي خلال الفسح أن يتوسّلن إليّ كي أقلد مدرِّسينا، ولا سيما سير عبيد الله. ورغم كل الأحداث السيئة التي كانت تجري من حولنا في تلك الأيام، فقد كنا بحاجة إلى شيء يُضحكنا حتى لو كان ضئيلاً جداً.

لم تتمكن الحملة العسكرية التي شنّها الجيش بنهاية عام 2007 من القضاء على الطالبان. ولذلك أقام الجيش في سوات وانتشرت قواته في أرجاء المدينة، لكن ومع ذلك ظلَّ فضل الله يتحدث كل يوم عبر الإذاعة، وخلال العام 2008 ساء الوضع عمّا كان عليه من

حيث التفجيرات وعمليات القتل. لم تكن أحاديثنا في تلك الأيام تخرج عن الجيش والطالبان وعن شعورنا بأننا عالقون بينهما. اعتادت عطية أن تغيظني بقولها: «الطالبان أشخاص جيدون، أما الجيش فليس كذلك». فأجيبها: «إذا كان هناك ثعبان وأسد يوشكان أن يهاجمانا، أيهما نقول عنه أنه جيد، الثعبان أم الأسد؟».

كانت المدرسة ملاذاً ننأى فيها عن الفظائع التي تجري في الخارج. كانت كل الفتيات الأخريات في صفي يردنَ أن يصبحن طبيبات، ولكني قرَّرت أن أكون مخترعة وأصنع آلة مضادة للطالبان يمكنها أن تتعرف عليهم من طريق الشمّ وتدمّر أسلحتهم. ولكن بطبيعة الحال فقد كنا أيضاً عُرضة للتهديدات في المدرسة، حتى إنّ بعض صديقاتي انقطعن عن المدرسة. لم ينفك فضل الله يقول في أحاديثه الإذاعية أنّ الفتيات ينبغي لهن المكوث في البيت، وبدأ رجاله يفجِّرون المدارس، وذلك عادة خلال وقت حظر التجوال ليلاً عندما لا يوجد داخلها أطفال.

كانت أولى المدارس التي تمّ تفجيرها هي «شوار زانجاي»، وهي مدرسة ابتدائية للبنات تابعة للحكومة في ماتا. لم نصدق أن أحداً يمكنه أن يقترف مثل ذلك الفعل. وعقب ذلك زادت وتيرة التفجيرات وكادت أن تكون يومية. وحتى منجورا لم تسلَم من التفجيرات، فقد سمعت صوت انفجارين وأنا في المطبخ، وكانا قريبين للغاية حتى إن المنزل كله قد ارتجّ وسقطت هواية المطبخ. بدأ الخوف يتملكني كلما دخلت المطبخ حتى أصبحت أدخله مسرعة وأخرج منه مسرعة.

وفي اليوم الأخير من شباط/ فبراير 2008، كنت في المطبخ

عندما سمعنا صوت انفجار هائل. كان الصوت مدوياً وتصطكّ له الآذان وقريباً منا. مثلما كنا نفعل دائماً، نادى كلّ منا على الآخر حتى يطمئن أنه آمن. «خايستا، بيشو، بابي، خوشال، أتال!» ثم سمعنا صوت سيارات إسعاف بدا معه وكأن جميع سيارات الإسعاف في منجورا تمرّ من أمام بيتنا. وعلمنا بعد ذلك أن انتحارياً قد فجّر ملعب كرة السلة في مدرسة حاجي بابا الثانوية. وساعتها كانت التجهيزات جارية لصلاة الجنازة على ضابط شرطة محلّي محبوب اسمه جاويد إقبال والذي قتله انتحاري في منطقة نائية فيما كان يحاول الهرب من الطالبان. كان من أهل منجورا، وأعيد جثمانه لصلاة الجنازة ولإلقاء التحية العسكرية عليه، لكن الطالبان استهدفوا المُعزين، ما أسفر عن مقتل أكثر من خمسة وخمسين شخصاً، بمن فيهم الابن الصغير لجاويد إقبال وكثير من معارفنا. وكان من بين ضحايا المعزين عشرة أفراد من عائلة منيبة، إما قتلوا أو جرحوا. ولذلك حزنت منيبة حزناً بالغاً وخيّم شعور بالصدمة على أهل المدينة كلها فيما أقيمت العزاءات في كل مسجد.

سألت والدي: «هل أنت خائف الآن؟»

فأجابني: «عندما يحلّ الظلام يستبدّ بنا الخوف، حبيبتي، ولكن مع طلوع الصبح، وفي الضوء، نستردّ شجاعتنا مرة أخرى». وهو ما يَصدُق على أسرتنا. فقد انتابنا الخوف، ولكن خوفنا لم يكن بقدر شجاعتنا. وتابع قائلاً: «علينا أن نخلص وادينا من الطالبان، وعندئذٍ لن يكون على أحد أن يشعر بهذا الخوف».

في أوقات الأزمات نلجأ نحن البشتون إلى الوسائل القديمة المجرَّبة، ولذلك في العام 2008 أنشأ كبار القوم في سوات جمعية

أسموها «قومي جرجا» أو «المجلس القومي»، وذلك لمواجهة فضل الله، فأخذ ثلاثة رجال من المنطقة وهم مختار خان يوسفزاي وخورشيد كاكاجي وزاهد خان، يذهبون من مجلس إلى مجلس محاولين إقناع وجهاء القوم بالمشاركة في الاجتماع. كان رئيس القوم هو رجل سبعيني شابت لحيته اسمه عبد الخان خالق الذي كان أحد الحرس الشخصي للملكة عندما زارت سوات وأقامت مع الوالي. ورغم أن والدي لم يكن من وجهاء القوم أو خان، فقد اختير بصفته المتحدث، لأنه لم يكن يخشى الجهر برأيه. ورغم أنه كان أقوى بلاغة عندما يتحدث بالبشتو، فقد كان يتحدث لغتنا الوطنية الأردو والإنجليزية بطلاقة، ما يعني أنه سينجح في إدارة الاتصال خارج سوات وداخلها على السواء.

وفي كل يوم، وبالنيابة عن مجلس وجهاء سوات، كان يحضر ندوات أو يظهر في وسائل الإعلام معارضاً فضل الله. وكان يتوجه إليه قائلاً: «ما الذي تفعله؟ إنك تدمر حياتَنا وثقافتَنا».

كان والدي يقول لي: «سوف ألتحق بأيّ كيان يعمل من أجل السلام. إذا كنت تريدين حلّ نزاع أو الخروج من صراع، فإن أول شيء تفعلينه هو قول الصدق. إذا كنت تعانين صداعاً وقلت للطبيب إنك تشعرين بألم في المعدة، فكيف للطبيب أن يساعدك؟ لا بد أن تقولي الصدق. لن يقضي على الصدق سوى الخوف».

كنت أرافقه غالباً عندما يلتقي زملاءه النشطاء، ولا سيما أصدقاءه القدامى أحمد شاه ومحمد فاروق وزاهد خان. كان لدى أحمد شاه هو الآخر مدرسة حيث يعمل فيها محمد فاروق، وكانوا أحياناً يتجمعون في حديقته. أما زاهد خان فكان صاحب فندق ولديه

مجلس كبير. وعندما كانوا يأتون بيتنا كنت أقدِّم لهم الشاي، ثم أجلس صامتة كي أُنصت لأحاديثهم. فكانوا يقولون: «ملالا ليست ابنة ضياء الدين وحده، بل هي ابنتنا جميعاً».

كانوا يتردّدون على بيشاور وإسلام أباد حيث يُجرون مقابلات إذاعية ولا سيما عبر إذاعَتَي صوت أميركا وبي بي سي البريطانية، ويتناوبون في ذلك حتى يكون أحدهم حاضراً دائماً. كانوا يقولون للناس إنّ ما يحدث في سوات لا شأن له بالإسلام. وقال والدي إن وجود طالبان في سوات لم يكن ممكناً لولا دعم بعض قيادات الجيش والإدارات الحكومية لهم. يُفترض أن تحمي الدولة حقوق مواطنيها، ولكن الوضع يصبح صعباً للغاية عندما لا تستطيع التفرقة بين الدولة واللادولة ولا تستطيع أن تثق بأنّ الدولة سوف تحميك من اللادولة.

يحظى جيشنا وجهاز الاستخبارات بنفوذ هائل، ولا يفضل معظم الناس التفوّه بمثل هذه الأشياء علناً، ولكن والدي وكثيراً من أصدقائه لم يكونوا يهابون التطرُّق إلى ذلك. فكان يقول: «إن ما تفعلونه يناقض مصلحة شعبنا ويقوِّض كيان باكستان. لا تدعموا الطالبان في توجهاتهم، لأن أعمالهم هي نقيض للإنسانية. ثمة من يقول إن وادي سوات قد ضُحِّي به من أجل بقاء باكستان، ولكني أقول إنه لا ينبغي لنا التضحية بأحد أو بشيء من أجل الدولة. فالدولة مثل الأم، والأم لا تهجر أو تخدع أبناءها مطلقاً».

كان والدي يشعر بالغضب من كون الناس في معظمهم لا يجاهرون بآراءهم المعارضة. ولذلك اعتاد أن يحمل في جيبه قصيدة كتبها الراهب مارتن نيمولر، الذي عاش في ألمانيا خلال الحقبة النازية.

جاءوا أولاً إلى الشيوعيين،
ولم أرفع صوتي، لأني لم أكن شيوعياً.
ثم جاءوا إلى الاشتراكيين،
ولم أرفع صوتي لأني لم أكن اشتراكياً.
ثم جاءوا إلى أعضاء النقابات،
ولم أرفع صوتي لأني لم أكن نقابياً.
ثم جاءوا إلى اليهود،
ولم أرفع صوتي لأني لم أكن يهودياً.
ثم جاءوا إلى الكاثوليك،
فلم أرفع صوتي لأني لم أكن كاثوليكياً.
وبعدئذٍ جاءوا إليَّ،
فلم يتبقَّ أحدٌ ليرفعَ صوتَه دفاعاً عني.

أدركتُ أنه على حق وأن الناس إذا لزموا الصمت، فلن يتغير شيء.

في المدرسة نظم والدي مسيرة سلام وحثّنا على التعبير عن معارضتنا لما يجري من أحداث. وقد عبَّرت منيبة عن ذلك بدقة قائلة: «نحن البشتون قوم نحب الدين. وبسبب الطالبان، أصبح العالم كله يزعم أننا إرهابيون، لكن هذه ليست الحقيقة. فنحن قوم محبون للسلام. جبالنا وأشجارنا وأزهارنا - كل شيء في وادينا يدعو للسلام». وأجرت مجموعة منّا نحن الفتيات مقابلات مع تلفزيون خيبر، وهي القناة الخاصة الوحيدة الناطقة بالبشتو، حول

انقطاع الفتيات عن المدرسة بسبب الأعمال القتالية. وقد أرشدنا المدرسون لكيفية الإجابة عن الأسئلة. لم أكن الوحيدة التي أجريت معها مقابلة، فعندما كنا في الحادية عشرة والثانية عشرة، كنا نجري المقابلات معاً، ولكن عندما بلغنا الثالثة عشرة أو الرابعة عشرة، لم يعُد أشقاء صديقاتي وآباؤهن يسمحون لهن بذلك لأنهن قد بلغن ومن ثم يتعين عليهن الاحتجاب، فضلاً عن أنهن كن خائفات.

وذات يوم ظهرتُ على قناة «جيو» التلفزيونية، وهي إحدى كبرى القنوات الإخبارية في بلادنا. كان هناك صفٌّ من الشاشات التلفزيونية في مكتبهم، وأثار دهشتي أن أرى هذا العدد الكبير من القنوات. بعد ذلك حدثت نفسي قائلة: وسائل الإعلام تحتاج إلى إجراء المقابلات. فهم يريدون إجراء مقابلة مع فتاة صغيرة، ولكن الفتيات خائفات، وحتى لو أنهن لسن خائفات، فإن آباءهن لن يسمحوا لهن. لديّ أب لا يخاف، ويساندني. قال لي: «أنت طفلة ومن حقّك أن تتكلمي». كنت كلما أجريت مزيداً من المقابلات، شعرت بأنني أكثر قوة وتلقيت دعماً أكبر. لم أكن قد تجاوزت الحادية عشرة، ولكني كنت أبدو أكبر من ذلك، وبدا أن وسائل الإعلام تحبّ الاستماع لفتاة صغيرة. وقد وصفني أحد الصحفيين ذات مرة بقوله: «شابة ذكية ولامعة» فيما قال آخر إنني أتمتع بحكمة تفوق سنوات عمري القليلة. كنت أؤمن في قرارة نفسي أن الله سوف يقيني الشرور، وأني طالما كنت أدافع عن حقوقي وحقوق الفتيات، فإني لا أقترف إثماً إذن، بل إن من واجبي أن أفعل ذلك. والله يريد أن يرى كيف سنتصرف في مثل هذه المواقف. وهناك آية في القرآن الكريم تقول: ﴿فَأَمَّا ٱلزَّبَدُ فَيَذْهَبُ جُفَآءً وَأَمَّا مَا يَنفَعُ ٱلنَّاسَ

﴿فَيَمْكُثُ فِي ٱلْأَرْضِۚ كَذَٰلِكَ يَضْرِبُ ٱللَّهُ ٱلْأَمْثَالَ﴾[1]. وتساءلت: **إذا كان رجل واحد هو فضل الله، يمكنه أن يهدم كل شيء، فلماذا لا تستطيع فتاة واحدة أن تُغير كل شيء؟** وكنت أدعو الله كل ليلة أن يمنحني القوة.

تعرضت وسائل الإعلام في سوات لضغوط كي تُقدم تغطية إخبارية ذات طابع إيجابي عن الطالبان - حتى إن بعضها كان يسمّي مسلم خان، المتحدث باسم طالبان «سكول دادا[2]» على سبيل الاحترام، رغم أنه كان في حقيقة الأمر يدمِّر المدارس. ولكن صحفيين محليين كُثر كانوا غير راضين عمّا يحدث لواديهم ووفروا لنا منبراً قوياً، لأننا كنا نقول ما لا يجرؤون على قوله.

لم تكن لدينا سيارة، ولذلك كنا نستقلّ عربة الركشا، أو يُقلنا أحد أصدقاء والدي إلى مكان المقابلة. وذات يوم ذهبنا أنا ووالدي إلى بيشاور للمشاركة في برنامج حواري يبثّه القسم الأُردي من هيئة الإذاعة البريطانية «بي بي سي» وكان يقدِّمه صحفي شهير اسمه وسط الله خان. ذهبنا برفقة صديق والدي فضل مولا وابنته. وهكذا كنّا والدين وابنتين. وقد استضافوا مسلم خان ممثلاً عن الطالبان، ولكنه لم يكن حاضراً في الاستديو. انتابني بعض التوتر، ولكني أدركتُ أهمية البرنامج لأنّ أناساً كثيرين في أنحاء باكستان سوف يستمعون له. وممّا قلته خلال مشاركتي: «كيف يجرؤ الطالبان على انتزاع حقي الأصيل في التعليم؟» لم يرد مسلم خان على السؤال لأنّ

---

(1) سورة الرعد، الآية 17.

(2) حارس المدارس.

مقابلته الهاتفية كانت مسجَّلة مسبقاً. فكيف يمكن لمادة مسجَّلة أن ترد على أسئلة حية؟

عقب البرنامج انهالت عليَّ التهاني. ضحك والدي وقال إنَّ علي الدخول إلى عالم السياسة ومازحني قائلاً: «رغم كونك طفلة فإنك تتحدثين مثلما يتحدث السياسيون». ولكني لم أستمع قط إلى ما أجريته من مقابلات، فقد كنت أدرك أنها مجرد خطى صغيرة جداً على الطريق.

كانت كلماتنا أشبه بأزهار الكافور التي تذروها الرياح خلال الربيع. فقد تواصل مسلسل تدمير المدارس، وفي ليلة 7 تشرين الأول/ أكتوبر 2008 سمعنا دوياً بعيداً لسلسلة من التفجيرات. ثم علمنا في الصباح التالي أن مسلحين مقنَّعين قد اقتحموا مدرسة دير سانجوتا للبنات وكلية إكسلزيور للبنين وقاموا بتفجيرهما باستخدام قنابل بدائية الصنع. كان المدرسون قد تمّ إجلاؤهم بالفعل بعد ما تلقوه من تهديدات سابقة. كانت هاتان المدرستان تحظيان بشهرة كبيرة، ولا سيما مدرسة سانجوتا، التي تعود إلى زمن الوالي الأخير وعُرفت بتميّزها الأكاديمي. كانتا مدرستين كبيرتين من حيث العدد أيضاً، فمدرسة إكسلزيور كانت تضمّ ما يزيد على 2000 تلميذ فيما تضمّ سانجوتا 1000 تلميذ. توجّه والدي إلى هناك بعد التفجيرات ووجد المبنَيين وقد تمّ تسويتهما بالأرض تماماً. تحدّث إلى مراسلي التلفزيون وسط أنقاض من الحجارة والكتب المحترقة قبل أن يعود إلى البيت مذعوراً. وقال: «لقد بات كل شيء حطاماً».

لكن والدي لم يفقد الأمل وظلّ يؤمن بأنه سيأتي يوم ما يتوقف فيه تدمير المدارس، لكن الذي كان يحزنه حقاً هو أعمال النهب

والسلب التي تطال المدارس المدمّرة، حيث يقوم أهالي كل منطقة بسرقة كل محتوياتها من أثاث وكتب وحواسيب. كان يذرف الدمع عندما يسمع ذلك وهو يقول: «إنهم مثل نسور تنهش في لحم مَيْتَةٍ».

في اليوم التالي ظهر في برنامج مباشر عبر إذاعة صوت أميركا وأدان الهجومين بشدّة. كان مسلم خان، المتحدث باسم طالبان، يشارك عبر الهاتف. سأله والدي: «ما هو ذلك الإثم العظيم الذي كانت تقترفه هاتان المدرستان واستدعى منكم أن تفجروهما؟»

فرد عليه مسلم خان قائلاً إن «سانجوتا» مدرسة راهبات وتدرِّس المسيحية لطالباتها وإن «إكسلزيور» مدرسة مختلطة يتعلم فيها البنين والبنات جنباً إلى جنب. فأجاب والدي: «هاتان التهمتان كلتاهما لا أساس لهما! مدرسة «سانجوتا» موجودة منذ ستينيات القرن الماضي ولم تُحول أحداً مطلقاً إلى المسيحية، بل في واقع الأمر فقد اعتنق بعض موظفيها الإسلام. وأما «إكسلزيور» فهي تقدم تعليماً مختلطاً في المرحلة الابتدائية فقط».

لكن مسلم خان لم يردّ. سألت والدي: «وماذا عن بناتهم؟ ألا يريدون لهن أن يتعلمن؟»

كانت مديرة مدرستنا، مدام مريم، قد درست في «سانجوتا»، فيما كانت شقيقتها الصغرى عائشة تلميذة هناك، ولذلك فقد نُقلت هي وفتيات أخريات من «سانجوتا» إلى مدرستنا. لم تكن الرسوم المدرسية الشهرية تكفي مطلقاً لتغطية كلّ مصروفاتنا، ولذلك كانت أي رسوم إضافية مُرحَّباً بها، ولكن والدي لم يكن سعيداً بذلك. ولم يترك باباً إلا وطرقه في سبيل إعادة بناء المدرستين. وتحدَّث ذات مرة وسط جمع كبير وهو يحمل طفلة رضيعة لأحد الحضور، وقال:

«هذه البنت هي مستقبلنا. هل نريد لها أن تكون جاهلة؟» أجمع الحضور على أنهم سوف يضحّون بأنفسهم ولن يتراجعوا عن تعليم بناتهم. قصَّت علينا الفتيات القادمات من سانجوتا حكايات تقشعر لها الأبدان. حكت لنا عائشة كيف أنها وفي طريقها إلى بيتها قادمة من سانجوتا رأت أحد مسلحي طالبان يحمل رأساً مقطوعاً لشرطي من شعره، فيما الدم يتقاطر من الرقبة. كانت فتيات مدرسة سانجوتا يتمتّعن بذكاء حادّ، ما أدى إلى زيادة حدّة المنافسة. وكانت إحداهن وهي رضا تتميز بقدرة فائقة على إلقاء الكلمات، وأصبحت صديقة مقرَّبة لي ولمنيبة، ما أصبح يفضي إلى الشجار أحياناً، وذلك أن الرقم ثلاثة يعدّ رقماً خادعاً. كانت منيبة غالباً ما تأتي بطعام إلى المدرسة وتحضر معها شوكة إضافية واحدة فقط. سألت منيبة: «هل أنت صديقتي أم صديقة رضا؟».

ضحكت وقالت: «نحن الثلاثة صديقات حميمات».

ومع نهاية العام 2008، كان الطالبان قد دمروا حوالي 400 مدرسة. وتشكَّلت لدينا حكومة جديدة تحت قيادة الرئيس آصف زارداري، أرمل بناظير بوتو، ولكن كان يبدو أنها لا تبالي بسوات. كنت أقول للناس إن الوضع سيكون مغايراً لو أن بنات زارداري كنّ يذهبن إلى مدرسة في سوات. انتشرت التفجيرات الانتحارية في أرجاء البلاد حتى إنها طالت فندق الماريوت في إسلام أباد.

في سوات كان الوضع أكثر أماناً في المدينة عنه في المناطق النائية، ولذلك قدِم كثيرون من عائلتنا من الريف للإقامة معنا. كان المنزل صغيراً وأصبح يضيق بنا وبأبناء عمومتنا الذين كانوا يعيشون معنا. لم يكن هناك سوى قليل من الأنشطة التي يمكن مزاولتها. فلم

نكن نستطيع لعب الكريكيت في الشارع أو فوق السطح كما اعتدنا من قبل، وكنا نلعب البلي في الساحة مراراً وتكراراً. لم أكن أكف عن الشجار مع شقيقي خوشال، فكان يذهب باكياً إلى أمنا. ولم يحدث قط أن كان خوشال وملالا صديقين.

كان يروق لي تصفيف شعري بأشكال مختلفة وكنت أمضي وقتاً طويلاً أمام المرآة في الحمام وأنا أجرب أشكالاً رأيتها في أفلام السينما. وقد اعتادت والدتي أن تقص شعري قصيراً مثل شقيقي بسبب القمل ولجعل غسيله وتمشيطه أسهل حتى بلغت الثامنة أو التاسعة، وذلك لأنه كان يتشابك أسفل غطاء الرأس. ولكن أخيراً أقنعتها أن تسمَح لي بأن أطيله حتى يلامس كتفيّ. وعلى النقيض من شعر منيبة، الذي كان منسدلاً، كان شعري متموّجاً، وكان يروق لي أن أجعله خصلاً أو أجدله في ضفائر. كانت والدتي تصيح: «ماذا تفعلين بالداخل بيشو؟ ضيوفنا بحاجة إلى الحمام والجميع ينتظر خروجك».

كان شهر رمضان لعام 2008 من الأوقات العصيبة في تلك السنة. فقد فجَّر الطالبان محطات توليد الكهرباء، فلم يعُد لدينا كهرباء، وبعد أيام قليلة فجَّروا خط الأنابيب، فلم يعُد لدينا غاز. تضاعف سعر أسطوانة الغاز التي اعتدنا شراءها من السوق، واضطرت والدتي للطهي على نيران الخشب كما كنا نفعل في القرية. لم تتبرم من ذلك، فالطعام لا بد أن يُطهى وكانت تطهوه، وكان هناك أشخاص أسوأ حالاً منا، لكن الماء النظيف لم يكن متوفراً وراح الناس يموتون بالكوليرا. لم تستوعب المستشفى جميع المرضى وكان لا بدّ من نصب خيام كبيرة خارجها لعلاج المرضى.

ورغم أننا لم نكن نملك مولد كهرباء في البيت، إلا أن والدي اشترى واحداً لوضعه في المدرسة، وأصبح الماء العذب يتمّ ضخه من بئر أصبح أطفال المنطقة جميعهم يقصدونه للحصول على الماء. فكان الناس يصطفون كل يوم لملء الآنية والقنينات والحاويات. وقد أخاف ذلك أحد الجيران فسأل: «ماذا دهاكم؟ إذا اكتشف الطالبان أنكم توزّعون ماء في شهر رمضان فسوف يفجروننا!».

فأجابه والدي بأن الناس سوف يموتون إما عطشاً وإما ضحايا التفجيرات.

أصبحت الأيام التي كنا نخرج فيها للرحلات أو النزهات تبدو وكأنها حلماً. فلم يعُد أحد يجرؤ على الخروج من بيته بعد غروب الشمس، وقد فجَّر الإرهابيون مصعد التزلج والفندق الكبير في «ملام جابا» حيث اعتاد الإرهابيون أن يقيموا. وهكذا تحولت جنة العطلات إلى جحيم لا يجرؤ سائح على القدوم إليها.

عندئذٍ، وفي نهاية العام 2008، أعلن نائب فضل الله مولانا شاه داوران عبر الإذاعة أن مدارس البنات جميعها سوف يتمّ غلقها. وحذَّر متوعداً أنه يتعين على الفتيات ألا يذهبن إلى المدرسة ابتداء من 15 كانون الثاني/ يناير. ظننتُ أنها مزحة في أول الأمر وسألت صديقاتي: «كيف يمكنهم منعنا من الذهاب إلى المدرسة؟ لا توجد سلطة تخوّلهم ذلك. يزعمون أنهم سوف يدمرون الجبل، ولكن لا يمكنهم حتى السيطرة على الطريق».

لم توافقني الفتيات الأخريات الرأي وسألنني: «ومن الذي سوف يمنعهم؟ لقد فجروا بالفعل مئات المدارس ولم يحرك أحد ساكناً».

اعتاد والدي القول بأنّ شعب سوات والمدرِّسين سوف يواصلون تعليم أطفالنا حتى آخر غرفة قائمة وآخر مدرس وآخر طالب على قيد الحياة. لم يقترح والداي قط على أن أتوقف عن الذهاب إلى المدرسة. ورغم أننا كنا نحب المدرسة، فإننا لم ندرك مدى أهمية التعليم إلا عندما حاول الطالبان أن يمنعونا عنه. ولم يكن الذهاب إلى المدرسة والقراءة وأداء الواجبات المدرسية مجرد وسيلة لتمضية الوقت، وإنما كانت أساس مستقبلنا.

في ذلك الشتاء أثلج الطقس ورُحنا نبني الدببة الثلجية ولكن دون ابتهاج كبير. اعتاد الطالبان أن يختبئوا في الجبال شتاءً، ولكننا كنا ندرك أنهم عائدون ولا ندري ما الذي يخبئه لنا قادم الأيام. كنا نعتقد أن الذهاب إلى المدرسة سوف يُستأنف من جديد. يستطيع الطالبان أن يأخذوا أقلامنا وكتبنا، ولكنهم لا يستطيعون أن يمنعوا عقولنا عن التفكير.

12

ميدان الموت

كانت الجثث تُلقى في الميدان تحت جنح الظلام حتى يراها جميع الأشخاص في الصباح وهم في طريقهم إلى أعمالهم. وكانت تُعلق بالجثة عادة رسالة تقول شيئاً من قبيل: «هذا هو مصير كل عميل للجيش» أو «لا تلمس هذه الجثة حتى الحادية عشرة صباحاً، وإلا فسوف تلحق بصاحبها». وفي بعض الليالي التي تشهد عمليات قتل كانت هناك أيضاً زلازل تضرب، وهو ما يزيد الناس خوفاً، لأننا نربط كل كارثة طبيعية بكارثة بشرية.

لقد قتلوا شعبانة في ليلة قارسة البرودة من كانون الثاني/ يناير 2009. كانت تعيش في شارع «بنر بزار»، وهو شارع ضيق في مدينة منجورا ويسكنه الراقصات والعازفون. قال والد شعبانة إن مجموعة رجال قد طرقوا بابها وطلبوا منها أن ترقص لهم. ذهبت لترتدي ملابس الرقص، وعندما عادت إليهم، سحبوا أسلحتهم وهددوها بحز رقبتها. كان ذلك بعد دخول حظر التجوال الذي يبدأ في التاسعة حيز التنفيذ وقد سمع الناس صوت صرخات، تقول: «أعدكم أنني سوف أتوقف! أعدكم ألا أغني أو أرقص ثانية. اتركوني، لوجه الله! أنا امرأة، أنا مسلمة. لا تقتلوني!» ثم دوت

رصاصات وتمّ سحب جثتها المُخردقة بالرصاص إلى ميدان «جرين تشوك». وقد تُركت الكثير من الجثث هناك حتى إن الناس بدأوا يسمونه ميدان الموت.

في الصباح التالي سمعنا بنبأ مقتل شعبانة. في إذاعة الملا أف إم، قال فضل الله إنها تستحق الموت جزاء لانحلالها وأعلن أن أي فتيات أخريات يثبت أنهن يرقصن في شارع «بنر بزار» سوف يقتلن الواحدة تلو الأخرى. كنا دائماً نفخر بتراثنا الموسيقي والفني في سوات، ولكن الآن لاذت معظم الراقصات بالفرار إلى لاهور أو دبي، بل وبلغ الأمر بالعازفين أن تحملوا تكلفة وضع إعلانات في الصحف يقولون من خلالها أنهم توقفوا عن العزف ويتعهّدون بأن يعيشوا حياة تسودها التقوى والورع، وذلك استرضاء للطالبان.

اعتاد الناس أن يتحدثوا عن سوء سلوك شعبانة، ولكن الرجال لدينا كانوا يتمنون رؤيتها وهي ترقص وفي الآن ذاته يزدرونها لكونها راقصة. ولدينا لا يمكن لابنة الخان أن تتزوج من ابن الحلاق، وابنة الحلاق لا يمكنها أن تتزوج ابن الخان. ونحن البشتون وإن كنا نحب الأحذية فإننا لا نحب الإسكافي؛ ونحب شالاتنا وأغطيتنا ولكننا لا نحترم النساج. وللحرفيين فضل كبير على مجتمعنا ولكنهم لم يحصلوا على أي تقدير، وهذا هو السبب في أن كثيرين منهم قد التحقوا بالطالبان كي يحققوا في نهاية المطاف المكانة والسلطة.

ولذلك كان الناس يحبون أن يروا شعبانة وهي ترقص ولكنهم لم يحترموها، وعندما قُتلت لم يعترضوا، بل بلغ الأمر ببعضهم أن أقرَّ مقتلها، إما خوفاً من الطالبان وإما مناصرة لهم، فيقول قائلهم: «شعبانة لم تكن مسلمة. كانت سيئة الخلق، وكان قتلها صواباً».

لا أستطيع القول إن ذلك كان أسوأ أيام حياتي. في غضون الفترة التي شهدت مقتل شعبانة كان يبدو أن كل يوم أسوأ من سابقه؛ وأن كل لحظة أسوأ من سابقتها. كانت الأخبار السيئة تردنا من كل مكان: تم تفجير منزل هذا الرجل، وهذه المدرسة نسفت، وهذا الرجل تعرّض للجلد علناً. كانت قصص الأخبار تتدفق علينا بلا توقف وبشكل هائل. ولم تمرّ سوى بضعة أسابيع على مقتل شعبانة، حتى سمعنا بمقتل مدرِّس في ماتا لرفضه أن يُقصِّر قميص الشالور لما فوق كاحليه مثلما يفعل الطالبان في ملبسهم. وكان قد جادلهم بأنه ليس في الإسلام ما يلزم بذلك، فأعدموه شنقاً ثم أطلقوا الرصاص على والده.

لم يكن بوسعي أن أفهم ما الذي يريده الطالبان، وأذكر أني قلت خلال إحدى المقابلات: «إنهم يسيئون إلى ديننا. كيف لك أن تقبل الإسلام إذا وجهتُ إلى رأسك مسدساً وقلت لك إن الإسلام هو الدين الصحيح؟ إذا كانوا يريدون لكل سكان العالم أن يصبحوا مسلمين، لماذا لا يثبتون أولاً أنهم مسلمون صالحون؟».

أصبح أبي يعود إلى البيت كثيراً وقد تملَّكته الصدمة بسبب الفظائع التي يراها أو يسمع عنها، ومنها ما يحدث لرجال الشرطة الذين تُقطع رؤوسهم ثم تُعرض في شوارع المدينة. حتى هؤلاء النساء اللائي كنّ يدافعن عن فضل الله في أول الأمر، ظنّاً أنّ أتباعه هم حماة الإسلام الحق، ويعطينه حليهن، بدأن يتحولن ضده. وقد حدثني والدي عن امرأة تبرعت بسخاء إلى الطالبان عندما كان زوجها يعمل في الخارج، وعندما عاد واكتشف أنها قد تخلت عن حليها، استشاط غضباً. وذات ليلة سمع دوي انفجار صغير في

قريتهم وراحت الزوجة تصرخ. قال لها زوجها: «لا تصرخي. ذلك صوت أقراطك ودبابيس أنفك. والآن استمعي إلى صوت مدلاتك وأساورك».

لكن ورغم ذلك ظلّت فئة قليلة للغاية هي من تَجهر برأيها المعارض. وكان منافس والدي القديم في سنوات الدراسة بالكلية إحسان الحق حقاني قد أصبح صحفياً في إسلام أباد ونظم مؤتمراً حول الوضع في سوات. لم يحضر أحد من المحامين والأكاديميين الذين دعاهم من سوات للتحدث في المؤتمر، ولم يلبِّ الدعوة سوى والدي وبعض الصحفيين. بدا أن الناس قد استسلموا لفكرة أن الطالبان قد جاءوا ليبقوا وأن الأجدر بهم أن يتأقلموا مع وجودهم. ويقول قائلهم: «في ظلّ الطالبان سيكون لديك أمان على حياتك بنسبة مائة في المائة». ولذلك السبب فإنهم يقدِّمون لهم أبناءهم الشباب طوعاً. فالطالبان عندما يدخلون بيوت الناس فإنهم يطلبون المال لشراء الكلاشينكوف أو يطلبون منهم أن يسلموا لهم أبناءهم للقتال معهم. ولذلك فقد لاذ أثرياء كثيرون بالفرار. أما الفقراء فلم يكن لديهم خيار غير البقاء والحفاظ على حياتهم قدر الإمكان. ولذلك توجه كثير من الرجال لدينا للعمل في المناجم أو إلى منطقة الخليج العربي للعمل هناك، مخلِّفين وراءهم عائلاتهم دون أب، ما يجعل الأبناء فريسة سهلة.

بدأت التهديدات تقترب أكثر وأكثر من بيتنا. فقد تلقى أحمد شاه ذات يوم تهديداً بالقتل من مجهولين، ولذلك غادر إلى إسلام أباد لفترة كي ينشر الوعي هناك بما يجري في وادينا. كان من أسوأ الأشياء التي واجهناها في تلك الفترة هي أننا بدأنا نرتاب في بعضنا

بعضاً، حتى إنّ الشك والاتهام قد طالا والدي، وراح بعضهم يقول: «الناس يُقتلون، ولكن ضياء الدين هذا يجهر برأيه ويتحدث بجرأة ولم يزل على قيد الحياة! لا بدّ أنه عميل سري!» وفي واقع الأمر كان قد تلقى تهديدات هو الآخر، لكنه لم يشأ أن يخبرنا. وكان قد عقد مؤتمراً صحفياً في بيشاور طالب فيه الجيش بالتصدي للطالبان وتعقب قادتهم. وبعد ذلك أخبره الناس أن اسمه قد ورد في إذاعة الملا ضمن تهديد صدر عن نائبه شاه دوران.

لم يعبأ والدي بالتهديد، وإن كان قد أثار قلقي. فقد كان يتحدث بجرأة ويشارك في كثير من الجماعات واللجان حتى إنه كان غالباً لا يعود إلى البيت قبل منتصف الليل. بدأ ينام في منزل أحد أصدقائه كي يحمينا في حال دَهم الطالبان المنزل لأخذه. لم يكن يحتمل مجرد التفكير في أن يُقتل أمام أعيننا. لم أكن أستطيع النوم إلا بعد أن يعود وأغلق البوابة بالقفل. وعندما يكون داخل المنزل كانت والدتي تضع سلماً في الساحة الخلفية على السور الخارجي حتى يمكنه الصعود عليه والنزول إلى الشارع إذا دهمه خطر مباغت. ضحك ساخراً من الفكرة وقال: «ربما يستطيع السنجاب أتال أن يفعل ذلك، ولكن لست أنا!».

كانت والدتي تحاول دائماً ابتكار خطط لما سوف تفعله في حال دهم الطالبان المنزل. فكرت في أن تضع سكيناً أسفل وسادتها عندما تأوي إلى فراشها. وقلت لها إن بوسعي أن أتسلل إلى الحمام وأتصل بالشرطة. وفكرنا أنا وشقيقاي أيضاً أن نحفر نفقاً أسفل المنزل. وأخيراً أخذت أدعو الله أن يمنحني عصاً سحرية كي أجعل الطالبان يتلاشون من وادينا.

وذات يوم رأيت شقيقي الأصغر أتال يحفر في الحديقة والغضب يتملكه. سألته: «ماذا تفعل؟» فقال: «أحفر قبراً». كانت نشراتنا الإخبارية ملأى بأخبار القتل والموت، ولذلك كان طبيعياً أن يفكّر أتال في النعوش والقبور. وبدلاً من لعب الغميضة وعسكر وحرامي، أصبح الأطفال يلعبون لعبة الجيش ضد الطالبان حيث يصنعون صواريخ من أغصان الأشجار ويستخدمون العصي بدلاً من الكلاشينكوف؛ فهذه كانت ألعاب الرعب لديهم.

لم يكن هناك أحد يحمينا. فقد كان نائب المفوض، سيد جاويد، يشارك في اجتماعات الطالبان، ويصلي في مسجدهم ويترأس اجتماعاتهم. وقد أصبح هو نفسه طالبانياً بامتياز. كانت المنظمات الأهلية من بين الأهداف التي يهاجمها الطالبان، وذلك تحت دعوى أنها معادية للإسلام. وعندما كانت هذه المنظمات تتلقى رسائل تهديد من الطالبان وتطلب المساعدة من نائب المفوض، فإنه لم يكن حتى يستمع إليهم. وخلال إحدى اللقاءات عارضه والدي ذات مرة قائلاً: «مَن الذي تأتمر بأوامره هنا؟ أوامر فضل الله أم أوامر الحكومة؟» ويُقال باللغة العربية «الناس على دين ملوكهم»، فعندما تلتحق أعلى سلطة في منطقتك بالطالبان، يصبح نهج الطلبنة أمراً عادياً.

تروق لنا في باكستان نظرية المؤامرة ونتداول فيما بيننا الكثير منها. وذهب بعضهم إلى أن السلطات كانت تشجّع الطالبان عامدة وأن الجيش أرادهم في سوات لأن الأميركيين كانوا يريدون استخدام قاعدة جوية هناك كي يطلقوا منها الطائرات بدون طيار. وفي ظلّ وجود الطالبان في الوادي، تستطيع حكومتنا أن تقول للأميركيين،

ليس بوسعنا مساعدتكم لأننا نواجه مشاكل هناك. وكان ذلك أيضاً طريقة للرد على الانتقادات الأميركية المتزايدة بأنّ جيشنا يساعد الطالبان بدلاً من محاولة إيقافهم. والآن يمكن لحكومتنا أن تردّ بالقول: «تقولون إننا نحصل على أموالكم ونساعد هؤلاء الإرهابيين، ولكن إنْ كان الحال هكذا فلماذا يهاجموننا أيضاً؟».

أما والدي فكان يقول: «ممّا لا شك فيه أنّ ثمة طرفاً خفيّاً يساعد الطالبان. ولكن ما يجري ليس بالأمر البسيط، وكلما حاولت فهمه، زاد تعقيداً».

في ذلك العام، 2008، بلغ الأمر بالحكومة أن أطلقت سراح صوفي محمد، مؤسس حركة تطبيق الشريعة الإسلامية، من السجن. قيل إنه أكثر اعتدالاً من صهره فضل الله، وكان ثمة أمل في أنه سوف يصل إلى اتفاق سلام مع الحكومة لفرض الشريعة الإسلامية في سوات ويُخلصنا من عنف الطالبان. وكان والدي مؤيداً لمثل هذا الاتجاه. كنا ندرك أن ذلك لن يضع نهاية للعنف، ولكن والدي كان يحاجج بأن الشريعة إذا طبقت لدينا، فإن الطالبان لن يجدوا شيئاً آخر ليحاربوا من أجله، وسوف يتعيَّن عليهم عندئذٍ أن يلقوا بأسلحتهم ويعيشون كأشخاص عاديين. وقال إنهم إذا لم يفعلوا، فإن ذلك سوف يكشف حقيقة أمرهم.

كان الجيش لا يزال ينصب مدافع فوق الجبال المطلة على منجورا. كنا نستمع إلى هديرها طوال الليل ونحن في فُرشنا. وما إن يتوقف هديرها لخمس أو عشر أو خمس عشرة دقيقة إلا ويبدأ مرة أخرى في اللحظة التي تغفو فيها أعيننا. كنا أحياناً نصمّ آذاننا وندفن رؤوسنا أسفل الوسائد، ولكن المدافع كانت شديدة القرب وتحدث

هديراً عالياً لا يمكن حجبه. ثم في الصباح التالي، نسمع عبر التلفزيون عن ضحايا جدد على أيدي الطالبان ونتساءل ما الذي كان يفعله الجيش بكلّ طلقاته ومدافعه ولماذا لا يستطيع حتى وقف البث اليومي لإذاعة الملا أف إم!

كان الجيش والطالبان يحظيان بقوة نافذة. وأحياناً لم تكن تفصل حواجز الطرق التي ينشئها الطرفان على الطرق الرئيسة نفسها سوى أقل من كيلومتر. كانوا يعترضون سبيلنا نحن، ولكن يبدو أنه لا يدري كلّ منهما بوجود الآخر. كان أمراً لا تصدقه عين. لم يكن هناك أحد يفهم لماذا لا نجد من يُدافع عنا. دأب الناس على القول إنهما وجهان لعملة واحدة، أما والدي فيقول إننا نحن عامة الشعب أشبه بقشة وقد علقت بين حجري طاحونة مائية، لكنه مع ذلك لم يَخَف، وقال إن علينا مواصلة الجهر برأينا.

لست إلا بشراً، وكانت دقات قلبي تتسارع بشدة عندما أسمع هدير المدافع. وأحياناً كان يتملكني خوف شديد، ولكني لم أكن أظهر خوفي، ولم يكن ذلك يعني أنني سوف أنقطع عن المدرسة. ولكن للخوف تأثير هائل علينا وقد كان ذلك الخوف في النهاية هو ما جعل الناس يقسون على شعبانة. لقد جعل الإرهاب الناس قساة القلوب وتمكن الطالبان من القضاء على قيمنا البشتونية والإسلامية.

حاولت أن أَصرِف عن نفسي كل ذلك بقراءة كتاب ستيفن هوكنج *A Brief History of Time*، الذي يجيب عن أسئلة كبيرة مثل كيف بدأ الكون وما إذا كان بالإمكان إعادة الزمن إلى الوراء. لم أكن قد تجاوزت الحادية عشرة من عمري وتمنيت فعلاً لو عاد الزمن إلى الوراء.

ونحن البشتون نعرف أنّ حجر الثأر لا يتآكل حتى أبد الدهر، وأن المرء إذا اقترف خطأ فإن ثمة عقاب لا بد أن يناله. ولكن متى سيكون ذلك؟ هذا هو السؤال الذي ظللنا نسأله لأنفسنا.

13

مدونة جول مكاي

ذات يوم من تلك الأيام العصيبة حدث أن تلقى والدي اتصالاً هاتفياً من صديقه عبد الحي كاكار، وهو مراسل هيئة الإذاعة البريطانية (بي بي سي) في بيشاور. كان يبحث عن مُعلمة أو طالبة في مدرسة لكتابة يوميات حول الحياة في ظلّ حكم الطالبان. كان يريد أن يعرض الجانب الإنساني للكارثة التي ألمَّت بسوات. في أول الأمر وافقت عائشة وهي الأخت الصغرى لمدام مريم، ولكن والدها اكتشف ذلك ورفض السماح لها قائلاً إنه عمل ينطوي على مجازفة خطيرة.

عندما سمعتُ والدي يتحدث عن ذلك، قلت له: «ولماذا لست أنا؟» كنت أريد للناس أن يعرفوا ماذا يجري. وقلت، التعليم حقّ من حقوقنا. تماماً مثلما أنه من حقنا أن نغني. لقد منحنا الإسلام هذا الحق وأوجب على كلّ بنت وولد الذهاب إلى المدرسة؛ فالقرآن يحثّنا على طلب العلم والاجتهاد في الدراسة واستكشاف أسرار الكون.

لم يسبق لي قط أن دوَّنت يوميات ولم أكن أعرف كيف أبدأ ذلك. ورغم أنه كان لدينا حاسوب، فقد كان التيار الكهربائي ينقطع

بوتيرة متكرِّرة ولم تكن هناك سوى بضع أماكن موصولة بشبكة الإنترنت. ولذلك كان عبد الحي كاكار يتصل بي في المساء عبر الهاتف الجوال لوالدتي. وكان يستخدم هاتف زوجته حماية لنا، فحسب قوله كان هاتفه مراقَباً من قبل جهاز الاستخبارات الباكستاني. كان يرشدني، ويسألني حول كيفية قضائي ليومي، ويطلب مني أن أخبره بالمفارقات والنوادر أو أتحدّث عن أحلامي. كان حديثنا يستغرق نصف ساعة أو خمس وأربعين دقيقة باللغة الأردية، رغم أن كلينا من البشتون، وذلك لأن المدونة كانت ستظهر بالأردية وكان يريد للصوت أن يكون أصلياً قدر الإمكان. ثم يقوم بعدئذٍ بتحرير كلماتي التي تظهر على موقع بي بي سي باللغة الأردية. وقد حدثني عن آن فرانك، الفتاة اليهودية ذات الثلاثة عشرة عاماً التي اختبأت من السلطات النازية مع أسرتها في أمستردام خلال الحرب العالمية. وقال إنها كانت تحتفظ بيوميات حول حياتهم وهم مختبئون معاً، وكيف كانوا يمضون أيامهم وكيف كان شعورهم. كانت قصة محزنة للغاية، لأن الأسرة قد وشى بها الواشون فألقي القبض عليهم ثم ماتت آن في أحد معسكرات الاعتقال ولم تكن قد تجاوزت الخامسة عشرة. ثم بعد ذلك نُشرت يومياتُها وأصبحت سجلاً ذا تأثير هائل.

أخبرني عبد الحي كاكار أن استخدامي لاسمي الحقيقي قد ينطوي على مخاطرة ولذلك أعطاني اسماً مستعاراً هو جول مكاي، والذي يعني زهرة القنطريون، وهو اسم بطلة في إحدى قصص التراث الشعبي لدى البشتون. وفي حكايتها التي تشبه قصة روميو وجولييت تتقابل جول مكاي وموسى خان في المدرسة ويقع كلاهما

في غرام الآخر. ولكنهما كانا ينتميان إلى قبيلتين مختلفتين، ولذلك تسبب حبهما في نشوب حرب بين القبيلتين، لكن، وعلى العكس ممّا جرى في مسرحية شكسبير، فإنّ قصتهما لا تنتهي بنهاية مأسوية. تستعين جول مكاي بالقرآن الكريم لإقناع وجهاء قبيلتها أن الحرب عملٌ بغيض فيوقفوا الحرب ويسمحوا للحبيبين بالزواج في نهاية الأمر.

ظهرت أولى مساهماتي على المدونة في 3 كانون الثاني/ يناير 2009 تحت عنوان «أنا خائفة» كما يلي: «رأيت حلماً رهيباً ليلة أمس وكان مليئاً بالطائرات المروحية والطالبان. وهذه الأحلام تأتيني منذ بدء العملية العسكرية في سوات». وكتبت حول خوفي من الذهاب إلى المدرسة بسبب فتوى أصدرها الطالبان والتفاتي الدائم إلى الوراء من فوق كتفيّ. وصفت واقعة حدثت لي وأنا في الطريق من المدرسة إلى البيت أيضاً: «سمعت شخصاً من خلفي يقول: «سوف أقتلك»، سارعتُ الخطى وبعد فترة تلفتُّ خلفي لأرى ما إن كان يتعقّبني. تنفست الصعداء عندما رأيته يتحدث عبر هاتفه، فلا بد أنه كان يخاطب شخصاً آخر».

كنت متشوقة لأن أرى كلماتي عبر الموقع. انتابني بعض الخجل في أول الأمر، ولكن بعد فترة أصبحتُ أعرف نوعية الأشياء التي يريدني عبد الحي كاكار أن أتحدّث عنها وتعززت ثقتي في نفسي. كان يحب وصف المشاعر الشخصية وما يسميه «العبارات اللاذعة» ومزيج من الحياة اليومية للأسرة أيضاً في ظلّ إرهاب الطالبان.

كتبت عن المدرسة أيضاً، لأنها كانت محور حياتنا. كنت أحب

زيّ المدرسة بلونه الأزرق الملكي، ولكن طلبت منا إدارة المدرسة أن نرتدي ملابس عادية بدلاً من ذلك وأن نخفي كتبنا تحت شالاتنا. وفي مقتطف اسمه «لا تلبسي ملابس ملونة» كتبت، «كنت أتجهز للذهاب إلى المدرسة ذات يوم وفيما كنت أهم بارتداء الزي المدرسي تذكرت نصيحة مدير مدرستنا، ولذلك قررت في ذلك اليوم أن أرتدي فستاني الزهري المفضل».

وكتبت عن البرقع أيضاً. عندما تكون الطفلة لم تزل صغيرة، فإنها تحبّ البرقع لأن ارتداءه يكون رائعاً على سبيل التنكر. ولكن عندما تُجبر الفتاة على ارتدائه، فالأمر يختلف، فضلاً عن أنه يجعل المشي صعباً! وكانت إحدى تدويناتي تدور حول حادثة وقعت لي عندما كنت أتسوق مع والدتي وابنة عمي في سوق تشينا بزار: «سمعنا هناك كلاماً متداولاً بأن امرأة ترتدي برقعاً كاملاً قد سقطت أرضاً ذات يوم. وعندما حاول رجل أن يساعدها رفضت وقالت له: «لا تساعدني أخي فذلك سوف يجلب سعادة هائلة إلى فضل الله». عندما دخلنا المتجر الذي كنا نقصده، ضحك صاحب المتجر وأخبرنا أن خوفاً تملكه لدى دخولنا عندما ظنّ أننا ربما نكون انتحاريين، وذلك لأن انتحاريين كثر كانوا يرتدون البرقع».

بدأت طالبات المدرسة يتحدثن عن المدونة حتى إن إحدى الفتيات قامت بطباعتها وأتت بالصفحات إلى المدرسة كي تريها لوالدي.

«إنها جيدة جداً»، علّق والدي بابتسامة العارف بالأمر.

كنت أريد أن أقول للناس إنها يومياتي، ولكن مراسل بي بي سي كان قد طلب مني ألا أفعل، لأن ذلك قد يعرّضني للخطر. لم أدرك

السبب فقد كنت مجرد طفلة، ومَن الذي سيهاجهم طفلة؟ ولكن بعض صديقاتي أمكنهن أن يتعرفن على بعض الحوادث فيها. وقد كشفت السر تقريباً عبر تدوينة قلت فيها: «وقد أحبَّت والدتي اسمي المستعار جول مكاي وما زحت والدي بأنه ينبغي لنا أن نغير اسمي... وهو اسم أحببته أنا أيضاً لأن اسمي الحقيقي يعني «المهمومة»».

أصبحت مدونة جول مكاي مثار اهتمام في مناطق بعيدة، حتى إن صحفاً نشرت مقتطفات منها. أما هيئة الإذاعة البريطانية بي بي سي فقد أنتجت منها تسجيلات صوتية مستعينة بصوت فتاة أخرى، وهكذا بدأت أرى أن القلم وما يخطّه من كلمات يمكن أن يكونا أقوى تأثيراً من البنادق الآلية أو الدبابات أو المروحيات. تعلمت كيف يكون إطلاق الحملات وأدركتُ كم نكون مؤثرين عندما نعبِّر عن رأينا ونجهر به.

انقطع بعض مدرِّسينا عن الحضور إلى المدرسة. فقال أحدهم إن الملا فضل الله أمره أن يساعد في بناء مركزه في «إمام ديري»، وآخر قال إنه رأى جثة مقطوعة الرأس وهو في طريقه إلى المدرسة ولم يعد بوسعه أن يجازف بحياته من أجل التعليم. استبدّ الخوف بكثير من الناس. وحدَّثنا بعض جيراننا أن الطالبان كانوا يطالبون الناس بأن يعلنوا في المسجد عمّا إن كانت بناتهم غير متزوجات، وذلك لتزويجهم على الأرجح إلى المسلحين.

في مطلع كانون الثاني/ يناير 2009 لم يعُد صفي يضم سوى عشر فتيات وذلك مقارنة بسبع وعشرين طالبة في السابق. ترك الكثير من صديقاتي الوادي كي يواصلوا مسيرتهم التعليمية في بيشاور، ولكن والدي أصرّ على أننا لن نغادر قائلاً: «لقد منحتنا أرض سوات

الكثير. وفي هذه الأيام العصيبة يتعين علينا الصمود من أجل وادينا».

وذات ليلة ذهبنا جميعاً لتناول العشاء في منزل صديق والدي الدكتور أفضل، الذي يدير مستشفى. وبعد العشاء، عندما قام الدكتور أفضل بتوصيلنا بالسيارة، رأينا مسلحي طالبان المُقنَّعين على جانبي الطريق وهم يحملون السلاح. تملَّكنا الخوف. تقع مستشفى الدكتور أفضل ضمن منطقة استولى عليها الطالبان وقد أصبح عمل المستشفى أمراً مستحيلاً بسبب إطلاق النار الذي لا يتوقف وحظر التجوال، ولذلك نقلها إلى باريكوت. أثار ذلك غضباً عامّاً بين الناس، وناشد المتحدّث باسم طالبان مسلم خان الطبيب أن يعيد فتح المستشفى. كان قد طلب من والدي النصيحة، فقال له والدي: «لا تقبل الأشياء الحسنة من الأشخاص السيئين». مستشفى يحميه الطالبان ليست بالفكرة الجيدة، ولذلك رفض.

لم يكُن مسكن الدكتور أفضل ببعيد عن بيتنا، ولذلك ما إن وصلنا إلى البيت آمنين حتى أصرّ والدي على أن يصحبه في طريق عودته مخافة أن يعترض سبيله الطالبان لدى عودته. وبينما كان هو ووالدي في الطريق، سأله الدكتور أفضل وقد بدا عليه التوتر: «بأي الأسماء سوف نقدِّم نفسينا في حال استوقفونا؟»، فأجاب والدي: «أنت الدكتور أفضل، وأنا ضياء الدين يوسفزاي. هؤلاء قَتَلة. ونحن لم نقترف خطأ. لماذا يجب أن نغير اسمينا - المجرمون وحدهم يفعلون ذلك».

لحسن الحظّ، فقد اختفى الطالبان. تنفّسنا جميعاً الصعداء عندما اتصل والدي ليقول إنهما بخير.

لم أشأ أن أستسلم أنا الأخرى. ولكن الموعد النهائي الذي حدّده الطالبان كان يقترب حيث سيكون على الفتيات أن يتوقفن عن الذهاب إلى المدرسة. كيف يمكنهم أن يمنعوا أكثر من 50 ألف فتاة من الذهاب إلى المدرسة في القرن الحادي والعشرين؟ ظللت أُمنِّي نفسي بأن شيئاً ما سوف يحدث وأن المدارس سوف تظلّ مفتوحة. ولكن في نهاية الأمر حلّ الموعد. كنّا عازمين على أن جرس مدرسة خوشال سوف يكون آخر جرس يتوقف عن الدق. وحتى مدام مريم تزوّجت وأصبح بوسعها البقاء في سوات، أما أسرتها فقد انتقلت إلى كراتشي للنأي عن الصراع، ولكونها امرأة، لم يكن باستطاعتها العيش بمفردها.

كان 14 كانون الثاني/ يناير الموافق يوم الأربعاء هو اليوم الذي أُغلقت فيه مدرستي، وعندما استيقظت ذاك الصباح رأيت كاميرات التلفزيون في غرفة نومي. كان هناك صحفي باكستاني اسمه عرفان أشرف يتعقبني، حتى وأنا أؤدي صلواتي أو أغسل أسناني.

أستطيع القول إن والدي كان في مزاج سيئ. وكان صديق له قد أقنعه أن يشارك في فيلم وثائقي لموقع صحيفة **نيويورك تايمز** كي يكشف للعالم ما يحدث لنا. وكنا قبل بضعة أسابيع، قد التقينا الصحفي التلفزيوني الأميركي آدم إليك في بيشاور. كان لقاء خفيفَ الظلّ حيث أجرى مقابلة مطولة مع والدي بالإنجليزية فيما لم أتفوه أنا بكلمة خلال ذلك. ثم سأل إن كان بوسعه الحديث إليّ وراح يسألني عبر عرفان الذي كان يترجم. وبعد عشرة دقائق تقريباً أدرك من تعبيرات وجهي أنني أفهمه تماماً.

سألني: «هل تتحدثين الإنجليزية؟»

فأجبته: «نعم، كنت أقول إني أشعر بأن الخوف يسكن قلبي».

تملكته الدهشة، وسأل عرفان ووالدي: «ما خطبكما أيها الرجلين؟ إنها تتحدث الإنجليزية أفضل منكما وأنتما تترجمان لها!» ضحكنا جميعاً.

كانت الفكرة الأصلية للفيلم الوثائقي أن يتتبّع والدي في اليوم الأخير للمدرسة، ولكن في نهاية اللقاء سألني عرفان: «ماذا ستفعلين إذا جاء يوم لا يمكنك فيه العودة إلى واديك ومدرستك؟» فقلت هذا لن يحدث. وعندئذٍ ألحّ علي في السؤال، فأجهشت بالبكاء. أعتقد أن هذه هي اللحظة التي قرّر فيها آدم أن يحوِّل تركيزه عليّ.

لم يستطع آدم أن يأتي إلى سوات لأنها كانت تعتبر مكاناً خطيراً على الأجانب. عندما وصل عرفان وبرفقته مصور إلى منجورا، لم يفتأ عمي، الذي كان يقيم معنا، يكرِّر المرة تلو الأخرى إن وجود كاميرات في المنزل ينطوي على مخاطرة بالغة، وظلّ والدي أيضاً يطلب منهما إخفاء الكاميرات. ولكنهما كانا قد قطعا طريقاً طويلاً ومن الصعب علينا كبشتون أن نرفض ضيافتهما. وفوق ذلك كان والدي يدرك أن هذا الفيلم الوثائقي يمكن أن يكون منبرنا الذي نخاطب عبره العالم الخارجي. كان صديقه قد أخبره أن الفيلم سوف يُحدث تأثيراً أوسع بكثير ممّا لو ظلّ يتنقل من مكان إلى آخر.

أجريت مقابلات تلفزيونية كثيرة واستمتعت بالحديث عبر الميكروفونات كثيراً حتى أصبح الأمر مثار تهكُّم وسخرية صديقاتي. ولكني لم أكن قد فعلت شيئاً من هذا القبيل قط. قال لي عرفان: «كوني طبيعية». لم يكن ذلك سهلاً في ظلّ وجود كاميرا مسلطة علي أينما ذهبت حتى وأنا أغسل أسناني. أريتهم الزيّ الذي لا أستطيع

ارتداءه وأخبرتهم أنني أخاف إن ضبطني الطالبان ذاهبة إلى المدرسة أن يلقوا بماء النار على وجهي، مثلما فعلوا مع فتيات في أفغانستان.

كان لدينا طابور خاص في ذلك الصباح الأخير، ولكن كان صعباً أن أسمع ما يُقال وسط أزيز الطائرات المروحية التي تحلق فوق رؤوسنا. أخذ بعضنا يندِّد دون خوف بما يحدث في وادينا. دق الجرس لآخر مرة، وعندئذٍ أعلنت مدام مريم بداية العطلة الشتوية. وعلى النقيض من السنوات السابقة، لم يخبرنا أحد بموعد بدء الفصل الدراسي التالي، لكن ورغم ذلك، فقد كلّفنا بعض المدرسين بواجبات مدرسية. وفي الفناء عانقت كل صديقاتي ونظرت إلى لوحة الشرف متسائلة إن كان اسمي سوف يظهر عليها مرة أخرى. كانت الامتحانات مقرّرة في آذار/ مارس، ولكن كيف يمكن عقدها؟ لم يكن تحقيق المركز الأول أمراً ذا شأن طالما لا تستطيع المذاكرة على الإطلاق. وعندما يسلبك شخص ما قلمك، تُدرك تماماً مدى أهمية التعليم.

قبل أن أغلق باب المدرسة نظرت ورائي وكأنها المرة الأخيرة التي سأدخل فيها مدرسة. كان ذلك هو المشهد الأخير في أحد أجزاء الفيلم الوثائقي، لكنني قد دخلتها في الواقع. فلم تكن صديقاتي وأنا نريد لهذا اليوم أن ينتهي، ولذلك قررنا المكوث في المدرسة لأطول وقت. ذهبنا إلى المدرسة الابتدائية التي تضمّ مساحة أوسع للجري وممارسة لعبة العسكر والحرامي. ثم لعبنا لعبة مانجو مانجو، حيث نصنع دائرة ونغني، ثم عندما تتوقف الأغنية

كان على كل شخص أن يتسمرّ في مكانه. وأي شخص يتحرك أو يضحك يخرج من اللعبة.

عدنا إلى البيت في وقت متأخر ذلك اليوم. عادة ما نغادر في الواحدة ظهراً، ولكن في ذلك اليوم مكثنا هناك حتى الثالثة عصراً. وقبل أن نغادر المدرسة دخلنا أنا ومنيبة في جدال حول شيء شديد السخف لا أكاد أتذكر ما هو. لم تكن صديقاتنا تصدّقن ما يحدث وقلن: «كلتاكما دائماً ما تتجادلان عندما يكون ثمة مناسبة مهمة!» لم تكن بالطريقة الجيدة لوداع الأشياء.

قلت لمخرجي الفيلم الوثائقي: «لا يمكنهم منعي. سوف أتعلم أكانَ ذلك في البيت أم المدرسة أم في أي مكان آخر. هذا هو مطلبنا من العالم - أن ينقذ مدارسنا وأن ينقذ بلادنا باكستان وأن ينقذ وادينا سوات».

عندما وصلت إلى البيت، بكيت بكاء شديداً. لم أكن أريد التوقف عن الذهاب إلى المدرسة. لم أكن قد تجاوزت الحادية عشرة، ولكني شعرتُ وكأنني قد خسرت كل شيء. أخبرت كلّ شخص في صفي بأن الطالبان لن ينفذوا تهديدهم قائلة: «إنهم يشبهون ساستنا تماماً - يقولون ما لا يفعلون، ولكنهم لن يفعلوا شيئاً». ولكن بعدئذٍ نفّذوا تهديدهم وأغلقوا مدرستنا وهو ما أشعرني بالإحراج. لم أتمالك نفسي. أجهشت بالبكاء، وأجهشَت والدتي بالبكاء، ولكن والدي أصرّ قائلاً: «سوف تذهبين إلى المدرسة».

كان غلق المدرسة ينطوي على خسارة مالية له أيضاً. صحيح أنّ مدرسة البنين سوف تفتح أبوابها بعد نهاية عطلة الشتاء، ولكن غلق مدرسة البنات كان يعني اقتطاعاً لجزء كبير من مدخولنا. وقد أمضى

والدي اليوم الأخير في المطالبة بالمستحقات المتأخرة التي بلغت قيمتها أكثر من نصف رسوم المدرسة، وذلك كي يتسنى له دفع قيمة الإيجار وفواتير المرافق ورواتب المدرسين.

في تلك الليلة كانت طلقات المدفعية تضيء السماء وأفقت من نومي ثلاث مرات. وفي الصباح التالي كان كلّ شيء قد تغير. بدأت أفكر في الذهاب إلى بيشاور أو السفر إلى الخارج أو ربما أطلب من مدرِّسينا أن ينشئوا مدرسة سرية في بيتنا، وهو ما فعله بعض الأفغان خلال حكم الطالبان. وبعد ذلك تحدّثت عبر إذاعات وقنوات تلفزيونية كثيرة، وكنت أقول: «يستطيعون منعنا من الذهاب إلى المدرسة، ولكنهم لا يستطيعون منعنا من التعلُّم». كنت أبدو مفعمة بالأمل، ولكني كنت قلقة في داخلي. ذهبنا أنا ووالدي إلى بيشاور وزرنا أماكن كثيرة كي نطلع الناس بما يجري. تحدثت عن المفارقة في كون الطالبان يريدون معلمات وطبيبات للنساء، ومع ذلك لا يسمحون للفتيات بالذهاب إلى المدرسة كي يصبحن مؤهلات لأداء هذه الوظائف.

وذات مرة قال مسلم خان إن الفتيات لا ينبغي أن يذهبن إلى المدرسة لأنهن يكتسبن فيها أنماط السلوك الغربي. وكان هذا يصدر عن رجل عاش طويلاً في أميركا! وقد أصرّ على أنه سيؤسس نظاماً تعليمياً خاصاً. وتساءل والدي: «ما الذي سوف يستخدمه مسلم خان بدلاً من السماعة الطبية والترمومتر؟ هل هناك أي أجهزة شرقية سوف تعالج المرضى؟» إن الطالبان يعارضون التعليم لأنهم يظنون أن الطفل عندما يقرأ كتاباً أو يتعلم الإنجليزية أو يدرس العلوم، فإن هذا الطفل، ولداً كان أو بنتاً، سوف يتبنى أنماط الحياة الغربية.

ولكني قلت: «التعليم هو التعليم. علينا أن نتعلم كل شيء ثم بعدئذٍ نختار أي درب نسلك». التعليم ليس شرقياً ولا غربياً، وإنما بشرياً.

دأبت والدتي على مطالبتي بتغطية وجهي كلّما تحدثت إلى وسائل الإعلام لأنّ الحجاب كان واجباً في سنّي هذا، بالإضافة إلى خشيتها عليّ. ولكنها لم تمنعني قط من عمل أي شيء. كانت أيام يسودها الخوف والفزع. ودأب الناس على القول بأن الطالبان ربما يقتلون والدي ولكن ليس أنا.

ولكن جدتي لم تكن متيقنة من ذلك، وكانت كلما رأتني أتحدث عبر التلفزيون أو أترك المنزل، كانت تدعو الله قائلة: «اللهم قَدِّر لملالا منزلة بناظير بوتو ولكن لا تكتب عليها أجلها القصير».

بعد إغلاق مدرستي واصلت الكتابة في المدونة. وبعد أربعة أيام من سريان الحظر على مدارس البنات، دُمِّرت خمس مدارس أخرى. وكتبت أقول: «إنني في غاية الدهشة، لأن هذه المدارس أغلقت أبوابها، فلماذا إذن يجب تدميرها؟» لم تذهب أي طالبة إلى المدرسة بعد حلول الموعد النهائي الذي حدده الطالبان. لم تفعل قوات الجيش شيئاً حيال ذلك، فقد اكتفوا بالجلوس في الخنادق فوق قمة التلال. «يذبحون الماعز ويتناولون لحمها بتلذُّذ». وكتبت أيضاً عن الناس الذين يذهبون لمشاهدة عمليات الجلد التي يُعلن عنها عبر إذاعة الملا، وعن الغياب التام لرجال الشرطة عن المشهد.

وذات يوم تلقينا اتصالاً من أميركا، من طالبة تدرس في جامعة ستانفورد. كان اسمها هو شيذا شهيد وقد نشأت في إسلام أباد. كانت قد شاهدت الفيلم الوثائقي لـ **نيورك تايمز «الحصة انتهت في**

وادي سوات» وسعت للوصول إلينا. أدركنا عندئذٍ سلطة وسائل الإعلام فيما أصبحت هي داعمة قوية لنا. كانت الكيفية التي ظهرتُ بها في الفيلم الوثائقي مبعث فخر كبير لدى والدي. قال لآدم إليك: «انظر إليها. ألا ترى أنها قد خُلقت لبلوغ العُلا؟» يمكن للآباء أن يوقعونا في حرجٍ بالغ.

اصطحبنا آدم إلى إسلام أباد. كانت المرة الأولى التي تطأها قدماي. إسلام أباد مدينة جميلة وتضم بيوتاً بيضاء جميلة من طابق واحد وطرقات واسعة، رغم أنها لا تحظى بشيء من جمال الطبيعة التي حبا الله بها سوات. رأينا المسجد الأحمر الذي شهد الحصار، وطريق الدستور ذا الاتساع البالغ والذي يفضي إلى بنايات البرلمان والرئاسة البيضاء ذات الأعمدة المصفوفة، حيث كان يقيم زرداري. أما الجنرال مشرف فكان يعيش في منفاه في لندن.

ذهبنا إلى المتاجر حيث اشتريت كتباً مدرسية فيما اشترى لي آدم بعض أسطوانات الفيديو الرقمية الخاصة ببرامج تلفزيونية أميركية مثل «آجلي بيتي» والذي كان يدور حول فتاة تضع تقويم أسنان كبير وتملك قلباً كبيراً. أحببت البرنامج وحلمت أن أذهب يوماً ما إلى نيويورك وأن أعمل في مجلة مثلها. قمنا بزيارة متحف «لوك فيرسا»، وسرّني كثيراً الاحتفاء بتراثنا الوطني من جديد، فقد كان متحفنا في سوات قد أُغلق. وكان ثمة رجل يبيع الفشار فوق الدرج المؤدي إلى المتحف. كان من البشتون مثلنا، وعندما سأله والدي إن كان من إسلام أباد أجاب: «هل تعتقد أن إسلام أباد يمكن أن تكون لنا نحن البشتون أبداً؟» وقال إنه نشأ في موهمند، وهي منطقة قبلية، ولكنه فرّ من هناك بسبب عملية عسكرية. رأيت عينيّ أبي وأمي وقد دمعتا.

رأيت بنايات كثيرة وقد أحيطت بكتل خرسانية، وكانت هناك نقاط تفتيش للسيارات القادمة تحسُّباً للتفجيرات الانتحارية. وفي طريق عودتنا عندما ارتطمت حافلتنا بحفرة كان أخي خوشال نائماً، وساعتها انتفض من نومه وهو يسأل: «هل هذا انفجار لقنبلة؟» هذا هو الخوف الذي كان يخيِّم على حياتنا اليومية، فأي اضطراب أو ضجيج بسيط يمكن أن يكون قنبلة أو إطلاق نار.

خلال رحلاتنا القصيرة كنا ننسى همومنا في سوات. ولكننا عدنا إلى التهديدات والمخاطر عندما وطأت أقدامنا وادينا مرة أخرى. رغم ذلك، كانت سوات هي وطننا ولم نكن في وارد مغادرته.

عندما عدنا إلى منجورا كان أول ما رأيته عندما فتحت خزانة ملابسي هو زي المدرسة والحقيبة المدرسية وأدواتي الهندسية. تملَّكني حزن بالغ. صحيح أن الزيارة إلى إسلام أباد كانت متنفساً جميلاً، ولكن هذا كان هو واقعي الآن.

14

سلام زائف

عندما فتحت مدرستا شقيقيّ أبوابهما من جديد عقب عطلة الشتاء، قال خوشال إنه يفضل لو بقي في البيت مثلي. أثارت كلماته غيظي. وقلت له: «لعلك لا تدرك كم أنت محظوظ!» بدا غريباً أن أكون بلا مدرسة. لم يكن لدينا حتى جهاز تلفزيون، فقد سرق شخص ما جهازنا عندما كنا في إسلام أباد، واستطاع الدخول إلى المنزل عبر «سلم الهروب» الذي كان مُعدًّاً لفرار والدي.

أعطاني شخص ما نسخة من رواية **الكيميائي** لـ باولو كويلو، وهي رواية رمزية تحكي قصة راعٍ شاب يرتحل بحثاً عن كنز مدفون قرب الأهرامات فيما كان الكنز موجوداً في بلده منذ البداية. وتقول الرواية: «عندما تروم شيئاً فإن الكون بأسره يتضافر لمساعدتك على تحقيقه». ولا أحسب أن باولو كويلو قد التقى الطالبان أو أياً من ساستنا معدومي الفائدة.

ما لم أكن أعرفه هو أن عبد الحي كاكار كان يُجري محادثات سرية مع فضل الله وقادته. أتيح له أن يعرفهم عبر المقابلات الصحفية، وكان يحثّهم على إعادة النظر في الحظر المفروض على تعليم الفتيات.

وقال لفضل الله: «اسمعني مولانا، لقد قتلت أشخاصاً، وذبحت أشخاصاً، وقطعت رؤوس أشخاص، ودمرت مدارس ولم يحتجّ أحد في باكستان. ولكنك عندما حظرت تعليم الفتيات، احتج الناس ورفعوا أصواتهم. وحتى وسائل الإعلام الباكستانية، التي ظلت تتبنى نهجاً شديد اللين معك حتى الآن، قد أغضبها ذلك».

أفلحت الضغوط المتصاعدة في الدولة كلها، ووافق فضل الله على رفع الحظر عن الفتيات حتى عشر سنوات - أي حتى الصف الرابع. كنت في الصف الخامس وادعى بعضنا أنهن أصغر ممّا كنّ عليه. عدنا إلى المدرسة مرة أخرى، ولكن كنا نرتدي ملابسنا العادية ونخبئ كتبنا تحت شالاتنا. كانت مخاطرة شديدة، ولكن ذلك كان هو الطموح الوحيد المتبقي لدي. كنا محظوظات أيضاً لأن مدام مريم تحلّت بالشجاعة وقاومت الضغوط الرامية لجعلها تتوقف عن العمل. كانت قد تعرفت على والدي وهي في العاشرة وأصبح كلّ منهما موضع ثقة تامة للآخر - اعتادت أن تومئ له كي يختم كلامه عندما يسهب ويستفيض في أحاديثه، وهو ما كان يقع فيه كثيراً!

حدّثتنا قائلة: «إن المدرسة السرية هي احتجاجنا الصامت».

لم أكتب أي شيء عن ذلك في مدوّنتي؛ لأنهم لو ضبطونا فسوف يجلدوننا أو حتى يقتلوننا مثلما فعلوا مع شعبانة. بعض الناس يخاف الأشباح، وبعضهم الآخر يخاف العناكب أو الثعابين - أما نحن فكنا في تلك الأيام نخاف ممّن هم بشرٌ مثلنا.

في الطريق إلى المدرسة كنت أحياناً أرى الطالبان بقلنسواتهم وشعرهم الطويل المتّسخ. كانوا غالباً ما يظهرون ملثّمي الوجوه، ويبدون شرسين ويبعثون على الرعب. أقفرت شوارع منجورا من

المارة بعد أن غادر ثلث السكان الوادي. قال والدي إنك لا تستطيعين لوم الناس حقاً على تركهم الوادي، لأن الحكومة أضحت بلا سلطة. أصبح هناك الآن 12 ألف جندي من قوات الجيش موجودين في المنطقة وهم أربعة أضعاف التقديرات المتداولة بشأن عدد عناصر الطالبان، بالإضافة إلى كونهم معززين بالدبابات والمروحيات والأسلحة المتقدمة. لكن ومع ذلك أصبح 70 في المائة من سوات خاضعاً لسيطرة الطالبان.

بعد أسبوع تقريباً من عودتنا إلى المدرسة، وفي 16 شباط/ فبراير 2009، استيقظنا ذات ليلة على صوت إطلاق نيران. عادة ما يطلق الناس عندنا النار ابتهاجاً بالمواليد الجدد والأعراس، ولكن حتى ذلك توقف خلال الصراع. ولذلك ظننّا في أول الأمر أننا في خطر. ثم استمعنا لنشرة الأخبار، فتبين لنا أن إطلاق النار كان ابتهاجاً. فقد تمّ التوصل إلى اتفاق سلام بين الطالبان وحكومة الإقليم، التي كانت الآن تحت سيطرة حزب عوامي الوطني، وليس الملالي. وافقت الحكومة على تطبيق قوانين الشريعة الإسلامية في سوات وفي المقابل سوف يوقف المسلحون القتال. وافقت الطالبان على هدنة مدّتها عشرة أيام، وأطلقت سراح مهندس هاتف صيني كان قد اختطف قبل ستة أشهر، وذلك كبادرة سلام.

سُررنا نحن بذلك أيضاً، فقد سبق أن دعا والدي وأنا كثيراً لإبرام اتفاق سلام، ولكننا تساءلنا كيف سينجح! كان الناس يأملون أن يهدأ الطالبان ويعودوا إلى بيوتهم ويعيشوا مواطنين مسالمين. أقنع الناس أنفسهم أن تطبيق الشريعة في سوات سيكون مختلفاً عمّا هو عليه في النموذج الأفغاني وأن مدارس الفتيات ستظلّ مفتوحة

ولن تكون هناك شرطة دينية وأن سوات سوف تظلّ سوات ولكنها ستعمل وفق نظام قضائي مغاير. هذا هو ما كنت أودّ تصديقه، ولكن القلق كان يساورني. قلت في نفسي، **يقيناً إن الكيفية التي سيعمل بها النظام سوف تتوقف على الأشخاص الذين سيقومون على تنفيذه، وهم الطالبان.**

كان صعباً أن أصدق أن الأمر انتهى تماماً! فقد لقي أكثر من ألف شخص عادي ورجل شرطة مصرعهم. وأصبحت النساء حبيسات بيوتهن، وفُجرت المدارس والجسور، وأغلق الناس محال عملهم. كنا نخضع لمحاكم علنية وهمجية وأحكام قضائية عنيفة ونعيش في حالة خوف دائم. والآن كان يفترض أن كل ذلك بصدد التوقف.

بينما كنا نتناول طعام الإفطار قلتُ لشقيقيّ إن حديثنا من الآن فصاعداً يجب أن يدور حول السلام وليس الحرب. كما عهدتهما دائماً، فقد تجاهلاني وواصلا ممارسة ألعابهما الحربية. كان خوشال لديه لعبة على هيئة طائرة مروحية فيما كان أتال يملك مسدساً ورقياً، وكان أحدهما يصيح: «طاخ!» فيأخذ الآخر «وضعية الاستعداد». لم أكن أهتم بذلك. ذهبت ونظرت إلى الزي المدرسي، وأسعدني أنه سيكون بوسعي قريباً أن أرتديه في العلن. ووردتنا رسالة من مديرة مدرستنا مفادها أن الامتحانات سوف تُعقد في الأسبوع الأول من آذار/ مارس. ها هو الأوان قد آن للعودة إلى كتبي.

لم تدم فرحتنا طويلاً؛ فلم يكد يمرّ يومان وفيما كنت فوق سطح فندق تاج محل أجري مقابلة حول اتفاق السلام مع صحفي معروف اسمه حامد مير، وردتنا أنباء عن مقتل مراسل تلفزيوني آخر

نعرفه، وكان اسمه موسى خان خيل وقد أجرى مقابلات كثيرة مع والدي. كان في ذلك اليوم يغطي مسيرة سلمية يقودها صوفي محمد. لم تكن مسيرة فعلية وإنما موكب من السيارات. وعقب ذلك وجدت جثة موسى خان في مكان قريب. وتبيّن أنه تعرض لعدة طلقات نارية وحُزّت حنجرته جزئياً وكان في الثامنة والعشرين من عمره.

حزنت والدتي حزناً شديداً عندما أبلغناها بالخبر حتى أوت إلى فراشها وهي تبكي. انتابها القلق لكون العنف قد عاد سريعاً إلى الوادي بعد إبرام اتفاق السلام. وتساءلت، هل الاتفاق كان مجرد وهم؟

بعد بضعة أيام، في 22 شباط/ فبراير، أعلن نائب المفوض سيد جاويد عن «وقف دائم لإطلاق النار» وذلك في نادي سوات للصحافة في منجورا. أهاب بكلّ أهل سوات أن يعودوا إلى موطنهم. وبعدئذٍ أكَّد المتحدث باسم الطالبان مسلم خان أنهم قد قبلوا وقف إطلاق نار غير محدَّد الأجل. كان الرئيس زرداري سوف يوقّع اتفاق السلام باعتباره قانوناً. ووافقت الحكومة أيضاً على دفع التعويضات إلى عائلات الضحايا.

سادت حالة من الابتهاج بين أهل سوات، ولكني شعرت أنني أسعدهم بذلك لأنه يعني أن المدرسة سوف تفتح أبوابها بشكل طبيعي. وقال الطالبان إن الفتيات بوسعهن الذهاب إلى المدرسة بعد اتفاق السلام ولكن عليهن ارتداء النقاب وتغطية أنفسهن. قلنا حسناً، طالما كان ذلك هو ما تريدون، وطالما سيكون بوسعنا أن نعيش حياتنا.

لم يَسعد الجميع بالاتفاق، فقد استشاط حلفاؤنا الأميركيون غضباً. وقالت وزيرة الخارجية الأميركية هيلاري كلينتون: «أعتقد أن الحكومة الباكستانية تقدّم تنازلات جوهرية للطالبان والمتطرفين». كان الأميركيون يخشون أن يكون الاتفاق ينطوي على استسلام. وقد كتبت صحيفة **دُون** أو «الفجر» الباكستانية في افتتاحيتها أن الاتفاق قد أرسل «رسالة كارثية» مفادها هو «ادخُل في صراع مسلح مع الدولة وسوف تعطيك ما تريد ولا تأخذ شيئاً في المقابل».

ولكن أحداً من هؤلاء الناس لم يكن مضطراً للعيش هنا. أما نحن فكنا بحاجة إلى السلام بغضّ النظر عمّن جلبه وقد تصادف في حالتنا أنه مسلح وذو لحية بيضاء واسمه صوفي محمد. أقام «مخيم سلام» في قرية دير "Dir" وجلس هناك في المسجد الشهير المعروف باسم مركز التبليغ، وكأنه سيد البلاد. كان هو الضامن لأن الطالبان سوف يلقون السلاح ولأن وادينا سوف يسوده السلام. راح الناس يزورونه لتقديم فروض الولاء والطاعة وتقبيل يده لأنهم كانوا قد ضجُّوا بالحرب والتفجيرات الانتحارية.

توقفت عن الكتابة في مدونتي في شهر آذار/ مارس، حيث رأى عبد الحي كاكار أنه لم يعُد هناك المزيد الذي يُقال. ولكن ما أصابنا بالصدمة هو أن الأوضاع لم تتغير كثيراً، بل على النقيض أصبح الطالبان أكثر همجية، وباتوا الآن إرهابيين معتمدين من قبل الدولة. أفقنا من الوهم وشعرنا بخيبة الأمل؛ فقد تبين أن اتفاق السلام لا يعدو كونه سراباً.

فقد ظلوا يطوفون سوق «تشينا بزار». وذات يوم ذهبت والدتي للتسوق مع ابنة عمي التي كانت مقبلة على الزواج وأرادت أن تشتري

مستلزمات العُرس. اقترب منهما عنصر من طالبان واعترض طريقهما، قائلاً: «إذا رأيتكما ثانية ترتديان شالاً وليس برقعاً فسوف أضربكما». لم تكن والدتي من النوع الذي يفزع بسهولة وظلَّت رابطة الجأش. فقالت له: «حسناً. سوف نرتدي البرقع في المرة التالية». دائماً ما تغطي والدتي رأسها، ولكن البرقع لم يكن جزءاً من ثقافتنا البشتونية.

وسمعنا أيضاً أن الطالبان قد هاجموا صاحب متجر لأن امرأة بلا محرم كانت تنظر إلى أحمر الشفاه في متجره الخاص بمستحضرات التجميل. وقالوا له: «هناك لافتة في السوق تقول إن النساء غير مسموح لهن بأن يوجدن في متجرك إذا لم يكن معهن محرم وأنت تحدّيتنا». وقد تعرض لضرب مبرح منهم دون أن يجيره أحد.

وذات يوم رأيت والدي وأصدقاءه يشاهدون مقطع فيديو على هاتفه الجوال. كان مشهداً صادماً تظهر فيه فتاة في سنّ المراهقة وترتدي برقعاً أسود وسروالاً أحمر وهي مستلقية أرضاً على بطنها فيما يتمّ جلدها في وضح النهار من قبل رجل ملتحٍ يعتمر عمامة سوداء. كانت تصرخ وتئنّ مع كل جلدة تنزل بها فيما تتوسل إليه بالبشتونية قائلة: «أتوسل إليك أن تتوقف! لوجه الله، إنني أموت!».

ويمكنك أن تسمع عنصراً من طالبان يصيح: «ثبتها على الأرض. ثبت يديها». وفي نقطة ما خلال عملية الجلد انزلق برقعها وتوقفوا للحظة كي يعيدوه إلى وضعه ثم واصلوا الضرب. قاموا بجلدها أربعاً وثلاثين جلدة. تجمّع حشد من الناس ولكنهم لم يفعلوا شيئاً، والأدهى أن أحد أقاربها قد تطوع للمساعدة في تثبيتها أرضاً.

بعد بضعة أيام انتشر مقطع الفيديو في كل مكان، وما إن وصل إلى مخرجة سينمائية في إسلام أباد حتى عُرض على التلفزيون الباكستاني مراراً وتكراراً، قبل أن يتمّ تداوله حول العالم بعد ذلك. سادت حالة من الغضب العام بين الناس وحُق لهم أن يغضبوا، ولكننا استغربنا ردة الفعل هذه، إذ دلت على أنهم لا يدرون شيئاً عن الفظائع التي تُقترف في وادينا. تمنّيت لو أن غضبهم قد امتد إلى الحظر الذي فرضه الطالبان على تعليم الفتيات. أما رئيس الوزراء يوسف رضا جيلاني فقد طالب بإجراء تحقيق وأصدر بياناً يقول إنّ جلد الفتاة يتعارض مع تعاليم الإسلام. وقال: «إن الإسلام يأمرنا بأن نعامل النساء بالحسنى».

زعم البعض أن مقطع الفيديو ملفّق، فيما قال آخرون إن عملية الجلد حدثت في كانون الثاني/ يناير، قبل إبرام اتفاق السلام، وأن الفيديو قد أُطلق الآن لإفشال الاتفاق. ولكن مسلم خان أكّد أن المقطع حقيقي قائلاً: «لقد خرجت من منزلها مع رجل ليس زوجها، ولذلك كان لزاماً علينا معاقبتها. هناك حدود لا يمكن تخطّيها».

وفي غضون الفترة ذاتها في مطلع نيسان/ أبريل قدم صحفي معروف آخر اسمه زاهد حسين إلى سوات. ذهب إلى زيارة نائب المفوض في مقرّ إقامته الرسمي ووجده يستضيف ما بدا احتفالاً باستيلاء الطالبان على الوادي. كان الحضور يضمّ قادة بارزين يصحبهم حراس مسلحون بمن فيهم مسلم خان، بل وحتى فقير محمد، قائد المسلحين في باجور الذي تورط في قتال دموي ضد الجيش. ورغم أنه كانت هناك مكافأة قيمتها 200 ألف دولار لمن يدل على فقير محمد، فقد كان يجلس في المقر الرسمي لمسؤول

حكومي ويتناول العشاء. تناهى إلى علمنا أيضاً أنّ عميداً بالجيش قد أدّى الصلاة وراء فضل الله.

وقال أحد أصدقاء والدي: «لا يمكن للمرء أن يضع سيفين في غمدٍ واحد. ولا يمكن أن يوجد ملكان في بلد واحد. من يمسك بزمام السلطة هنا - الحكومة أم فضل الله؟».

ولكننا ظللنا متعلقين بأمل السلام. وكان الجميع يترقب لقاءً جماهيرياً حاشداً في 20 نيسان/ أبريل حيث سيخاطب صوفي محمد شعب سوات.

كنا جميعاً داخل البيت في ذلك الصباح. وكان والدي وشقيقاي يقفان خارج المنزل عندما مرت من أمامهم مجموعة من الطالبان الشبان وهم يُشغلون أناشيد النصر في هواتفهم. قال خوشال: «انظر إليهم يا أبي. لو كان بحوزتي كلاشينكوف لقتلتهم».

كان يوماً ربيعياً جميلاً، وكان الجميع يشعر بالسعادة والأمل يحدوهم أن يعلن صوفي محمد السلام والنصر ويأمر الطالبان بإلقاء السلاح. لم يحضر والدي الاجتماع واكتفى بمشاهدته من فوق سطح أكاديمية سروش، وهي المدرسة التي كان يديرها صديقه أحمد شاه حيث اعتاد هو وأصدقاؤه أن يلتقوا هناك في المساء. كان سطح الأكاديمية يطلّ على المنصّة، ولذلك نصبت بعض وسائل الإعلام كاميراتها هناك.

كان اللقاء حاشداً وحضره ما بين 30 إلى 40 ألف شخص وهم يرتدون العمامات وينشدون أناشيد الطالبان والجهاد. ويقول والدي: «كانت كلها طنطنة طالبانية محضة». فالأشخاص ذوو الآراء التقدمية الليبرالية مثله لم يكونوا يستمتعون بالغناء والإنشاد. كانوا يرونه

مسمِّماً للأجواء، ولا سيما في مثل هذه الأوقات.

كان صوفي محمد يجلس فوق المنصة وأمامه صف طويل من الأشخاص الذين ينتظرون دورهم كي يقدِّموا له فروض الطاعة والولاء. استُهلّ الاجتماع بتلاوة قرآنية من سورة النصر، أعقبها كلمات من قادة في المناطق الخمس لوادينا - كوهستان وملاكاند وشانجلا ودير العليا ودير السفلى. كانوا جميعاً مفعمين بحماس بالغ، إذ كان كل منهم يُمنِّي نفسه بأن يُنصَّب أميراً على منطقته ومن ثم يكون مسؤولاً عن تطبيق الشريعة. وسوف يُقتل هؤلاء القادة أو يوْدَعون في السجون لاحقاً، ولكن الحلم بالسلطة كان يداعب خيالهم. ولذلك كان كلّ منهم يتحدّث بمنطق المنتصر الواثق وكأنه النبي (ﷺ) وقد فتح مكة، رغم أن خطبة النبي في ذلك اليوم كانت نموذجاً للعفو وليس لقهر المغلوب.

ثم حلّ دور صوفي محمد للكلام. لم يكن خطيباً مفوهاً وكان طاعناً في السن وبدت صحته في حالة متردية وظلّ يعتسف الكلام اعتسافاً دون روية أو تفكير على مدى خمس وأربعين دقيقة. فقال أشياء غير متوقعة بالمرة وكأنه ينطق بلسان أحد غيره، واصفاً المحاكم الباكستانية بأنها غير إسلامية: «إن الديمقراطية الغربية نظام فرضه علينا الكفار. فالإسلام لا يعترف بالديمقراطية أو الانتخابات».

لم يأتِ صوفي محمد على ذكر التعليم ولم يأمر الطالبان بإلقاء السلاح أو مغادرة المجالس. بدلاً من ذلك بدا أنه يتوعد الدولة برمّتها عندما صاح قائلاً: «والآن انتظرونا، فنحن قادمون إلى إسلام أباد».

أُصبنا بالصدمة إذ كان الأمر أشبه بمن يصبّ ماء بارداً على نيران مشتعلة فينطفئ لهبها فجأة. أصيب الناس بخيبة أمل رهيبة وبدأوا يسبُّونه. وتساءل البعض: «ما الذي يقوله هذا الشيطان؟ إنه لا يدعو للسلام؛ إنه يريد المزيد من سفك الدماء». ووصفت والدتي الموقف أدقّ توصيف بقولها: «واتته الفرصة لأن يدخل التاريخ ولكنه أبَى». كانت حالتنا المزاجية ونحن في الطريق إلى البيت هي النقيض التام لما كانت عليه ونحن في طريقنا لحضور اللقاء.

في تلك الليلة تحدّث والدي عبر تلفزيون «جيو» وقال لكمران خان إن الناس كانوا يعلقون آمالاً كبيرة ولكن رجاءهم خُيِّب. صوفي محمد لم يفعل ما كان ينبغي له فعله. كان عليه أن يُتوج اتفاق السلام بكلمة تحثّ على الوفاق وتدعو إلى إنهاء العنف.

كان الناس يتداولون نظريات مؤامرة مختلفة بشأن تفسيرهم لما جرى. فقال بعضهم إن صوفي محمد قد أصيب بالجنون، فيما قال آخرون إنه قد تلقى أمراً بأن يلقي هذا الخطاب تحديداً وتمّ تحذيره بما مفاده: «إذا لم تفعل، فهناك أربعة أو خمسة انتحاريين سوف يفجرونك أنت وكل من هناك». وأضاف الناس إن علامات القلق كانت بادية عليه وهو فوق المنصّة قبل أن يلقي كلمته، وتهامسوا حول أيادٍ خفية وقوى غيبية. تساءلتُ: «**وما أهمية ذلك؟ المهم أننا أصبحنا دولة يحكمها الطالبان**».

انشغل والدي مرة أخرى بالندوات التي تعقد حول ما نواجهه من متاعب في ظلّ وجود الطالبان. وفي إحدى هذه الندوات قال وزير الإعلام في إقليمنا إن ظهور حركة الطالبان قد أفرزته السياسة التي انتهجتها بلادنا في تدريب المقاتلين وإرسالهم إلى أفغانستان،

أولاً لقتال الروس، ثم بعد ذلك لقتال الأميركيين. وقال: «لو أننا لم نضع السلاح في أيدي طلاب المدارس بناء على طلب قوى أجنبية لما واجهنا حمام الدماء هذا في المناطق القبلية وفي سوات».

سرعان ما بات واضحاً أن الأميركيين كانوا على صواب في تقييمهم للاتفاق. لقد اعتقد الطالبان أن الحكومة الباكستانية قد أذعنت وأن بوسعهم أن يفعلوا ما يشاءون. تدفقوا إلى منطقة بونر، وهي المنطقة التالية جهة الجنوب الشرقي من سوات ولا تبعد عن إسلام أباد سوى 65 ميلاً. دأب الناس في بونر على مقاومة الطالبان، ولكن السلطات المحلية أمرتهم ألا يقاتلوا. وعندما وصل المسلحون يحملون قذائف «آر بي جي» والبنادق، تخلى رجال الشرطة عن مراكزهم، بدعوى أن الطالبان لديهم «أسلحة أقوى» ولاذ الناس بالفرار. أقام الطالبان محاكم الشريعة في أرجاء منطقة بونر وبثوا خطباً من المساجد حثوا فيها الشباب المحلي على الانضمام إليهم.

ومثلما فعلوا في سوات، فقد أحرقوا أجهزة التلفزيون والصور وأسطوانات الفيديو الرقمية والأشرطة، بل لقد سيطروا أيضاً على الضريح المشهور لأحد كبار الصوفية وهو «بير بابا»، الذي كان مزاراً يقصده الناس للتبرُّك وطلب الهداية والشفاء من أمراضهم، بل وحتى الزواج السعيد لأبنائهم. ولكنه الآن أُقفل وتمّ تسميره.

انتاب الناسَ في المناطق السفلى من باكستان قلقٌ بالغ مع زحف الطالبان صوب العاصمة. بدا أن الجميع قد رأوا مقطع الفيديو الذي يصور جلد الفتاة ذات البرقع الأسود وتساءلوا: «هل ذلك ما نريده في باكستان؟» لقد قَتل المسلحون بناظير بوتو، وفجروا

أشهر الفنادق في الدولة وقتلوا آلاف الأشخاص في التفجيرات الانتحارية وعمليات قطع الرؤوس ودمروا مئات المدارس. ما الذي ينتظره الجيش والحكومة أكثر من ذلك حتى يشرعوا في قتالهم؟

في واشنطن كانت حكومة الرئيس أوباما قد أعلنت لتوها عن تعزيز قواتها في أفغانستان بـ 21 ألف جندي لإحداث تحول في مسار الحرب ضد الطالبان. ولكن بدا الآن أن انزعاج الإدارة الأميركية بشأن باكستان يفوق نظيره في أفغانستان. ليس بسبب فتيات مثلي وبسبب مدرستي، وإنما لأن بلادنا تمتلك أكثر من 200 رأس نووية وكان القلق يساورهم بشأن من ستكون له السيطرة على هذا المخزون. تحدثوا عن إيقاف مليارات الدولارات التي يرسلونها في صورة مساعدات وعن اعتزامهم إرسال قوات عسكرية بدلاً من ذلك.

ومع مطلع شهر أيار/ مايو شنَّ جيشنا «عملية الطريق المستقيم» لطرد الطالبان من سوات. سمعنا أن الجيش كان يُنزل المئات من عناصر قواته الخاصة عبر المروحيات فوق الجبال في الشمال. ظهر مزيد من القوات في منجورا أيضاً. كانوا في هذه المرة يعتزمون تمشيط المدينة وأعلنوا عبر مكبرات الصوت أنه على كلّ السكان مغادرة المدينة.

لكن والدي قال إننا سوف نبقى. ولكن إطلاق النار المتبادل أبقانا يقظين معظم الليالي. أصبح الجميع يعيش حالة من القلق الدائم. وذات ليلة استيقظنا على صوت صراخ. كنا قد حصلنا مؤخراً على ثلاث دجاجات بِيضٍ وأرنباً أبيض كان صديقاً لخوشال قد أعطاه إياه وتركناه يدور في أروقة المنزل. كان أتال لم يتجاوز الخامسة من عمره عندئذٍ ويحب الأرانب فعلاً، واعتاد الأرنب أن

ينام أسفل سرير والدي. ولكنه كان يبول في كل مكان، ولذلك ألقينا به خارج البيت في تلك الليلة. ومع انتصاف الليل تقريباً جاء قطّ وقتله. سمعنا جميعاً صرخات الأرنب الملتاعة. لم يكفّ أتال عن البكاء وقال: «عندما يطلع النهار، سوف ألقن ذلك القط درساً لا ينساه. سوف أقتله». بدا ذلك وكأنه فألٌ سيئ.

15

النزوح عن الوادي

كان النزوح عن الوادي أشقّ على نفسي من أي شيء أصابني من قبل. تذكرت بيت الشعر الذي اعتادت جدتي أن تكرره على مسامعنا: «لا يغادر بشتوني وطنه مختاراً. فإما أن يكون ذلك من إملاق أو من أجل حبيب». والآن ها نحن نُجلَى لسبب ثالث لم يخطر ببال صاحب البيت الشعري، ألا وهو الطالبان.

شعرتُ وكأن قلبي ينخلع لدى مغادرتنا لبيتنا. صعدت فوق سطح المنزل ورحت أنظر نحو الجبال ونحو قمة إلوم المغطاة بالثلوج التي بلغها الإسكندر الأكبر ولامس المشتري. رأيت الأشجار جميعها وهي توشك أن تورق. ربما ستكون ثمار شجرة المشمش الموجودة في بيتنا من حظ شخص آخر هذا العام. كان الصمت يخيم على كل شيء، صمتٌ مطبق. فلا أسمع خرير النهر أو دمدمة الرياح؛ ولا أسمع حتى سقسقة الطيور.

كنت أريد أن أبكي لأني استشعرت في قرارة نفسي أنني ربما لن أرى بيتي مرة أخرى. كان مخرجو الفيلم الوثائقي قد سألوني عمّا سيكون عليه شعوري في حال غادرت سوات ولم أعد إليها أبداً. في ذاك الوقت كنت أراه سؤالاً أحمق، لكنني الآن أرى كل ما لم

أتصوره وقد أصبح واقعاً معاشاً. اعتقدت أن مدرستي لن تُغلق، وها هي قد أُغلقت. اعتقدت أننا لن نغادر سوات أبداً، وها نحن نوشك أن نفعل. اعتقدت أن وادي سوات سوف يخلو من الطالبان ذات يوم وأننا سوف نبتهج بذلك، ولكني أدركت الآن أن ذلك ربما لن يتحقق. انخرطت في البكاء، وبدا وكأن كل واحد منا ينتظر من الآخر أن يكون هو البادئ بالبكاء. بدأت زوجة ابن عمي، هوني، بالبكاء وعندئذٍ أجهشنا جميعاً بالبكاء. أما والدتي فقد حافظت على هدوئها وشجاعتها.

وضعت كل كتبي وكراساتي في حقيبة المدرسة ثم عبأت حقيبة أخرى بالملابس. لم يكن بوسعي التفكير بوضوح. فقد اخترت السروال من مجموعة والقميص من مجموعة أخرى، ولذلك أصبحت لدي حقيبة ممتلئة بملابس غير متماشية مع بعضها بعضاً. لم أحمل معي أياً من جوائزي المدرسية أو متعلقاتي الشخصية، وذلك لأننا كنا مسافرون في عربة شخص آخر وكانت المساحة المتاحة لنا صغيرة. لم نكن نمتلك شيئاً ذا ثمن غالٍ مثل حاسوب محمول أو حلي إذ كانت مقتنياتنا الثمينة هي التلفزيون والثلاجة وغسالة الملابس. لم نكن نحيا حياة رغد - فنحن البشتون نفضل الجلوس على الأسطح بدلاً من الجلوس على الكراسي. وكانت جدران بيتنا فيها فتحات، وكانت كل الأطباق والفناجين قد تكسرت.

ظلّ والدي يقاوم فكرة الرحيل حتى النهاية. ولكن بعض أصدقائه كانوا قد فقدوا قريباً لهم في إطلاق نار، ولذلك ذهب أبي وأمي إلى تقديم العزاء رغم أن أحداً لم يكن يجرؤ في الواقع على الخروج من المنزل. وقد عزما على الرحيل عن الوادي بعد أن

شاهدا الحزن الذي أصاب أسرة أصدقائهما. قالت أمي لأبي، «ليس عليك أن تأتي معنا، ولكني ذاهبة وسوف أصطحب الأطفال معي إلى شانجلا». كانت تدرك أنه لن يتركها تذهب وحدها. كان الكيل قد فاض بأمي بسبب إطلاق النار والتوتر الدائم، ولذلك اتصلت بالدكتور أفضل ورجته أن يقنع والدي بالرحيل. كان هو وأسرته سيذهبون إلى هناك، ولذلك عرضوا أن يُقلونا معهم. لم يكن لدينا سيارة، ولذلك كنّا محظوظين أنّ جيراننا، صافينا وأسرتها، كانوا بصدد الرحيل أيضاً وكان بوسعهم أن يجدوا لبعضنا مكاناً في سيارتهم فيما سيذهب الباقون مع الدكتور أفضل.

وفي الخامس من أيار/ مايو 2009 أصبحنا نحمل صفة «نازحين داخلياً» أو IDPs. بدت هذه الصفة وكأنها أشبه بمرض.

كنا كثيري العدد - لم نكن خمسة أفراد فقط وإنما كانت معنا جدتي وابن عمي وزوجته، هوني، ورضيعهما. كان أخواي يريدان أن يأخذا دجاجتيهما أيضاً، أما دجاجتي فقد نفقت لأنني غسلتها بماء بارد في يوم شتوي. ولم تفق حتى عندما وضعتها داخل صندوق في المنزل لتدفئتها وجعلت كل جيراننا يدعون لها. رفضت والدتي أن تسمح لهما بأخذ الدجاجتين. سألت: ماذا لو أَخرَجا في السيارة؟ اقترح أتال أن نشتري لهما حفاضات! وفي النهاية تركناهما مع ماء وحبوب ذرة كثيرة. قالت أيضاً إنه يتعين عليّ أن أترك حقيبة مدرستي لأن المساحة كانت محدودة للغاية. انتابني شعور بالرعب. رحت أُتمتم ببعض آيات من القرآن الكريم على الكتب في محاولة مني لحمايتها.

وأخيراً أصبحنا جميعاً جاهزين. تكدَّس كلّ من أمي وأبي

وجدتي وزوجة ابن عمي ورضيعهما وأخواي في مؤخرة سيارة الدكتور أفضل بجانب زوجته وأطفاله. كان هناك أطفال يجلسون في حجور الكبار وأطفال أصغر في حجور هؤلاء الأطفال. كنت محظوظة - فقد كان هناك أشخاص أقل عدداً في سيارة صافينا - ولكني كنت محبطة بسبب تركي لحقيبتي المدرسية. لأنني حزمت كتبي وحدها، فقد كان عليّ أن أتركها جميعاً.

كنا جميعاً نتلوا سوراً من القرآن الكريم وندعو بأدعية خاصة نسأل الله تعالى فيها أن يحفظ بيوتنا. ثم وضع والد صافينا قدمه على الدواسة وانطلقنا خارج العالم الصغير الذي يشكله شارعنا وبيتنا ومدرستنا في اتجاه المجهول. لم نكن ندري إن كنا سوف نرى مدينتنا مرة أخرى أو لا. رأينا صوراً تكشف مدى الدمار الذي أحدثه الجيش خلال العملية التي شنّها ضد المسلحين في باجاور وتوقعنا أنّ كل ما نعرفه سوف يُدمَّر.

كانت الشوارع مزدحمة. لم أكن قد رأيتها بهذا الازدحام الشديد قط. كانت هناك سيارات في كل مكان، بالإضافة إلى عربات الركشا، والعربات التي تجرها البغال والشاحنات المحملة بالناس وأمتعتهم. كانت هناك دراجات نارية تحمل أسراً كاملة. كان هناك آلاف الأشخاص يغادرون وليس معهم سوى الملابس التي على ظهورهم. شعرت وكأن الوادي كله في حالة ارتحال. بعض الناس يعتقدون أن البشتون يتحدّرون من إحدى القبائل المفقودة لبني إسرائيل، وكان والدي يقول: «يبدو وكأننا بني إسرائيل الذين غادروا مصر، ولكن موسى ليس معنا كي يدلنا على الطريق». قليل هم الذين كانوا يعرفون إلى أين هم ذاهبون، فكلّ ما يعرفونه هو أنّ عليهم أن

يغادروا. كان ذلك هو النزوح الأكبر في تاريخ البشتون.

توجد طرقات كثيرة عادة للخروج من منجورا، ولكن الطالبان كانوا قد قطعوا العديد من أشجار التفاح الكبيرة واستخدموها في غلق بعض الطرقات، ولذلك تكدس الجميع على الطريق نفسه. كانت أعدادنا غفيرة وكان الطالبان يجولون في الطرقات يحملون البنادق ويرقبوننا من أعلى المباني. كانوا يجبرون السيارات بالسير في صفوف مستخدمين الأسلحة وليس الصافرات. تمازحنا حتى نرفع من روحنا المعنوية: «مرور الطالبان». كنا نمرّ بنقاط تفتيش تابعة للجيش وأخرى للطالبان لا تبعد عنها كثيراً. بدا لنا مرة أخرى وكأن الجيش لا يعي بوجود الطالبان.

قلنا ساخرين: «ربما كانت قوات الجيش تعاني ضعف النظر ولا تستطيع أن ترى الطالبان».

كان الطريق يفيض بالسيارات من شدة الزحام. وكانت رحلة طويلة وبطيئة وكان العرق يتصبب منا جميعاً ونحن متكدسون معاً. وعادة ما يمثِّل السفر بالسيارات مغامرة لدينا نحن الأطفال، فنادراً ما نذهب إلى أي مكان. بيْد أن هذه السفرة كانت مغايرة، وتملكتنا جميعاً حالة من الاكتئاب.

كان والدي وهو داخل سيارة الدكتور أفضل يتحدث إلى وسائل الإعلام ويقدِّم تعليقات متواصلة بشأن نزوح السكان عن الوادي. أما والدتي فكانت لا تنفك تطالبه بخفض صوته الجهوري مخافة أن يسمعه الطالبان، لا سيما وأن والدي يحظى بصوت جهوري جعل والدتي تمازحه بقولها إنه ليس بحاجة إلى الهاتف لإجراء المكالمات، إذ يكفيه أن يرفع صوته.

وأخيراً بلغنا الممر الجبلي لملاكند مُخلِّفين سوات وراءنا. كنا في آخر الظهيرة عندما وصلنا ماردان، وهي مدينة حارّة ومزدحمة.

لم ينفك والدي يؤكِّد لكل مَن يحدثه: «سنعود في غضون بضعة أيام. وسيكون كل شيء على ما يرام». ولكننا كنا ندرك أن ذلك ليس صحيحاً.

في ماردان كانت هناك بالفعل مخيمات كبيرة تضم خياماً بيضاء تابعة للمفوضية السامية للأمم المتحدة لشؤون اللاجئين مثل تلك التي أنشئت للاجئين الأفغان في بيشاور. لم نكن ذاهبين إلى هناك للإقامة في المخيم لأنّ هذه كانت أسوأ المآلات على الإطلاق. كان هناك مليون شخص منا تقريباً يفرّون من سوات ولم تكن تلك المخيمات بقادرة على استيعاب مليوني شخص. وحتى لو توفرت لنا خيمة، فإن حرارة الجو داخلها كانت لا تطاق وكان ثمة كلام يُتداول عن تفشي أمراض مثل الكوليرا هناك. وقال والدي إنه قد سمع شائعات مفادها أن بعض الطالبان كانوا يتخفون حتى داخل المخيمات ويتعرضون للنساء.

أقام هؤلاء الذين لديهم القدرة المالية في بيوت أهل المدينة أو مع عائلات وأصدقاء. وما يبعث على الدهشة هو أن ثلاثة أرباع النازحين داخلياً قد جرى استيعابهم من قبل أهل ماردان ومدينة سوابي القريبة منها. فقد فتحوا أبواب بيوتهم ومدارسهم ومساجدهم أمام النازحين. ولأن ثقافتنا تحظر على النساء أن يختلطن برجال ليسوا من محارمهن، فقد كان الرجال في الأسر المستضيفة لنازحين ينامون خارج بيوتهم وذلك حفاظاً على حرمة المرأة وخصوصيتها. وهكذا أصبحوا «نازحين داخلياً» طوعاً وهو ما عُدَّ نموذجاً مدهشاً

لكرم الضيافة لدى البشتون. كُنا على قناعة بأنه لو كانت الحكومة هي من تولت إدارة هذا النزوح لهلك الكثير والكثير جوعاً ومرضاً.

أمضينا تلك الليلة الأولى في بيت الدكتور أفضل. بعد ذلك غادَرَنا والدي متوجهاً إلى بيشاور كي يطلع الناس على ما يجري. وعدنا أن يقابلنا لاحقاً في شانجلا. حاولت والدتي بشدّة أن تقنعه بالمجيء معنا، ولكنه رفض. كان يريد أن يُعرِّف الناس في بيشاور وإسلام أباد على الظروف شديدة السوء التي يعيشها النازحون وبأن الجيش لا يفعل شيئاً. توادعنا فيما كان ثمة قلق رهيب يتملكنا مخافة ألا نراه مرة أخرى.

في اليوم التالي وجدنا سيارة أقلتنا إلى أبوت أباد حيث تعيش جدتي لوالدتي. وهناك التقينا ابن خالي خانجي، الذي كان مثلنا يتجه شمالاً. كان يدير نُزلاً للشباب في سوات وفي طريقه إلى كوهستان بالحافلة حيث يُقل سبعة أو ثمانية فتيان. كان ذاهباً إلى بيشام، وهناك كنا سنحتاج إلى من يوصلنا إلى شانجلا.

كان الوقت غسقاً عندما وصلنا بيشام، وكانت طرقات كثيرة مغلقة. أمضينا الليلة في فندق رديء وقذر فيما حاول ابن خالي أن يدبر لنا حافلة تقلنا إلى شانجلا. اقترب رجل من والدتي بغرض التحرش، فما كان منها إلا أن خلعت حذاءها وضربته به مرة ثم مرتين قبل أن يلوذ بالفرار. كانت الضربة بالغة الشدة حتى إنها عندما نظرت إلى حذائها وجدته قد انقطع. كنت أدرك دائماً أن والدتي امرأة قوية ولكن ذلك الموقف زادها احتراماً في نظري.

لم يكن الطريق من بيشام إلى قريتنا سهلاً، واضطررنا للسير على أقدامنا خمسة وعشرين كيلومتراً ونحن نحمل كل أمتعتنا. وقد

استوقفتنا قوات الجيش عند نقطة ما وقالوا إننا لا نستطيع استكمال سيرنا وأن علينا العودة من حيث جئنا. رجوناهم قائلين: «بيتنا في شانجلا. أين سنذهب؟» انخرطت جدتي في البكاء وقالت إنها لم تشهد خلال حياتها ظروفاً أسوأ من ذلك. وأخيراً، سمحوا لنا بالمرور. كان الجيش ينتشر بأسلحته في كل مكان. وبسبب حظر التجوال ونقاط التفتيش لم يكن هناك سيارة واحدة على الطريق لا تتبع الجيش. كان الخوف يتملكنا من أن يطلق الجيش علينا النار لعدم معرفته مَن نكون.

عندما وصلنا القرية تملكت عائلتنا الدهشة عندما رأونا. كان الجميع هناك يظنون أن الطالبان سوف يعودون إلى شانجلا، ولذلك لم يفهموا لماذا لم نبقَ في ماردان.

أقمنا في قرية والدتي، كارشات، رفقة خالي فايز محمد وأسرته. اضطررنا إلى استعارة الملابس من أقاربنا، لأننا لم نحضر معنا الكثير. سعدتُ بصحبة ابنة خالي سمبل التي تكبرني بسنة واحدة. وما إن استقر بنا المقام حتى بدأت الذهاب إلى المدرسة معها. كنت في الصف السادس ولكني بدأت في السابع كي أكون مع سمبل. كان ذلك الصف يضم ثلاث فتيات فقط، نظراً إلى أن معظم فتيات القرية ممن في تلك السن لا يذهبن إلى المدرسة، ولذلك كنا نتلقى دروسنا مع الأولاد، لأنه لم يكن بوسع مسؤولي المدرسة أن يوفروا غرفة أو معلمين للتدريس لثلاث فتيات فقط على حدة. كنت أختلف عن الفتاتين الأخريين في كوني لا أغطي وجهي ودأَبي على التحدث إلى كل مدرِّس وطرح الأسئلة. ولكني حاولت أن أكون مطيعة ومهذبة، وكنت دائماً أقول، «نعم، سيدي».

كان طريق المدرسة يستغرق نصف ساعة من المشي، ولأنني أجد صعوبة في الاستيقاظ باكراً في الصباح، فقد وصلت متأخرة في اليوم الثاني. صُدمت عندما ضربني المعلم على يدي بالعصا عقاباً على تأخيري، ولكني رأيت بعدئذٍ أن ذلك يعني على الأقل أنهم يقبلونني ولا يعاملونني معاملة مغايرة. وكان خالي يعطيني مصروف جيب كي أشتري بعض الوجبات الخفيفة في المدرسة حيث يبيعون خياراً وبطيخاً وليس حلوى ورقائق البطاطس كما هو الحال في منجورا.

وذات يوم أقامت المدرسة يوماً لأولياء الأمور واحتفالاً لتقديم الجوائز، وتمّ تشجيع الأولاد جميعاً على إلقاء الكلمات. شاركت في ذلك أيضاً بعض الفتيات، ولكن ليس أمام الجمهور. بدلاً من ذلك ألقين كلماتهن عبر ميكروفون وهن داخل صفوفهن ومنها تصل أصواتهن إلى القاعة الرئيسة. ولكني كنت قد اعتدتُ على الإلقاء أمام جمهور، ولذلك خرجت من الصف ووقفت أمام كل الطلاب وألقيت قصيدة في مدح النبي (ﷺ). ثم سألت المعلم إن كان بوسعي أن ألقي المزيد من الشعر. ألقيت قصيدة عن التفاني في العمل لتحقيق الأمنيات وقلت: «إن الماسة يجب أن تُقطَّع مرات ومرات قبل أن تصنع منها ولو جوهرة ضئيلة». وبعد ذلك تحدثت عن ملالاي مايواند التي أنا سَميّتها، والتي كانت تمتلك من القوة ما يضاهي مئات وآلاف الرجال الشجعان لأن أبيات الشعر القليلة التي تقولها كانت تُغير كل شيء حتى استطاعت أن تدحر البريطانيين.

بدت علامات الدهشة على وجوه الحاضرين، ولست أدري إن

كان ذلك لأنهم رأوا أني أسعى للفت الانتباه أم لأنهم كانوا يسألون أنفسهم لماذا لا أغطي وجهي!

كان شعوراً جميلاً أن أجد نفسي برفقة أبناء أخوالي، ولكني كنت أفتقد كتبي. ظللت أفكّر في حقيبتي المدرسية التي خلّفتها ورائي في البيت ونسختين من رواية **أوليفر تويست** ومسرحية **روميو وجولييت** كنت أنتظر قراءتهما وأسطوانات مسلسل «آجلي بيتي» أو «بيتي القبيحة» الموضوعة فوق الرف. ولكننا الآن أصبحنا نعيش حلقات مسلسلنا الخاص. كنا نعيش في سعادة غامرة، قبل أن يحلّ بنا ما عكّر صفو حياتنا وأصبحنا الآن ننتظر نهاية سعيدة. وبينما كنت أشكو فقداني لكتبي كان أخواي يتأوهان على فراق دجاجتيهما.

سمعنا عبر المذياع أنّ الجيش قد بدأ معركته لاسترداد منجورا، ونفّذ عمليات إنزال وأن قتالاً مباشراً تدور رحاه في الشوارع. كان الطالبان يتّخذون من الفنادق والمباني الحكومية ملاجئ لهم. وبعد أربعة أيام استعاد الجيش ثلاثة ميادين بما فيها ميدان «جرين تشوك»، حيث اعتاد الطالبان عرض جثث ضحاياهم بعد قطع رؤوسهم، ثم سيطر على المطار وخلال أسبوع كان قد استعاد المدينة.

ظلّ القلق يساورنا بشأن والدي. في شانجلا كان يصعب العثور على إشارة استقبال للهاتف الجوال وكنا نضطر لارتقاء صخرة ضخمة في أحد الحقول، وحتى مع ذلك لم نكن نحصل إلا على عمود واحد من إشارات الاستقبال ولذلك كنا نادراً ما نصل إليه. ولكن بعد أن أمضينا ستة أسابيع في شانجلا، قال والدي إن بإمكاننا الانتقال إلى بيشاور، حيث كان يُقيم في غرفة واحدة مع ثلاثة أصدقاء.

كانت رؤيتنا له مرة أخرى مشهداً مفعماً بالمشاعر الفياضة. وبعدئذٍ، وكأسرة واحدة مرة أخرى، سافرنا إلى إسلام أباد، حيث مكثنا مع أسرة شيزا، وهي الفتاة التي اتصلت بنا من ستانفورد.

وبينما كنا هناك سمعنا أن السفير ريتشارد هولبروك، المبعوث الأميركي إلى باكستان وأفغانستان، سيعقد اجتماعاً في فندق سيرينا بشأن النزاع، وقد تمكنّا أنا ووالدي من الدخول إلى الاجتماع.

كاد يفوتنا هذا الاجتماع، وذلك لأنني لم أضبط المنبّه بالشكل السليم، ولذلك غضب والدي مني ولم يكن يكلمني إلا نادراً. كان هولبروك رجلاً فظّاً ذا وجه أحمر، ولكن الناس يقولون إنه قد ساعد في إحلال السلام في البوسنة. جلست بالقرب منه وسألني كم عمري، أجبته وأنا أحاول قدر استطاعتي أن أن أبدو طويلة القامة: «أنا في الثانية عشرة». ثم قلت له: «سعادة السفير، أطلب منك، أن تساعدنا نحن الفتيات من فضلك كي نتعلم».

ضحك قائلاً: «لديكم مشكلات كثيرة فعلاً ونحن نقدم لكم الكثير. لقد تعهّدنا بدفع مليارات الدولارات كمساعدات اقتصادية؛ ونتعاون مع حكومتكم على توفير الكهرباء والغاز و... ولكن بلدك تواجه مشكلات جمّة».

أجريت مقابلة مع محطة إذاعية اسمها «باور 99». راقت لهم المقابلة كثيراً وأخبرونا أن لديهم بيت ضيافة في أبوت أباد حيث يمكننا الذهاب جميعاً. أمضينا هناك أسبوعاً وأُسعدت كثيراً عندما علمت أن منيبة هي الأخرى في أبوت أباد، وكان هناك أيضاً أحد مدرّسينا وصديقة أخرى. لم أتحدث إلى منيبة منذ خلاف اليوم الأخير في المدرسة وقبل أن نكتسب مسمى «نازحين داخلياً». اتفقنا

على اللقاء في إحدى الحدائق، وجئت لها بالبيبسي والبسكويت. قالت لي: «لقد كنتِ أنتِ المخطئة». فوافقتها. لم أعارضها؛ فلا أريد إلا أن نظلّ صديقتين.

سرعان ما انقضى الأسبوع الذي أمضيناه في بيت الضيافة لنذهب بعد ذلك إلى هاريبور، حيث تعيش إحدى خالاتي، وكانت هي المدينة الرابعة التي ندخلها خلال شهرين. كنت أدرك أننا أفضل حالاً من هؤلاء الذين يعيشون في المخيمات، ويصطفون لساعات تحت الشمس الحارقة للحصول على الماء والطعام، ولكن شعوراً بالحنين كان يشدّنا إلى وادينا. وفي هاريبور أمضيت عيد ميلادي الثاني عشر الذي مرّ دون أن يتذكره أحد، بل وحتى والدي قد نسيه في غمرة انشغاله الشديد بالتنقل من مكان إلى آخر. شعرت بالضيق وتذكرتُ كيف كان عيد ميلادي الحادي عشر مختلفاً، عندما شاركت الكعكة مع صديقاتي. كانت هناك بالونات وتمنيت الأمنية ذاتها التي تمنيتها في عيد ميلادي الثاني عشر، ولكن في هذه المرة لم يكن هناك كعك ولم يكن هناك شموع نطفئها. مرة أخرى تمنيت أن يعمّ السلام وادينا.

القسم الثالث

ثلاث فتيات وثلاث طلقات

أيَا عابر السبيل! توسَّد حجراً
فهذه أرض غربة - ولن تجد فيها متكأ!

16

وادي الأحزان

كان كل شيء يبدو وكأنه حلمٌ مزعج. اغتربنا عن وادينا ثلاثة أشهر تقريباً وعندما كنّا في طريق العودة وتجاوزنا نقطة «تشرشل بيكت» ثم الأطلال القديمة على التلال وقبة بوذا العملاقة، ولاح أمامنا نهر سوات الواسع، إذا بوالدي يجهش بالبكاء. بدا أنّ سوات أصبحت واقعة تحت سيطرة عسكرية كاملة وكان يتعيّن أن تمرّ السيارة التي تقلّنا بفحص متفجرات قبل أن يسمح لنا بالصعود نحو ممرّ ملاكند. عندما عبرنا إلى الجانب الآخر ونزلنا إلى الوادي وجدنا نقاط التفتيش العسكرية تنتشر في كل مكان فيما كان الجنود قد نصبوا بنادقهم الآلية فوق الكثير من أسطح المنازل.

وبينما كنّا نسير بالسيارة عبر القرى كنا نرى المباني المهدمة والمركبات المحترقة. ذكّرني ذلك بأفلام الحروب القديمة أو بألعاب الفيديو التي يحبّ أخي خوشال ممارستها. تملّكتنا الصدمة عندما وصلنا منجورا، فقد بدا أنّ الجيش والطالبان قد دخلا معاً في حرب شوارع وكان كل جدار تقريباً يحمل آثاراً لطلقات الرصاص. هالتنا رؤية أنقاض المباني التي تمّ نسفها بعد أن كان الطالبان يتخذونها مخابئ ورأينا أيضاً أكواماً من الركام والمعادن المطعوجة واللوحات

المحطّمة. كانت معظم المحلات مزوّدة بمصاريع معدنية ثقيلة؛ وهي المحلات التي لم تتعرّض للنهب. كان الصمت يخيم على أرجاء المدينة التي خلت من الناس وحركة السيارات كما لو أنّ طاعوناً قد نزل بها. أمّا أغرب المشاهد جميعاً فكانت لمحطة الحافلات التي اعتدنا أن تسودها فوضى عارمة بسبب الحافلات الطائرة وعربات الركشا، وقد أضحت مهجورة تماماً. وقد رأينا نباتات تنمو حتى عبر شقوق تتخلل أرصفة الطرقات. لم نكن قد رأينا مدينتنا بهذه الحال قط.

ولكن يكفي أنه لم يكن بها أثر للطالبان.

كان ذلك في الـ 24 من تموز/ يوليو 2009، أي بعد أسبوع من إعلان رئيس وزرائنا أنّ الطالبان قد أُخرجوا من الوادي. وعد رئيس الوزراء أنّ إمدادات الغاز سيتمّ إعادتها وأن المصارف بصدد أن تفتح أبوابها، وأهاب بشعب سوات أن يعودوا إلى بيوتهم. كان زهاء نصف سكان الوادي البالغ عددهم 1,8 مليون نسمة قد غادروا وادينا. ومن خلال ما رأيناه، فإنّ معظم النازحين لم يكونوا مقتنعين بأنهم سوف يجدون الأمان في العودة.

بينما كنا نقترب من البيت، حلّ بنا جميعاً الصمت، بمن فينا أخي الصغير أتال الثرثار. كان بيتنا يقع بالقرب من «سيركيت هاوس» وهو مقرّ إدارة الجيش، ولذلك خشينا أن يكون قد دُمِّر خلال القصف. ولأننا قد سمعنا أيضاً أنّ بيوتاً كثيرة قد نُهبت، فقد كنا نحبس أنفاسنا فيما كان والدي يفتح البوابة. كان أول شيء رأيناه هو الحديقة التي تحوّلت إلى غابة خلال الأشهر الثلاثة التي أمضيناها بعيداً.

اندفع أخواي من فورهما كي يطمئنا على دجاجتيهما، لكنهما رجعا يبكيان. فلم يكن قد تبقى من الدجاجتين سوى كومة ريش وهيكليهما الضئيلين وعظامهما الصغيرة وقد تشابكت معاً وكأنهما قد ماتتا متعانقتين. لقد ماتتا جوعاً.

شعرت بحزن شديد لأخوي، ولكن كان عليّ أن أطمئن على ما يخصّني. أُسعدت كثيراً عندما وجدت حقيبتي المدرسية ما زالت معبّأة بكتبي وفي أمان، فحمدت الله الذي استجاب دعواتي. أخرجت كتبي كتاباً تلو الآخر مكتفية بالتحديق فيها. كتب الحساب والفيزياء والأردية والإنجليزية والبشتو والكيمياء والبيولوجيا والإسلاميات والدراسات الباكستانية. وأخيراً سوف أستطيع العودة إلى المدرسة من دون خوف.

ذهبت بعدئذٍ وجلست فوق سريري. كنت في حالة تأثر شديد.

كان لحسن حظّنا أنّ منزلنا لم يتعرّض لاقتحام. فقد تعرضت أربعة أو خمسة منازل تقع في شارعنا للنهب حيث سرقت منها التلفزيونات وبعض حليّ الذهب. ورغم أن والدة صافينا التي تسكن بالقرب منا قد أودعت حليها في خزنة بنكية لحفظها، فإنّ حليها قد نهب أيضاً.

كان والدي يتلهف للاطمئنان على سلامة المدرسة. ذهبت بصحبته. وجدنا المبنى المواجه لمدرسة الفتيات وقد تعرّض لقذيفة، ولكن المدرسة نفسها بدت سليمة. لسبب ما لم تعمل المفاتيح التي بحوزة والدي، ولذلك استعنّا بصبي ارتقى الحائط وفتح البوابة من الداخل. ارتقينا الدرج ونحن نتوقع الأسوأ.

قال والدي فور دخولنا الفناء: «ثمة شخص ما قد دخل إلى هنا». فأعقاب السجائر ومغلفات الطعام الخاوية كانت تتناثر على أرضية الفناء وكانت الكراسي مقلوبة والمكان تعمّه الفوضى. كان والدي قد سبق وأنزل لوحة المدرسة التي تحمل اسمها وتركها في الفناء بعد أن أسندها إلى الحائط، وقد رحت أصرخ ونحن نقوم برفعها. فقد رأيت تحتها رؤوس ماعز منتنة. بدت وكأنها بقايا لعشاء تناوَله شخص ما.

بعد ذلك دخلنا إلى الفصول الدراسية. رأينا خربشات مكتوبة على الجدران وتشير إلى شعارات مناوئة للطالبان. فقد كتب أحدهم «يحيا الجيش» على سبورة بيضاء بقلم حبر لا يُمحى. أدركنا الآن من الذين كانوا يعيشون هنا. والأدهى أنّ جندياً قد كتب قصائد حبّ مبتذل في كراسة إحدى زميلاتي. كانت فوارغ الطلقات مبعثرة فوق الأرضيات ووجدنا كوّة في الحائط صنعها الجنود كي يروا من خلالها المدينة الموجودة بالأسفل، بل وربما حتى أطلقوا النار على الناس عبر هذه الكوة. شعرتُ بالأسف لأن مدرستنا الغالية قد أصبحت ميداناً للقتال.

بينما كنا نتفقد المدرسة سمعنا شخصاً يطرق الباب بقوة بالأسفل. أمرني والدي: «لا تفتحي الباب، ملالا!».

وجد والدي في مكتبه رسالة تركها الجيش. وهي رسالة كانت تُحمّل المواطنين أمثالنا المسؤولية عن السماح للطالبان بالسيطرة على سوات. وقرأ يقول: «لقد فقدنا الكثير والكثير من أرواح جنودنا الغالية والسبب في ذلك هو تقاعسكم. يحيا الجيش الباكستاني».

وقال: «هذا أمر معروف. فقد أغوانا الطالبان نحن أهل سوات

أولاً، ثم قتلونا لاحقاً والآن نُحمَّل مسؤوليتهم. إغواء ثم قتل ثم لوم».

لم تكن قوات الجيش تختلف كثيراً عن المسلحين في بعض النواحي. فقد حدّثنا جار لنا أنه قد رآهم وهم يتركون جثث القتلى من الطالبان ملقاة في الشوارع كي يراها الجميع. والآن تطير طائراته المروحية في ثنائيات فوق رؤوسنا مثل حشرات ضخمة سوداء نسمع طنينها، وعندما نسير عبر الطريق باتجاه بيوتنا كنا نلاصق الجدران كي لا يرونا.

سمعنا أن آلافاً من الأشخاص قد اعتقلوا بمن في ذلك صبيان لم تتجاوز أعمارهم الثامنة، وهؤلاء الذين خضعوا لعمليات غسيل دماغ وتلقوا تدريباً على تنفيذ التفجيرات الانتحارية. وكان الجيش يرسل هؤلاء المعتقلين إلى مخيّم خاص لإعادة تأهيل المتشددين الذين كان من بينهم مدرِّس اللغة الأردية لدينا الذي سبق وأن رفض التدريس للفتيات مؤثراً الذهاب لمساعدة رجال فضل الله في جمع وإتلاف الأقراص المدمجة وأسطوانات «الدي في دي».

كان فضل الله نفسه لم يزل طليقاً رغم قيام الجيش بتدمير مركزه في مسقط رأسه «إمام ديري»، وزعمه بأنه يحاصره في جبال بيشاور. وقد قال الجيش لاحقاً إنه قد أصيب إصابة خطيرة وأن المتحدث باسمه، مسلم خان قد اعتُقل. ثم تغيرت الرواية لاحقاً وقيل إن فضل الله قد فرَّ هارباً إلى أفغانستان وأنه في ولاية كونار، لكن بعض الناس قالوا إن فضل الله قد اعتقل ولكن الجيش وجهاز الاستخبارات الباكستاني لم يتفقا بشأن كيفية التعامل معه. وبينما كان الجيش يريد أن يوْدعه السجن، فإن جهاز الاستخبارات قد

تمكَّن من إنفاذ رأيه، ومن ثم جرى نقله إلى باجاور حتى يمكنه التسلل عبر الحدود إلى أفغانستان.

بدا أنّ مسلم خان وقيادياً آخر اسمه محمود هما الوحيدان بين قيادات الطالبان الذين اعتقلوا - أما الآخرون فكانوا ما زالوا طلقاء. كنت أخشى أنه طالما ظلّ فضل الله طليقاً فإنّ الطالبان سوف يعيدون رصّ صفوفهم ويعودون إلى السلطة. كنت أرى كوابيس أثناء الليل، ولكن بثّ إذاعته قد توقف على الأقل.

كان صديق والدي أحمد شاه يسمي ذلك «سلاماً مضبوطاً وليس سلاماً دائماً». ولكن الناس بدأوا شيئاً فشيئاً يعودون إلى سوات لما يتمتّع به الوادي من طبيعة خلابة ولأن أحداً منّا لا يستطيع تحمّل تركه مدة طويلة.

دقّ جرس مدرستنا من جديد للمرة الأولى في الأول من آب/أغسطس. انتابني شعور رائع عندما سمعت ذلك الصوت ورحتُ أركض باتجاه الباب ثم أرتقي الدرج مثلما اعتدنا أن نفعل. شعرتُ بفرح غامر عندما رأيت كل صديقاتي القدامى. كنا نحتفظ بحكايات كثيرة عن الفترة التي أمضيناها كـ«نازحين داخلياً». كان معظمنا قد أقام مع أصدقاء أو عائلته، ولكن بعضنا أمضى تلك الفترة في المخيمات. كنا ندرك أننا محظوظات، فقد اضطرّ أطفال كثيرون لتلقي دروسهم في الخيام بعد أن دمّر الطالبان مدارسهم. كما أن إحدى صديقاتي، وهي سُندس، قد فقدت والدها الذي لقي مصرعه في انفجار.

بدا وكأنّ كل صديقاتي تعرفن أنني أنا صاحبة مدوّنة البي بي

سي. اعتقدت بعضهن أنّ والدي هو مَن كان يفعل ذلك باسمي، ولكن مدام مريم، مديرتنا، قالت لهم: «لا. ملالا ليست خطيبة مفوهة فحسب، بل كاتبة جيدة أيضاً».

في ذلك الصيف لم يكن هناك سوى موضوع واحد نتداوله في أحاديثنا داخل الصف. إنها شيزا شهيد، صديقتنا التي تعيش في إسلام أباد، فقد أنهت دراستها في ستانفورد ودعت سبعاً وعشرين فتاة من مدرسة خوشال كي يمضين بضعة أيام في العاصمة يرتادوا خلالها الأماكن التي تستحقّ المشاهدة ويشاركن في ورشة عمل لمساعدتنا في التغلب على صدمة العيش في ظلّ حكم الطالبان. ذهب من صفنا، منيبة وملكة النور ورضا وكاريشما وسندس، ورافقتنا والدتي ومدام مريم.

غادرنا إلى العاصمة يوم الاستقلال، الذي يوافق 14 آب/ أغسطس، حيث استقلّينا الحافلة فيما كان الحماس يغمرنا جميعاً. لم تكن معظم الفتيات قد غادرن الوادي إلا عندما أصبحن «نازحات داخلياً». أمّا هذه الرحلة فكانت مختلفة وتشبه إلى حدٍّ كبير الرحلات التي قرأنا عنها في الروايات. أقمنا في بيت ضيافة وأجرينا ورش عمل كثيرة حول كيفية قصّ حكاياتنا كي يعرف الناس في الخارج ما يدور في وادينا ويساعدونا. منذ أول جلسة مباشرة أعتقد أنّ شيزا قد أدهشها ما نتحلى به جيمعاً من شجاعة رأي وقوة إرادة. وقالت لوالدي: «إنها قاعة ملأى بملالات!».

استمتعنا أيضاً بأشياء من قبيل الذهاب إلى المتنزهات والاستماع للموسيقى، وهي أشياء قد تبدو عادية لدى معظم الناس

ولكنها في سوات أضحت أعمالاً تدلّ على الاحتجاج السياسي. وقمنا بزيارة الأماكن التي تستحقّ المشاهدة، مثل مسجد فيصل في قاعدة مارجالا هيلز، التي بناها السعوديون بملايين الروبيات. وهو مسجد ضخم وأبيض اللون ويبدو مثل خيمة متلألئة وقد عُلِّقت بين مئذنتين. وذهبنا لأول مرة إلى المسرح لمشاهدة مسرحية إنجليزية اسمها «طوم وديك وهاري» وتلقينا دروساً في الفن. تناولنا الطعام في المطاعم وقمنا بأولى زيارتنا إلى ماكدونالدز. كانت هناك الكثير من الأشياء التي نفعلها لأول مرة رغم أني اضطررتُ لتفويت طعام المطعم الصيني لأني كنت على موعد مع برنامج تلفزيوني اسمه Capital Talk أو «حديث العاصمة». وحتى اليوم لم أجرِّب بعد البان كيك بلحم البط!

وجدنا فَرقاً هائلاً بين إسلام أباد وسوات، وهو ما يضاهي لدينا الفرق بين إسلام أباد ونيويورك. عرَّفتنا شيزا بسيدات يعملن محاميات وطبيبات وناشطات أيضاً، وهو ما بَرهن لنا أنّ النساء يمكنهن أن يؤدّين وظائف مهمة دون التفريط في ثقافتهن وتقاليدهن. وفي الشوارع رأينا نساء حاسرات الرؤوس ولا يلبسن الحجاب. وقد قرّرت ألا أغطي رأسي بالشال في بعض الاجتماعات، ظنّاً أن ذلك يجعلني فتاة عصرية، لكني أدركت لاحقاً أنّ مجرّد خروج الفتاة حاسرة الرأس ليس هو ما يجعلها عصرية!

أمضينا هناك أسبوعاً واحداً وكما هو متوقّع تشاجرت أنا ومنيبة. رأتني أثرثر مع فتاة تكبرني بسنة فقالت لي: «أنت الآن مع ريشام وأنا مع رضا».

كانت شيزا تريد أن تُعرِّفني بأشخاص نافذين، وهو ما يعني

غالباً في بلادنا بطبيعة الحال القادة العسكريين. فأتيح لنا الالتقاء باللواء أطهر عباس، وهو المتحدّث الرسمي باسم الجيش ورئيس علاقاته العامة. وقد انتقلنا إلى روالبندي وهي المدينة التوأم لإسلام أباد لنلتقيه في مكتبه هناك. جحظت أعيننا عندما رأينا أنّ إدارات الجيش أكثر نظافة ونظاماً من بقية المدينة وتوجد بها البساتين الخضراء المنمَّقة والورود الزاهرة، بل وحتى الأشجار كانت كلّها ذات حجم واحد ودهنت جذوعها باللون الأبيض حتى منتصفها - لم نكن نعرف لماذا؟ وداخل المقرّ رأينا مكاتب تضمّ عدداً من أجهزة التلفزيون، فيما يرصد موظفون كل قناة، وقد عرض أحد الضباط على والدي ملفاً كبيراً يضمّ قصاصات صحفية لكل ما نُشر عن الجيش في صحف ذلك اليوم. كان مندهشاً. بدا أنّ الجيش أكثر فاعلية في العلاقات العامة من ساستنا.

تمّ اصطحابنا إلى قاعة لانتظار الجنرال. رُصَّت على الحائط صور قادة جيشنا جميعاً، وهم أكثر الأشخاص نفوذاً في بلادنا بمن في ذلك الدكتاتورَين مشرف وضياء المخيف. أحضر لنا خادم يرتدي قفازاً أبيض الشاي والبسكويت وسموسة صغيرة باللحم والتي ذابت في أفواهنا. عندما دخل الجنرال عباس وقفنا له جميعاً.

استهلّ حديثه بإخبارنا عن العملية العسكرية التي شنّها الجيش في سوات وعدَّها انتصاراً تحقَّق له. وأضاف قائلاً إن 128 جندياً و1600 إرهابياً قد قُتلوا خلال العملية.

بعد أن اختتم كلامه، أتيحت لنا فرصة توجيه الأسئلة. كان قد طُلب منا مسبقاً أن نعدّ أسئلة، فأعددت قائمة تضمّ سبعة أو ثمانية أسئلة. ضحكت شيزا وقالت إنه لن يجيب عن أسئلة كثيرة. كنت

أجلس في الصف الأول وكنت أولى مَن نوْدي عليهن. سألته: «قبل شهرين أو ثلاثة قلتم لنا إن فضل الله ونائبه قد أصيبا خلال العملية، ثم بعد ذلك قلتم إنهما في سوات وأحياناً تقولون إنهما في أفغانستان. كيف وصلا إلى هناك؟ إذا كنت تمتلك معلومات كثيرة عنهما، فلماذا لا تمسك بهما؟».

تواصلت إجابته على مدى عشر أو خمس عشرة دقيقة ولم أفهم عمّا كانت إجابته! عندئذٍ سألته عن إعادة الإعمار. قلت له: «يتعين على الجيش أن يفعل شيئاً لمستقبل الوادي، لا أن يصبّ كل تركيزه على العملية العسكرية».

أما منيبة فقد سألت سؤالاً مشابهاً، فأرادت أن تعرف: «مَن الذي سوف يقوم بإعادة إعمار كل هذه المباني والمدارس؟».

أجاب الجنرال بطريقة عسكرية للغاية. «بعد انتهاء العملية، سوف نقوم أولاً بعملية إفاقة، ثم إعادة تأهيل، ثم نتوقف ونحيل الأمر إلى السلطات المدنية».

أوضحنا جميعاً نحن الفتيات أننا نريد للطالبان أن يواجهوا القصاص العادل، ولكننا لم نكن مقتنعات بأن ذلك سوف يحدث.

بعد ذلك أعطى الجنرال عباس بعضنا بطاقته التعريفية وطلب منّا الاتصال به في حال احتجنا إلى أي شيء.

وفي اليوم الأخير كان علينا جميعاً أن نلقي كلمة في نادي إسلام أباد حول تجاربنا في الوادي في ظلّ حكم الطالبان. وعندما تحدثت منيبة لم تستطِع أن تقاوم دموعها، وسرعان ما انخرط الجميع في البكاء. تعرفنا على ملمح من حياة مختلفة في إسلام أباد. وفي كلمتي قلت للحضور إنني وقبل مشاهدة المسرحية الإنجليزية لم أكن

أدري أن باكستان تضمّ هذا العدد الكبير من الأشخاص الموهوبين. وقلت مازحة: «والآن ندرك أننا لسنا بحاجة إلى مشاهدة أفلام السينما الهندية». أمضينا وقتاً رائعاً، وعندما عدنا إلى سوات استشعرت تفاؤلاً كبيراً بالمستقبل حتى إنني زرعت بذرة لشجرة مانجو في حديقتنا خلال رمضان، لأنها تعتبر الفاكهة المفضّلة لدينا بعد الإفطار خلال شهر الصوم.

ولكن والدي واجه مشكلة كبيرة. فخلال فترة نزوحنا عن الوادي وخلال الأشهر التي أغلقت فيها المدرسة لم يحصِّل أي رسوم، ولكن المدرِّسين ظلوا يتوقعون الحصول على أجورهم عن تلك الأشهر. ويمكن أن يصل المبلغ المطلوب إجمالاً إلى مليون روبيه. كانت المدارس الخاصة جميعاً تواجه المشكلة ذاتها. ولذلك منحت مدرسة ما راتب شهر واحد لمدرِّسيها، فيما لم تكن معظم المدارس تعرف كيف تتصرف لافتقارها للموارد المالية اللازمة. وأراد مدرسو مدرسة خوشال الحصول على مبلغ ما، وذلك لتلبية التزامات لديهم، وكانت إحدى المدرسات، وهي المعلمة هيرا، مقبلة على الزواج وتعول على راتبها للمساعدة في دفع تكاليف العرس.

كان والدي يواجه موقفاً لا يُحسَد عليه. ثم خطر ببالنا الجنرال عباس وبطاقته التعريفية. إننا لم نضطر لمغادرة الوادي ولم نجد أنفسنا في هذا الموقف إلا بسبب العملية العسكرية التي شنها الجيش لطرد الطالبان. ولذلك كتبت مدام مريم وأنا رسالة بريدية إلى الجنرال عباس شرحنا له فيها الموقف. كان شديد اللطف وأرسل لنا مليون ومائة ألف روبيه استطاع والدي من خلال هذا المبلغ أن يدفع

لكل شخص راتب ثلاثة أشهر بأثر رجعي. شعر المدرِّسون بسعادة غامرة؛ إذ لم يكن معظمهم قد تلقى مثل هذا المبلغ دفعة واحدة قطّ. اتصلت المعلمة هيرا بوالدي باكية كي تعرب له عن امتنانها لأن عرسها سوف يسير حسبما خطط له.

لم يكن ذلك يعني أننا قد تسامحنا مع الجيش. فقد كنا غاضبين بشدة من فشل الجيش في القبض على قيادات طالبان، وظللنا أنا ووالدي نجري مقابلات كثيرة. وكان صديق والدي زاهد خان، وهو عضو في المجلس القومي لسوات، غالباً ما ينضم إلينا، لا سيما وأنه كان يشغل أيضاً منصب رئيس رابطة الفنادق في سوات، ولذلك كان تواقاً بشدّة لأن تعود الحياة إلى طبيعتها حتى يعود السياح. ومثل أبي كان لا يخاف في الحق لومة لائم وتلقّى تهديدات هو الآخر. وذات ليلة في تشرين الثاني/ نوفمبر 2009 نجا من الموت بأعجوبة. فقد تعرّض لكمين فيما كان عائداً إلى بيته عقب اجتماع مع بعض مسؤولي الجيش في «سيركت هاوس» في وقت متأخر ليلاً. ولحسن الحظ فإن أفراداً من عائلته، ممّن كانوا يعيشون في المنطقة ذاتها، قد تبادلوا إطلاق النار مع مهاجميه الذين لاذوا بالفرار.

ثم وفي الأول من كانون الأول/ ديسمبر 2009 تعرّض الدكتور شمشير علي خان، وهو سياسي معروف محلياً في حزب عوامي الوطني وعضو جمعية خيبر بختونخوا لهجوم انتحاري. فقد استهدفه انتحاري فيما كان يستقبل أصدقاءه وأفراد دائرته للتهنئة بالعيد في مجلسه، الذي لا يبعد سوى ميل واحد عن قرية إمام ديري حيث مركز فضل الله، ما أسفر عن مقتله في الحال وإصابة تسعة آخرين. كان الدكتور شمشير معروفاً بانتقاداته الجريئة للطالبان وقال الناس إن

الانتحاري يبلغ الثامنة عشرة من عمره تقريباً. وقد عثرت الشرطة على ساقيه وبعض أجزاء أخرى من جسمه.

بعد بضعة أسابيع من ذلك تلقّت مدرستنا دعوة للمشاركة في جمعية سوات للأطفال، التي أسَّستها منظمة الأمم المتحدة للطفولة اليونسيف ومؤسسة خبال كور للأيتام. وقد اختير ستون طالباً من جميع أنحاء سوات أعضاء بها، وكانوا في معظمهم من الفتيان رغم أن إحدى عشرة فتاة من مدرستنا قد رافقتهم. عُقد الاجتماع الأول في قاعة ضمَّت الكثير من السياسيين والنشطاء حيث أجرينا انتخابات لاختيار الرئيس وفزتُ فيها بالمنصب! كان غريباً لديّ أن أجدني واقفة على المنصّة فيما يخاطبني الناس باسم «السيدة الرئيسة»، ولكني شعرت بالرضا لأن أصواتنا أصبحت مسموعة. انتُخبت الجمعية مدة سنة وكنا نلتقي كل شهر تقريباً. أصدرنا تسعة قرارات تطالب بإنهاء عمالة الأطفال والمطالبة بإلحاق المعوقين وأطفال الشوارع بالمدرسة، فضلاً عن المطالبة بإعادة بناء كل المدارس التي دمرها الطالبان. وعندما تحظى القرارات بالموافقة، يتمّ إرسالها إلى المسؤولين وقد وُضع بعضها فعلاً موضع التطبيق.

بدأنا أنا ومنيبة وعائشة دورة لتعلّم الصحافة في مؤسسة بريطانية اسمها معهد التغطية الصحافية في الحرب والسلام، وكان ينفذ مشروعاً اسمه «العقول المتفتحة في باكستان». عشت تجربة ممتعة تعلمت خلالها كيفية كتابة التقارير الصحفية على نحو سليم. أصبحت مهتمة بالصحافة بعد أن لمست الأثر الذي يمكن أن تصنعه كلماتي وكذلك بعد مشاهدتي لأسطوانات الفيديو الرقمية الخاصة بمسلسل «آجلي بيتي» الذي يعرض للحياة في مجلة أميركية. كانت

هذه الدورة مختلفة قليلاً حيث كنّا نكتب عن موضوعات قريبة من قلوبنا، مثل التطرُّف والطالبان وليس الملابس وقصَّات الشعر.

دون أن أشعر سرعان ما وجدتُ نفسي أمام امتحان نهاية العام. تفوّقت على ملكة النور وحصلت على المركز الأول وإن كان بفارق بسيط عنها. حاولت مديرة مدرستنا إقناعها بأن تكون طالبة مفوضة، ولكنها قالت إنها لا تستطيع القيام بأي عمل يصرفها عن التركيز في دراستها. قالت مدام مريم: «ينبغي لك أن تحذي حذو ملالا وتمارسي أنشطة أخرى. فهذه الأنشطة لا تقلّ أهمية عن التعليم. فالواجبات المدرسية ليست هي كل شيء». ولكني لا أستطيع أن ألومها، فقد كانت تحدوها رغبة شديدة في إرضاء والديها.

لم تعُد سوات كما كانت من قبل، وربما لن تعود أبداً، بيْد أنّ الأوضاع كانت تعود شيئاً فشيئاً إلى طبيعتها. عادت بعض الراقصات إلى شارع بانر بازار، رغم أنهن أصبحن غالباً ما تنتجن أسطوانات الفيديو الرقمية لبيعها، بدلاً من ممارستهن الرقص الحي. أصبحنا نستمتع بمهرجانات السلام التي يصحبها عزف الموسيقى والرقص، وهو ما لم نكن نسمع عنه تحت حكم الطالبان. وقد نظَّم والدي أحد هذه المهرجانات في مارجزار ووجّه الدعوة إلى هؤلاء الذين استضافوا النازحين في المناطق السفلى عرفاناً بما قدموه لهم، وتواصل عزف الموسيقى طول الليل.

يبدو أن الأحداث غالباً ما تتزامن مع عيد ميلادي، فعندما بلغت الثالثة عشرة في تموز/ يوليو 2010 هطلت الأمطار. ولأن الرياح الموسمية لا تهب عادة على سوات فقد سُررنا في أول الأمر، وحسبنا أن هَطْل المطر يعني موسم حصاد جيد في وادينا.

ولكنها كانت أمطاراً متواصلة وشديدة الغزارة لا يستطيع المرء أن يرى من خلالها شخصاً يقف أمامه. كان خبراء البيئة قد حذروا من أن مناطقنا الجبلية قد تعرضت للتعرية بعد قطع الأشجار الجائر من قبل الطالبان ومهربي الأخشاب. وسرعان ما وجدنا مياه الفيضانات المحمَّلة بالطين تنزل صوب الأودية، فتجرف كل ما يعترض طريقها.

تصادف وجودنا في المدرسة عندما بدأ الفيضان وتم إعادتنا إلى بيوتنا. ولكن الماء كان شديد الغزارة وغمر الجسر الموجود فوق النهير، ولذلك اضطررنا لأن نسلك طريقاً آخر. وجدنا الجسر التالي وقد غمره الماء أيضاً ولكن منسوبه لم يكن عميقاً، فاضطررنا للخوض في الماء. كانت ثمة رائحة كريهة تفوح من الماء، ومع وصولنا إلى البيت كانت ثيابنا قد ابتلّت وعلقت بها الأوساخ.

في اليوم التالي سمعنا أن الفيضانات قد غمرت المدرسة. واستغرق سحب المياه أياماً وعندما عدنا رأينا أثر المياه على الحوائط حيث ارتفع منسوبها بمقدار صوان ثياب. كان الطينُ يغطي كل شيء، فغطى مناضدنا ومقاعدنا واشتممنا رائحة مقزِّزة تنبعث من الفصول. كان حجم الدمار هائلاً وتكبَّد والدي لإزالة آثاره 90 ألف روبيه، أي ما يعادل الرسوم الشهرية لتسعين طالباً.

تكرَّرت الصورة ذاتها في شتى أنحاء باكستان؛ فقد تحول نهر السند الكبير، الذي ينبع من جبال الهملايا ويخترق بعد ذلك إقليم خيبر بختونخوا والبنجاب وصولاً إلى كراتشي وبحر العرب، والذي نفخر به أيما فخر، تحول إلى سيول هائجة وراح يفيض فوق ضفتيه. جرفت المياه الطرقات والمحاصيل وأزالت قرى كاملة. مات زهاء

ألفي شخص غرقاً فيما تضرر 14 مليون شخص فَقَدَ كثيرون منهم بيوتهم فيما دُمرت 7 آلاف مدرسة. وقد عُدَّ هذا الفيضان هو الأسوأ في الذاكرة الحية حتى أسماه الأمين العام للأمم المتحدة السيد بان كي مون «تسونامي بطيء الحركة». وقد قرأنا أن عدد المتضررين وحجم الدمار الذي خلفته الفيضانات قد فاق ما أحدثه تسونامي آسيا وزلزال 2005 الذي ضرب باكستان وإعصار كاترينا وزلزال هاييتي مجتمعين.

كانت منطقة سوات من أشد المناطق تضرراً. فقد جرفت الفيضانات أربعة وثلاثين جسراً من جسورنا البالغ عددها اثنان وأربعون، وهو ما عزل مساحات كبيرة من الوادي. وتحطمت الأبراج الكهربائية تماماً، ولذلك لم يكن لدينا كهرباء. كان شارعنا يقع على تلة وهو ما وفَّر لنا حماية أكبر إزاء فيضان النهر، ولكنا كنّا نرتجف لمجرد سماع صوته الأشبه بصوت تنين يزمجر بأنفاس ثقيلة ويلتهم كل شيء في طريقه. دُمرت جميع الفنادق والمطاعم المُقامة على ضفتي النهر حيث اعتاد السائحون تناول سمك السلمون المرقط والاستمتاع بالمناظر الطبيعية. كانت المناطق السياحية هي المناطق الأشد تضرراً في سوات حيث خُرِّبت المنتجعات الجبلية مثل ملام جابا وميدان وبحرين، وأضحت فنادقها وأسواقها أطلالاً.

سرعان ما سمعنا من أقاربنا أن الدمار في شانجلا كان يفوق الخيال. فقد جرفت مياه الفيضان الطريق الرئيس المؤدّي إلى قريتنا من ألبوري، عاصمة شانجلا، وغمرت المياه قرى كاملة. وأزالت الانهيارات الطينية كثيراً من البيوت التي أقيمت فوق المدرجات الجبلية في قرى كارشات وشاهبور وباركانا. ظلّ بيت عائلة والدتي،

حيث يعيش خالي فايز محمد، قائماً، ولكن الطريق المؤدي إليه كان قد تلاشى.

حاول الناس دون جدوى حماية القليل الذي يملكونه، فنقلوا ماشيتهم إلى أراض ذات منسوب أعلى، ولكن الفيضانات كانت قد اجتاحت محاصيلهم وأتلفت البساتين وأغرقت الكثير من الجاموس. وقف سكان القرى عاجزين ولا حيلة لهم. لم يكن لديهم كهرباء، فجميع مشروعاتهم البديلة لتوليد الكهرباء قد تحطمت هي الأخرى. ولم يعُد لديهم مياه شرب نظيفة لأن مياه النهر قد تغير لونها واصطبغت باللون البني بفعل الركام والأنقاض. وقد بلغت المياه من القوة حداً جعلها تجرف كل شيء بما في ذلك المباني الخرسانية، ولذلك سُويت المدرسة والمستشفى ومحطة توليد الكهرباء فضلاً عن الطريق الرئيس جميعاً بالأرض.

ليس بوسع أحدٍ أن يفهم كيف جرى ذلك. فقد عاش الناس بالقرب من شاطئَي نهر سوات على مدى ثلاثة آلاف سنة، وكنا نرى فيه دائماً شرياناً للحياة، وليس مصدراً للخطر، ونرى وادينا باعتباره ملاذاً نحتمي به من العالم الخارجي، لكننا أصبحنا الآن، وعلى حدّ قول ابن خالي سلطان رومي، «وادي الأحزان». فقد تعاقب علينا الزلزال ثم الطالبان ثم العملية العسكرية، والآن، وبينما بدأنا لتونا إعادة البناء، وجدنا أنفسنا إزاء فيضان مدمر يجتاح كل ما يعترض سبيله. وبات سكان الوادي يخشون بشدة من عودة الطالبان وانتهازهم لهذه الحالة من الفوضى.

أَرسل والدي بالطعام والمساعدات إلى شانجلا مستعيناً بأموال جمَعَها أصدقاء ورابطة المدارس الخاصة في سوات. جاءت صديقتنا

شيزا وبعض الناشطات اللائي التقيناهن في إسلام أباد إلى منجورا حيث قمن بتوزيع أموال كثيرة. ولكن مثلما كان الحال وقت الزلزال، فقد جاء متطوعو الجماعات الإسلامية في طليعة من وصلوا إلى المناطق النائية والمعزولة حاملين إليها المساعدات. وقال كثيرون إن الفيضانات هي زجر آخر من الله بسبب مهرجانات الموسيقى والرقص التي أقمناها خلال الفترة الأخيرة، لكن لحسن الحظ، لم تكن ثمة إذاعة تروج لمثل هذه الرسالة!

وبينما كانت كل هذه العذابات تتواصل، وبينما كان الناس يفقدون أحباءهم وبيوتهم ومصادر رزقهم، كان آصف زرداري، رئيسنا، يمضي عطلة في قصره في فرنسا. قلت لوالدي: «إنني حائرة يا أبتِ. ما الذي يحول بين السياسيين وبين الوفاء بمسؤولياتهم؟ لماذا لا يريدون لشعبنا أن يحيا في أمان وأن يحصل على الطعام والكهرباء؟».

ويأتي الجيش ثانياً بعد الجماعات الإسلامية فيما يتعلق بإيصال المساعدات الرئيسة. وفي هذه الأزمة لم تأتِ المساعدات من جيشنا فقط، فقد أرسل الجيش الأميركي أيضاً بمروحياته التي أثارت توجُّس بعض الناس. فقد راح بعضهم يتداول نظرية مفادها أنّ الدمار الذي أصاب البلاد يقف وراءه الأميركيون عبر استخدامهم لتكنولوجيا برنامج الشفق النشط عالي التردّد والمعروف اختصاراً باسم HAARP الذي يُحدث موجات هائلة في قاع المحيط، ومن ثم تسبب في فيضان المياه على بلادنا. ثم وبحجة إيصال المساعدات، يمكنهم الدخول إلى باكستان بصفة شرعية والتجسُّس على جميع أسرارنا.

ظلت الحياة شديدة الصعوبة حتى بعدما توقف سقوط المطر أخيراً، فلم تكن لدينا مياه شرب نظيفة ولا كهرباء. وفي آب/ أغسطس ظهرت أولى حالات الكوليرا في منجورا وسرعان ما أقيمت خيمة للمرضى خارج المستشفى. وبسبب انقطاع طرق الإمدادات، أصبح الغذاء المتوفر بكميات ضئيلة باهظ الثمن. كان الوقت هو موسم الخوخ والبصل واستمات الفلاحون في محاولتهم لإنقاذ محاصيلهم. فجازف كثير منهم بحياتهم وقاموا برحلات محفوفة بالمخاطر عبر النهر الهائج على متن مراكب صنعوها من إطارات السيارات كي يأتوا بمحاصيلهم إلى الأسواق. وقد شعرنا بسعادة بالغة عندما رأينا الخوخ معروضاً للبيع في السوق.

جاءت المساعدات الأجنبية أقلّ حجماً ممّا كانت عليه في أزمات سابقة. وهو انخفاض تفسِّره حقيقة أن الدول الغنية في الغرب كانت ترزح تحت أزمة اقتصادية، فضلاً عن أنّ جولات الرئيس زرداري حول أوروبا قد خفَّضت من مقدار تعاطف هذه الدول مع شعبنا. وأفادت حكومات أجنبية بأنّ معظم ساستنا لا يدفعون أي ضرائب دخل، وأنه يصعب عليهم أن يطالبوا دافعي الضرائب المأزومين لديهم بأن يسهموا في تخفيف معاناتنا. وفوق ذلك كان القلق يساور وكالات الإغاثة الأجنبية بشأن موظّفيها والأخطار المحدقة بهم، لا سيما بعد أن طالب المتحدّث باسم طالبان الحكومة الباكستانية برفض المعونات المقدمة من المسيحيين واليهود. ولم يشكّ أحد في مدى جدية تهديدهم. فقد تمّ تفجير مكتب برنامج الغذاء العالمي في إسلام أباد في تشرين الأول/ أكتوبر الماضي، ما أسفر عن مقتل خمسة من عمّال الإغاثة.

في سوات بدأنا نرى دلائل متزايدة على أن الطالبان لم يغادروا الوادي في واقع الأمر. فقد تمّ تفجير مدرستين واختُطف ثلاثة من عمال الإغاثة الأجانب ممّن ينتمون إلى منظمة مسيحية وهم في طريق عودتهم إلى مقرّهم في منجورا، ثم قُتلوا بعد ذلك. وردتنا أنباء صادمة أخرى، كان مفادها أن صديق والدي، الدكتور محمد فاروق، نائب مستشار جامعة سوات، قد قُتل على أيدي مُسلحَيْن اقتحما مكتبه وأطلقا عليه النار. كان الدكتور محمد فاروق عالماً إسلامياً وعضواً سابقاً في حزب الجماعة الإسلامية، وكان واحداً من أشدّ المناهضين للنموذج الطالباني حتى إنه أصدر فتوى تُحرِّم الهجمات الانتحارية.

انتابنا الشعور بالإحباط وتملّكنا الخوف من جديد. عندما كنا «نازحين داخلياً» خطرت ببالي فكرة الدخول إلى عالم السياسة، والآن أصبحت أدرك أنّ ذلك هو الخيار الصحيح. إن بلدنا يعاني من أزمات كثيرة وليس لدينا قادة حقيقيون يمكنهم التصدي لها.

17

عندما دعوت الله أن تَطُول قامتي

توقّف نمو قامتي مع بلوغي الثالثة عشرة من عمري. كنت أبدو أكبر من عُمري دائماً، ولكني وجدت فجأة أن صديقاتي قد أصبحن كلهن أطول مني قامة. وأصبحت إحدى أقصر ثلاث فتيات في صفي الذي يضمّ ثلاثين فتاة، وبدأت استشعر الحرج كلما كنت برفقة صديقاتي. ولذلك بدأت أدعو الله كل ليلة أن يطيل قامتي، واعتدت قياس طولي إزاء حائط غرفة نومي مستعينة بمسطرة وقلم رصاص. وفي كلّ صباح كنت أقف إزاء الحائط لأعرف أزادَ طولي أم لا. ولكن العلامة التي خطَّيتُها بالقلم الرصاص ظلت ثابتة بعناد عند خمسة أقدام، بل لقد نذرتُ لله إذا أطال قامتي ولو بقدر ضئيل، فسوف أصلّي له مائة ركعة نافلة.

كنت أتحدث في فعاليات كثيرة، ولكن قِصر قامتي الشديد كان يحوْل بيني وبين كسب ثقة الحضور بسهولة، حتى إنني كنت أحياناً لا أكاد أُرى من فوق المنصة. ورغم أني لا أهوى الأحذية ذات الكعوب العالية، فقد بدأت أنتعلها.

لم تعد إحدى فتيات صفنا إلى المدرسة ذلك العام؛ فقد تمّ تزويجها بمجرّد بلوغها. كانت تبدو أكبر من عمرها وإن لم تتجاوز

الثالثة عشرة. وبعد فترة سمعنا أنها قد أنجبت طفلين. وأتذكر أنني وبينما كنت أردِّد معادلات الهيدروكربون خلال حصص الكيمياء داخل الصف، كنت أستغرق في أحلام يقظة بشأن ما سيكون لو انقطعت عن المدرسة وتزوجت بدلاً من ذلك.

بدأنا نشغل أنفسنا بأشياء أخرى بجانب انشغالنا بالطالبان، بيد أنه كان مستحيلاً أن ننساهم تماماً. كان جيشنا، الذي يملك بالفعل أعمالاً جانبية غريبة مثل مصانع الكورن فليكس والمُخصّبات، قد بدأ إنتاج مسلسلات تلفزيونية. وأصبح الناس في باكستان يتسمّرون أمام مسلسل يعرضه التلفزيون في وقت الذروة اسمه «ما وراء نداء الواجب»، والذي كان يدور حول قصص واقعية لجنود يقاتلون المسلحين في سوات.

قُتل أكثر من مائة جندي في العملية العسكرية فيما أصيب تسعمائة آخرون، وقد أراد الجيش أن يظهرهم باعتبارهم أبطالاً. ورغم أن تضحياتهم يفترض أنها قد أعادت السيطرة للحكومة، فقد كنا لم نزل ننتظر عودة سيادة القانون. وكنت في معظم الأيام لدى عودتي من المدرسة أجد نساء يذرفن الدمع في بيتنا. لقد أصبح هناك المئات من المفقودين بعد الحملة العسكرية، وكان يُرجح أنهم اختطفوا من قبل الجيش أو جهاز الاستخبارات، ولكن أحداً لن يصرِّح بذلك. لم تستطع النساء الحصول على معلومات بشأن ذويهن؛ ولم يعرفن إن كان أزواجهن وأولادهن موتى أم أحياء. كانت بعضهن تواجهن أوضاعاً بائسة ولا يجدن سبيلاً يُعِلْنَ من خلاله أنفسهن. فالمرأة لا تستطيع أن تتزوج بآخر إلا إذا أُعلن أنّ زوجها قد مات، وليس مفقوداً.

كانت أمي تقدِّم لهن الشاي والطعام، ولكن ذلك لم يكن هو ما جئن لأجله. فقد كنّ يطلبن مساعدة والدي. وبفضل دوره كمتحدِّث باسم مجلس سوات القومي، فقد أصبح بمثابة همزة الوصل بين الناس والجيش.

توسلت سيدة التقيتها: «ما أريده هو أن أعرف فحسب إن كان زوجي ميتاً أو لا. إذا كانوا قد قتلوه فيمكنني إيداع الأطفال في ملجأ أيتام. ولكني الآن لست بأرملة ولا بزوجة». وحدّثتني أخرى بأن ولدها مفقود وبأن هؤلاء المفقودين لم يتعاونوا مع الطالبان؛ وإنما كلّ ما فعلوه هو أنهم ربما قدموا لهم كوباً من الماء أو بعض الخبز عندما طُلب منهم ذلك، لكن ومع ذلك فقد اعتقل هؤلاء الأبرياء فيما ظلّ قادة الطالبان طُلقاء.

كانت لدينا مُعلمة في مدرستنا تسكن بالقرب من منزلنا. وقد اختُطف شقيقها من قبل الجيش، ووُضعت في يديه الأغلال وتعرض للتعذيب، ثم أُبقِي في ثلاجة حتى مات. لم تكن تجمعه أدنى صلة بالطالبان ولم يكن سوى صاحب متجر بسيط. وبعد وفاته تقدّم الجيش بالاعتذار لها عن ذلك قائلاً إن ثمة خطأ وقع فيما يخص اسمه وأنهم قد اعتقلوا الشخص الخطأ.

لم تكن النساء الفقيرات وحدهن مَن يقصدن منزلنا. فقد جاءنا ذات يوم رجل أعمال من العاصمة العمانية مسقط في الخليج العربي. وقال لوالدي إن شقيقه وستة أو سبعة من أبناء شقيقته قد اختفوا جميعاً، وأنه يريد معرفة مصيرهم وما إن كانوا موتى أو محتجزين حتى يقرِّر إن كان عليه أن يجد أزواجاً لزوجاتهم. وكان أحدهم رجل دين وقد تمكّن والدي من إطلاق سراحه.

لم يكن ذلك مقصوراً على سوات فحسب، بل سمعنا أن هناك آلاف المفقودين في شتى أنحاء باكستان. وكان أناس كثيرون يحتجّون خارج قاعات المحاكم أو يُعلقون صوراً لذويهم من المفقودين ولكن دون جدوى.

في غضون ذلك انشغلت محاكمنا بقضية أخرى. يوجد لدينا في باكستان قانون اسمه «قانون التجديف»، تم سَنُّه بهدف حماية القرآن الكريم من الازدراء. وخلال حملة الأسلمة التي أطلقها الجنرال ضياء الحق جرى تشديد هذا القانون، فأصبح يجيز معاقبة كل من يُسيء إلى النبي الكريم بالموت أو السجن مدى الحياة.

وتعود حيثيات القضية إلى أنه في تشرين الثاني/ نوفمبر 2010 نشرت الصحف تقريراً عن امرأة مسيحية اسمها آسيا بيبي صدر ضدها حكم بالإعدام شنقاً. كانت أماً مسكينة لخمسة أطفال وتتكسب قوت يومها من العمل في جمع الفاكهة في إحدى قرى البنجاب. وذات يوم قائظ الحرارة جلبت بعض الماء لزميلاتها العاملات كي يشربن، لكن بعضهن رفضن الشرب منه، قائلات إن الماء «نجس» لكونها مسيحية. واعتقدوا أنهم كمسلمين سوف يطالهم دنسٌ إذا شربوا معها. وكانت إحدى هؤلاء جارة لها وقد أغضبها أنّ عنزة آسيا بيبي قد أتلفت وعاء الماء الخاص بها، ما أدى إلى احتدام الجدال فيما بينهما، ومثلما هو حال كلّ جدالاتنا في المدرسة، فإنه توجد روايات مختلفة بشأن مَن قال ماذا. وإحدى هذه الروايات هي أنهن حاولن إقناع آسيا بيبي باعتناق الإسلام وأنها أجابت بما مفاده أن المسيح قد مات على الصليب فداءً لخطايا

المسيحيين وتساءلت عمّا فعله النبي محمد من أجل المسلمين. أخبرت إحدى العاملات في جمع الفاكهة إمام مسجد محلي بما قالته جارتها، وبدوره أبلغ إمام المسجد الشرطة. وقد أمضت آسيا بيبي أكثر من سنة في السجن قبل أن تُحال قضيتها إلى المحكمة ويصدر ضدها حكمٌ بالإعدام.

منذ أن سمح مشرَّف بإنشاء القنوات التلفزيونية الفضائية، أصبح لدينا الكثير من القنوات. وبات بوسعنا فجأة مشاهدة هذه الوقائع عبر التلفزيون. أحدثت القضية موجة غضب عارم حول العالم وتناولتها كثير من البرامج الحوارية. أما داخل باكستان فقد كان حاكم البنجاب، سلمان تيسير من بين القليلين الذين دافعوا بجرأة عن آسيا بيبي. وهو نفسه كان سجيناً سياسياً بالإضافة إلى كونه حليفاً مقرّباً من بناظير بوتو، قبل أن يصبح لاحقاً أحد أباطرة الإعلام الأثرياء. وقد قام بزيارة آسيا بيبي في السجن وقال إن على الرئيس زرداري أن يُصدر عفواً عنها. ووصف قانون التجديف بأنه «قانون أسود»، وهي عبارة راح بعض مذيعي التلفزيون لدينا يكرِّرونها لصبّ الزيت على النار. ولم يمرّ وقت حتى وجَّه بعض أئمة المساجد انتقاداتهم للحاكم في خطبة الجمعة في أكبر مساجد روالبندي.

وبعد بضعة أيام، في الرابع من كانون الثاني/ يناير 2011، لقي سلمان تيسير مصرعه على يد أحد حرّاسه بعد تناوله الغداء في منطقة معروفة بمقاهيها العصرية في إسلام أباد. وقد أطلق عليه الحارس ستاً وعشرين طلقة، وقال لاحقاً إنه فعل ذلك إرضاء لله بعد أن استمع لخطبة الجمعة في روالبندي. أصابنا الذهول لكثرة من أَثنوا على القاتل، حتى إنه عندما مَثُل أمام المحكمة ألقى عليه المحامون

أكاليل الزهور. والأدهى أن إمام مسجد الحاكم الراحل رفض أن يصلي عليه صلاة الجنازة، كما لم يحضر الرئيس جنازته.

بدا أن بلدنا قد فقدت عقلها وصوابها. إذ كيف أصبحنا نضع أكاليل الزهور على رؤوس القتلة؟

وما هي إلا فترة وجيزة حتى تلقى والدي تهديداً آخر بالموت. كان قد ألقى كلمة في لقاء أقيم لإحياء الذكرى الثالثة لتفجير مدرسة حاجي بابا الثانوية، وتحدث خلالها بانفعال ورفع صوته قائلاً: «فضل الله هو كبير الشياطين. فلماذا لم يتمّ اعتقاله؟» بعد ذلك نصحه الناس بتوخي الحذر. ولم نلبث أن تسلمنا في منزلنا رسالة مجهولة المصدر موجهة إلى والدي.

وقد استُهلت الرسالة بقول: «السلام عليكم»، رغم أنها لم تكن تنطوي على أي سلام. وتابعت الرسالة، «إنك ابنٌ لرجل دين، ولكنك لست مسلماً صالحاً. وسوف يجدك المجاهدون أينما تذهب». عندما تلقى والدي الرسالة اعتراه القلق لبضعة أسابيع، ولكنه رفض أن يتوقف عن أنشطته وسرعان ما انصرف ذهنه لأمور أخرى.

في تلك الأيام بدا أنه لا حديث لأحد سوى أميركا. وبينما اعتدنا في السابق أن نلقي باللائمة في كل شيء على عدونا القديم الهند، فقد حلّت الولايات المتحدة الآن محلها. كان هناك غضب شعبي من الهجمات التي تشنها الطائرات بدون طيار على منطقة القبائل كل أسبوع تقريباً، وكنا نسمع أن مدنيين كثر يُقتلون بسببها. وفي غضون ذلك، أطلق عميل للاستخبارات الأميركية المركزية «سي

آي إيه» واسمه رايموند دافيس النار على رجلين في لاهور وأرداهما قتيلين مدعياً أنهما اقتربا من سيارته بدراجة بخارية وحاولا سرقته. أنكر الأميركيون أنه عميل لدى استخباراتهم وزعموا بدلاً من ذلك أنه دبلوماسي عادي، وهو ما أثار شكوكاً كبيرة لدى الجميع؛ فحتى نحن أطفال المدارس نعرف أن الدبلوماسيين العاديين لا يقودون سيارات لا تحمل علامة السيارات الدبلوماسية ولا يحملون مسدسات «جلوك».

ذهبت وسائل الإعلام لدينا إلى أن دافيس هو جزء من جيش سري هائل أرسلته وكالة الاستخبارات الأميركية إلى باكستان لكونها لا تثق في أجهزتنا الاستخباراتية. وتردَّد أيضاً أنه يتجسس على جماعة مسلحة اسمها «عسكر طيبة» الموجودة في لاهور والتي مدّت يد العون لشعبنا كثيراً خلال الزلزال والفيضانات ويُعتقد أنها تقف وراء مذبحة مومباي الرهيبة التي وقعت في العام 2008. والهدف الرئيس الذي تتبناه المنظمة هو تحرير مسلمي كشمير من الحكم الهندي، ولكنها نشطت مؤخراً في أفغانستان. وقال آخرون إن دافيس في واقع الأمر كان يتجسس على مواقع أسلحتنا النووية.

سرعان ما أصبح ريموند دافيس هو الأميركي الأشهر في باكستان. فاندلعت الاحتجاجات في شتى أنحاء البلاد وبدأ الناس يتخيلون أن أسواقنا ملأى بالكثير من ريموند دافيس، الذين يجمعون المعلومات لإرسالها إلى الولايات المتحدة. بعد ذلك تناولت أرملة أحد الرجلين اللذين قتلهما دافيس سمّ فئران وقتلت نفسها، وذلك يأساً من تحقُّق العدالة.

استمرت حالة الشدّ والجذب بين واشنطن وإسلام أباد على

مدى أسابيع، أو بالأحرى إدارات الجيش في روالبندي، قبل أن تُحل القضية نهائياً. وهو حلّ كان أشبه بما نجترحه من حلول في مجالسنا العرفية، فقد دفع الأميركيون «فدية» قدرها 2,3 مليون دولار وسرعان ما تبخّر دافيس من المحكمة ومن البلاد كلها. بعد ذلك طالبت الحكومة الباكستانية وكالة الاستخبارات الأميركية «سي آي إيه» بإعادة كثير من مقاوليها إلى أميركا وأوقفت إصدار التأشيرات لهم. خلّفت القضية قدراً كبيراً من المشاعر السلبية، ولا سيما أنه في 17 آذار/ مارس، وهو اليوم الذي تلا إطلاق سراح دافيس، قُتل أربعون شخصاً تقريباً في هجوم شنته طائرة بدون طيار على مجلس قبلي في شمال وزيرستان. بدا أن الهدف من الهجوم هو إيصال رسالة مفادها أن «السي آي إيه» بوسعها أن تفعل ما تشاء في بلادنا.

في أحد أيام الاثنين وبينما كنت أهمّ بقياس طولي إزاء الحائط لأرى ما إن كانت المعجزة قد تحققت وازددتُ طولاً خلال الليل، سمعت أصواتاً عالية تقترب من منزلنا. كان أصدقاء والدي قد جاءوا يحملون لنا نبأ يصعب تصديقه. وهي أن قواتاً أميركية خاصة اسمها «نيفي سيلز» قد نفذت عملية خلال الليل في أبوت أباد، وهي إحدى الأماكن التي نزلنا بها خلال نزوحنا، وأنها عثرت على أسامة بن لادن وقتلته. كان يعيش في مجمع كبير له سور ولا يفصله عن أكاديميتنا العسكرية سوى أقل من ميل، ولذلك لم نصدق أن الجيش لم يكن يدري شيئاً عن مخبأ ابن لادن. وأشارت الصحف إلى أن طلاب الأكاديمية كانوا يتدربون في الميدان المقابل لمنزله. كان المُجمع محاطاً بسور يبلغ ارتفاعه اثني عشر قدماً وتعلوه أسلاك شائكة حيث

عاش ابن لادن في الطابق العلوي منه مع زوجته الصغرى، وهي امرأة يمنية اسمها أمل، فيما عاشت زوجتان أخريان له وأبناؤه الأحد عشر في الطابق الأسفل. وقال سناتور أميركي ما كان ينقص مخبأ ابن لادن سوى أن يضع عليه «لوحة نيون» تحمل اسمه.

وفي واقع الأمر، يعيش أناس كثيرون في مناطق البشتون داخل مجمعات سكنية مُسوَّرة حفاظاً على حرماتهم وخصوصيتهم، ومن ثم لم يكن المنزل يشذّ عن المألوف أو يلفت الأنظار في ذلك. أما المستغرب في أمر المنزل فهو أن قاطنيه لم يغادروه قط، وأنه لم يكن موصولاً بهاتف أو بشبكة الإنترنت؛ إذ كان يجلب لهم الطعام شقيقان يعيشان أيضاً في المجمع مع زوجتيهما ويعملان ساعيين لدى ابن لادن، وكانت إحدى هاتين الزوجتين من سوات.

أصابت قوات «سيلز» ابن لادن في رأسه وتمّ نقل جثته إلى الخارج على متن طائرة مروحية قبل أن يُلقى بها في البحر. وليس ثمة ما يشير إلى إبدائه أي مقاومة خلال الهجوم الذي قتل خلاله أيضاً الشقيقان وأحد أبناء ابن لادن الكبار، وأما زوجات ابن لادن والأطفال الآخرين فقد اقتيدوا وتركوا، قبل أن تحتجزهم باكستان. فرح الرئيس أوباما فرحاً شديداً بمقتل ابن لادن، وشاهدنا عبر التلفزيون احتفالات كبيرة تقام خارج البيت الأبيض.

حسبنا في أول الأمر أن حكومتنا كانت على دراية مسبقة بالهجوم وأنها شاركت في تنفيذه. ولكن سرعان ما تبين لنا أن الأميركيين قد نفذوا العملية منفردين. أثار ذلك حالة من الغضب الشعبي، إذ يُفترض أننا حلفاء وقد فقدنا جنوداً في الحرب على الإرهاب أكثر ممّا فقد الأميركيون، فضلاً عن أنهم قد دخلوا البلاد

تحت جنح الظلام وحلقت طائراتهم على ارتفاع منخفض مستخدمين مروحيات خاصة لا تُحدث ضجيجاً، بعد أن شلُّوا أجهزة الرادار لدينا عبر الإعاقة الإلكترونية. ولم يُخْطِروا كلاً من رئيس أركان الجيش الجنرال أشفاق كياني والرئيس زرداري إلا بعد انتهائهم من العملية، فيما لم يعلم معظم قادة الجيش بالعملية إلا عبر التلفزيون.

وقد برر الأميركيون فعلتهم بأنه ما كان بوسعهم أن ينفذوها إلّا على هذا النحو، وذلك لارتيابهم في جهاز الاستخبارات الباكستاني وتخوفهم من تسريب الخبر لابن لادن قبل أن يصلوا إليه. وقال مدير الاستخبارات الأميركية معلّقاً على موقف باكستان، إنها كانت «إما متورطة وإما غير فاعلة. وكلا الوضعان لا يليقان بها».

وقد علق والدي على ذلك قائلاً إنه يوم خزي وعار. وتساءل: «كيف يمكن لإرهابي عتيد أن يختبئ في باكستان ولا يتم رصده على مدى سنوات طويلة؟» وهو السؤال الذي أثاره آخرون أيضاً.

وبوسع المرء أن يدرك السبب الذي يحمل الجميع على الاعتقاد بأن جهاز الاستخبارات لدينا لا بد وأنه كان على علم بمخبأ ابن لادن، فهو معروف عنه أنه جهاز ضخم وعملاؤه ينتشرون في كل مكان. فكيف تسنى إذن لابن لادن العيش بهذا القرب الشديد من العاصمة - لا تفصله عنها سوى ستين ميلاً فقط؟ وعلى مدى سنوات طويلة! ربما كان أفضل مكان يختبئ به هو أرض مكشوفة، ولكنه ظلّ يعيش في ذلك المنزل منذ زلزال 2005، بل والأدهى أن طفلين من أطفاله قد ولدا في مستشفى أبوت أباد، وأنه أمضى في باكستان أكثر من تسع سنوات. فقبل قدومه إلى أبوت أباد عاش في هاريبور

وقبل ذلك اختبأ في وادي سوات، حيث التقى خالد شيخ محمد، العقل المدبر لهجمات الحادي عشر من سبتمبر.

بدت الملابسات التي صاحبت اكتشاف مخبأ ابن لادن وكأنها مستوحاة من أفلام الجاسوسية التي يحبها أخي خوشال؛ فقد كان ابن لادن يعتمد على سعاة من البشر بدلاً من المكالمات الهاتفية أو رسائل البريد الإلكتروني وذلك للحيلولة دون كشف مخبئه. ولكن الأميركيون تمكَّنوا من اكتشاف أحد سعاته، وتعقبوا رقم لوحة سيارته من بيشاور وحتى أبوت أباد. وبعد ذلك رصدوا المنزل بنوع خاص من طائرات عملاقة بدون طيار ومزودة بأجهزة رؤية عبر أشعة إكس، والتي أظهرت رجلاً طويل القامة وذا لحية يروح ويجيء خلال المجمع. وقد أسموه «بيسر».

كانت التفاصيل الجديدة التي تظهر يوماً وراء يوم تثير فضول الناس، ولكن بدا أنّ غضبهم من الغارة الأميركية يفوق غضبهم من كون أكبر إرهابيّي العالم كان يعيش على أرضهم. ونشرت بعض الصحف قصصاً مفادها أن الأميركيين قد قتلوا ابن لادن بالفعل ولكن قبل سنوات ثم احتفظوا بجثته داخل ثلاجة، وأنهم ما جاءوا بها إلى أبوت أباد ونفذوا هذه الغارة الوهمية إلا لإحراج الحكومة الباكستانية أمام شعبها والعالم.

بدأنا نتلقى رسائل نصية تطالبنا بالخروج إلى الشوارع تعبيراً عن دعمنا للجيش. وقالت إحدى هذه الرسائل: «كنَّا هناك من أجلكم في أعوام 1948 و1965 و1971»، في إشارة إلى حروبنا الثلاث مع الهند. «كن معنا الآن بعد أن طُعِنَّا في الظهر». ولكن كانت ثمة رسائل أخرى تهزأ بالجيش وتساءل الناس كيف أننا ننفق ستة

مليارات دولار سنوياً على الجيش (وهو سبعة أضعاف ما كنا ننفقه على التعليم) إذا كانت أربع مروحيات أميركية قد استطاعت خداع أجهزة الرادار لدينا والطيران فوق أرضنا؟ وإذا كان بوسعهم أن يفعلوا ذلك، فما الذي يمنع الهنود الذين يجاورونا؟ وقالت رسالة: «رجاء لا تستخدم بوق السيارة، فالجيش نائم». وتندرت أخرى: «رادار باكستاني مستعمل للبيع... لا يستطيع أن يرصد الطائرات المروحية ولكنه يستقبل قنوات الكيبل التلفزيونية جيداً».

وفي سابقة هي الأولى من نوعها، استُدعي كلّ من الجنرال كياني والجنرال أحمد شوجا باشا، رئيس جهاز الاستخبارات الباكستاني للمثول أمام البرلمان والإدلاء بشهادتيهما؛ لأنّ بلادنا كانت قد تعرضت لإذلال سافر وأصبح الشعب يريد أن يعرف لماذا جرى ما جرى.

علمنا أيضاً أن بعض الساسة في أميركا قد استشاطوا غضباً من كون ابن لادن عاش تحت أعيننا فيما كانوا يتخيلونه طول الوقت يختبئ في كهف من الكهوف. وأغضبهم أنهم قد قدَّموا لنا على مدى ثماني سنوات 20 مليار دولار كي نتعاون معهم ولكن ظلّت مسألة إلى أي الفريقين نميل مثار جدل لديهم. بدا الأمر أحياناً وكأن المسألة برمّتها تتمحور حول المال الذي كان معظمه يذهب إلى خزائن الجيش؛ أما الناس العاديون فلا يحصلون على شيء.

بعد بضعة أشهر من ذلك، وفي تشرين الأول/ أكتوبر 2011، أخبرني والدي أنه تلقى رسالة عبر البريد الإلكتروني تخبره بأنني اختُرت ضمن خمس مرشحين لجائزة السلام الدولية للأطفال، وهي

الجائزة التي تمنحها منظمة «كيدز رايتس» الهولندية مناصرة للأطفال. وكان اسمي قد اقترحه القس ديزموند توتو من جنوب أفريقيا، الذي يعده والدي بطلاً رائداً لنضاله ضدّ نظام التفرقة العنصرية، لكن والدي أصيب بخيبة أمل عندما لم أفُز بالجائزة، فأوضحت له أنّ كل ما فعلته هو أني تجرأت على الكلام؛ وأننا ليس لدينا منظمة تمارس عملاً على أرض الواقع مثلما يفعل الفائزون بالجائزة.

بعد فترة وجيزة من ذلك تلقيت دعوة من رئيس حكومة إقليم البنجاب، شهباز شريف، للتحدث ضمن مهرجان عن التعليم في لاهور. كان ينشئ شبكة من المدارس الجديدة التي يسميها «مدارس دانيش» ويقدم أجهزة حاسوب محمولة مجاناً للطلاب، حتى وإن كانت صورته تظهر على كل شاشة عندما يُفتح الجهاز. وكي يُحفز الطلاب في جميع الأقاليم كان يقدّم جوائز نقدية للبنات والبنين الذين يحققون علامات جيدة في اختباراتهم. وقد منحتُ شيكاً مصرفياً بنصف مليون روبيه، أي حوالى 4500 دولار تقديراً لحملتي التي أطلقتها دفاعاً عن حقوق الفتيات.

كنت أرتدي ثوباً زهري اللون في المهرجان وتحدثت لأول مرة علناً كيف أننا تحدينا الفتوى التي أصدرها الطالبان وواصلنا الذهاب إلى المدرسة سراً. وقلت: «إنني أدرك قيمة التعليم لأن أقلامي وكتبي قد سُلبت مني بالقوة. ولكن فتيات سوات لا يَخَفن أحداً. فقد داومنا على تعليمنا».

بعدئذٍ كنت ذات يوم داخل الصف عندما قالت لي زميلاتي: «لقد فزت بجائزة كبيرة ونصف مليون روبيه!» أبلغني والدي أن الحكومة قد منحتني جائزة السلام الوطنية الأولى في باكستان. لم

أستطع أن أصدق ذلك وفوجئت بجمع من الصحفيين أمام المدرسة في ذلك اليوم حتى أصبحت أشبه باستديو أخبار.

أقيم حفل تسليم الجائزة في 20 كانون الأول/ ديسمبر 2011 في المقر الرسمي لرئيس الوزراء، وهو أحد القصور البيضاء الكبيرة المطلة على التل والكائن في نهاية شارع الدستور الذي سبق ورأيته خلال رحلتي إلى إسلام أباد. كنت قد اعتدت عندئذٍ على مقابلة كبار السياسيين. لم ينتبني أي توتر رغم أنّ والدي حاول أن يرهبني بقوله إن رئيس الوزراء جيلاني يتحدر من عائلة لأولياء الله. بعد أن سلمني رئيس الوزراء جيلاني الجائزة والشيك، قدّمت له قائمة طويلة من المطالب وقلت له إننا نريد إعادة بناء مدارسنا ونريد جامعة للبنات في سوات. كنت أدرك أنه لا يأخذ مطالبي على محمل الجدّ، ولذلك لم أدفع في ذلك الاتجاه بقوة، وقلت في نفسي، يوماً ما سوف أصبح سياسية وأحقق هذه المطالب بنفسي.

تقرر أن تمنح الجائزة سنوياً إلى الأطفال ممّن هم تحت الثامنة عشرة، بل وتمّ تسميتها جائزة ملالا تكريماً وتقديراً لي. لاحظت أن والدي لم يفرح بالجائزة، بل ورأى فيها فألاً سيئاً، فمثله مثل معظم البشتون يؤمن بالخرافات ولو قليلاً، لا سيما وأننا في باكستان نفتقر إلى ثقافة تكريم الناس وهم أحياء، وأنه لا يُكرَّم لدينا إلا الموتى.

لم يرق لوالدتي نيلي لتلك الجوائز وأبدت تخوفها من أنها سوف تدخلني دائرة الاستهداف لا سيما وأن شهرتي كانت تزداد يوماً وراء يوم. وهي نفسها لم تظهر أمام جمهور قط، بل ورفضت أن تُلتقط لها أي صورة وذلك لالتزامها الشديد بتقاليدنا وأعرافنا الممتدة عبر قرون من الزمن. وكانت تدرك جيداً أنّ خروجها على تلك

التقاليد، سوف يجعل الجميع رجالاً ونساء يتحدثون عنها بالسوء، ولا سيما من ينتمون إلى عائلتنا.

ورغم أنها لم تقُل يوماً إنها نادمة على سيري في هذا الدرب الذي سلكناه أنا ووالدي، فقد قالت عندما فزت بالجائزة: «لست أريد جوائز، ما أريده هي ابنتي. ولن يكفيني العالم كله إذا مُسّ رمش واحد من رموشها».

ويحاجج والدي بقوله إن أقصى أمانيه كانت أن ينشئ مدرسة يُعلِّم فيها الأطفال، وأنه لم يكن أمامنا إلا الانخراط في السياسة والتشجيع على التعليم. وقال: «إن طموحي الوحيد هو أن أبذل قصارى جهدي كي أعلم أطفالي وأبناء وطني. ولكن عندما يكذب نصف قادتكم فيما يتفاوض النصف الآخر مع الطالبان، فليس لي أن أَصدع بقول الحق دون خوف».

سعدتُ عندما عدت إلى البيت وعلمت أن مجموعة من الصحفيين يريدون أن يجروا معي مقابلة صحفية في المدرسة وأنه عليّ أن أرتدي ثياباً أنيقة. فكرت أولاً في ارتداء فستان بالغ الروعة، ولكني لم ألبث أن تراجعت وقررت ارتداء شيء أكثر حشمة خلال المقابلة، لأني أردتُ أن يركز الناس على رسالتي لا على ثيابي. وعندما وصلت المدرسة رأيت كل صديقاتي وقد تأنقن في لباسهن وهتفن عندما دخلت المدرسة: «مفاجأة!» فقد كنّ قد جمعن نقوداً ونظمن حفلة لي مصحوبة بكعكة كبيرة بيضاء كتب فوقها بالشوكولاتة «نتمنى لك دوام النجاح». كان رائعاً أن تشاركني صديقاتي نجاحي. وكنت أدرك أن أياً من زميلاتي في الصف بوسعها أن تحقق ما حققت إذا ما ساندها أبواها.

وعلقت مدام مريم عندما انتهينا من تناول الكعك بقولها: «والآن يمكنكن العودة إلى دروسكم. فالاختبارات موعدها في آذار/مارس!».

ولكن نهاية هذه السنة جاءت نهاية حزينة. فبعد خمسة أيام من تسلمي للجائزة، ماتت فجأة خالتي بابو، وهي الشقيقة الكبرى لوالدتي. لم تكن قد بلغت الخمسين من عمرها بعد بيْد أنها كانت تعاني من مرض السكري وحدث أن شاهدت إعلاناً تلفزيونياً مفاده أنّ طبيباً في لاهور يحقِّق معجزات علاجية، فأقنعت خالي أن يصطحبها إلى هناك. لا ندري ما الذي حقنها به الطبيب، ولكنها تعرضت لنوبة قلبية ماتت على أثرها. وقال والدي إن الطبيب كان مشعوذاً وهذا هو ما يفرض علينا مواصلة النضال ضدّ الجهل.

جمعت كثيراً من المال مع نهاية ذلك العام - نصف مليون روبيه ثلاث مرات، الأولى من رئيس الوزراء، والثانية من رئيس حكومة إقليم البنجاب، والثالثة من رئيس حكومة إقليمنا خيبر بختونخوا وحكومة السند. أما اللواء غلام قمر، وهو القائد المحلي للجيش، فقد منح مدرستنا 100 ألف روبيه لبناء مكتبة ومختبر للعلوم. ولكن معركتي لم تكن قد انتهت. استحضرت الدروس التي يعلِّمها لنا التاريخ والتي تفيد بأن الجيش الذي يحقق النصر في معركة ما يحصل على الأنفال أو الغنائم. ومن هذه الزاوية بدأت أنظر إلى حصادي من الجوائز وشهادات التقدير باعتباره جواهر ضئيلة وليست ذات أهمية كبيرة. ومن ثم كان عليّ أن أُكرس طاقتي للفوز بالحرب.

استعان والدي ببعض هذه الأموال ليشتري لي سريراً جديداً وخزانة ملابس، ودفع منها أيضاً ثمن زرع سِنّ لوالدتي وشراء قطعة

أرض في شانجلا. قرّرنا أن ننفق بقية الأموال على المحتاجين. كنت أريد أن أنشئ مؤسسة تعليمية وهي فكرة ظلّت تراودني منذ وقعت عيناي على هؤلاء الأطفال الذين يعملون في جبل القمامة. وما زلت لا أستطيع التخلص من صورة الفئران السوداء التي رأيتها هناك، وصورة الفتاة ذات الشعر المتشابك وهي تقوم بفرز القمامة. عقدنا مؤتمراً ضمّ إحدى وعشرين فتاة وجعلنا أولويتنا فيه هي توفير التعليم لكل فتاة في سوات مع التركيز على أطفال الشوارع وهؤلاء الذين ينخرطون في عمالة الأطفال.

عندما اجتزنا ممرّ ملاكند رأيت فتاة صغيرة تبيع برتقالاً. كانت تمسك بقلم رصاص وتخطّ علامات على ورقة كي تحسب البرتقال الذي باعته، لأنها لم تكن تقرأ أو تكتب. التقطتُ لها صورة وأقسمت أن أبذل كل ما بوسعي لمساعدة الفتيات من أمثالها على التعليم. وكانت هذه هي الحرب التي سأخوض غمارها.

18

المرأة والبحر

طفرت الدموع من عينيّ عمتي نجمة. فلم يُقدَّر لها أن ترى البحر من قبل. جلستُ برفقة أسرتي على الصخور، وأخذنا نحدق في الماء، ونتنفس الرائحة النفاذة لملح بحر العرب. كان اتساع الأفق كبيراً، ولا أحد يعرف يقيناً أين سينتهي. في تلك اللحظة شعرت بسعادة غامرة، وقلت: «يوماً ما سوف أعبر هذا البحر».

تساءلت عمتي: «ماذا دهاها؟» وكأني أتحدّث عن شيء محال. كنت لم أزل أحاول أن أستوعب حقيقة كونها تعيش في مدينة كراتشي الساحلية منذ ثلاثين عاماً ومع ذلك لم تقع عيناها قط على مياه المحيط فعلاً. لم يكن زوجها ليصحبها إلى الشاطئ، وحتى إذا خرجت خلسة من المنزل على نحوٍ ما، فلن تستطيع متابعة العلامات الإرشادية المؤدية إلى البحر لأنها لا تستطيع القراءة.

جلستُ فوق الصخور ورحتُ أفكر في حقيقة أنه في الجانب الآخر لهذه المياه توجد بلاد تحظى فيها النساء بالحرية. صحيح أن لدينا في باكستان امرأة شغلت منصب رئيس الوزراء وفي إسلام أباد التقيت هؤلاء النساء العاملات اللائي يبعثن على الإعجاب، ولكن الحقيقة هي أننا دولة تعتمد فيها النساء كلهن تقريباً اعتماداً تامّاً على

الرجال. كانت مدام مريم، مديرة مدرستنا، امرأة متعلمة وذات شخصية قوية، ولكنها لا تستطيع العيش بمفردها في مجتمعنا ثم المجيء إلى العمل. فلا بد لها من العيش في كنف زوج أو أخ أو أبوين.

وفي باكستان عندما تقول النساء إنهن يردن الاستقلال، يظنّ الناس أن هذا يعني أننا لا نريد طاعة آبائنا أو أشقائنا أو أزواجنا. ولكنه لا يعني ذلك. وإنما يعني أننا نريد أن تكون قراراتنا نابعة من أنفسنا. نريد أن تكون لنا الحرية في الذهاب إلى المدرسة أو الالتحاق بالعمل. ولا يوجد نصّ في القرآن الكريم يفيد بأن كل امرأة يجب أن تكون مُرتَهنة لرجل. ولم يتنزّل ذلك الأمر الإلهي من السماء ليبلغنا بأن كل امرأة يجب أن تتبع رجلاً.

قال لي أبي قاطعاً حبل أفكاري: «تفصلك عن هناك مليون ميل، حبيبتي. ما الذي تحلمين به؟».

أجبته: «لا أحلم سوى بعبور المحيطات، يا أبتِ».

صاح أخي أتال: «انسَ كلّ ذلك! نحن على الشاطئ وأنا أريد ركوب جمل!».

في كانون الثاني/ يناير 2012 كنا في كراتشي ضيوفاً على تلفزيون جيو بعد أن أعلنت حكومة السند أنها سوف تُعيد تسمية مدرسة ثانوية للبنات تقع في شارع ميشن باسمي تكريماً لي. كان أخي خوشال يذهب الآن إلى مدرسة في أبوت أباد، ولذلك لم يكن يوجد إلا أنا ووالديّ وأتال. ذهبنا إلى كراتشي بالطائرة، وكانت هذه هي المرة الأولى التي يركب فيها أيٌّ منّا طائرة. لم تتجاوز الرحلة

ساعتين من الزمن، وكدتُ لا أصدق ذلك؛ فقد كانت الطريق تستغرق منّا يومين على الأقل بالحافلة. وقد لاحظنا ونحن على متن الطائرة أن بعض الركاب لا يستطيعون العثور على مقاعدهم لعجزهم عن قراءة الحروف والأرقام. أُتيح لي الجلوس في مقعد بجوار النافذة، فكان بوسعي مشاهدة صحاري وطننا وجباله بالأسفل. وبينما كنا نتجه جنوباً كانت الأرض تزداد جفافاً ويتقلص لون الخُضرة الذي يميِّز سوات. وأستطيع أن أفهم الآن السبب الذي يجعل أهل سوات عندما يذهبون إلى العمل في كراتشي دائماً ما يوصون بأن يُدفنوا في برودة وادينا.

عندما انطلقنا من المطار باتجاه النُزل، أدهشتني الأعداد الكبيرة من الناس والمنازل والسيارات. كراتشي إحدى كبريات المدن في العالم. ويصعب على المرء أن يصدق أنها لم تكن سوى مرفأ يسكنها 300 ألف نسمة عندما تأسست باكستان. عاش جناح هناك وجعلها عاصمتنا الأولى، ثم سرعان ما تدفق عليها ملايين اللاجئين المسلمين القادمين من الهند الذين عرفوا باسم «المهاجرين» ويتحدثون الأردية وأصبحت اليوم تضم زهاء عشرين مليون نسمة. وهي تعتبر في واقع الأمر أكبر مدينة بشتونية في العالم، حتى وإن كانت تفصلها مسافات بعيدة عن أرضنا؛ فقد انتقل إليها ما بين خمسة وسبعة ملايين بشتوني للعمل.

وما يؤسف له أن كراتشي أصبحت أيضاً مدينة تموج بعنف شديد ولا تتوقف فيها الاشتباكات بين المهاجرين والبشتون. وبينما تتميز جميع أحياء المهاجرين التي رأيناها بأنها تحظى بدرجة عالية من النظام والنظافة، فقد وجدنا أحياء البشتون تنتشر فيها القذارة

وتعمّها الفوضى. ويدعم المهاجرون جميعاً تقريباً حزباً اسمه الحركة القومية المتحدة الذي يتزعمه ألطاف حسين، من منفاه في لندن ويتواصل مع مؤيديه عبر سكايبي، وهو حزب يتمتع بدرجة عالية من التنظيم، كما يُعرف عن مجتمع المهاجرين تماسكهم. وعلى النقيض فنحن البشتون منقسمون بشدة على أنفسنا، فبعضنا يؤيد عمران خان لأنه بشتوني وخان ولاعب كريكت عظيم، فيما يدعم بعض البشتون مولانا فضل الرحمن لأن حزبه الجماعة الإسلامية حزباً إسلامياً، أما بعضنا الآخر فنجده إما يساند حزب عوامي الوطني ذي التوجهات العلمانية لأنه حزب بشتوني قومي، أو حزب الشعب الباكستاني الذي كانت تتزعمه بناظير بوتو أو حزب الرابطة الإسلامية الذي يقوده نواز شريف.

ذهبنا إلى برلمان السند وهناك حظيت بتحية كل أعضائه. ثم عرَّجنا على بعض المدارس بما فيها المدرسة التي أُسميت باسمي. ألقيت كلمة حول أهمية التعليم وتطرّقت خلالها للحديث عن بناظير بوتو، فقد كانت هذه مدينتها، وقلت: «يتعين علينا جميعاً العمل معاً من أجل حقوق الفتيات». أنشد الأطفال أغنية لي ثم أهدوني لوحة تحمل صورتي وأنا أتطلع نحو السماء. كان غريباً ورائعاً في آنٍ معاً أن أرى اسمي وقد أصبحت تحمله مدرسة، تماماً مثل البطلة التي أُسميت باسمها، وهي ملالاي مايواند التي أسميت باسمها مدارس كثيرة في أفغانستان. كنا نعتزم أنا ووالدي أن نزور خلال عطلة العام الدراسي التالي المناطق الجبلية النائية في سوات وذلك للقاء أولياء الأمور والتحدث إليهم وإلى أطفالهم حول أهمية تعلم القراءة والكتابة. وقلت: «سوف نصبح دعاة في سبيل التعليم».

وفي وقت لاحق من ذلك اليوم قمنا بزيارة إلى عمتي وزوجها ووجدناهما يقطنان منزلاً ضيقاً للغاية، وأدرك والدي عندئذٍ السبب الذي حال بينهما وبين استقباله وهو طالب. وفي الطريق إلى هناك مررنا بميدان «عشاق الرسول» وذُهلنا عندما رأينا صورة لقاتل الحاكم سلمان تيسير وقد ازدانت بأكاليل الزهور كما لو كان ولياً من أولياء الله. استشاط والدي غضباً وقال: «في مدينة تضمّ عشرين مليون نسمة ألا يوجد بينهم رجل رشيد يزيل هذه الصورة؟».

وما كان يعقل أن نزور كراتشي ونتنزه على بحرها ونرتاد أسواقها الكبيرة دون أن نُعرج على أحد أهم مزاراتها، ألا وهو ضريح المؤسس والزعيم الكبير محمد علي جناح. وهو مبنى تمّ تشييده من المرمر الأبيض ويسوده هدوء شديد يجعله منفصلاً عن هرج المدينة ومرجها. بدا وكأنه يحظى بحرمة ما لدينا. ومن المعروف أن بناظير بوتو كانت في طريقها إليه كي تلقي من هناك أول خطاب لها عقب عودتها إلى باكستان قبل أن يتمّ تفجير حافلتها.

أوضح لنا الحارس أن المقبرة الموجودة في الغرفة الرئيسة وأسفل ثريا ضخمة من الخزف لا تضمّ جثمان جناح، وأن القبر الحقيقي يوجد بالأسفل، حيث يُسجى جثمانه بجوار شقيقته فاطمة، التي وافتها المنية بعده بفترة طويلة. وإلى جواره يوجد قبر أول رئيس وزراء لدينا، وهو لياقت علي خان، الذي تم اغتياله.

دلفنا عقب ذلك إلى المتحف الصغير الكائن في الباحة الخلفية، والذي يعرض ربطات العنق القوسية البيضاء التي اعتاد جناح طلبها من باريس، وكذلك بذّاته الثلاث التي خيطت في لندن، وعصيّ الغولف الخاصة به وخزانة سفر خاصة تضمّ أدراجاً تستوعب اثني

عشر حذاء من بينها حذاءه الاسكتلندي المفضل ذي اللونين. وتظهر على حوائط المتحف صور كثيرة له تعود إلى الأيام الأولى من تأسيس باكستان وبوسع المرء أن يتبين بسهولة من وجهه الغائر النحيف أن جناح كان يعيش آخر أيام حياته، إذ تبدو بشرته فيها وقد ترققت حتى باتت في سُمك ورقة، ولكن ذلك الشأن ظلّ وقتئذٍ طيّ الكتمان. كان جناح يدخن خمسين سيجارة في اليوم وكان مرضا السل وسرطان الرئة قد نَحلا جسده تماماً عندما وافق اللورد ماونتباتن، وهو آخر نائب للملك في الهند، على تقسيم الهند عند منحها الاستقلال. وقد قال لاحقاً إنه لو علم أن جناح كان يعيش حالة من الاحتضار لأرجأ الأمر ولما وُجدت باكستان. وكما هو معروف، فقد قضى جناح نحبه في أيلول/ سبتمبر 1948، أي بعد عام ونيف من التقسيم. ثم وعقب أكثر من ثلاث سنوات بقليل، اغتيل أول رئيس وزراء لنا. وهكذا فقد كانت باكستان منذ البداية دولة سيئة الطالع.

ويعرض المتحف لأشهر خطابات جناح التي يقول في أحدها إنه يحق لكل معتنق دين أن يعبد ما يشاء في باكستان الجديدة. ويوجد آخر يتحدث فيه عن أهمية دور المرأة. وكنت أودّ لو رأيت صوراً للنساء اللائي مررن بحياته، لكن زوجته ماتت صغيرة وكانت تعتنق البارسية الزرادشتية، أما ابنته الوحيدة دينا فقد آثرت البقاء في الهند حيث تزوجت من شخص بارسي، وهو ما لم يقبله الوطن الجديد للمسلمين، وتعيش الآن في نيويورك. ولذلك تعود معظم الصور التي يعرضها المتحف لشقيقته فاطمة.

كان صعباً أن أزور ذلك المكان وأقرأ تلك الخطابات دون أن

تجول بخاطري فكرة أن جناح لو كان حياً لأصيب بخيبة أمل شديدة في باكستان، وغالباً كان سيقول إن هذه ليست الدولة التي أرادها، فقد كان يأمل لنا أن نحظى بالاستقلالية ونتحلى بالتسامح وتسود بيننا روح الألفة والودّ. كان يريد لكل إنسان أن ينعم بالحرية بغض النظر عن معتقداته.

سألت والدي: «هل كان حَرياً بنا ألّا نصبح دولة مستقلة وأن نظلّ جزءاً من الهند؟» لقد كانت الصدامات لا تتوقف بين الهندوس والمسلمين قبل تأسيس باكستان. وما زالت الصدامات دائرة حتى بعد حصولنا على دولتنا المستقلة، ولكنها هذه المرة تدور بين المهاجرين والبشتون تارة وبين السنة والشيعة تارة أخرى. وبدلاً من أن يحتفي كل منا بالآخر، وجدنا أقاليمنا الأربعة تواجه صعوبة في التعايش مع بعضها بعضاً. فأهل السند غالباً ما يتحدثون عن الانفصال، وفي بلوشستان تدور رحى حرب مستمرة، ولكن لا يرشح من أخبارها الكثير لبُعدها الشديد. فهل يعني هذا الاقتتال الداخلي أن علينا تقسيم وطننا مرة أخرى؟

عندما غادرنا المتحف شاهدنا بعض الشباب يحملون أعلاماً وهم يشاركون في تظاهرة احتجاجية. وأخبرونا أنهم جاؤوا يتظاهرون نيابة عن شعب سرايكي من جنوب البنجاب وأن مطلبهم هو أن يكون لهم إقليمهم الخَاص.

بدا أن هناك أموراً كثيرة يقتتل حولها الشعب. وإذا كان المسيحيون والهندوس واليهود هم أعداؤنا حقاً، وهو ما يردِّده كثيرون، فلماذا نحن المسلمين نقتتل فيما بيننا؟ لقد ضلّ الناس لدينا جادة الصواب، فهم يعتقدون أنّ واجبهم الأكبر هو الدفاع عن

الإسلام ويخدعهم أناس مثل الطالبان الذين يسيئون تفسير القرآن عن قصد. ينبغي لنا أن نكرِّس جهودنا للتصدي للتحديات التي تواجهنا على أرض الواقع. فنحن لدينا في بلادنا أناس كثيرون لا يقرؤون ولا يكتبون، وكثير من نسائنا لم تحظين بأيّ قدر من التعليم. إننا نعيش في بلد تُفجَّر فيه المدارس، ولا نملك شبكة كهرباء يمكن الوثوق بها، بل ولا يمرّ يوم دون أن يراق دم باكستاني واحد على الأقل.

وذات يوم جاءت إلى نُزلنا سيدة اسمها شهلة آنجم، وهي صحفية باكستانية تعيش في ألاسكا كانت تريد مقابلتي بعد أن شاهدت الفيلم الوثائقي الذي شاركت فيه عبر الموقع الإلكتروني لصحيفة **نيويورك تايمز**. دردشتْ معي لبعض الوقت، ثم مع والدي. لاحظت أنّ عينيها كانتا تدمعان. ثم سألت والدي: «هل تعرف يا ضياء الدين، أن الطالبان قد هددوا بقتل هذه الفتاة البريئة؟» لم نكن نعرف عمّا تتحدث، ولذلك دخلت على شبكة الإنترنت وأرتنا أن الطالبان قد أصدروا ذلك اليوم تهديدين ضد امرأتين هما - شا بيجوم، وهي ناشطة في دير، وأنا، ملالا. وقال البيان: «هاتان المرأتان تروِّجان للعلمانية ويجب قتلهما». لم آخذ التهديد على محمل الجدّ، لاعتقادي بأن الإنترنت تحوي أشياء كثيرة ورأيت أن مثل ذلك الخبر كان سيأتينا عبر مصادر أخرى لو كان حقاً.

في ذلك المساء تلقى والدي اتصالاً من الأسرة التي ظلت تشاركنا منزلنا على مدى الأشهر الثمانية عشرة الأخيرة. كان منزلهم السابق له سقف من الطين ويُسرِّب ماء المطر وكانت لدينا غرفتان شاغرتان، ولذلك أقاموا معنا مقابل إيجار رمزي فيما التحق أبناؤهم

بمدرستنا مجاناً. كان لدى هذه الأسرة ثلاثة أطفال، وأحببنا عيشهم معنا لأننا كنا نلعب جميعاً عسكر وحرامي فوق السطح. وقد أبلغوا والدي أن الشرطة قد جاءت إلى المنزل وسألت إنْ كنّا قد تلقينا أي تهديد. عندما سمع والدي ذلك، اتصل بنائب المفتش، الذي سأله السؤال ذاته. سأله والدي: «لماذا تسأل، هل لديك أي معلومات؟» طلب الضابط من والدي أن يأتيه لدى عودتنا إلى سوات.

استبدّ القلق بوالدي ولم يعُد يستمتع بكراتشي بعد ذلك، وكان بوسعي أن أستشفّ حالة الانزعاج البالغ التي ألمت بوالديّ. كنت أدرك أن والدتي لم تزل تشعر بالحزن على فراق خالتي، وأن هذه الجوائز الكثيرة التي انهالت عليّ قد أثارت قلقهما، ولكن بدا لي أن ثمة شيء أكبر من ذلك. سألتهما: «لماذا تبدوان هكذا؟ ثمة شيء يقلقكما ولكنكما تحجبانه عني».

أخبراني عن الاتصال الذي تلقاه والدي من الأسرة التي تشاركنا منزلنا، وأنهما يأخذان التهديد على محمل الجدّ. لست أدري لماذا، ولكن معرفتي بكوني أصبحت مستهدفة لم تقلقني. فقد رأيت أن كل نفس ستذوق الموت يوماً ما، وأن أحداً لا يمكنه أن يوقف الموت؛ وأنه لا فرق إن كان الموت سيأتي بيد الطالبان أو بمرض السرطان. ومن ثم ارتأيت أنه ينبغي لي المُضي قُدُماً في الطريق الذي اخترت.

قال لي والدي: «ربما علينا أن نوقف نضالنا، عزيزتي، وأن نلتزم الصمت لبعض الوقت».

قلت له: «كيف ذلك؟ ألست أنتَ مَن قلت إذا كنا نؤمن بشيء أعظم قيمة من حياتنا، فإن أصواتنا سوف تعلو وتعلو حتى إذا صرنا في عداد الموتى؟ لا يمكننا أن نتخلى عن نضالنا»!

كان يطلب مني التحدّث في مناسبات كثيرة. فكيف لي أن أرفض متعلِّلة بالوضع الأمني؟ ليس بوسعنا فعل ذلك، ولا سيما باعتبارنا بشتون يعتزّون بأنفسهم. وقد دأب والدي على القول بأن البطولة تجري في دماء البشتون.

عدنا إلى سوات رغم ذلك بقلوب مثقلة بالهمّ. عندما ذهب والدي إلى الشرطة أروه ملفاً لي وأخبروه أنّ المكانة التي بلغتها محلياً ودولياً جعلتني محطّ الأنظار وأن ذلك هو ما استدعى صدور تهديدات الطالبان وأنني أصبحت بحاجة إلى حماية أمنية. عرضت الشرطة على والدي أن يُخصِّصوا لنا حراساً شخصيين، وهو ما رفضه والدي. فقد رأى وجهاء القوم في سوات يقتلون ولم يُغنِ عنهم الحراس الشخصيين، فضلاً عن أنّ حاكم البنجاب قد اغتيل بيد حارسه الشخصي. ورأى أيضاً أن وجود حراس مسلحين سوف يولِّد حالة من الفزع لدى أولياء أمور الطالبات في المدرسة، ولذلك لم يرغب في تعريض الآخرين للمخاطر. وقد اعتاد القول لدى تلقيه تهديدات سابقة: «دعيهم يقتلوني، ما يهمني هو أن أُقتل وحدي».

اقترح عليّ والدي أن يُلحقني بالمدرسة الداخلية في أبوت أباد مثلما فعل مع خوشال، ولكني لم أشأ ذلك. وكان قد التقى أيضاً عقيداً بالجيش في منطقتنا قال له إن التحاقي بالمدرسة في أبوت أباد لن يكون أكثر أماناً حقّاً، وأننا سوف نكون في أمان في سوات طالما قلَّصتُ من ظهوري العام. ولذلك عندما عرضت حكومة إقليم خيبر بختونخوا أن تجعلني سفيرة سلام، نصحني والدي أن أرفض العرض.

داخل البيت بدأت أُمترس البوابة الرئيسة لمنزلنا كلّما حلّ

الليل. وقالت أمي لأبي: «إنها تشتم رائحة الخطر». كان والدي في غاية الاستياء وظلّ يلحّ عليّ كي أسدل ستائر غرفتي ليلاً، ولكني لم أكن لأفعل.

قلت له: «أليس هذا موقف شديد الغرابة يا أبتِ؟ لقد كنا في أمان عندما كان الطالبان بين ظهرانينا؛ والآن لا يوجد طالبان ومع ذلك فقدنا الأمان».

أجاب: «نعم ملالا. الطالبان موجودون الآن ولكنهم يستهدفوننا نحن ومن هم مثلي ومثلك ويجهرون بآرائهم. أما بقية الناس في سوات فلا خوف عليهم. سائقو عربات الركشا وأصحاب المتاجر جميعاً آمنين. الطالبان يترصدون الآن أشخاصاً محددين، ونحن مِن هؤلاء الأشخاص».

كان ثمة جانب سلبي آخر لنيل تلك الجوائز، وهو أن دروساً كثيرة في المدرسة أصبحت تفوتني. ولذلك وعقب إعلان نتيجة الاختبارات التي انعقدت في آذار/ مارس وجدتني أدخل إلى خزانتي الجديدة كأساً هو كأس المركز الثاني.

19

الطلبنة المُوجَّهة

«دعينا نتظاهر بأننا في أحد أفلام سلسلة الشفق ''*Twilight*'' وأننا مصَّاصتا دماء في الغابة»، هكذا قلت لمنيبة. كنا قد خرجنا في رحلة مدرسية إلى مارجزار، وهو وادٍ أخضر ذو هواء منعش، ويحيط به جبل عالٍ ونهر صاف صفاء الكريستال حيث كنا نخطط لرحلة خلوية هناك. وبالقرب منا يوجد أيضاً فندق القصر الأبيض الذي جرت العادة أن يكون المقر الصيفي لإقامة الوالي.

كنا في نيسان/ أبريل 2012، وهو الشهر الذي أعقب اختباراتنا، ولذلك كنا جميعاً نعيش حالة من الاسترخاء. ضمَّت مجموعتنا سبعين فتاة تقريباً وشاركنا في الرحلة معلِّمونا ومعلماتنا بالإضافة إلى أبويّ. استأجر والدي ثلاث «حافلات»، ولكنها لم تسعُنا جميعاً، ولذلك، استقل خمسة منا - أنا ومنيبة وثلاث فتيات أخريات - حافلة المدرسة «داينا». لم تكن مريحة كثيراً، ولا سيما أننا كنا نحمل معنا آنية كبيرة مترعة بالدجاج والأرز من أجل الرحلة، ولكن الطريق استغرق نصف الساعة أمضيناها في الضحك والغناء. كانت منيبة تبدو رائعة الجمال ببشرتها شديدة البياض.

سألتها: «أي كريم بشرة تستعملين؟».

أجابت: «النوع ذاته الذي تستعملينه أنت».

كنت أعرف أن ذلك ليس صحيحاً، وقلت لها: «لا. انظري إلى بشرتي الداكنة ثم انظري إلى بشرتك!».

زُرنا القصر الأبيض ورأينا الجناح الذي نامت فيه ملكة إنجلترا وبساتين الأزهار الجميلة، لكن للأسف لم نتمكن من رؤية غرفة الوالي، لأنها كانت قد دمِّرت بفعل الفيضانات.

تراكضنا حول الغابة الخضراء لبعض الوقت، ثم التقطنا بعض الصور وخضنا في ماء النهر ونضحنا الماء على بعضنا. كانت قطرات المياه تتلألأ تحت أشعة الشمس وكان هناك شلال ماء صغير ينحدر لأسفل الجرف وجلسنا فوق الصخور لفترة نستمع لخرير الماء. وعندئذٍ بدأت منيبة تنضحني بالماء مرة أخرى.

توسلت إليها: «لا تفعلي! لا أريد لثيابي أن تبتل!» تركتها واصطحبت فتاتين أخريين لم تكن تحبّهما. هاتان الفتاتان أوقعتا بيني وبينها، وهو ما نسميه «وضعتا الملح على الجرح». كان ذلك وصفة لشجار آخر بيني وبين منيبة، ما جعلني في حالة مزاجية سيئة. ولكني ابتهجت مرة أخرى عندما ارتقينا أعلى الجُرف حيث يجري تجهيز الغداء. دأب سائق حافلتنا، عثمان بهاي جان، على إضحاكنا كعادته. كانت مدام مريم قد أحضرت معها طفلها الرضيع وابنتها هناء ذات العامين التي كانت تبدو مثل دمية صغيرة ولكنها مفعمة بالشيطنة.

فشلت وجبة الغداء فشلاً ذريعاً. عندما وضع عمَّال المدرسة آنية الطعام على النار لتسخين دجاج الكاري، هالهم أن الطعام لن يكفي هذا العدد الكبير من الفتيات، وأضافوا إليه ماء من النهر. قلنا لهم

إن ذلك «هو أسوأ غداء تناولناه من قبل». جاء مُخففاً بشدة حتى إن فتاة قالت عنه: «يمكننا أن نرى السماء في مرقة الكاري».

مثلما يفعل في كلّ رحلاتنا، جعلنا والدي نعتلي صخرة حيث تتحدث كل واحدة عن انطباعها عن اليوم قبل أن نغادر. في هذه المرة تحدثنا جميعاً عن شدة سوء الطعام. شعر والدي بالحرج وعلى غير العادة لم يجد ما يردّ به من كلمات.

في الصباح التالي أحضر أحد العاملين في المدرسة الحليب والخبز والبيض إلى منزلنا من أجل فطورنا. كان والدي دائماً ما يقوم هو بفتح الباب إذ يتعين على النساء أن يمكثن في الداخل. أخبره الرجل أن صاحب المتجر قد سلَّمه نسخة مصورة من رسالة.

عندما قرأها والدي، شحب لونه. وقال لوالدتي: «يا إلهي! هذه دعاية بشعة ضد مدرستنا!» ثم قرأ الرسالة بصوت عالٍ.

الأُخوة المسلمون

هناك مدرسة اسمها مدرسة خوشال، تديرها منظمة غير حكومية (نظراً لما تحظى به المنظمات غير الحكومية من سمعة بالغة السوء لدى الأشخاص ذوي التوجهات الدينية في بلدنا، فإن هذه تعدّ طريقة للتهييج والإثارة) وقد أصبحت بؤرة للفُحش والبذاءة. وثمة حديث نبوي يقول: «إذا رأى أحدكم منكراً فليغيره بيده». فإذا لم تستطع ذلك، فعليك أن تبلغ الآخرين به، وإذا لم تستطع أن تفعل ذلك، فعليك أن تنكره بقلبك. لا تجمعني بمدير المدرسة أي خصومة شخصية ولكني أخبركم بما يقوله الإسلام. لقد أضحت هذه المدرسة بؤرة للفحش والبذاءة واعتاد القائمون عليها أخذ الفتيات في رحلات

خلوية إلى منتجعات مختلفة. إذا لم تضعوا حداً لهذه المدرسة، فسوف يسألكم الله عن ذلك يوم القيامة. اذهبوا واسألوا مدير فندق القصر الأبيض وهو سوف يخبركم بما فعلنه هؤلاء الفتيات...

وضع والدي الرسالة وهو يقول: «إنها لا تحمل توقيعاً. التوقيع مجهول».

ما كان منّا إلا أن صُعقنا وأصابتنا الصدمة.

قال والدي: «إنهم يعلمون أن أحداً لن يسأل مدير الفندق. سوف يتخيل الناس أن أمراً فظيعاً قد وقع فحسب».

طمأنته والدتي: «نحن نعرف ما جرى هناك. والفتيات لم تقترفن أي سوء».

اتصل والدي بابن خالي خانجي كي يتبين مدى انتشار الرسالة. وأعاد خانجي الاتصال به حاملاً أخباراً سيئة - لقد تركوا نسخاً من الرسالة في كلّ مكان، رغم أنّ معظم أصحاب المتاجر تجاهلوها ورموها. وعُلقت أيضاً ملصقات كبيرة تحمل الاتهامات ذاتها على واجهة المسجد.

في المدرسة انتابت حالة من الفزع زميلاتي في الصف. وقلن لوالدي: «سيدي، إنهم يتقوّلون أشياء شديدة السوء حول مدرستنا. ماذا سيقول أولياء أمورنا؟».

جمع والدي الفتيات كلهن في الفناء. وسألهن: «لماذا أنتن خائفات؟ هل اقترفتن أي شيء ينافي تعاليم الإسلام؟ هل اقترفتن أي شيء يناقض الأخلاق؟ لا. كل ما هنالك أن بعضكن قد نضحن الماء على بعضكن والتقطن الصور، لذلك لا تفزعن. هذه دعاية

يروِّجها أتباع الملا فضل الله. ليذهبوا إلى الجحيم! من حقكن أن تستمتعن بالخضرة وشلالات الماء والمناظر الطبيعية تماماً مثلما هو حق الأولاد».

كان والدي يتحدث حديث الشجاع الواثق، ولكن كان بوسعي أن ألمس أن ثمة قلقاً وخوفاً يعتملان داخله. لم يأتِ إلا شخص واحد لسحب شقيقته من المدرسة، بيْد أننا أدركنا أن تبعات هذه المشكلة لن تتوقف عند هذا الحدّ. بعد ذلك بفترة وجيزة، أُبلغنا أنّ رجلاً أكمل مسيرة سلام من مدينة ديرة إسماعيل خان سوف يمر عبر منجورا وكان علينا الترحيب به. كنت في طريقي للقائه برفقة أبوي عندما دنا منا شخص قصير القامة وهو يتحدث بعصبية عبر هاتفين مختلفين وقال: «لا تسلكوا هذه الطريق. يوجد انتحاري هناك!» ولأننا قد وعدنا بمقابلة صاحب مبادرة مسيرة السلام، فقد سلكنا طريقاً آخر، ووضعنا إكليلاً من الزهور حول عنقه، ثم غادرنا سريعاً نحو بيتنا.

ظلت تتوالى علينا أحداث غريبة خلال ذلك الربيع والصيف. فقد بدأ أشخاص غرباء يترددون إلى منزلنا ويطلبون معلومات، ووفقاً لوالدي فقد كانوا ينتمون إلى الاستخبارات الباكستانية. زادت وتيرة زياراتهم بعد أن عقد والدي ومجلس سوات القومي اجتماعاً في مدرستنا للاحتجاج ضد اعتزام الجيش إلزام أهل منجورا ولجان الدفاع الأهلية بتسيير دوريات ليلية. وقال والدي: «الجيش يقول إن هناك سلاماً قائماً. فلماذا إذن يتعين علينا أن نقوم بمسيرات بالأعلام وننفذ دوريات ليلية؟».

استضافت مدرستنا بعدئذٍ مسابقة في الرسم لأطفال منجورا،

وقد أقيمت برعاية من صديق والدي الذي كان يدير منظمة غير حكومية للدفاع عن حقوق المرأة. كان يُفترض لصور المسابقة أن تظهر المساواة بين الجنسين أو تُسلط الضوء على التمييز ضد النساء. وفي ذلك الصباح جاء رجلان من الاستخبارات إلى مدرستنا لمقابلة والدي وسألاه: «ما الذي يجري في مدرستك؟».

فأجابهما: «هذه مدرسة. ولدينا مسابقة في الرسم تماماً مثل مسابقات التناظر ومسابقات الطهو وكتابة المقال». استشاط الرجلان غضباً وكذلك فعل والدي. وقال: «الكل يعرفني ويعرف ما أفعله! لماذا لا تؤديان عملكما الحقيقي وتعثران على فضل الله وهؤلاء الملطخة أيديهم بدماء أهل سوات؟».

ومع حلول شهر رمضان لذلك العام، اتصل صديق لوالدي من كراتشي اسمه وكيل خان وأرسل له ملابس للفقراء، وأراد منا توزيعها. قصدنا قاعة كبيرة لتوزيعها، لكن وقبل أن نشرع في ذلك، جاء عملاء المخابرات وسألوا: «ماذا تفعلون؟ مَن جاء بهذه الملابس؟».

أكملت عامي الرابع عشر في 12 تموز/ يوليو، وهو ما يعني حسب التعاليم الإسلامية أنني أصبحت بالغة. وتزامن عيد ميلادي مع توارد أنباء مفادها أن الطالبان قد قتلوا صاحب فندق كونتنتال سوات، الذي كان عضواً بإحدى لجان السلام. وقد لقي مصرعه فيما كان في طريقه من المنزل إلى فندقه الكائن في بزار منجورا حيث كَمنوا له في أحد الحقول.

مرة أخرى بدأ القلق يساور الناس بشأن عودة الطالبان خفية.

ولكن بينما كانت التهديدات تطال شتى الفئات والأشخاص فيما بين عامي 2008 - 2009، فقد أضحت التهديدات هذه المرة موجهة فقط إلى هؤلاء الذين يندوون بالمسلحين أو بالتصرفات القمعية التي تصدر عن الجيش.

وقال صديق والدي هداية الله عندما تناقشا في الأمر: «إن الطالبان ليسوا قوة منظمة مثلما نتخيل. إنها ذهنية، وهذه الذهنية تتفشى في كل ربوع باكستان. عندما تجد شخصاً مناوئاً لأميركا ومناوئاً للمؤسسات الباكستانية ومناوئاً للقانون الإنجليزي، فاعلم أنه قد أصيب بعدوى الطالبان».

كان ذلك في وقت متأخر من مساء 3 آب/ أغسطس عندما تلقى والدي مكالمة تحذيرية عبر الهاتف من مراسل اسمه محبوب يعمل لدى تلفزيون «جيو». وكان ابن شقيقة زاهد خان، صديق والدي وصاحب الفندق الذي تعرض لاعتداء في العام 2009. دأب الناس على القول بأن زاهد خان ووالدي مرصودان من قبل الطالبان وأن كليهما سوف يقتلان؛ الشيء الوحيد الذي لم يكونوا يعلمونه هو أيهما سيُقتل أولاً. أخبرنا محبوب بأن خاله قد تعرض لطلق ناري في وجهه وهو في طريقه لأداء صلاة العشاء في المسجد الكائن في شارع قريب من منزله.

عندما سمع والدي بالخبر قال إن الأرض قد مادت من تحت قدميه. وقال: «شعرتُ وكأنّ الطلقة قد أصابتني أنا. تيقنت عندئذٍ أن دوري قد حان».

رجونا والدي ألا يذهب إلى المستشفى، لأن الوقت كان متأخراً للغاية وخشية أن يكون هؤلاء الذين اعتدوا على زاهد خان

في انتظاره هناك. ولكنه قال إن عدم ذهابه سوف يُنظر إليه باعتباره جبناً من جانبه. عرض عليه بعض النشطاء السياسيين أن يبعثوا بحارس يرافقه، ولكنه رأى أنه سيتأخر كثيراً عن وقت الزيارة في حال انتظرهم. ولذلك اتصل بابن عمي كي يرافقه، فيما راحت أمي تدعو الله أن ينجيه.

عندما وصل إلى المستشفى لم يكن هناك سوى عضو واحد من لجنة مجلس سوات القومي. كان زاهد خان قد نزف كثيراً حتى إنّ لحيته البيضاء بدت وكأنها قد خضبت باللون الأحمر، ولكنه كتب له عمر جديد. فرغم أن شخصاً قد وجَّه إليه ثلاث رصاصات من مدى قريب بمسدس، فقد تمكن زاهد خان من الإمساك بيده ولذلك لم تصبه سوى الرصاصة الأولى. والغريب أنها قد اخترقت رقبته وخرجت من أنفه. وقال لاحقاً إنه يتذكر أن رجلاً ضئيل الجسم وحليق اللحية كان يقف متفرجاً وهو يبتسم، ولا يرتدي حتى قناعاً. ثم غمره الظلام بعد ذلك وكأنه هوى في حفرة مظلمة. والمفارقة هي أن زاهد خان كان قد بدأ مؤخراً يذهب للصلاة في المسجد مرة أخرى بعد أن ظنّ أن الوضع قد أصبح آمناً.

بعد الدعاء لصديقه بالشفاء، تحدَّث والدي إلى وسائل الإعلام قائلاً: «نحن لا نفهم لماذا تعرض للهجوم طالما أنهم يزعمون أن السلام قائم. هذا سؤال كبير أوجهه للجيش وللإدارة المحلية».

طالب الناس والدي بمغادرة المستشفى، قائلين: «ضياء الدين، لقد انتصف الليل وأنت هنا! لا تكن أحمقاً! إنك مستهدف مثله تماماً. لا تجازف بحياتك أكثر من ذلك!».

وأخيراً نُقل زاهد خان إلى بيشاور كي يخضع لعملية جراحية

فيما عاد والدي إلى البيت. لم أضع جنبي على الفراش من شدة القلق. بعد ذلك بدأت أتحقق مرتين من الأقفال كلها في كل ليلة.

لم يتوقف هاتف المنزل عن الرنّ بسبب الأشخاص الذين اتصلوا لتحذير والدي من أنه قد يكون الهدف التالي. وكان أول هؤلاء هداية الله الذي حذر والدي قائلاً: «أستحلفك بالله أن تتوخى الحذر. كان يمكن أن تكون مكانه. إنهم يطلقون النار على أعضاء المجلس واحداً تلو آخر. وأنت المتحدث باسم المجلس - كيف لهم أن يتركوك على قيد الحياة؟».

كانت لدى والدي قناعة بأن الطالبان سوف ينالون منه ويقتلونه، ولكنه مرة أخرى رفض التأمين من قبل الشرطة قائلاً: «إذا تحركت مصحوباً بكثير من الإجراءات الأمنية، فسوف يلجأ الطالبان إلى الكلاشينكوف أو إلى الانتحاريين وسوف يُقتل أشخاص أكثر. على الأقل لن يقتل أحد سواي». وقال إنه لن يغادر سوات أيضاً. وسأل والدتي: «إلى أين أذهب؟ لا أستطيع أن أترك المنطقة. إنني رئيس مجلس السلم العالمي، والمتحدث باسم مجلس الوجهاء، ورئيس رابطة المدارس الخاصة في سوات، ومدير مدرستي ورب أسرتي».

كان الإجراء الاحترازي الوحيد الذي اتخذه هو أنه غيَّر وتيرة حياته اليومية. ففي يوم يذهب إلى المدرسة الابتدائية أولاً، وفي آخر يقرر التوجه إلى مدرسة البنات أولاً، وفي اليوم الذي يليه تكون مدرسة البنين هي مقصده الأول. وأينما كانت وجهته فقد بدأ ينظر في أول الشارع وآخره أربع أو خمس مرات قبل أن يتحرك.

برغم المخاطر المحدقة بهم، واصل والدي وأصدقاؤه أنشطتهم، فكانوا ينظمون الاحتجاجات ويعقدون المؤتمرات

الصحفية. وتساءلوا: «لماذا تعرض زاهد خان للهجوم طالما أن هناك اتفاق سلام قائم؟ من الذي اعتدى عليه؟ منذ عدنا من النزوح لم يتعرض الجيش أو الشرطة لأي هجمات. إن المستهدفين الآن هم صانعو السلام والمدنيين فقط».

لم يُسَرَّ القائد المحلي للجيش بذلك وأصر على وجهة نظره: «أؤكد لك إنه لا يوجد إرهابيون في منجورا. تقاريرنا تقول ذلك». وأضاف إن الاعتداء الذي تعرّض له زاهد خان يُعزى إلى نزاع على ممتلكات.

ظل زاهد خان في المستشفى لاثني عشر يوماً، قبل أن يُنقل إلى منزله لإكمال تعافيه بعد خضوعه لجراحة تجميلية لترميم أنفه. ولكنه رفض أن يلزم الصمت، بل وعلى النقيض أصبح أكثر جرأة، ولا سيما ضد جهاز الاستخبارات، لأنه كان مقتنعاً بأن رجالها هم من يقفون وراء الطالبان. فكتب مقالات رأي في الصحف أشار فيها إلى أن الصراع الدائر في سوات صراع مختلق. وقال: «أعرف مَن الذي استهدفني. ما أحتاج إلى معرفته هو مَن الذي فرض علينا هؤلاء المسلحين». وطالب رئيس القضاء أن ينشئ لجنة قضائية للتحقيق بشأن من الذي جاء بالطالبان إلى وادينا.

رسم صورة توضيحية للشخص الذي حاول قتله، وقال إنه يتعين توقيف هذا الرجل قبل أن يطلق النار على أي أحد آخر. ولكن الشرطة لم تفعل شيئاً للعثور عليه.

بعد التهديدات التي صدرت ضدي لم يعُد يروق لوالدتي أن أمشي في أي مكان، وألحَّت عليّ أن أستقلّ عربة الركشا لدى ذهابي

إلى المدرسة وأن أعود إلى البيت بالحافلة رغم أنّ المسافة لا تتجاوز خمس دقائق سيراً على الأقدام. وقد اعتاد عدد من صبية الحي التسكُّع في هذه الطريق. وأحياناً يصحبهم صبي يُدعى هارون وكان يكبرني بسنة ويعيش في شارعنا. لعبنا معاً ونحن صغار وأخبرني لاحقاً أنه يحبني. ولكن عندئذٍ جاءت ابنة عمّ جميلة لجارتنا صافينا كي تقيم معها فوقع في حبها بدلاً عني. وعندما تجاهلته، حوَّل اهتمامه مرة أخرى نحوي. انتقلت عائلته بعد ذلك إلى شارع آخر وانتقلنا نحن إلى منزلهم. ثم بعد ذلك التحق هارون بإحدى الكليات العسكرية.

ولكنه كان يعود خلال الإجازات، وذات يوم وفيما كنت عائدة إلى البيت من المدرسة كان يتسكع في الشارع. تعقَّبني حتى المنزل ووضع رسالة داخل بوابتنا بما يتيح لي رؤيتها. طلبت من طفلة صغيرة أن تأتيني بها. وكتب يقول، «لقد أصبحتِ الآن مشهورة جداً، وأنا ما زلت أحبك وأعرف أنك تحبينني. هذا هو رقم هاتفي، اتصلي بي».

قدمت الرسالة لوالدي فثار غضبه. اتصل بهارون وأبلغه بأنه سوف يبلغ والده. كانت هذه هي المرة الأخيرة التي أراه فيها. وبعد ذلك لم يعد الصبية يأتون إلى شارعنا، ولكن صبياً صغيراً كان يأتي للعب مع أتال كان كلما مررت به يرفع صوته ملمِّحاً: «كيف حال هارون؟» فاضَ بي الكيل من ذلك وطلبت من أتال ذات يوم أن يأتي بالصبي إلى داخل المنزل. وصحتُ في وجهه بغضب شديد حتى توقَّف عن تلميحاته.

أخبرت منيبة بما حدث معي عندما عادت الصداقة بيننا مرة

أخرى. كانت دائماً ما تَحذَر حذراً شديداً عند التواصل مع الصبية لأن أشقاءها كانوا يرصدون كلّ تحركاتها. قلت متنهدة: «أحياناً أظنّ أن الأسهل لأيّ منا أن تكون مصاصة دماء وقت الشفق من أن تكون فتاة في سوات». ولكني والحق يُقال تمنيت لو كان تعرضي لمضايقات من صبي هي كبرى مشكلاتي.

20

من فيكن ملالا؟

ذات صباح في آخر الصيف وفيما كان والدي يتجهز للذهاب إلى المدرسة لاحظ أنّ اللوحة التي أتطلع فيها نحو السماء والتي قدمتها لي مدرسة في كراتشي قد مالت عن مكانها خلال الليل. كان يحب تلك اللوحة ولذلك علَّقها فوق سريره، وأزعجه أن يراها في وضع معوج. وطلب من والدتي بنبرة حادة على غير العادة: «رجاء اضبطيها في وضع مستقيم».

في ذلك الأسبوع ذاته، جاءت معلمتنا لمادة الرياضيات، واسمها شادية، إلى المدرسة وقد انتابتها حالة هستيرية. أخبرت والدي أنها رأتني في كابوس قادمة إلى المدرسة وقد تعرَّضت ساقي لحرق شديد وأنها حاولت أن تحميني. رجت منه أن يوزع بعض الأرز المطبوخ على الفقراء، وذلك لأننا نعتقد أنك إذا وزعت أرزاً، فإن النمل والطيور سوف تأكل حبَّاته التي تقع أرضاً وأنها سوف تدعو الله لنا، لكن والدي وزع نقوداً بدلاً عن الأرز، وهو ما أبقاها على اضطرابها، وأخبرته أن النقود لا تُغني عن توزيع الأرز.

سخرنا من الهاجس الذي استحوذ على معلمتنا شادية، ولكني بدأت عندئذٍ أرى أحلاماً مزعجة أنا الأخرى. لم أخبر والديّ بشيء

ممّا رأيته، ولكني كنت كلما خرجت من المنزل تملّكني خوف من أن بعض الطالبان المسلحين سوف يبرزون لي فجأة أو يلقون بالحامض على وجهي، مثلما فعلوا مع النساء في أفغانستان. كنت أخاف خوفاً شديداً من الدرج الذي يقود إلى شارعنا حيث اعتاد الأولاد أن يتسكعوا. كنت أحياناً أعتقد أنني أسمع وقع أقدام خلفي أو أتخيل أشباحاً تتسلل في الظلام.

على النقيض من والدي، فقد اتخذت تدابير احترازية. ففي الليل كنت أنتظر حتى ينام كلّ مَن في المنزل - أمي وأبي وأخواي والأسرة الأخرى التي تقيم معنا وأي ضيوف آخرين من القرية يتصادف وجودهم- ثم أتحقق من كل باب ونافذة. وكنت أخرج للتأكُّد من أن البوابة الخارجية مُقفلة. ثم أتفحص الغرف جميعاً، غرفة تلو غرفة. ولأن غرفتي تقع في الواجهة وفيها أكثر من نافذة، فقد كنت أُبقي الستائر مفتوحة. كنت أريد لنطاق رؤيتي أن يشمل كل شيء، رغم أن والدي طلب مني ألا أفتح الستائر. قلت: «لو كانوا سيقتلوني لفعلوها في العام 2009». ولكن قلقاً كان يساورني من أن شخصاً سوف يضع سلماً على المنزل، ويرتقي فوق السور ثم يقتحمه عبر إحدى النوافذ.

كنت بعد ذلك أقوم إلى الصلاة. اعتدتُ أن أصلّي كثيراً خلال الليل. يحسب الطالبان أننا لسنا بمسلمين ولكنّا مسلمون. إننا نؤمن بالله أكثر ممّا يؤمنون ونضع ثقتنا به في أن يحفظنا. اعتدت أن أردد آية الكرسي في تلك الأوقات، وهي آية لها فضائل خاصة ونحن نؤمن أن المرء إن كرَّرها ثلاث مرات ليلاً فإن منزله يصبح في حفظ من الشياطين، وعندما يكررها خمس مرات فإنها تحفظ شارعه، أما

عندما يكررها سبع مرات فإنها تحفظ الحي برمته. لذلك كنت أرددها سبع مرات أو حتى أكثر. بعدئذٍ كنت أدعو الله أن «يُحل بركته علينا. أولاً على والدي ثم أسرتي، ثم شارعنا، ثم المحلة كلها، ثم أهل سوات جميعاً». ثم بعد ذلك أقول: «لا، المسلمين جميعاً». ثم أقول: «لا، ليس المسلمين فحسب؛ أحل بركتك على البشر جميعاً».

كانت الفترة التي أُكثر فيها من الدعاء والصلاة هي وقت الاختبارات. فذلك هو الوقت الذي نداوم فيه أنا وصديقاتي على الصلوات الخمس، وهو ما كانت أمي دائماً تحثّني عليه. كنت أجد صعوبة خاصة في أداء صلاة العصر عندما أجدني لا أريد لشيء أن يبعدني عن التلفزيون. في وقت الاختبار كنت أدعو الله أن أحصل على علامات عالية وإن كان مدرِّسونا قد دأبوا على تحذيرنا بقولهم: «لن يمنحك الله علامات ما لم تجتهدي في دروسك. صحيح أن الله يسبغ علينا بركاته، ولكنه عادل أيضاً».

ولذلك كنت أجتهد في مذاكرة دروسي أيضاً، وكنت أحبّ أداء الاختبارات لأنها تمنحني الفرصة لإظهار قدراتي. ولكنها عندما حلَّت في تشرين الأول/ أكتوبر 2012 وجدتني واقعة تحت ضغط كبير. فلم أكن أريد أن أحل في المركز الثاني بعد ملكة النور مرة أخرى مثلما حدث في اختبارات آذار/ مارس. بعد ذلك تفوقت عليّ ليس بفارق درجة أو درجتين، وهو الفارق المعتاد بين كلتينا، وإنما بفارق خمس درجات! كنت أتلقى دروساً إضافية مع سير أمجد، الذي كان يدير مدرسة البنين. وفي عشية بدء الاختبارات سهرت حتى الثالثة فجراً للمذاكرة وقمت بإعادة قراءة الكتاب المقرَّر كاملاً.

كان الاختبار الأول، يوم الاثنين، 8 تشرين الأول/ أكتوبر،

هو مادة الفيزياء التي أحبها لأنها تتمحور حول الحقيقة وحول عالم تحكمه المبادئ والقوانين - لا تلاعبات فيه ولا مماحكات مثلما هو حال السياسة، ولا سيما في بلادي. بينما كنا في انتظار إشارة بدء الاختبار، كنت أردِّد في نفسي بعض آيات القرآن الكريم. انتهيت من ورقة الاختبار، ولكني أدركتُ أنني ارتكبتُ خطأً في سؤال ملء الفراغات، وهو ما أصابني باستياء بالغ من نفسي حتى كدت أبكي. كان سؤالاً واحداً فقط ولا يساوي إلا درجة واحدة، ولكنه أشعرني بأن كارثة سوف تحلّ بي.

عندما وصلت إلى البيت بعد ظهيرة ذلك اليوم وجدتني أغالب النعاس، ولكن امتحان اليوم التالي كان في مادة الدراسات الباكستانية، وهي مادة صعبة. كنت أخشى من فقدان أي درجة أخرى، ولذلك أعددت لنفسي قهوة بالحليب لطرد شياطين النوم. عندما جاءت والدتي وتذوقتها راقت لها فشربت بقية الفنجان. لم أستطع أن أقول لها، «حبيبتي، أرجوك اتركيها، هذه قهوتي». ولم يكن يوجد بُن آخر في الخزانة. ومرة أخرى سهرتُ حتى وقت متأخر كي أستذكر الكتاب المدرسي الذي يستعرض تاريخ استقلالنا.

في الصباح جاء والداي إلى غرفتي كالعادة وأيقظاني. لا أتذكر يوماً مدرسياً واحداً استطعت فيه الاستيقاظ باكراً من تلقاء نفسي. أعدَّت والدتي طعام الفطور المعتاد الذي يتكون من الشاي المُحلَّى والشباتي والبيض المقلي. تناولنا الفطور معاً - أنا وأمي وأبي وخوشال وأتال. كان يوماً مهماً في حياة والدتي، إذ كانت على موعد بعد ظهيرة ذلك اليوم مع أولى دروسها لتعلم القراءة والكتابة مع ميس ألفت، وهي معلمتي السابقة منذ أيام الروضة.

أخذ والدي يمازح أتال، الذي كان عندئذٍ في الثامنة وأصبح أكثر تطاولاً من أي وقت مضى: «انظر، أتال، عندما تصبح ملالا رئيسة الوزراء، سوف تكون سكرتيراً لديها».

حرَد أتال بشدة، وقال: «لا، لا، لا! لست بأقل من ملالا. سوف أكون رئيس الوزراء وهي سكرتيرتي». أفضى كلّ هذا المزاح في النهاية إلى أني تأخرت كثيراً، ولم أجد وقتاً إلا لتناول نصف بيضة ولم أجد وقتاً لتنظيف المائدة.

سار اختبار مادة الدراسات الباكستانية أفضل ممّا توقعت. كانت هناك أسئلة تدور حول تأسيس جناح لدولتنا باعتبارها أول وطن إسلامي وأيضاً حول المأساة الوطنية التي انبثقت من خلالها دولة بنغلاديش. وما يبعث على الاستغراب هو أن بنغلاديش كانت يوماً ما جزءاً من باكستان رغم أنه يفصلهما ألف ميل. أجبت عن الأسئلة كلها وكنت واثقة من أني أبليت بلاء حسناً، ولذلك شعرت بالسعادة عندما انتهى وقت الاختبار، وطفقتُ أثرثر مع صديقاتي ريثما ينادي علينا عامل المدرسة شير محمد بابا عندما تصل الحافلة.

كانت الحافلة تقوم برحلتين يومياً، وفي ذلك اليوم استقلينا الرحلة الثانية. راقَ لنا البقاء في المدرسة لبعض الوقت وقالت منيبة: «بما أننا متعبات بعد الاختبار، فلنمكث وندردش قليلاً قبل العودة إلى البيت». شعرت بالارتياح لأن اختبار الدراسات الباكستانية قد سار على ما يرام، ولذلك وافقتها. لم يساورني أي قلق ذاك اليوم. شعرت بالجوع، ولكن لأننا بلغنا الخامسة عشرة من عمرنا، ولم يعُد بوسعنا الخروج إلى الشارع، فقد طلبت من فتاة صغيرة أن تشتري لي كوز ذرة. تناولت جزءاً منه ثم أعطيته لفتاة أخرى لتُكمله.

في الثانية عشرة ظهراً نادى علينا جدي عبر مكبر الصوت. ركضنا جميعاً على الدرج. كانت الفتيات الأخريات جميعهن يغطين وجوههن قبل أن يخرجن من باب المدرسة ويصعدن إلى صندوق الحافلة. كنت أغطي رأسي بشالي ولكني لم أغطِّ وجهي قط.

طلبت من عثمان بهاي جان أن يلقي علينا نكتة ريثما تصل معلمتان كنا ننتظر قدومهما. كان يحفظ مجموعة من أمتع النكات المضحكة. وبدلاً من أن يلقي علينا إحدى نكاته في ذاك اليوم، وجدناه يجترح خُدعة سحرية يجعل من خلالها حصاة صغيرة تختفي. «أرنا كيف فعلتها!» صحنا عليه جميعاً، ولكنه رفض.

عندما أصبحنا جميعاً جاهزات اصطحب معه ميس روبي وطفلتين صغيرتين معه في المقصورة الأمامية للسيارة. بكت طفلة صغيرة أخرى، قائلة إنها تريد الانتقال إلى المقصورة هي الأخرى. رفض عثمان بهاي جان طلبها، متعللاً بعدم وجود مكان؛ وقال إن عليها البقاء في الخلف معنا. ولكني شعرت بالأسى لأجلها وأقنعته بأن يدعها تركب معه في المقصورة.

كانت والدتي قد طلبت من أتال أن يركب الحافلة معي، ولذلك جاءنا مشياً من مدرسته الابتدائية. وكان يهوى التعلق على المصدّ الخلفي للحافلة، وهو تصرُّف كان يثير غضب عثمان بهاي جان لما فيه من خطورة. في ذلك اليوم كان عثمان بهاي جان في حالة مزاجية سيئة ولم يسمح له. وقال له: «اجلس بالداخل، أتال خان، وإلا فلن أُقلك معنا!» غضب أتال ورفض الجلوس بالداخل، ولذلك قرَّر العودة إلى المنزل مشياً برفقة بعض أصدقائه فيما كان يستشيط غضباً.

قام عثمان بهاي جان بتشغيل الحافلة «داينا» وانطلق بنا. كنت أتحدث إلى منيبة، صديقتي الحكيمة واللطيفة. طفقت بعض الفتيات الأخريات يغنين، فيما بدأتُ أنا أنقر بأصابعي على المقعد على وقع هذه الأغاني.

كان يروق لنا أنا ومنيبة أن نجلس بالقرب من مؤخرة السيارة المفتوحة لأن ذلك يتيح لنا رؤية الشارع. في ذلك الوقت من النهار كان طريق حاجي بابا تسوده فوضى عارمة تُحدثها عربات الركشا الملونة والمشاة وسائقو الدراجات البخارية الذين اعتادوا الانحراف بغتة عن مساراتهم والضرب على أبواق مركباتهم. لاحقَنا صبيٌّ يبيع الآيس كريم على عربة ذات عجلات ثلاثة وقد رسمت عليها صور لصواريخ نووية باللونين الأحمر والأبيض، وراح يُلوِّح لنا حتى صرفته إحدى المعلمات. وكان ثمة رجل يُقطِّع رؤوس الدجاج فتَقطُر دماً على أرضية الشارع. بدأت أنقر بأصابعي على وقع اقطع، اقطع، اقطع. تَقطُر، تَقطُر، تَقطُر. المضحك هو أننا ونحن صغار اعتدنا القول إن أهل سوات ذوو طبيعة جد مسالمة حتى يصعب أن تجد مَن يذبح لك دجاجة.

كان الهواء تفوح منه رائحة الديزل والخبز والكباب التي تخالطها الرائحة الكريهة المنبعثة من النهر الصغير الذي كان الناس ما زالوا يلقون فيه بقمامتهم ولم يكونوا ليتوقفوا عن ذلك رغم كل جهود والدي. ولكننا قد اعتدنا ذلك. وفوق ذلك، سرعان ما سيحلّ علينا الشتاء، فيأتي بالثلوج التي سوف تنظف وتهدئ كل شيء.

انعطفت الحافلة يميناً مبتعدة عن الطريق الرئيس عند نقطة تفتيش تابعة للجيش. كان ثمة كشك وُضع عليه ملصق يضم صوراً لرجال

ملتحين ذوي عيون مخيفة ويعتمرون قلانس أو عمائم سوداء وقد كتب في أسفل الملصق «إرهابيون مطلوبون». كانت الصورة في أعلى الملصق لرجل ذي لحية سوداء وعمامة سوداء هو فضل الله. كان قد انقضى أكثر من ثلاث سنوات منذ شن الجيش عمليته العسكرية لإخراج الطالبان من سوات. كنا نشعر بالامتنان إزاء الجيش ولكنَّا لا نفهم السبب الذي يبقيهم منتشرين في كل مكان، حيث ينصبون بنادقهم الآلية فوق الأسطح وينشئون نقاط التفتيش. وأصبح يتعين على الأشخاص الحصول على إذن رسمي كي يتاح لهم دخول وادينا.

عادة ما يكون طريق الصعود عبر التل الصغير مزدحماً، وذلك لأنه يختصر المسافات، ولكنه وعلى غير العادة كان هادئاً في ذاك اليوم. سألت منيبة: «أين ذهب الناس جميعاً؟» كانت الفتيات كلهن تغنين وتثرثرن مع بعضهن بعضاً فيما يتردَّد صدى أصواتنا داخل الحافلة.

في غضون ذلك تقريباً كانت والدتي على الأرجح قد اجتازت لتوها باب مدرستنا كي تتلقى أولى دروسها منذ انقطاعها عن المدرسة في السادسة من عمرها.

لم أكن قد رأيت الشابين اللذين برزا في الطريق وأجبرا الحافلة على التوقف الفجائي. ولم يمهلاني حتى أجيب عن سؤالهما «من فيكن ملالا؟» وإلا لكنت قد أوضحت لهما لماذا يجب على كليهما أن يتركانا نحن الفتيات نذهب إلى المدرسة وأن يسمحا بذلك أيضاً لشقيقاتهما وبناتهما.

كان آخر ما أتذكر هو أني كنت أفكر في المراجعة التي كان

علي القيام بها تحضيراً لاختبار اليوم التالي. لم تكن الأصوات التي اخترقت رأسي هي فرقعة الطلقات الثلاثة: طق طق طق وإنما أصوات حزّ رقاب الدجاج وقطرات الدماء النازفة التي يحدثها الرجل الذي كان يقطع رؤوس الدجاج، ثم يُلقي بها على أرضية الشارع المتسخة، دجاجة تلو أخرى.

القسم الرابع

بين الحياة والموت

يا مَدافع الظلام! لماذا لا أصب عليكم لعناتي؟
فقد أَحلتُم بيوتاً مترعة بالحب إلى أنقاض وركام

21

«اللهم إني أستودعك إياها»

ما إن أدرك عثمان بهاي جان ما جرى حتى انطلق بالحافلة «داينا» بأقصى سرعة صوب مستشفى سوات المركزي، أما الفتيات الأخريات فأخذن يصرخن ويبكين. كنت أرقد على حجر منيبة فيما تنزف الدماء من رأسي وأذني اليسرى. لم نمضِ بالحافلة سوى مسافة قصيرة حتى استوقفنا رجل شرطة وراح يوجه لنا الأسئلة، مضيعاً وقتاً ثميناً. إحدى الفتيات جسَّت رقبتي كي تتحسس نبضي. صاحت قائلة: «إنها على قيد الحياة! لا بد أن نوصلها إلى المستشفى. اتركنا وشأننا وأمسك بمن فعل هذا!».

تبدو منجورا مدينة كبيرة في نظرنا، لكنها في واقع الأمر بلدة صغيرة وسرعان ما انتشر الخبر فيها. كان والدي موجوداً في نادي سوات للصحافة للمشاركة في اجتماع رابطة المدارس الخاصة، وما كاد يرتقي المنصة كي يلقي كلمته حتى رنَّ هاتفه الجوال. أدرك أن الرقم من مدرسة خوشال فمرَّر الهاتف إلى صديقه أحمد شاه للرد على المتصل. همس أحمد شاه على الفور إلى والدي قائلاً: «حافلة مدرستك تعرَّضت لإطلاق نار».

امتَقَع وجه والدي. وقال في نفسه على الفور، ملالا قد تكون

على متن تلك الحافلة! ثم حاول أن يهدئ من روع نفسه، متخيلاً أن ذلك ربما يكون عملاً طائشاً من صبي أو محب غيور أطلق النار في الهواء كي يتسبب في فضيحة لمحبوبته. كان يشارك في اجتماع مهم ضمّ حوالي 400 مدير مدرسة قدموا من شتى أنحاء سوات تعبيراً عن احتجاجهم على اعتزام الحكومة إخضاعهم لسلطة مركزية تنظيمية. وباعتباره رئيساً للرابطة التي تُظلهم، فقد رأى والدي أنه لا يستطيع أن يخذل كل هؤلاء، ولذلك ألقى كلمته حسبما هو مخطط. ولكن بينما كان يفعل ذلك كانت حبات العرق تتفصَّد من جبينه، ولم يكن في هذه المرة بحاجة إلى إشارة من أحد كي يختتم كلمته.

عندما انتهى، لم ينتظر والدي كي يتلقى أسئلة من الحضور ولكنه بدلاً من ذلك هَرع إلى المستشفى برفقة أحمد شاه وصديق آخر هو رياض، الذي كان يمتلك سيارة. لم تكن المستشفى تبعد سوى خمس دقائق بالسيارة عن مكان الاجتماع. عندما وصلوا، وجدوا جمعاً من الناس يقف خارج المستشفى وبينهم عدد من مصوري الصحف والتلفزيون. وعندئذٍ أدرك يقيناً أنني بالداخل. كاد قلبه أن يتوقف. واندفع يشقّ جموع الناس ويخترق وميض الكاميرات كي يدخل إلى المستشفى. وهناك كنت أرقد ممدَّدة فوق حامل الترولي، وقد لُفَّت رأسي بضمادة فيما كانت عيناي مغمضتين وشعري منسدلاً حولي.

«يا بُنيتي، يا بُنيتي الشجاعة، يا بُنيتي الجميلة»، هكذا ظلّ والدي يقول ويكرر، وراح يُقبل جبهتي ووجنتيّ وأنفي. ولم يكن يعرف لماذا أخذ يكلمني بالإنجليزية. أظنّ أنني أحسست بوجوده على نحوٍ ما وإن كانت عيناي قد ظلتا مغمضتين. وقال والدي عن ذلك لاحقاً: «لا أجد تفسيراً لذلك، لكني كنت أشعر أنها تجيبني».

حدثني بعض الناس أن ثمة ابتسامة قد لمعت على وجهي، ولكنها في نظر والدي، لم تكن ابتسامة وإنما لحظة جميلة وخاطفة أدرك خلالها أنه لم يفقدني للأبد. كانت رؤيته لي بهذه الحال هي أسوأ ما تعرض له خلال حياته. صحيح أن كل الأطفال هم فلذات أكباد آبائهم، ولكني كنت لأبي الكون كله. لقد كنت رفيقة الكفاح لفترة طويلة، في السرّ أولاً باسمي المستعار جول مكاي، ثم جهاراً نهاراً باسم ملالا. كان دائماً يعتقد أن الطالبان إن اعتدوا على أحد، فسوف يعتدون عليه هو، وليس أنا. وقال إنه شعر كما لو أن صاعقة من السماء قد نزلت به: «كانوا يريدون أن يسقطوا طائرين بحجر واحد. يقتلون ملالا ويسكتوني للأبد».

كان يشعر بخوف شديد ولكنه لم يذرف دمعاً. احتشد الناس حتى امتلأ المكان، فقد جاء مدراء المدارس جميعهم إلى المستشفى قادمين من الاجتماع وكانت هناك العشرات من وسائل الإعلام والناشطين؛ حتى بدا وكأن المدينة كلها قد احتشدت هناك. قال لهم: «ادعوا الله من أجل ملالا». طمأنه الأطباء بأن التصوير المقطعي للجمجمة قد أظهر أن الرصاصة لم تقترب من المخ، وبأنهم قاموا بتطهير الجرح ولفوه بضمادة.

اندفعت مدام مريم عبر الأبواب وهي تقول: «آه يا ضياء الدين! ما الذي فعلوه؟» لم تكن قد جاءت إلى المدرسة ذاك اليوم، بل كانت في بيتها ترعى رضيعها عندما تلقت اتصالاً من شقيق زوجها يَطمئن على سلامتها. فزعت عندما أخبرها بالحادث، وقامت بفتح التلفزيون لترى أحد عناوين الأخبار يفيد بتعرض حافلة مدرسة خوشال لطلق ناري. وما إن علمت بأنني أُصبت حتى اتصلت

بزوجها الذي جاء بها إلى المستشفى وقد أردفها وراءه على دراجته البخارية، وهو تصرف يندر للغاية أن تأتيه امرأة بشتونية موقرة. ونادت علي: «ملالا، ملالا. هل تسمعين؟».

لم أصدر إلا صوت نخير.

حاولت مريم أن تتبين المزيد حول حالتي، فأخبرها طبيب كانت تعرفه أن الرصاصة قد اخترقت جبهتي، وليس مخي، وأن حالتي مطمئنة. اطمأنت أيضاً على الفتاتين الأخريين اللتين أصيبتا من مدرسة خوشال. فقد تعرضت شادية لإصابتين، الأولى في عظم الترقوة والثانية في كف يدها، ونقلت إلى المستشفى معي. أما كاينات فلم تدرك أنها أصيبت في أول الأمر وعادت إلى بيتها، لتكتشف عندئذٍ أنها قد تعرضت لسحجة من رصاصة في أعلى ذراعها الأيمن، ولذلك جاءت بها أسرتها إلى المستشفى.

كان والدي يعي بأنّ عليه أن يطمئن عليهما ولكنه لم يشأ أن يترك جانب سريري ولو لدقيقة. لم يتوقف هاتفه عن الرن. كان رئيس حكومة إقليم خيبر بختونخوا هو أول المتصلين: «لا تقلق، سوف نتولى كل شيء. مستشفى «ليدي ريدنج» في بيشاور في انتظاركم». ولكن تبيَّن أن الجيش كان هو من تولى المسؤولية. وفي الثالثة مساء وصل القائد المحلي للجيش وأعلن أن مروحية عسكرية سوف تنقلني برفقة والدي إلى بيشاور. لم يكن ثمة وقت لإحضار والدتي، ولذلك صمَّمت مريم على أنها سوف تصحبنا، مُعللة ذلك بأني قد أحتاج إلى مساعدة من امرأة. لم تكن عائلة مريم راضية بذلك، فهي لم تزل ترعى طفلها الرضيع، الذي كان قد خضع لجراحة بسيطة مؤخراً. ولكنها بمثابة الأم الثانية لي.

في ضريح جناح، مؤسس باكستان

والدي ووجهاء سوات

تفجير إحدى المدارس

الحافلة التي شهدت تعرُّضي لإطلاق النار

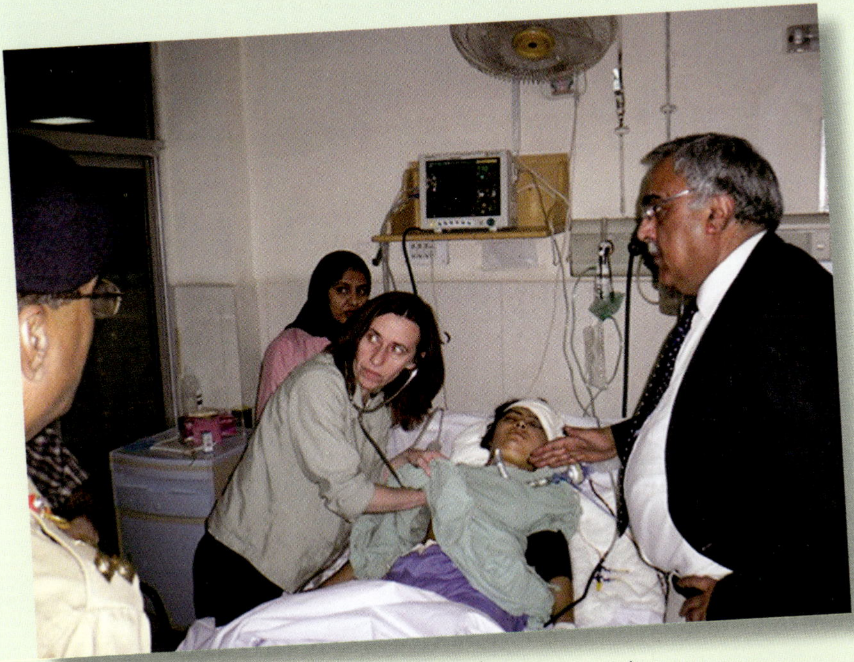

الدكتورة فيونا والدكتور جاويد بجوار سريري

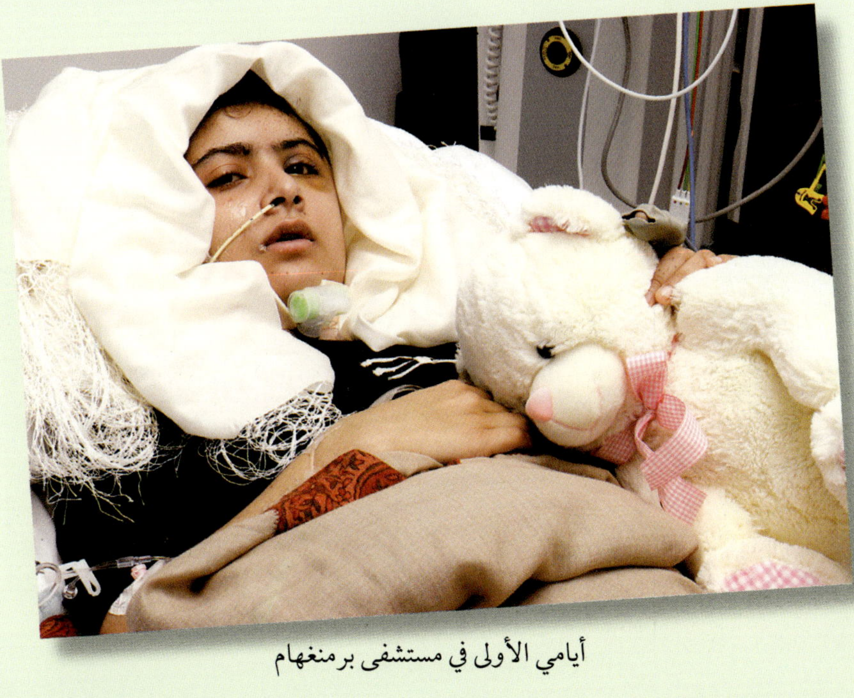

أيامي الأولى في مستشفى برمنغهام

أقوم بالقراءة في المستشفى

مديرة مدرستنا، مدام مريم (إلى اليمين) مع شادية،
إحدى الفتاتين اللتين تعرضتا لإطلاق النار معي

ما زالت صديقاتي يحتفظن بمقعد خالٍ لي داخل الصف (أقصى اليمين)

السير أمجد، رئيس مدرسة الأولاد، يلقي التحية على ملصق يحمل صورتي كل صباح

في الأمم المتحدة برفقة بان كي مون
وجوردون براون وأفراد أسرتي وأصدقائي

أتحدث في الأمم المتحدة في عيد ميلادي السادس عشر

مع والدتي في المدينة المنورة

خارج منزلنا في برمنغهام

عندما وُضعت في عربة الإسعاف ساور والدي الخوف من أن الطالبان قد يستهدفوني مجدداً؛ بدا له وكأن الجميع يعرف مَن بداخل السيارة. لم يكن مهبط الطائرات المروحية يبعد سوى ميل واحد عن المستشفى، أي خمس دقائق بالسيارة، ولكنه ظلّ فزعاً خلال الطريق كله. عندما وصلنا إلى هناك، لم تكن المروحية قد جاءت بعد، وانتظرنا داخل عربة الإسعاف لما بدا له وكأنه ساعات. وأخيراً وصلت الطائرة ونقلت على متنها برفقة والدي وابن خالي خانجي، وأحمد شاه ومريم. لم يكن أي منهم قد ركب من قَبل مروحية. وعندما أقلعت المروحية حلَّقنا فوق مهرجان رياضي للجيش وتصحبه موسيقى وطنية يدوي صوتها من مكبرات الصوت. امتعض والدي وهو يسمعهم يتغنون بحبّ الوطن. كان يروق له عادة أن يدندن مع الأغاني، ولكنه رأى أن أغنية وطنية تصبح غير لائقة إذا كانت هناك فتاة في الخامسة عشرة من عمرها وقد تلقت رصاصة في رأسها، وعلى شفا الموت.

على الأرض، كانت والدتي تنظر من فوق سطح منزلنا. سمعت بخبر إصابتي فيما كانت تتلقى أولى دروس القراءة مع ميس ألفت وتحاول جاهدة أن تتعلم كلمات من قبيل «كتاب» و«تفاحة». كان الخبر الذي وردها مشوشاً وظنَّت في أول الأمر أني تعرضت لحادث وأني أصبت في قدمي. أسرعت نحو البيت وأخبرت جدتي، التي كانت تقيم معنا في ذلك الوقت. رجت جدتي أن تبدأ من فورها في الدعاء لي بالنجاة، ذلك أننا نؤمن أن الله يستجيب دعاء العجائز ومن شابت رؤوسهم أكثر من غيرهم. انتبهت والدتي عندئذٍ لنصف

البيضة الذي تركته من الإفطار، فيما كانت صوري وأنا أتسلم الجوائز التي لم ترق لها تحيط بها من كل جانب. انخرطت في النحيب وهي تنظر إليها. أينما ولَّت وجهها وجدت ملالا.

سرعان ما اكتظّ المنزل بالنساء. ووفقاً لثقافتنا، فعندما يموت شخص ما تأتي النساء إلى بيت المتوفَّى فيما يذهب الرجال إلى المجلس - ولا يقتصر ذلك على العائلة والأصدقاء المقربين، بل يشمل كل أهل الحي.

راعَ والدتي أن ترى كل هؤلاء النسوة. كانت تجلس فوق سجادة الصلاة وهي تتلو بعضاً من آيات القرآن الكريم. طلبت من الزائرات، «لا تَبكينَّ - وإنما ادعُوَنَّ الله لها!» عندئذٍ حضر أخواي، أتال الذي كان قد رجع إلى البيت مشياً من المدرسة، وقام بفتح التلفزيون ورأى خبر محاولة قتلي. وكان قد نادى خوشال، وانخرط كلاهما في البكاء. لم يتوقف الهاتف عن الرن. طمأن الناس والدتي بأنه ورغم أن الرصاصة قد أصابت رأسي، فإنها قد قشطت جبهتي فقط. اعترت والدتي حالة من التشوش بسبب ما تسمعه من روايات مختلفة، فقد قيل لها في أول الأمر إن قدمي قد جُرحت، ثم بعد ذلك أنني أصبت في رأسي. كانت تظنّ أنني سوف أستغرب عدم حضورها إلى المستشفى، ولكن الناس طلبوا منها ألا تذهب، إما لأنني متّ أو أوشك أن أُنقل من المستشفى. وقد هاتَفها أحد أصدقاء والدي ليبلغها بأنهم بصدد نقلي إلى بيشاور عبر طائرة مروحية وأن عليها اللحاق بهم بالحافلة. أما أصعب اللحظات عليها فكانت عندما أتى أحدهم إلى المنزل بمفاتيح بوابة المنزل التي كانت بحوزتي، وقد عثر عليها في موقع إطلاق النار. بكت والدتي: «لا

أريد مفاتيح، أريد ابنتي! ما فائدة المفاتيح بدون ملالا؟» وقد سمعوا بعدئذٍ أزيز المروحية.

لم يكن مهبط المروحيات يبعد عن منزلنا سوى ميل واحد، ولذلك هَرعت النساء جميعهن إلى سطح المنزل وقلن: «لا بد أنها ملالا!» وبينما كن يشاهدن المروحية تحلق فوق رؤوسهن، أماطت والدتي غطاء رأسها، وهو سلوك يندر للغاية أن يصدر عن امرأة بشتونية، ورفعته نحو السماء وقد أمسكته بكلتا يديها وكأنها تقدم قرباناً. وقالت: «اللهم إني أستودعك إياها. اللهم إنا لم نرضَ بحراس الأمن فاحرسنا بعينك واحفظنا بكرمك. قد كانت في حفظك فرُدَّها إلينا سالمة».

داخل المروحية كنت أتقيأ دماً. انتاب والدي الهلع، ظنّ أني أتعرض لنزيف داخلي. بدأ يفقد الأمل ولكن مريم لاحظت أني أحاول أن أمسح فمي بالشال. فقالت: «انظر، إنها تردّ علينا! هذه علامة مبشرة».

عندما هبطنا في بيشاور، كان الظنّ هو أنهم سوف يتوجّهون بي إلى مستشفى «ليدي ريدنج هوسبتال» حيث يوجد جرّاح أعصاب متمكن اسمه الدكتور ممتاز كان البعض قد زكّاه لنا، لكنهم انزعجوا عندما نُقلت إلى المستشفى العسكري المختلط، وهو مستشفى كبير يعود إلى أيام الحكم البريطاني ويضم 600 سرير، وكانت تجري به أعمالٌ إنشائية لبناء مرفق جديد. ونظراً إلى أن بيشاور هي بوابة الدخول إلى منطقة القبائل، فقد أضحت المستشفى بالغة الازدحام منذ دخول الجيش إلى المنطقة في عام 2004 لمواجهة المسلحين،

وذلك لاستقباله الجنود والضحايا الذين يصابون في العمليات الانتحارية المتكررة التي تقع في المدينة أو حولها. ومثلما هو حال الكثير من المنشآت في بلادنا، فقد أحيط المستشفى بكتل خرسانية ونقاط تفتيش لحمايته من الانتحاريين.

أُدخلت سريعاً إلى وحدة العناية المركّزة التي تقع في مبنى منفصل. كانت الساعة الموجودة فوق مكتب الممرضات تشير إلى ما بعد الخامسة مساء بقليل. أدخلت إلى وحدة عزل ذات جدران زجاجية وركَّبت لي ممرضة بعض المحاليل. في الغرفة المجاورة كان ثمة جندي أصيب بحروق بشعة جراء تعرضه لقنبلة بدائية الصنع مزقت إحدى ساقيه. دخل علينا شاب قدَّم نفسه باسم العقيد جُنيد، وهو جراح أعصاب. زاد قلق والدي وانزعاجه ورأى أنه لا يشبه الأطباء؛ إذ بدا صغير السن للغاية. سأله العقيد: «هل هذه ابنتك؟» ادَّعت مريم أنها أمي حتى يمكنها الدخول.

فحصني العقيد جُنيد. كنت واعية وتعتريني حالة من الاضطراب ولكني لا أنطق أو أدرك أي شيء ممّا يجري حولي، وكانت عيناي ترفرفان. خاطَ العقيد الجرح ما فوق حاجبي الأيسر حيث دخلت الرصاصة، ولكنه استغرب من كونه لا يرى الرصاصة في الأشعة. وقال: «إذا كان ثمة مدخل لها فلا بد أن يكون ثمة مخرج». جسَّ عمودي الفقري وحدَّد موضع الرصاصة بالقرب من لوح كتفي اليسرى. وقال: «لا بد أنها قد حَنَت جسمها، ومن ثم كانت رقبتها محنية عندما أُطلقت الرصاصة».

أخذوني لإجراء تصوير مقطعي مرة أخرى. بعدئذٍ استدعى العقيد جنيد والدي إلى مكتبه في المستشفى، حيث عرض عليه صورة

الأشعة على الشاشة. وقال له إن التصوير الذي أُجري في سوات تمّ من زاوية واحدة فقط، ولكن هذا التصوير الجديد يظهر أن الإصابة أشد خطورة. «انظر يا ضياء الدين. التصوير المقطعي يظهر أن الرصاصة قد اقتربت بشدة من المخ». وقال إن جسيمات عظمية دقيقة قد دمرت غشاء المخ. وقال: «ليس أمامنا إلا أن ندعو الله. دعنا ننتظر ونرى. لن نقوم بجراحة في هذه المرحلة».

أصبح أبي أكثر انزعاجاً. فقد أبلغه الأطباء في سوات أن الإصابة بسيطة، والآن بدا أنها خطيرة. وإذا كانت خطيرة لماذا لا يتدخلون جراحياً؟ شعر بالانزعاج من وجوده في مستشفى عسكري. في بلادنا، حيث استولى الجيش على السلطة عدة مرات، يبدي الناس غالباً توجّسهم من الجيش، ولا سيما أهل سوات حيث استغرق الأمر طويلاً من الجيش كي يقرِّر البدء في التصدي للطالبان. اتصل أحد أصدقاء والدي به وقال، «أخرجها من ذلك المستشفى. لا نريد لها أن تصبح شهيدة الوطن مثل لياقت علي خان». كان والدي حائراً بشأن ما يتعيَّن عليه عمله.

قال والدي للعقيد: «إنني حائر. لماذا نحن هنا؟ كنت أظنّ أننا سوف نذهب إلى مستشفى مدني». ثم سأله: «أرجوك، هل يمكنك أن تستدعي الدكتور ممتاز إلى هنا؟».

ردّ العقيد جنيد الذي ساءه ذلك، كما هو متوقع. «كيف يمكن ذلك؟».

تبين لنا لاحقاً أنه ورغم مظهره الشاب فإنه يحظى بخبرة 13 سنة أمضاها في جراحة الأعصاب حتى أصبح جراح الأعصاب الأكثر حنكة وتقلّداً للأوسمة في الجيش الباكستاني. وقد التحق

بالجيش كطبيب بسبب ما يتوفّر للمستشفيات العسكرية من تجهيزات فائقة، واقتداء بعمّه الذي كان أيضاً جراح أعصاب في الجيش. كانت المستشفى العسكري المختلط في بيشاور تقع على خط جبهة الحرب على الطالبان، ومن ثم كان جُنيد يتعامل يومياً مع إصابات ناجمة عن طلقات نارية وانفجارات. وقد قال لاحقاً: «لقد عالجت آلاف الحالات المشابهة لملالا».

لكن والدي لم يكن يعرف ذلك وقتئذٍ وتملكه حزن بالغ. «افعل ما تراه صواباً. فأنت الطبيب».

كانت الساعات القليلة التالية وقتاً للانتظار والترقُّب، فيما كانت الممرضات يرصدن نبضات قلبي وعلاماتي الحيوية. كنت من وقت إلى آخر أُخرج نخيراً وأحرّك يدي أو أرفرف عينيّ. وعندئذٍ كانت مريم تناديني: «ملالا، ملالا». وذات مرة فتحت عيناي تماماً، فقالت: «لم ألحظ من قبل كم هي صاحبة عينين جميلتين». كنت مضطربة وظللت أحاول خلع جهاز القياس من إصبعي. فتقول لي: «لا تفعلي ذلك».

كنت أهمس قائلة: «ميس، لا توبخيني». كما لو أنني في المدرسة. وكانت مدام مريم معروف عنها أنها مديرة مدرسة صارمة.

في المساء جاءت والدتي وبرفقتها أتال. قطعا الرحلة التي استغرقت أربع ساعات بسيارة كان يقودها صديق والدي محمد فاروق. قبل وصولها اتصلت بها مريم لتحذِّرها: «عندما ترين ملالا لا تصرخي أو تصيحي. يمكنها أن تسمعك حتى وإن حسبت أنها لا تسمع». اتصل بها والدي أيضاً وطلب منها أن تتهيأ نفسياً للأسوأ. كان يريد حمايتها من أثر الصدمة.

عندما دخلت والدتي تعانقا وهما يغالبان دموعهما. وقالت لي: «هذا هو أتال. جاء كي يراك».

كان أتال مرتبكاً وانخرط في بكاء شديد. وقال وهو يبكي: «ماما، ملالا أصيبت بشدة».

تملكت والدتي حالة من الصدمة ولم تفهم لماذا لا يعمل الأطباء على إخراج الرصاصة. وأجهشت بالبكاء وهي تقول: «يا بُنيتي الشجاعة، يا بُنيتي الجميلة». ولأن أتال كان يحدث ضوضاء كثيرة فقد اصطحبه أحد العاملين في المستشفى برفقة والدتي إلى النُزل الخاص بالمستشفى.

كان والدي مرتبكاً بسبب كل هؤلاء الناس الذين يتجمعون في الخارج - من سياسيين وشخصيات بارزة في الحكومة ووزراء أقاليم - وجاءوا لإبداء تعاطفهم. وكان الحاكم حاضراً بنفسه؛ وقدم لوالدي 100 ألف روبيه لعلاجي. وفي حالات الوفاة لدينا، يشعر المرء ببالغ الفخر عندما تزوره في بيته شخصية بارزة لتقديم العزاء. ولكن والدي كان غاضباً الآن إذ كان يشعر أن هؤلاء الناس جميعاً ينتظرون موتي وحسب وأنهم لم يفعلوا شيئاً لحمايتي.

لاحقاً، وبينما كانوا يتناولون الطعام، فتح أتال التلفزيون، لكن والدي أغلقه على الفور، ولم يتحمل مشاهدة خبر تعرضي للهجوم في ذلك الوقت، لكنه ما إن غادر الغرفة حتى أعادت مريم فتحه. كانت القنوات التلفزيونية كلها تعرض مقطع فيديو مصحوباً بتعليق يتضمن الدعاء لي وبعض أبيات الشعر المؤثرة، كما لو أنني قد متّ. ناحت والدتي فيما انضمت إليها مريم: «ملالا، ملالا».

عند منتصف الليل تقريباً، طلب العقيد جنيد مقابلة والدي خارج

وحدة العناية المركزة. «ضياء الدين، مخّ ملالا آخذ في التورم». لم يفهم والدي ما يعنيه ذلك. أخبره الطبيب أن حالتي بدأت تتدهور؛ وأن وعيي يتلاشى، وأنني عُدت أتقيأ دماً مرة أخرى. طلب العقيد جنيد إجراء تصوير مقطعي مرة ثالثة، وهو ما أظهر أن مخي كان يتورم على نحو خطر.

قال أبي: «كنت أحسب أن الرصاصة لم تصل إلى المخ».

أوضح العقيد جنيد أن عظمة قد تكسَّرت ودخلت بعض شظاياها إلى مخي، ما أحدث ارتجاجاً فيه وجعله يتورم. كان عليه أن يزيل جزءاً من جمجمتي كي يفسح له مجالاً للتمدُّد، وإلا سيكون الضغط لا يُطاق. وقال: «يتعين علينا التدخل الآن كي نمنحها فرصة للحياة. إذا لم نفعل، فربما تموت. لا أريدك أن تنظر إلى الوراء وتندم على أننا لم نتحرك من قبل».

كان اقتطاع جزء من جمجمتي أمراً بالغ القسوة على والدي. «وهل ستعيش؟» سأل مستيئساً، ولكنه لم يحصل إلا على قدر ضئيل من الطمأنة في تلك المرحلة.

كان قراراً شجاعاً يُحسب للعقيد جنيد، الذي لم يكن رؤساؤه مقتنعين بذلك فيما كان آخرون يرون أنه يتعين نقلي للعلاج في الخارج. لقد أنقذ بقراره هذا حياتي. أخبره والدي أن يفعل ما يرى، وقال العقيد جنيد إنه سوف يأتِ بالدكتور ممتاز لمساعدته. كانت يد والدي ترتعش وهو يوقع أوراق الموافقة على إجراء العملية؛ فقد ذُيلت صراحة بعبارة «المريض قد يموت».

بدأوا العملية في الساعة 1:30 صباحاً تقريباً. كان والداي يجلسان خارج غرفة العمليات وقد راح والدي يدعو: «اللهم يا رب

نجّها». بدا وكأنه يُبرم صفقة تجارية. «حتى إن كان عليّ أن أعيش في قلب الصحراء، فإنني بحاجة إلى عينيها؛ لن أستطيع العيش بدونها. يا إلهي، اسمح لي أن أمنحها ما بقي من حياتي؛ فقد عشت ما يكفي من العمر. حتى إن كانت ستظلّ مصابة، فامنحها النجاة».

وهنا قاطعته والدتي: «إن الله ليس بخيلاً. سوف يعيد لي ابنتي مثلما كانت». وانخرطت في الدعاء وهي تمسك بالمُصحف في يدها، وقد وقفت إزاء الحائط وراحت تردِّد آيات قرآنية على مدى ساعات.

قالت مدام مريم: «ما رأيت أحداً قط يدعو مثلما تدعو. لديّ يقين بأن الله سوف يجيب دعاءها».

حاول والدي ألا يفكّر فيما مضى وفيما إذا كان قد أخطأ عندما شجعني على الجهر بالرأي وإطلاق الحملات.

داخل غرفة العمليات استخدم العقيد جنيد منشاراً لإزالة ما بين ثمانية إلى عشرة سنتيمترات مربعة من الجزء العلوي الأيسر من جمجمتي كي يفسح المجال لمخي في التورم. ثم قطع بعدئذٍ النسيج تحت الجلدي الموجود إلى اليسار من بطني ووضع قطعة العظم بالداخل لحفظها. ثم بعد ذلك أحدث ثقباً في القصبة الهوائية، خشية أن يعوق التورم مجرى التنفس. وأزال أيضاً تجلطات دموية من مخي والرصاصة التي استقرت في لوح الكتف. بعد كل هذه العمليات تمّ وضعي على جهاز تنفس صناعي. وقد استغرقت الجراحة خمس ساعات تقريباً.

برغم دعوات والدتي، كان والدي يعتقد أن 90 في المائة من الأشخاص الذين كانوا ينتظرون في الخارج إنما ينتظرون خبر موتي

وحسب. كان بعضهم، أصدقاؤه ومتعاطفون، في حالة غضب شديد، ولكنه استشعر أن آخرين كانوا يحسدوننا على المنزلة التي بلغناها ويرون أننا قد نلنا من الجزاء ما نستحق.

كان والدي يأخذ قسطاً من الراحة بالخارج بعيداً عن كثافة غرفة العمليات عندما اقتربت منه إحدى الممرضات: «هل أنت والد ملالا؟» مرة أخرى تملَّكه الفزع وكاد قلبه أن يتوقف. اصطحبته الممرضة إلى الغرفة.

ظن أنها سوف تقول له، «سامحنا، يؤسفنا القول إننا فقدناها». ولكن ما إن دخل إلى الغرفة حتى قيل له: «نحتاج إلى شخص ما يأتي لنا بدم من بنك الدم». تنفّس الصعداء ولكن اضطراباً اعتراه وتساءل: «هل أنا الشخص الوحيد الذي يمكنه أن يجلب ذلك؟» ذهب أحد أصدقائه بدلاً عنه.

كانت الساعة 5:30 صباحاً عندما خرج الجراحون. وممّا حدثوا به والدي أنهم أزالوا قطعة من الجمجمة ووضعوها في بطني. وفي ثقافتنا لا يشرح الأطباء شيئاً للمرضى أو لذويهم، لكن والدي سأل العقيد جنيد بتواضع قائلاً: «إذا لم يكن لديك مانع، فأنا لدي سؤال غبي. هل ستعيش - ماذا تتوقع؟».

أجاب العقيد جنيد: «في الطب اثنان زائد اثنان لا يساويان دائماً أربعة. أدينا مهمتنا - أزلنا قطعة من الجمجمة. والآن يتعين علينا الانتظار».

قال والدي: «لدي سؤال غبي آخر، ماذا عن هذه العظمة؟ ماذا ستفعل بها؟».

أجاب الدكتور ممتاز: «بعد ثلاثة أشهر سوف نعيدها. إنها مسألة في غاية البساطة، هكذا». وصفَّق بكفيه.

في الصباح التالي كانت الأخبار مبشرة، فقد قمت بتحريك ذراعيّ. ثم جاء ثلاثة جراحين كبار من الإقليم لفحصي. وقالوا إن العقيد جنيد والدكتور ممتاز قد أَديا عملاً رائعاً، وأن العملية قد سارت على نحو جيد للغاية، ولكن يتعين وضعي من الآن في إغماءة مستحثة لأن استعادتي للوعي قد يتولد عنها ضغطٌ على المخ.

بينما كنت أُراوح بين الحياة والموت، أصدر الطالبان بياناً أعلنوا فيه مسؤولية الحركة عن استهدافي ولكنهم نَفوا أن يكون ذلك مردّه إلى حملتي من أجل التعليم. وقال إحسان الله إحسان، المتحدث باسم حركة طالبان باكستان: «لقد نفذنا هذا الهجوم، وكل من يتحدث ضدنا سوف ينال المصير ذاته. لقد استُهدفت ملالا بسبب دورها الطليعي في نشر العلمانية ... كانت صغيرة ولكنها تروّج للثقافة الغربية في مناطق البشتون. لقد كانت مناصرة للغرب؛ وتندد بالطالبان؛ وتعتبر الرئيس الأميركي أوباما مثلَها الأعلى».

كان والدي يعرف إلى ماذا يُلمح. فعقب فوزي بجائزة السلام الوطنية في السنة السابقة، ظهرت في مقابلات تلفزيونية كثيرة، وفي إحداها سئلت عمّن هو السياسي المفضل لديّ. اخترت خان عبد الغفار خان وبناظير بوتو والرئيس باراك أوباما. كنت قد قرأت عن أوباما وأعجبت بسيرته لأنه استطاع ورغم لون بشرته وانتمائه إلى أسرة بسيطة أن يحقِّق طموحاته وأحلامه. ولكن صورة أميركا في باكستان أصبحت مرتبطة ذهنياً بهجمات الطائرات بدون طيار وغاراتها السرية على أرضنا وقضية ريموند دافيس.

وأضاف المتحدث باسم الطالبان قائلاً إن فضل الله هو من أمر بتنفيذ الاعتداء خلال اجتماع عُقد قبل شهرين. وقال: «إن أي أحد ينحاز للحكومة ضدنا سوف يموت على أيدينا. وسوف ترون. وعما قريب سوف يلحق بها أشخاصٌ بارزون آخرون». وأضاف إنهم استعانوا برجلين من أهل سوات جمعا المعلومات عني وعن الطريق الذي أسلكه إلى المدرسة وتعمّدا تنفيذ الهجوم بالقرب من إحدى نقاط تفتيش الجيش كي يُظهروا أنهم يستطيعون الضرب أينما شاءوا.

في ذلك الصباح الأول، أي بعد بضع ساعات من العملية الجراحية، اكتنفت المستشفى فجأة فورة نشاط، حيث سادت حالة من الانضباط التام فيما يخص الزي وتطبيق معايير النظافة. بعد ذلك، دخل الجنرال كياني، قائد الجيش بخطى مسرعة. وقال لوالدي: «الوطن كله يدعو لك ولابنتك». كنت قد التقيت الجنرال كياني عندما أتى إلى سوات لحضور اجتماع كبير في نهاية العام 2009 بعد نهاية الحملة العسكرية ضد الطالبان.

وممّا قلته في ذلك الاجتماع: «أنا سعيدة بأنكم أديتم عملاً رائعاً. والآن ما عليكم إلا أن تمسكوا بفضل الله». ضجَّت القاعة بالتصفيق وجاءني الجنرال كياني ووضع يده فوق رأسي مثل أب.

قدم العقيد جنيد تقريراً عاماً عن الجراحة والخطة المقترحة للعلاج، وأمره الجنرال كياني أن يرسل الصور المقطعية للخارج لعرضها على أفضل الخبراء للمشورة. بعد زيارته لم يُسمح لأحد آخر بأن يكون بجانب سريري خوفاً من العدوى. ولكن ظلّ كثيرون يتوافدون: مثل عمران خان، لاعب الكريكيت الذي تحول إلى

سياسي؛ وميان افتخار حسين، وزير الإعلام في الإقليم وهو مناوئ صريح للطالبان الذين أردوا ابنه الوحيد قتيلاً؛ ورئيس حكومة إقليمنا، حيدر هوتي، الذي ظهرت معه في برنامج حواري. ولكن أحداً منهم لم يُسمح له بالدخول.

وقال هوتي للناس: «اطمئنوا ملالا لن تموت. فما زال لديها الكثير الذي عليها فعله».

بعدئذٍ وفي حوالي الساعة الثالثة عصراً وصل طبيبان بريطانيان على متن مروحية قادمين من روالبندي. كان الدكتور جاويد كياني والدكتورة فيونا رينولدز قادمين من مستشفيَين في برمنغهام وتصادف أنهما في باكستان لتقديم المشورة حول تأسيس البرنامج الأول لدى الدولة في زراعة الكبد. تعج بلادنا بالإحصائيات الصادمة، ليس في التعليم وحده، وإحدى هذه الإحصائيات هي أن طفلاً من بين كل سبعة أطفال في باكستان يصاب بالالتهاب الكبدي، وغالباً ما يحدث ذلك بسبب الحقن الملوثة، والكثيرون منهم يموتون بسبب أمراض الكبد. كان الجنرال كياني مصمماً على تغيير هذا الوضع، ما يعني أن الجيش قد وضع قدمه مرة أخرى حيثما أخفق المدنيون. وكان قد طلب من الأطباء أن يطلعوه على التقدم المحرز قبل أن يعود بالطائرة إلى بيته، وهو ما تصادف أنه في الصباح الذي أعقب محاولة قتلي. عندما دخلا للقائه كان يشاهد تلفزيونين، أحدهما مفتوح على قناة محلية باللغة الأردية والآخر على قناة سكاي نيوز بالإنجليزية، ويعرض خبراً عن تعرضي لإطلاق النار.

لم تكن ثمة صلة قُربى بين قائد الجيش والطبيب رغم حملهما لاسم العائلة ذاته ولكن كليهما كان يعرف الآخر جيداً، ولذلك

أعرب الجنرال للدكتور جاويد عن قلقه بشأن التقارير المتضاربة التي يتلقاها وطلب منه أن يُقيِّم حالتي قبل عودته إلى المملكة المتحدة. وافق الدكتور جاويد، الذي كان استشارياً في الرعاية الطارئة في مستشفى الملكة إليزابيث، ولكنه طلب اصطحاب الدكتورة فيونا، لأنها من مستشفى برمنغهام للأطفال وأخصائية في العناية المركزة للأطفال. اعتراها بعض التوتر عندما علمت بأنها ذاهبة إلى بيشاور، التي أصبحت منطقة يحظر على الأجانب دخولها، بيد أنها عندما سمعت أني ناشطة في مجال تعليم البنات سرَّها أن تساعد في ذلك، لأن الحظ قد أسعدها هي نفسها والتحقت بمدرسة جيدة ثم تدربت فيما بعد لتصبح طبيبة.

لم يُسر العقيد جنيد ومدير المستشفى برؤيتهما، ونشب بين الطرفين جدال لبعض الوقت حتى أوضح الدكتور جاويد بجلاء هوية من أرسل بهما. ولم يُسرّ الطبيبان البريطانيان بما وجداه. ففي البداية فتحا صنبور المياه ليغسلا أيديهما فتبين لهما أنه ليس ثمة ماء. ثم فحصت الدكتورة فيونا الأجهزة والقياسات وهمست بشيء إلى الدكتور جاويد. سألت عن متى كان آخر قياس لضغط الدم. فجاءها الجواب: «منذ ساعتين». فطلبت أن يتمّ قياسه طول الوقت، وسألت الممرضة عن السبب في أنه لا يوجد قصطرة شريانية. وأبدت استياءها أيضاً من الانخفاض الشديد لنسبة ثاني أكسيد الكربون لدي.

كان والدي مبتهجاً لأنه لم يكن قد سمع ما قالته للدكتور جاويد. فقد قالت له إن حالتي «يمكن إنقاذها» - لكوني خضعت للجراحة السليمة في الوقت السليم - ولكن فرص التعافي لدي

تتوقف على الرعاية اللاحقة. ومن اللازم بعد جراحات الأعصاب أن يتم رصد التنفس وتبادل الغازات، وأن تظلّ مستويات ثاني أكسيد الكربون في نطاقها الطبيعي. وذاك هو ما تقيسه كل الأنابيب والأجهزة. أما الدكتور جاويد فقال إن الأمر «يشبه قيادة طائرة - لا يمكنك أن تقودها إلا عبر الأجهزة السليمة»، وحتى إن كانت المستشفى لديها هذه الأجهزة فإنها لم تُستخدم استخداماً سليماً. بعد ذلك غادرا على متن المروحية التي أقلتهما لخطورة البقاء في بيشاور بعد حلول الظلام.

كان رحمن مالك، وزير الداخلية من بين الزائرين الذين جاءوا ولم يُسمح لهم بالدخول. وقد أحضر معه جواز سفر لي. شكره والدي، ولكنه كان غاضباً غضباً شديداً. في تلك الليلة عندما عاد والدي إلى دار ضيافة الجيش، أخرج جواز السفر من جيبه وأعطاه إلى والدتي قائلاً: «هذا لملالا، ولكني لا أدري إن كانت ستسافر به إلى الخارج أم إلى السماء». وأخذ كلاهما يبكي. لم يكن الموجودون داخل الغرفة الزجاجية في المستشفى يدركون أن خبر استهدافي قد بلغ جميع أنحاء العالم، وأن الناس كانوا يطالبون بأن يتم إرسالي للعلاج بالخارج.

كانت حالتي تتدهور وكان من النادر أن يردّ والدي على هاتفه. ومن بين المكالمات القليلة التي استقبلها كانت من والد عرفة كريم، وهي طفلة عبقرية في الحاسوب من البنجاب كنت قد التقيتها على هامش بعض المنتديات. كانت أصغر من حصل على شهادة «المحترف المعتمد من مايكروسوفت» في العالم في سن التاسعة وذلك عرفاناً بمهاراتها في البرمجة، حتى إنها دُعيت لمقابلة بيل

غيتس في وادي السليكون. ولكن ما يفجع هي أنها ماتت في شهر كانون الثاني/ يناير متأثرة بنوبة قلبية أعقبت تعرضها لنوبة صرع. لم تكن قد تجاوزت السادسة عشرة، أي تكبرني بعام واحد. عندما اتصل والدها، انتحب والدي وهو يقول: «أخبرني كيف لأبٍ أن يعيش دون ابنته».

22

رحلة إلى المجهول

تعرضت لإطلاق النار في ظهيرة يوم ثلاثاء. وفي صبيحة الخميس استقر في نفس والدي أنني سأموت حتى إنه أبلغ خالي فايز محمد ببدء التحضير لجنازتي في القرية. كنت قد أُدخلت في إغماءة مستحثة، وكانت علاماتي الحيوية آخذة في التدهور، وتورم وجهي وجسمي، وأصاب الخلل وظائف كليتيّ ورئتيّ. وحدثني أبي لاحقاً عن أنه كان يفزع كلما رآني موصولة بكل هذه الأنابيب في تلك الغرفة الزجاجية الصغيرة. وبحسب معرفته، فقد كنت في نظرهم ميتة سريرياً. أصابته حالة من الانهيار وظلّ يقول في نفسه: «ما زالت صغيرة على الموت. لم تتجاوز بعد الخامسة عشرة. هل ستكون حياتها قصيرة إلى هذه الدرجة؟».

كانت والدتي لم تزل تدعو - فلم تكن تنام إلا قليلاً. أخبرها خالي فايز محمد بأن عليها أن تقرأ اثنتي عشرة آية من سورة الحج (58 - 70) لأنها آيات تشير إلى قدرة الله. وقالت لوالدي بأن لديها شعور بأني سأعيش، ولكنه لم يكن يعرف كيف.

عندما عاد العقيد جنيد للاطمئنان على حالتي، سأله والدي مرة أخرى: «هل ستعيش؟»

فسأله الطبيب: «هل تؤمن بالله؟»

أجاب والدي: «نعم.» كان العقيد جنيد لديه إيمان عميق، ونصح والدي بأن يتوجه إلى الله بالدعاء، قائلاً إنه سوف يجيب دعاءنا.

في وقت متأخر من ليلة الأربعاء وصل طبيبان عسكريان كانا أخصائيين في العناية المركزة بالسيارة من إسلام أباد. كان العقيد كياني هو من أرسلهما بعدما أبلغه الطبيبان البريطانيان بأني إن تُركت في بيشاور فسوف أتعرض لتلف في المخّ أو ربما حتى أموت بسبب نوعية الرعاية وزيادة احتمالية حدوث العدوى. كانا يريدان نقلي ولكنهما اقترحا أن يتمّ استدعاء طبيب كبير خلال ذلك، ولكن بدا أن أوان ذلك قد فات.

لم ينفذ طاقم المستشفى شيئاً ممّا أوصت به الدكتورة فيونا من تغييرات؛ وشهدت حالتي تدهوراً خلال الليل. كانت العدوى قد بدأت. في صباح الخميس اتصل أحد الأخصائيين وهو العميد أسلم، بالدكتورة فيونا. وقال لها: «ملالا تعاني تدهوراً شديداً في حالتها». أُصبت بشيء اسمه التخثر المنتشر داخل الأوعية (DIC) وهو ما يعني أن دمي لم يكن يتخثر، وبلغ ضغط الدم عندي مستويات شديدة الانخفاض فيما ارتفعت نسبة حموضة الدم. لم أعد أتبول، ولذلك اختلّت وظائف الكليتين وارتفعت مستويات حمض اللبنيك. بدا أنّ كل خلل محتمل قد أصبح واقعاً. كانت الدكتورة فيونا على وشك التوجه إلى المطار عائدة إلى برمنغهام - حتى إن حقائبها كانت قد وصلت المطار بالفعل - ولكنها عندما سمعت بالأخبار، عرضت المساعدة واستبْقت معها ممرضتان من مستشفاها في برمنغهام.

عادت مرة أخرى إلى بيشاور ظهيرة الخميس. أخبرت والدي أني سوف أنقل جواً إلى مستشفى عسكري في روالبندي يضمّ أفضل التجهيزات المطلوبة للعناية المركزة. لم يستوعب فكرة أن تنقل طفلة في حالة مرضية حرجة على متن طائرة، ولكن الدكتورة فيونا طمأنته بأنها فعلت ذلك كثيراً وأن عليه ألا يقلق. سألها إن كان ثمة أمل في أن أعيش. أجابت: «لولا أن هناك أمل، لما كنت هنا». وعن تلك اللحظة يقول والدي إنه لم يستطع أن يقاوم دموعه.

لاحقاً جاءت ممرضة في ذلك اليوم ووضعت بعض القطرات في عيني. وعلقت أمي: «انظري، حبيبتي. الدكتورة فيونا على صواب لأن الممرضات وضعن قطرات في عيني ملالا. ما كنّ ليضعن القطرات لولا أن هناك أمل». كانت إحدى الفتاتين الأخريين اللتين أصيبتا معي، وهي شادية، قد نقلت إلى المستشفى ذاتها وذهبت فيونا للاطمئنان عليها. وقالت لوالدي إن شادية على ما يرام وأنها ترجتها أن «تُعنَى بملالا!».

نُقلنا إلى مهبط الطائرات بسيارة الإسعاف تحت حراسة أمنية مشددة تصحبنا الدراجات البخارية والأضواء الزرقاء الوامضة. استغرقت الرحلة بالمروحية ساعة وربع. لم تجلس الدكتورة فيونا إلا نادراً؛ كانت طول الطريق شديدة الانشغال بالأجهزة المختلفة حتى بدا لوالدي وكأنها في عراك معها. كانت تفعل ما اعتادت فعله لسنين طويلة، فقد أمضت نصف فترة عملها في المملكة المتحدة في نقل الأطفال ذوي الحالات الحرجة، أما النصف الآخر فأمضته في علاجهم داخل قسم العناية المركزة. ولكنها لم تمرّ بمثل هذا الموقف. ليس لأن بيشاور مكان خطر على مواطني الدول الغربية

فحسب، بل أيضاً لأنها اكتشفت عندما أدخلت اسمي في محرك البحث غوغل أنها إزاء حالة ليست بالعادية. وقالت لاحقاً: «لو أصابها مكروه لكان اللوم قد أُلقي على المرأة البيضاء. ولو ماتت لكنت قد حسبت نفسي قد قتلتُ بيدي الأم تريزا لباكستان».

ما إن هبطنا في روالبندي حتى نُقلنا بسيارة إسعاف وسط حراسة أمنية أخرى إلى مستشفى اسمها معهد القوات المسلحة للقلب. انزعج والدي من ذلك - كيف لهم أن يعالجوا إصابات الرأس؟ ولكن الدكتورة فيونا طمأنته بأن المستشفى تضمّ أفضل قسم للعناية المركزة في باكستان وبها أحدث التقنيات والأجهزة، وأطباؤها تلقوا تدريبهم في بريطانيا. كانت ممرضتاها من برمنغهام في انتظارها هناك وشرحا لممرضات القلب الإجراءات الخاصة بالتعامل مع إصابات الرأس. أمضوا الساعات الثلاثة التالية معي، يبدلون أدوية المضادات الحيوية والأنابيب الموصولة بأوردتي، لأن استجابتي لنقل الدم بدت سيئة. وأخيراً قالوا إن حالتي قد استقرت.

وُضعت المستشفى في حالة إغلاق تام، وأصبحت تحت حراسة كتيبة جنود كاملة، بل وحتى قناصة اعتلوا الأسطح من حولها. لم يكن يُسمح لأحد بالدخول؛ وكان على الأطباء التقيُّد بزيّهم كاملاً؛ ومنعت الزيارة عن المرضى إلا من أقرب الأقارب الذين يخضعون بدورهم لتفتيش أمني صارم. وتمّ تعيين ضابط برتبة رائد لحراسة والدي ووالدتي ومتابعتهما أينما ذهبا.

تملك الخوف والدي ودأب خالي على تحذيره: «خذ حذرك - ربما يكون بعض هؤلاء الناس عملاء سريين». أُعطيت أسرتي ثلاث غرف في دار ضيافة الضباط وتمت مصادرة الهواتف الجوالة من

الجميع، وهو ما بُرر بأنه لأسباب أمنية ولكن ربما أيضاً للحؤول بين والدي وبين التحدث إلى وسائل الإعلام. وكان والداي كلما أرادا أن يقطعا المسافة القصيرة بين دار الضيافة والمستشفى مشياً، تَعين تأمينهم أولاً عبر أجهزة الاتصال اللاسلكية، ما كان يستغرق نصف الساعة على الأقل، بل وأصبحا يمشيان تحت الحراسة وهما يعبران حديقة دار الضيافة باتجاه قاعة الطعام. لم يكن مسموحاً بأي زيارات - وحتى رئيس الوزراء عندما جاء لزيارتي لم يُسمح له بالدخول. كانت الإجراءات الأمنية تبعث على الذهول، ولكن الطالبان تمكنوا خلال السنوات الثلاثة الماضية من اختراقها وشن هجماتهم على المنشآت العسكرية شديدة التحصين مثلما حدث مع القاعدة البحرية في مهران وقاعدة القوات الجوية في كامرا وإدارات الجيش الموجودة على الطريق.

كنا جميعاً عُرضة لخطر هجوم يشنه الطالبان، وقيل لوالدي بأنهم لن تأخذهم رحمة حتى بأخوي الصغيرين. انتابه قلق بالغ لأن خوشال في ذلك الوقت كان لم يزل في منجورا، وإن كان قد جيء به لاحقاً إلى روالبندي للانضمام إليهم. لم يكن هناك حواسيب أو اتصال بشبكة الإنترنت في دار الضيافة، ولكن طاهياً ودوداً هو، يسيم ماما، اعتاد أن يأتيهم بالصحف وبكل ما يحتاجونه. وقال لهم يسيم إنه فخور بكونه يعدّ الطعام لأسرتي. تأثروا كثيرا بلطفه معهم وقصُّوا عليه حكايتنا. كان يود أن يمدهم بالطعام ويخفِّف من معاناتهم، ولأنهم لم يكن لديهم اشتهاء للطعام، فقد حاول إغراءهم بأشهى أصناف الطعام والكاسترد والحلوى. وخلال تناول إحدى وجبات الطعام قال خوشال إن

مائدة الطعام تبدو خاوية لأنها لا تضمّ سواهم الأربعة وشعروا بالنقص لعدم وجودي معهم.

طالع والدي لأول مرة إحدى الصحف التي يزوده بها يسيم وقرأ عن ردود الفعل الدولية المذهلة على الهجوم الذي استهدفني. بدا وكأن غضباً شديداً قد انتاب العالم برمته، فاعتبره الأمين العام للأمم المتحدة، بان كي مون، «عملاً بشعاً وجباناً»، أما الرئيس أوباما فوصف الاعتداء بأنه «يستحق الإدانة ومقزز ويبعث على الأسى». ولكن بعض ردود الفعل في باكستان لم تكن إيجابية إلى حدٍّ كبير. فبينما وصفتني بعض الصحف بأني «رمز للسلام»، نشرت صحف أخرى مقالات تدور حول نظرية المؤامرة المعهودة، بل والأدهى أن بعض المدونين قد شككوا في كوني تعرضت أصلاً لإطلاق نار. تم اختلاق كل أنواع القصص، ولا سيما في الصحف الأردية، مثل تلك التي زعمت أنني انتقدت إطلاق اللحى. وكانت إحدى أشد منتقداتي هي عضو في البرلمان اسمها دكتورة رحيلة قاضي من حزب الجماعة الإسلامية، حيث وصفتني بأني عميلة أميركية وعرضت لصور أجلس فيها بالقرب من السفير ريتشارد هولبروك كدليل على «مخالطتي للسلطة العسكرية في أميركا»!

كانت الدكتورة فيونا أعظم سلوان لنا، فرغم أن والدتي لا تتحدث إلا البشتو ولم يكن بوسعها أن تفهم أي شيء ممّا تقوله، فإن الدكتورة فيونا كانت ترفع إبهامها لأعلى عندما تخرج من غرفتي لتعني بأن «الحالة جيدة». أصبحت بمثابة مبعوث العناية الإلهية لدى والديّ، وليست مجرد طبيبة. كانت تجلس معهما بصبر وتطلب من والدي أن يشرح لوالدتي كل التفاصيل. اعترت والدي حالة من

الدهشة والرضا معاً، ففي بلادنا قلة من الأطباء هم من يكلفون أنفسهم عناء شرح أي شيء لامرأة أمية. علم والداي بأن عروضاً انهالت من الخارج لعلاجي، بما في ذلك أميركا، حيث عرض مستشفى مرموق اسمه جونز هوبكنز أن يوفِّر لي العلاج مجاناً. كما عرض مسؤولون أميركيون المساعدة، بمن فيهم السناتور جون كيري، وهو رجل ثري زار باكستان مرات كثيرة، وغابريل جيفوردز، وهي عضو بالكونغرس كانت قد تعرضت لإطلاق نار في رأسها خلال اجتماع لها مع أبناء دائرتها الانتخابية في مركز تسوق في أريزونا. جاءت عروض أيضاً من ألمانيا وسنغافورة والإمارات العربية المتحدة وبريطانيا.

لا أحد طلب مشورة والديّ حول ما يجب عمله، إذ كانت القرارات كلها تصدر عن الجيش. وقد سأل الجنرال كياني الدكتور جاويد ما إن كان ينبغي إرسالي للخارج أم لا. كان قائد الجيش يكرس قدراً كبيراً من وقته لهذا الموضوع - ويقول الدكتور جاويد إنهما أمضيا ست ساعات في النقاش حول حالتي! ربما كان يدرك أكثر من أيّ سياسي آخر التبعات السياسية التي قد تنجم في حال لم تُقدَّر لي النجاة، وكان يأمل أن يحشد إجماعاً سياسياً لتأييد هجوم شامل على الطالبان. ولكن المقربين منه يقولون إنه أيضاً صاحب قلب رؤوف؛ فوالده كان مجرد جندي بسيط ومات شاباً، فوجد نفسه، باعتباره الابن الأكبر بين ثمانية أبناء، مسؤولاً عن إعالة أسرته. وعندما تولى رئاسة أركان الجيش كان أول ما بادر إليه الجنرال كياني هو تحسينه لجودة أماكن سُكنى الجنود وحصص طعامهم ومستوى تعليمهم بدلاً من الضباط.

وقالت الدكتورة فيونا إنني ربما أواجه إعاقة في النطق وضعفاً في الذراع اليمنى والساق اليمنى، وأوضحت أنني سأكون بحاجة إلى تجهيزات شاملة لإعادة التأهيل، وهي تجهيزات غير متوفرة في باكستان. ونصحت قائلة: «إذا كنتم جادين بشأن الحصول على أفضل النتائج الممكنة، فانقلوها إلى الخارج».

كان الجنرال كياني مصمماً على ضرورة عدم إشراك الأميركيين في الأمر بسبب التدهور الذي شهدته العلاقات بين البلدين بعد قضية ريموند دافيس وغارة ابن لادن، بالإضافة إلى مقتل بعض الجنود الباكستانيين في نقطة حدودية بعد هجوم شنته عليهم مروحية أميركية. اقترح الدكتور جاويد عليه مستشفى جريت أورموند ستريت في لندن، والمستشفيات المتخصصة في إدنبره وجلاسكو.

سأله الجنرال كياني: «ولماذا لا تكون مستشفاكم؟».

كان الدكتور جاويد يتوقع ذلك السؤال. فمستشفى الملكة إليزابيث في برمنغهام معروف بعلاجه للجنود البريطانيين الذين كانوا يصابون في أفغانستان والعراق، كما أن موقعه خارج مركز المدينة يمنحه أيضاً خصوصية، فاتصل بمديره، كيفن بولجر، المدير التنفيذي للمستشفى، وسرعان ما وافق معتبراً أن ذلك هو الصواب، رغم أنه عاد وقال لاحقاً: «لم يتخيل أحد منا مطلقاً أنها سوف تهيمن على المستشفى إلى هذا الحدّ». كان نقلي - أنا القاصر الأجنبية - إلى مستشفى الملكة إليزابيث ليس حدثاً بسيطاً، وسرعان ما وجد بولجر، مدير المستشفى، نفسه عالقاً في شبكة من الإجراءات البيروقراطية البريطانية والباكستانية. في تلك الأثناء كان الوقت يمر، ورغم أن حالتي كانت قد استقرت إلا أن الشعور السائد

كان يقول بضرورة نقلي خلال ثمان وأربعين ساعة، أو اثنين وسبعين ساعة على أقصى تقدير.

وأخيراً تقرَّر المضي قدماً في عملية نقلي للعلاج بالخارج، ووقف الأطباء أمام كيفية نقلي ومن سيتحمّل كلفة ذلك. اقترح الدكتور جاويد قبول عرض من القوات الملكية الجوية البريطانية، ذلك أنهم اعتادوا نقل الجنود الجرحى من أفغانستان، وهو ما قوبل بالرفض من الجنرال كياني. اتصل بالدكتور جاويد ودعاه لاجتماع متأخر ليلاً وأوضح له، وهو يدخن السيجارة تلو السيجارة كما هي عادته، أنه لا يريد أي مشاركة عسكرية أجنبية في المسألة. كانت هناك نظريات مؤامرة كثيرة يتمّ تداولها حول الاعتداء الذي استهدفني، فذهب بعض الناس إلى أني عميلة للاستخبارات المركزية الأميركية وأشياء من هذا القبيل، ولم يكن قائد الجيش يريد أن يمنح هذه النظريات مزيداً من الأرضية. وضع ذلك الدكتور جاويد في مأزق.

كانت الحكومة البريطانية قد عرضت المساعدة ولكنها كانت بحاجة إلى طلب رسمي من نظيرتها الباكستانية، وهو الطلب الذي رفضت حكومتي التقدّم به حفاظاً على الكرامة. ولحسن الحظّ فقد تدخّلت دولة الإمارات العربية المتحدة في هذا التوقيت، وعرضت توفير طائرة خاصة مجهزة بمستشفى. وهكذا تقرر أن أغادر باكستان لأول مرة في حياتي جواً في الساعات الأولى من يوم الاثنين، 15 تشرين الأول/ أكتوبر.

لم يكن والداي يدريان عن هذه المفاوضات شيئاً رغم معرفتهما بأن ثمة نقاشات جارية لنقلي للعلاج في الخارج. وبطبيعة الحال كانا يفترضان أنه أينما نُقلت، فإنهما سوف يرافقاني. لم يكن لدى

والدتي وشقيقيّ جوازات سفر أو وثائق. وبعد ظهيرة الأحد أبلغ عقيد بالجيش والدي بأني سوف أغادر في الصباح التالي إلى المملكة المتحدة، وأنه وحده سوف يرافقني، وليست والدتي أو شقيقاي. وأُبلغ أن ثمة مشكلة في استخراج جوازات سفرهم، وأنه ولأسباب أمنية فإن عليه حتى ألا يبلغ بقية أفراد الأسرة بوجهته.

لا يخفي والدي شيئاً عن والدتي ولم يكن ثمة احتمال لأن يكتم مثل ذلك الأمر عنها. أبلغها الخبر بقلب محزون. كانت أمي تجلس مع خالي فايز محمد الذي كان غاضباً وقلقاً بشأن أمانها وأمان شقيقيّ الاثنين. «إذا بقيت هي وطفلان وحدهم في منجورا، فمن الوارد أن يصيبهم أذى!».

اتصل والدي بالعقيد قائلاً: «لقد أبلغت أسرتي وهم غير راضين بالمرة. لا أستطيع تركهم». تسبب ذلك في مشكلة كبيرة لأنني كنت قاصراً، ومن ثم لا يمكن إرسالي بمفردي وتدخل أناس كثيرون لإقناع والدي بأن يصحبني، بمن فيهم العقيد جنيد، والدكتور جاويد والدكتورة فيونا. لم يستجب والدي لهذه الضغوط وظلّ ثابتاً على موقفه رغم أنه بات واضحاً أنه يُحدث إرباكاً كبيراً لعملية علاجي. وقال للدكتور جاويد شارحاً: «ابنتي الآن في أيدي أمينة وذاهبة إلى دولة آمنة. لا أستطيع أن أترك زوجتي وولديّ وحدهم هنا. إنهم معرضون للخطر. ما حدث لابنتي قد حدث وهي الآن بين يدي الله. إنني أب - وولداي لا يقلان أهمية عن ابنتي».

طلب الدكتور جاويد أن يرى والدي على انفراد وسأله: «هل أنت متأكد أن هذا هو السبب الوحيد الذي يحوْل بينك وبين المجيء معنا؟» كان يريد التحقق من أن أحداً لا يمارس ضغوطاً عليه.

فقال له والدي: «زوجتي قالت لي بأنه لا يمكنني تركهم». ربَتَ الدكتور جاويد على كتفه وطمأنه بأني سوف أحظى بالرعاية وأن بوسعه أن يضع ثقته فيه. قال والدي: «أليست معجزة أنه قد تصادف وجودكم جميعاً هنا عندما تعرضت ملالا لإطلاق النار؟».

فأجاب الدكتور جاويد: «إنني أؤمن أن الله يرسل لنا الحلّ أولاً قبل أن تواجهنا المشكلة».

وقَّع والدي بعدئذٍ وثيقة اسمها «مقام الوالدين» وهي وثيقة تجعل من الدكتورة فيونا ولي أمري خلال الرحلة إلى المملكة المتحدة. طفرت الدموع من عيني والدي وهو يعطيها جواز سفري ويصافحها.

«فيونا، إنني أثق فيك. أرجوك اكلأي ابنتي برعايتك».

عندئذٍ جاء والدايّ إلى جانب سريري ليودعاني. كانت الساعة هي 11 مساء عندما رأياني لآخر مرة في باكستان. لم أكن أستطيع الكلام، وكانت عيناي مغمضتين ولم تكن هناك سوى أنفاسي التي تطمئنهما بأنني ما زلت على قيد الحياة. كانت والدتي تبكي، فيما كان والدي يحاول طمأنتها، إذ كان يشعر أنني أصبحت خارج دائرة الخطر؛ انقضت كل المواعيد التي حددوها في البداية - عندما قالوا إن الأربع والعشرين ساعة القادمة خطيرة، والثماني والأربعين ساعة حاسمة، والاثنين وسبعين ساعة حرجة - دون أن يقع لي مكروه. وتراجع الورم وتحسَّنت مستويات الدم. كانت أسرتي تثق بأن الدكتورة فيونا والدكتور جاويد سوف يوفران لي أفضل رعاية ممكنة.

عندما عاد أفراد أسرتي إلى غرفهم، لم يستطيعوا النوم. فبعد منتصف الليل طرق شخص ما بابهم. كان أحد العقداء الذين حاولوا أن يقنعوا والدي بأن يترك والدتي ويسافر إلى المملكة المتحدة. وقد

أبلغ والدي بأنه يتعين عليه أن يرافقني في السفر وإلا فلن أسافر مطلقاً.

أجابه والدي: «أخبرتك الليلة الماضية أن المسألة قد حُلت. لماذا أيقظتني؟ لن أترك أسرتي».

مرة أخرى، طُلب من مسؤول آخر أن يتحدث إليه: «عليك أن تذهب. أنت والدها، وإذا لم تصحبها ربما لا تقبلها المستشفى في المملكة المتحدة».

أصرّ والدي: «ما جرى قد جرى. لن أغير من رأيي. سوف نتبعها في غضون بضعة أيام عندما يتمّ حلّ مشكلة الوثائق».

دعنا نذهب إلى العقيد: «دعنا نذهب إلى المستشفى، لأن هناك وثائق أخرى عليك توقيعها».

ارتاب والدي في الأمر. كان الوقت قد تجاوز منتصف الليل وتملّكه الخوف. لم يشأ أن يذهب بمفرده مع المسؤولين وأصرَّ على أن تصحبه والدتي أيضاً. تملكت والدي حالة من القلق الشديد وظلّ طوال الوقت يردِّد إحدى آيات سورة يونس وهي الآية ذاتها التي كان يرددها النبي يونس وهو في بطن الحوت. إنها تبث في نفوسنا الطمأنينة بأن ثمة مخرجاً من أسوأ الظروف والمخاطر إذا ثبتنا على إيماننا.

عندما وصلوا إلى المستشفى أبلغ العقيد والدي بأنه إذا كان سيسمح لي بالسفر إلى المملكة المتحدة فهناك وثائق أخرى عليه أن يوقعها. كان الأمر بسيطاً. انتاب والدي شعور غير مريح بالمرة وأحس بالخوف الشديد بسبب أجواء السرية التي تحيط بكل الترتيبات، والأشخاص أصحاب الزي المنتشرين في كل مكان

وهشاشة وضع أسرتنا، حتى إنه شعر بالذعر وأعطى المسألة فوق حجمها. تبين أن المشهد برمته كان مسألة بيروقراطية عفنة.

عاد أبواي أخيراً إلى دار الضيافة كاسفي البال. لم يكن والدي يريد لي أن أذهب إلى دولة أجنبية دون مرافقة أسرتي وكان قلقاً بشأن ما سيعتريني من ارتباك هناك. كان آخر عهدي ببلدي هي حافلة المدرسة، وكان يُجنّ كلما خَطَر له أني ربما أشعر بأنهم قد تخلَّوا عني.

نُقلت في الساعة 5 صباحاً يوم الاثنين، 15 تشرين الأول/ أكتوبر تحت حماية مسلحة. أُغلقت الطرق المؤدية إلى المطار واعتلى القناصة أسطح البنايات المحاذية للطريق. كانت طائرة الإمارات العربية المتحدة في الانتظار. يقولون لي إنها قمة في الفخامة وتضم سريراً مفروشاً بالقطيفة، وستة عشر مقعداً درجة أولى ومستشفى صغير في المؤخرة يضمّ طاقم تمريض أوروبي يقوده طبيب ألماني. أشعر بالأسف لأنني لم أكن واعية للاستمتاع بذلك. أقلعت الطائرة إلى أبو ظبي للتزود بالوقود، قبل أن تتوجه إلى برمنغهام حيث كان هبوطها في آخر الظهيرة.

كان والداي ينتظران في دار الضيافة وهما يظنان أن جوازات السفر والتأشيرات يتم تجهيزها وأنهم سوف يلحقون بي في غضون بضعة أيام. ولكن أحداً لم يتصل بهم. لم يكن لديهم هاتف أو إمكانية للوصول إلى حاسوب للاطمئنان على حالتي، وبدا لهما أنهما قد وُضعا رهن انتظار لا نهاية له.

القسم الخامس

حياة ثانية

أنا وطنيٌّ وأحبُ وطني
وسأضحي عن طيب نفس بكلِّ غالٍ ونفيس

23

«الفتاة التي أصيبت بطلق ناري في رأسها، برمنغهام»

أفقتُ من الإغماءة في 16 تشرين الأول/ أكتوبر، أي بعد أسبوع من تعرّضي لإطلاق النار. وجدت أنه تفصلني آلاف الأميال عن وطني وأن ثمة أنبوباً يدخل من رقبتي لمساعدتي على التنفس وأنني غير قادرة على الكلام. كنت عائدة إلى الرعاية الحرجة بعدما أُجري لي تصوير مقطعي آخر، وظللت أراوح بين اليقظة والنوم حتى أفقت إفاقة طبيعية.

كان أول ما خطر ببالي عندما استعدت الوعي هو أني «حمدت الله على أني لم أمت». ولكني لم أكن أدري شيئاً عن المكان الذي أوجد فيه. أدركت أنني لست في بلدي، فالممرضات والأطباء يتحدثون الإنجليزية، وإن أوحَت ملامحهم بأنهم من بلاد شتى. كنت أُكلمهم، ولكن لم يكن أحد منهم يسمعني بسبب الأنبوب الممتد في رقبتي. في بادئ الأمر، كانت الرؤية بعيني اليسرى شديدة الضبابية ورأيت كل شخص بأنفين وأربع أعين. بدأت كل أنواع الأسئلة تحلق في مخي المستيقظ لتوه: أين أنا؟ ومن جاء بي إلى هنا؟ وأين والداي؟ وهل والدي على قيد الحياة؟ انتابني الشعور بالخوف.

كان الدكتور جاويد حاضراً عندما تمّت إفاقتي، وهو يقول إنه لن ينسى أبداً نظرة الخوف والحيرة التي أطلت من وجهي. تحدث إليّ بالأردية. كان الشيء الوحيد الذي أدركته هو أن الله قد منحني حياة جديدة. وجدت سيدة لطيفة ترتدي غطاء للرأس وقد أمسكت بيدي وقالت: «السلام عليكم». ثم بدأت تردِّد بعض الأدعية باللغة الأردية وتتلو آيات من القرآن الكريم. أخبرتني أن اسمها هو ريحانة وأنها واعظة مسلمة. كان صوتها هادئاً وكلماتها تبعث على الارتياح، ما جعلني أعود ثانية إلى النوم.

حلمت بأني لم أكن حقاً في مستشفى.

عندما أفقت مرة أخرى في اليوم التالي، لاحظت أنني في غرفة غريبة وخضراء اللون وبلا نوافذ وتوجد بها أنوار شديدة السطوع. كانت غرفة للرعاية المركزة في مستشفى الملكة إليزابيث حيث النظافة واللمعان هما سمة كل شيء، بما لا يشبه في شيء مستشفى منجورا.

أعطتني ممرضة قلم رصاص ودفتراً. لم أستطع كتابة الكلمات بهجاء سليم، وتخللتها بعض الأخطاء. كنت أريد كتابة رقم هاتف والدي. ولم أستطع ترك مسافات بين الحروف. أحضر الدكتور جاويد لي لوحاً لحروف الهجاء كي أشير إلى الحروف. كانت أولى الكلمات التي تهجيتها هي «أب» و«وطن». أخبرتني الممرضة أنني موجودة في برمنغهام، ولكني لم أكن أعلم أين موقعها. جلبوا لي لاحقاً أطلس خرائط وتبيَّن لي أنها تقع في إنجلترا. لم أكن أدري ماذا جرى. ولم تكن الممرضات تخبرنني شيئاً. وحتى اسمي لم أكن أعرفه. هل ما زلت ملالا؟

كانت رأسي تؤلمني ألماً مبرحاً، ولم تُجدِ الحقن التي أعطوها لي نفعاً في إيقاف الألم. ظلت أذني اليسرى تنزف وبدا أن إحساسي بيدي اليسرى غريباً. كانت الممرضات والأطباء يجيئون ويروحون. سألتني الممرضات بضع أسئلة وطلبن مني أن أطرف بعيني مرتين وكأني أقول «نعم». لم يخبرني أحدٌ بما جرى أو كيف جيء بي إلى المستشفى، وكنت أظنّ أنهم هم أنفسهم لا يعرفون ذلك. شعرت بأن ثمة خللاً يعتري الجانب الأيسر من وجهي. كانت عيني اليسرى تَدمع كلما أطلتُ النظر نحو الممرضات أو الأطباء. وتبيَّن لي أني لا أسمع بأذني اليسرى، وأن فكي لا يتحرك حركته الطبيعية. ولذلك كنت أومئ للأشخاص كي يقفوا عن يميني.

وبعد ذلك جاءت سيدة لطيفة اسمها الدكتورة فيونا وأعطتني دمية دب أبيض اللون. طلبت مني أن أسميه جُنيد قائلة إنها سوف تشرح لي السبب لاحقاً. لم أكن أعرف من هو جُنيد، ولذلك أسميته «لِيلي». جاءت لي أيضاً بكتاب تمارين زهري اللون للكتابة فيه. كان أول سؤالين خطهما قلمي هما: «لماذا والدي غير موجود؟» و«والدي لا يملك مالاً. من الذي سوف يدفع ثمن كل هذا؟».

أجابتني: «والدك بخير. إنه في باكستان. لا تقلقي بشأن الدفع».

كنت أكرر الأسئلة على مسمع كل شخص يأتي. وكانوا جميعاً يردّون بالإجابات ذاتها، ولكني لم أقتنع بها. لم يكن لدي أدنى فكرة عمّا جرى لي ولم أكن أثق بأحد. إذا كان والدي بخير، فلماذا ليس موجوداً هنا؟ ظننت أن والديّ لا يعرفان بمكان وجودي، وربما هما الآن يبحثان عني في ميادين منجورا وأسواقها. لم أصدق أن

والديّ بخير. في تلك الأيام الأولى ظلّ عقلي يدلف إلى عالم الأحلام ويخرج منه. ظلت ذاكرتي تعود بي إلى رقادي على السرير فيما يحيط بي أناس كثيرون للغاية لا أستطيع أن أحصيهم، وأسألهم: «أين أبي؟» كنت أظن أنني تعرضت لطلق ناري ولكني لم أكن موقنة - هل كانت هذه أحلام أم ذكريات؟

انشغل بالي بتكلفة العلاج. فالأموال التي جمعتها من الجوائز أُنفقت كلها تقريباً على المدرسة وفي شراء قطعة أرض في قريتنا في شانجلا. وكلما رأيت الأطباء يتبادلون أطراف الحديث أظنهم يقولون: «ملالا ليس لديها أي نقود. ملالا لا تستطيع أن تسدِّد تكلفة علاجها». كان أحد الأطباء بولندي الجنسية وكان يبدو دائماً حزيناً. كنت أحسبه مالك المستشفى وأنه حزين لكوني لا أستطيع سداد ثمن العلاج. ولذلك أومأتُ إلى إحدى الممرضات كي تأتيني بورقة وقلم، «لماذا أنت حزين؟» فأجاب، «لا، لست حزيناً». كتبتُ: «من سيدفع؟ ليس لدينا أي مال؟» قال: «لا تقلقي، حكومتك سوف تدفع». أصبح يبتسم دائماً عندما يراني.

اعتدت دائماً أن أفكِّر في إيجاد حلول للمشكلات، ولذلك خطرت ببالي فكرة النزول إلى مكتب الاستقبال وطلب هاتف كي أتصل بأمي وأبي. ولكن عقلي كان يقول لي، «**ليس لديك ما تدفعينه ثمناً للمكالمة، ولست تعرفين رمز الدولة**». وبعدئذٍ، قلت في نفسي **إنني بحاجة إلى الخروج والبدء في العمل كي أتكسب مالاً أشتري به هاتفاً وأتصل بوالدي حتى يلتئم شملنا مرة أخرى.**

كان كل شيء مختلطاً جداً في ذهني. فكنت أظنّ أنّ دمية الدب التي قدمتها لي الدكتورة فيونا ذات لون أخضر وأنها استبدلت بأخرى

ذات لون أبيض. وظللت أسأل: «أين الدمية الخضراء؟» رغم أنني أُبلغت مراراً وتكراراً أنه لا توجد دمية خضراء. ربما كان اللون الأخضر هو وهج الحوائط في وحدة العناية المركزة، ولكني ما زلت مقتنعة بأنه كانت هناك دمية خضراء.

وجدتني أنسى كلمات إنجليزية كنت أعرفها. كانت إحدى رسائلي إلى الممرضة هي «سلك لتنظيف أسناني». شعرت وكأن شيئاً قد علق بينها وكنت أعني خيطاً لتنظيف الأسنان. كان لساني في واقع الأمر خدراً فيما كانت أسناني جيدة. الشيء الوحيد الذي هدأ من روعي هو مجيء ريحانة. أخذت تردِّد لي بعض أدعية الشفاء وبدأتُ أحرك شفتيّ مع بعض هذه الأدعية وأقول «آمين» في النهاية. كان التلفزيون مغلقاً، عدا مرة واحدة عندما سمحوا لي بمشاهدة «مستر تشيف» الذي اعتدت على مشاهدته في منجورا وأحببته، ولكن كل شيء بدا ضبابياً. علمتُ فيما بعد فقط أنه لم يكن مسموحاً لأحد بأن يأتي بصحيفة أو يخبرني بأي شيء، وذلك لخشية الأطباء من تعرضي لصدمة.

كنت أخشى بشدة أن يكون والدي قد مات، لكن فيونا جلبت لي صحيفة باكستانية من الأسبوع السابق وقد نشرت صورة لوالدي وهو يتحدث إلى الجنرال كياني ورأيت فيها أيضاً امرأة مغطاة بشال وتجلس في الخلفية بجوار أخي. لم أستطع أن أرى سوى قدميها. كتبت أقول: «هذه هي أمي!».

وفي وقت لاحق من ذلك اليوم دخل الدكتور جاويد ومعه هاتفه الجوال. وقال: «سوف نتصل بوالديك». لمعت عيناي بالسعادة. وطلب مني: «لا أريدك أن تصيحي، ولا أن تبكي». كان صوته

أجش ولكنه شديد اللطف، وكأنه يعرفني منذ سنين. «سوف أعطيك الهاتف فكوني قوية». أومأت بالموافقة. اتصل بالرقم، وتحدث ثمّ سلمني الهاتف.

جاءني صوت والدي. لم أستطع الكلام بسبب الأنبوب الموجود في رقبتي. ولكني كنت في غاية السعادة عندما سمعت صوته. لم أستطع أن أبتسم بسبب وجهي، ولكن بدا وكأن ثمة ابتسامة توجد داخله. وعدني قائلاً: «سوف آتي قريباً. والآن استرخي وسوف نكون هناك في غضون يومين». حدثني فيما بعد أن الدكتور جاويد قد طالبه أيضاً بألا يبكي، لأن ذلك سوف يزيد من حزننا جميعاً. كان الطبيب يريدنا أن نكون أقوياء أمام بعضنا بعضاً. لم يستمر الاتصال طويلاً لأن والديّ لم يُريدا التسبب في إرهاقي. وراحت والدتي تدعو الله لي.

كنت ما زلت أظن أن السبب الذي يحوْل دون وجودهما معي هو أن والدي لم يكن لديه المال الذي يدفعه ثمناً لعلاجي. ولذلك كان لم يزل في باكستان، لبيع أرضنا في القرية ومدرستنا أيضاً. ولكن قطعة الأرض صغيرة وكنت أعرف أن مرافق مدرستنا ومنزلنا مستأجرة، إذن ما الذي يمكن بيعه؟ ربما كان يطلب من الأثرياء أن يقرضوه قرضاً.

حتى عقب المكالمة الهاتفية، لم يطمئن والداي تماماً. إذ لم يسمعا صوتي فعلاً وكانا ما زالا معزولين عن العالم الخارجي. كان الأشخاص الذين يقومون بزيارتهما يحملون لهما تقارير متضاربة. أحد هؤلاء الزوار هو اللواء غلام قمر، رئيس العمليات العسكرية في

سوات، وقال لوالدي: «هناك أنباء سارة من المملكة المتحدة. إننا في غاية السعادة لأن ابنتنا قد نجت». وقال «ابنتنا» لأنه أصبح يُنظر إليّ الآن باعتباري ابنةً للوطن.

أبلغ الجنرال والدي أنهم ينفذون عملية بحث من باب إلى باب في أرجاء سوات ويرصدون الحدود. وقال إنهم علموا أن الأشخاص الذين استهدفوني ينتمون إلى عصابة تتألف من 22 مسلحاً من الطالبان وأنها هي ذاتها العصابة التي هاجمت زاهد خان، صديق والدي الذي تعرّض لإطلاق نار قبل شهرين.

لم يُعلق والدي بشيء، ولكنه شعر بالغضب. فالجيش ظلّ يردِّد زمناً أن منجورا خالية من الطالبان وأن قواته قد طردتهم جميعاً منها. والآن ها هو الجنرال يخبره بأن اثنين وعشرين منهم كانوا في مدينتنا على مدى شهرين على الأقل. وكان الجيش قد أصرَّ على أن إطلاق النار الذي تعرَّض له زاهد خان يعود إلى نزاع عائلي ولم تتورط فيه الطالبان. والآن يقول الجيش إني كنت مثله مستهدفة من الطالبان. كان والدي يودّ لو قال: «كنتم تعرفون أنّ الطالبان موجودون في الوادي مدة شهرين، وكنتم تعرفون أنهم يريدون قتل ابنتي ولم تمنعوهم؟» ولكنه أدرك أن قوله ذلك لن يجدي شيئاً.

لم يكن الجنرال قد أكمل كلامه. وقال لأبي إنه ورغم الأنباء السارة عن استعادتها لوعيها، فإنها تواجه مشكلة في الإبصار. تملَّكت والدي حالة من الارتباك. كيف للجنرال أن يعرف معلومات لا يعرفها هو؟ خشي أن أكون قد فقدت الإبصار. تخيل ابنته الحبيبة بوجهها المشرق وهي تمضي بقية عمرها في ظلام، وتسأله: «أبي، أين أنا؟» كان ذلك خبراً رهيباً حتى إنه لم يخبر به والدتي، رغم أنه

عادة ما يُخفق في كتمان الأسرار، ولا سيما عنها. بدلاً من ذلك توجّه إلى الله: «لن يرضيني ذلك. سوف أمنحها إحدى عيني». ولكن خشي بعد ذلك من أن كونه في الثالثة والأربعين من عمره، ربما يجعل عينيه غير جيدة. لم يكد ينام في تلك الليلة. وفي الصباح طلب من الرائد المسؤول عن الأمن أن يعيره هاتفه الجوال لإجراء اتصال بالعقيد جنيد. وقال له والدي بحزن: «لقد سمعت أن ملالا لا تستطيع الإبصار بعينيها».

فأجابه: «هذا هراء. إذا كانت تستطيع أن تقرأ وتكتب، فكيف لا تبصر إذن؟ الدكتورة فيونا تُطلعني بانتظام على تطور الحالة، وكان أول ما كتبته هو سؤالها عنك».

بعيداً في برمنغهام، لم أكن أستطيع الإبصار فحسب، بل كنت أطلب أيضاً مرآة. كتبت في المدونة الزهرية: «مرآة». كنت أريد أن أرى وجهي وشعري. أحضرت الممرضات لي مرآة صغيرة بيضاء، لم أزل أحتفظ بها. عندما رأيت نفسي، هالني ما رأيت. فشعري الذي كنت أمضي في تصفيفه أوقاتاً طويلة قد ذهب، أما الجانب الأيسر من رأسي فقد كان خالياً تماماً من الشعر. كتبت في المدونة: «شعري الآن قصير». ظننت أن الطالبان قد قصُّوه. في واقع الأمر كان الأطباء الباكستانيون قد حلقوا رأسي بلا رحمة. كان وجهي ملتوياً وكأن شخصاً قد بعجه من جانب واحد، ووجدت ندبة على جانب عيني اليسرى.

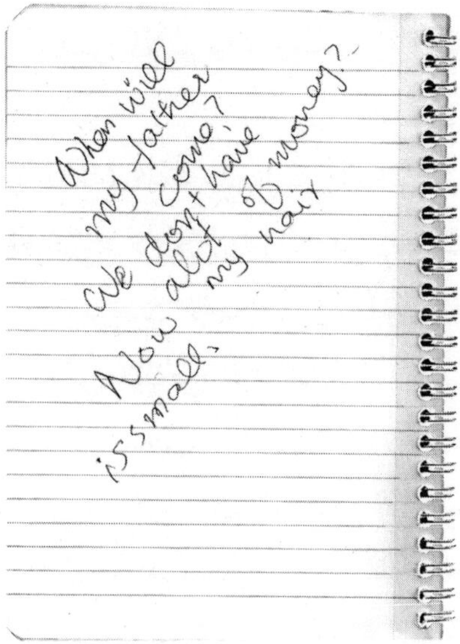

كتبت بخط سيئ: «كيف حدث لي هذا؟»: Hwo did this to me? «ماذا حدث لي؟»

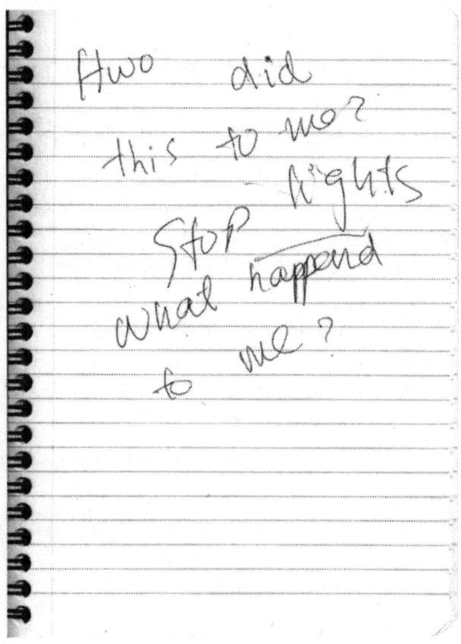

كتبت أيضاً «أطفئوا الأنوار»، وذلك لأن الضوء الساطع كان يتسبب لي بالصداع.

قالت الدكتورة فيونا: «لقد وقع لك حادث سيئ».

كتبت: «هل تعرضت لإطلاق نار؟ وهل أصيب والدي؟».

أخبرتني أنني قد تعرَّضت لإطلاق النار في حافلة المدرسة، وأن اثنتين من صديقاتي ممّن كنّ في الحافلة قد أُصبن أيضاً، ولكني لم أكن أذكر اسميهما. أوضحتْ أنّ الرصاصة قد دخلت من جانب عيني اليسرى حيث توجد ندبة، ثم سارت لثمانية عشرة بوصة لتصل إلى كتفي الأيسر حيث استقرت فيه. كان يمكن أن تقتلع عيني أو تخترق مخي، ولذلك عُدَّت نجاتي من الموت معجزة.

لم أشعر بشيء، ربما ببعض الرضا. «إذن هم من فعلوها». كان أسفي الوحيد هو أنه لم تسنح لي فرصة التحدث إليهم قبل أن يطلقوا عليّ النار. والآن لن يسمعوا أبداً ما كان عليّ قوله. لم أفكر حتى بسوء في الشخص الذي أطلق عليّ النار - فليس للانتقام مكان عندي - كنت أريد العودة إلى سوات وحسب. كنت أريد العودة إلى البيت.

عقب ذلك، بدأت الصور تحوم في رأسي، ولكني لم أكن أدرك يقيناً أيها حلم وأيها حقيقة. فالقصة التي أتذكرها عن محاولة قتلي تختلف تماماً عمّا حدث في الواقع. وفقاً لهذا الحلم، فقد كنت في حافلة مدرسية أخرى مع أبي وصديقاتي وفتاة أخرى اسمها جول. كنا في طريق عودتنا إلى البيت عندما برز لنا فجأة مسلحان من طالبان يرتديان ثياباً سوداً. وجّه أحدهم مسدسه إلى رأسي، وخرجت منه رصاصة صغيرة اخترقت رأسي. في هذا الحلم أصيب

والدي أيضاً. وبعد ذلك استحال كل شيء إلى ظلام، ووجدتني أرقد على محفة ويحيط بي جمع من الرجال، رجال كثيرون، فيما تبحث عيناي عن والدي. وأخيراً وقعت عيناي عليه وحاولت أن أكلمه، ولكني لم أستطع النطق بالكلمات. وفي مرات أخرى أجدني في أماكن كثيرة، فتارة في سوق جناح في إسلام أباد وتارة أخرى في سوق بزار تشينا ثم يُطلق عليّ الرصاص، بل لقد رأيت حلماً كان الأطباء فيه من الطالبان.

كنت كلما ازددت انتباهاً، أجدني بحاجة إلى المزيد من التفاصيل. لم يكن مسموحاً للأشخاص الذين يدخلون إلى غرفتي بحمل هواتفهم، ولكن الدكتورة فيونا كانت دائماً ما تحمل جهاز الأيفون الخاص بها لكونها طبيبة طوارئ. عندما كانت تضعه جانباً، كنت أتناوله كي أبحث عن اسمي على محرك غوغل. وجدت ذلك صعبا لأن ازدواج الرؤية لديّ كان يجعلني أكتب الأحرف الخطأ. كنت أريد أيضاً أن أتفقد بريدي الإلكتروني، ولكن لم أستطع تذكر كلمة المرور.

في اليوم الخامس، استعدت صوتي، ولكن بدا لي وكأنه صوت شخص آخر. عندما جاءت ريحانة، تحدثنا عن قتل الآخرين من وجهة نظر إسلامية. قلت لها: «لقد أطلقوا علي النار».

أجابتني: «نعم، ذلك صحيح. مسلمون كثيرون في العالم الإسلامي لا يصدقون أن مسلماً يمكنه أن يقترف تلك الفعلة».

«والدتي، على سبيل المثال، سوف تقول عنهم إنهم لا يمكن أن يكونوا مسلمين. بعض الناس يسمون أنفسهم مسلمين، ولكن

أعمالهم لا تمت للإسلام بصلة». تحدثنا عن كيف تحدث الأشياء لأسباب مختلفة، وكيف حدث ذلك لي، وكيف أن تعليم الفتيات وليس الذكور فقط هو أحد حقوقنا الإسلامية. كنت أدافع عن حقي كامرأة مسلمة يمكنها الالتحاق بالمدرسة.

ما إن استعدت صوتي، حتى تحدثت إلى أبوي عبر هاتف الدكتور جاويد. كنت أخشى أن أبدو غريبة. سألت والدي: «هل يبدو صوتي مختلفاً؟».

فأجابني: «لا. أنت كما أنت ومن المؤكد أن صوتك سوف يتحسن»، ثم سألني: «هل أنت بخير؟»

أجبته: «نعم. ولكن هذا الصداع مؤلم للغاية، ولا أستطيع تحمل الألم».

انتاب القلق والدي فعلاً، وأعتقد أن ذلك تسبَّب له في صداع أكثر حدّة من صداعي. في كل المكالمات التي تلت ذلك كان يسألني: «هل الصداع يزداد حدة أم يقل؟».

بعد ذلك قلت له: «إنني على ما يرام». لم أكن أريد إزعاجه ولم أشكُ له حتى عندما خلعوا الدبابيس من رأسي وأعطوني حقنة كبيرة في رقبتي. ودأبت على سؤاله: «متى ستأتون؟».

كانوا عندئذٍ ما زالوا عالقين في دار الضيافة التابعة للجيش في مستشفى روالبندي منذ أسبوع دون أخبار عن متى سيمكنهم السفر إلى برمنغهام. تملكت والدتي حالة من القنوط حتى إنها قالت لوالدي: «إذا لم يأتنا خبر بحلول الغد، فسوف أُقلع عن الطعام». في وقت لاحق من ذلك اليوم ذهب والدي ليقابل ضابط الأمن

المسؤول ويخبره بالأمر. أثار ذلك انزعاج الرائد. وفي غضون عشر دقائق أبلغ والدي أن الترتيبات جارية لنقلهم إلى إسلام أباد في وقت لاحق من ذلك اليوم. هل حقاً يمكنهم أن يرتبوا كل شيء؟

عندما عاد والدي إلى والدتي، قال لها: «إنك امرأة عظيمة. كنت أظنّ طول الوقت أن ملالا وأنا فقط من يستطيع الاحتجاج، ولكنك تعرفين حقاً كيف تحتجين!».

انتقلوا إلى كشمير هاوس في إسلام أباد، وهي دار ضيافة لأعضاء البرلمان. كانت الإجراءات الأمنية لم تزل شديدة الصرامة حتى إن والدي عندما طلب حلاقاً، لازمه رجل شرطة طول الوقت مخافة أن يحزّ الحلاق رقبته.

استعادوا الآن على الأقل هواتفهم الجوالة وأصبح باستطاعتنا الحديث على نحو أسهل. كان الدكتور جاويد يتصل بوالدي مسبقاً ليبلغه بالوقت الذي يستطيع أن يكلمني فيه وكي يضمن أنه متاح. ولكن عندما كان الدكتور جاويد يتصل به، كان عادة ما يجد الخط مشغولاً. والدي دائماً على الهاتف! نطقت بالأحد عشر رقماً الخاصة بهاتف والدتي، ما أدهش الدكتور جاويد. أدرك عندئذٍ أن ذاكرتي بخير. ولكن أَبوي كانا ما زالا يجهلان السبب وراء عدم قدومهما إليّ، وهو ما كان يحار له الدكتور جاويد أيضاً. عندما أبلغاه بأنهما لا يعرفان السبب، اتصل بهما وطمأنهما أن المشكلة ليست من الجيش وإنما من الحكومة المدنية.

وسوف يتبين لهما لاحقاً أن وزير الداخلية رحمن مالك، وبدلاً من أن يبذل ما بوسعه لوضع والديّ على متن أول طائرة متجهة إلى برمنغهام كي يلحقا بابنتهما المريضة، كان يأمل في السفر برفقتهما

حتى يمكنه عقد مؤتمر صحفي مشترك في المستشفى، وقد استدعى كل ذلك ترتيبات استغرقت وقتاً. وكان يريد أيضاً التحقق من أنهما لن يطلبا اللجوء السياسي في بريطانيا، وهو ما قد يوقع حكومته في حرج كبير. وأخيراً سأل والديّ صراحة إن كان هذا هو ما يعتزمانه. كان سؤالاً غريباً لأن والدتي لم تكن لديها أدنى فكرة عمّا هو اللجوء، أما والدي فلم يخطر بباله ذلك مطلقاً وكان عقله مشغولاً بأشياء أخرى.

عندما انتقل والداي إلى دار ضيافة كشمير هاوس زارتهما سونيا شهيد، والدة صديقتنا شيزا التي رتبت لنا رحلة فتيات مدرسة خوشال إلى إسلام أباد. كانت تظنهما قد سافرا برفقتي إلى المملكة المتحدة، ودُهشت عندما تبين لها أنهما ما زالا في باكستان. ومما قالاه لها هو أنهما أُبلغا بأن تذاكر الطيران إلى برمنغهام قد نفدت. أحضرت لهما ثياباً، نظراً إلى كونهما قد خلّفا كل شيء في سوات، وجاءت لوالدي برقم هاتف مكتب الرئيس زرداري. اتصل والدي بمكتب الرئيس وترك رسالة. وفي تلك الليلة تحدث إليه الرئيس ووعده بأن كل شيء سوف يُحلّ. وقال له مُلمحاً إلى السنوات التي أمضاها في السجن: «إنني أعرف كيف يكون شعور الأب عندما يحال بينه وبين أطفاله».

عندما علمت أنهما سوف يأتيان إلى برمنغهام في غضون يومين، كان لي مطلب واحد. رجوت والدي قائلة: «أحضر لي حقيبتي المدرسية. وإذا لم يتسنَّ لك الذهاب إلى سوات لجلبها، فلا يهم - ولكن اشترِ لي كتباً جديدة، لأن اختبارات نهاية العام في آذار/ مارس». كنت أتطلع بطبيعة الحال لإحراز المركز الأول ضمن

صفي. وأردت الحصول على كتاب الفيزياء تحديداً نظراً إلى صعوبته وحاجتي إلى التدريب على حلّ المسائل.

كنت أحسب أني سأعود إلى بيتنا بحلول شهر تشرين الثاني/ نوفمبر.

أمضيت عشرة أيام في المستشفى قبل أن يلحق بي والداي، وقد مرت علي تلك الأيام العشرة كما لو أنها مائة يوم. وتملكني خلالها شعور بالضجر ولم أكن أنام خلالها نوماً هانئاً. كنت أحدق كثيراً في الساعة الموجودة في غرفتي، فقد كان مرور الساعات هو ما يشعرني بأني على قيد الحياة، بل ووجدتني لأول مرة في حياتي أستيقظ من النوم باكراً. ومع مطلع كل صباح كنت أتوق إلى الساعة 7 صباحاً عندما تأتي الممرضات حيث كنّ إلى جانب الدكتورة فيونا تشاركنني بعض الألعاب. ولأن مستشفى الملكة إليزابيث ليست مستشفى للأطفال، فقد أحضروا منسق ألعاب. وكانت إحدى لُعَبي المفضلة هي Connect 4 التي كنت عادة ما أتعادل فيها مع الدكتورة فيونا، لكني أتغلب على مَن سواها. كانت الممرضات وكل موظفي المستشفى يشعرون بالأسف لكوني منقطعة في بلاد بعيدة عن أسرتي وكانوا يعاملونني بلطف بالغ، ولا سيما يما تشودري، مديرة الترفيه، وجولي تريسي، رئيسة الممرضات، التي اعتادت الجلوس إلى جواري والإمساك بيدي.

لم يكن بحوزتي من باكستان سوى شال أصفر أعطاه العقيد جنيد للدكتورة فيونا هدية لي، ولذلك قرروا شراء بعض الثياب لي. لم تكن لديهم أدنى فكرة عن مدى احتشامي أو ماذا سوف تلبس فتاة

مراهقة قادمة من وادي سوات. ولذلك ذهبوا إلى متجر «نكست» و«بريتش هوم ستورز» وعادوا بأكياس ملأى بقمصان قصيرة الأكمام وثياب للنوم وجوارب، بل وحتى صدريات. سألتني يِما تشودري إن كنت أرغب في قميص شالوار باكستاني، فأومأت نعم. سألتني: «ما هو لونك المفضل؟» كان جوابي، بطبيعة الحال، هو الزهري.

أصبح عزوفي عن الطعام مثار قلقهم، لأني لم أحب طعام المستشفى وكنت أخشى ألا يكون حلالاً. الطعام الوحيد الذي تناولته هناك هو مخفوق الحليب المغذي. وعندما تبين للممرضة جولي أنني أحببت أصابع الذرة المقروش بنكهة الجبن، أخذت تأتيني بها. كانوا يسألونني: «ماذا تشتهين؟» فأجيب: «دجاج مقلي». واكتشفت يِما تشودري أن هناك فرعاً لسلسلة كنتاكي يختصّ بإعداد وجبات متوافقة مع الشريعة الإسلامية في منطقة «سمول هيز» ولذلك كانت تذهب إلى هناك كل ظهيرة لتشتري لي الدجاج والبطاطس، بل وقد أعدت لي ذات يوم طبقاً من الكاري.

وحتى يُبقوني مشغولة أحضروا لي مشغل أقراص دي في دي. وكان أول الأفلام التي أحضروها لي هو فيلم *Bend It like Beckham*، ظنّاً أن قصة الفتاة السيخية التي تتحدى قيمها الثقافية وتمارس لعبة كرة القدم سوف تروق لي. تملكتني الصدمة عندما خلعت الفتيات قمصانهن للتدريب وهن لا يلبسن غير صدرياتهن، فطلبت من الممرضات أن توقفن المشغل. بعد ذلك جلبوا لي أفلام كرتون وديزني. شاهدت أفلام «شريك» الثلاثة و فيلم «حكاية سمكة القرش» *A Shark's Tale*. كانت عيني اليسرى ما زالت عليها غشاوة، ولذلك كنت أغطيها وأنا أشاهد الأفلام، أما أذني اليسرى

فكانت لم تزل تنزف، ولذلك دأبت على وضع كرات القطن فيها. وذات يوم سألتُ الممرضة وأنا أضع يدها فوق بطني، «ما هذه الكتلة؟». كانت بطني كبيرة وقاسية ولم أكن أعرف السبب.

فأجابتني: «إنها قمة جمجمتك». صُعقت من الصدمة.

بعد أن بدأت أتكلم، بدأتُ أيضاً المشي مرة أخرى. لم أشعر بأي مشكلة في ذراعيّ أو ساقيّ وأنا في السرير فيما عدا يدي اليسرى، التي كانت متيبسة لأن الرصاصة قد استقرت في كتفي، ولذلك لم أدرك أنني لا أستطيع المشي مشياً طبيعياً. كانت أولى خطواتي القليلة عملاً صعباً للغاية حتى بدا وكأني سوف أعدو مائة كيلومتر. طمأنني الأطباء بأني سأكون على ما يرام؛ وأني لا أحتاج سوى إلى علاج طبيعي كثيف حتى تعود عضلاتي إلى العمل مرة أخرى.

وذات يوم جاءتني فيونا أخرى، وهي فيونا ألكساندر، التي أخبرتني بأنها مسؤولة المكتب الإعلامي للمستشفى. استغربت ذلك المسمى، إذ لا أستطيع أن أتخيل مستشفى سوات المركزي يضم مكتباً إعلامياً. لم أكن أعلم شيئاً عن الاهتمام العالمي الواسع الذي استقطبتُه حتى تحدثت معها. عندما نُقلت جواً من باكستان، كان يفترض أن هناك تعتيماً على أخباري، ولكن صوراً لي سُرِّبت من باكستان وأنا أغادرها متَّجهة إلى المملكة المتحدة، واكتشفت بعض وسائل الإعلام أن وجهتي هي برمنغهام. سرعان ما جاءت مروحية تابعة لتلفزيون «سكاي نيوز» تحلق فوق المستشفى، وجاء ما يربو على 250 صحفياً إلى المستشفى من دول بعيدة كل البعد مثل أستراليا واليابان. أمضت فيونا ألكساندر عشرين سنة من العمل

كصحفية، وكانت مديرة تحرير صحيفة **برمنغهام بوست**، ولذلك كانت تعرف تماماً كيف تزوّدهم بالمعلومات وتحوْل بينهم وبين الدخول. بدأت المستشفى تقدم موجزاً إخبارياً يومياً حول حالتي الصحية.

بدأ بعض الناس يتوافدون على المستشفى لزيارتي، كان من بينهم وزراء ودبلوماسيون وسياسيون، بل وحتى مبعوث من كنيسة كانتربري. جاء معظمهم حاملاً باقات الورود التي كان بعضها ذات جمال خلاب. وذات يوم جاءتني فيونا ألكساندر بكيس من البطاقات والألعاب والصور. كان عيد الأضحى قد حلَّ، وظننت أن بعض المسلمين ربما أرسلوا يهنئوني. بعد ذلك رأيت تواريخ البريد وهي 10 و11 تشرين الأول/ أكتوبر، أي قبل العيد بأيام، وأدركت ألّا صلة لذلك بالعيد. كانت البطاقات من أناس في شتى أنحاء العالم يتمنون لي شفاء عاجلاً، وكان كثير منهم أطفال مدارس. أدهشني ذلك وضحكت فيونا. «لم تَرَيْ شيئاً بعد». أخبرتني أنّ هناك أشولة وأشولة ملأى بذلك، حوالي 8 آلاف بطاقة، كثير منها كان معنوناً بعبارة «ملالا، مستشفى برمنغهام». وكانت إحداها تحمل عنواناً هو: «الفتاة التي أصيبت بطلق ناري في رأسها، برمنغهام» ومع ذلك وصلت البطاقة. تلقيت أيضاً عروضاً بالتبني كما لو أنني بلا أسرة، بل وتلقيتُ عروضاً للزواج.

أخبرتني ريحانة أنّ آلاف وملايين الأشخاص والأطفال حول العالم قد عبَّروا عن مساندتهم لي. أدركت عندئذٍ أن الناس هم مَن أنقذوا حياتي، وأني ما نجوت من الموت إلا لغاية. تلقيت هدايا أخرى مثل علب الشوكولاتة ودُمى بجميع الأشكال والأحجام،

وكانت أثمن الهدايا جميعها، ربما، هو ذلك الطرد الذي جاء من وَلَدَيّ بناظير بوتو، بلاويل وبختوار. فداخله كان هناك شالان من مقتنيات والدتهما الراحلة. دسستُ أنفي فيهما كي أتنسّم عطرها. بعد ذلك عثرت على شعرة سوداء طويلة بأحدهما، وهو ما زاده أهمية وقيمة لدي.

أدركت أن ما اقترفه الطالبان في حقي قد أكسب دعوتي لتعليم الفتيات بُعداً عالمياً. وبينما كنت أرقد في ذلك السرير أنتظر أن أخطو أولى خطواتي في عالم جديد، أصدر جوردون براون، المبعوث الخاص للأمم المتحدة للتعليم ورئيس الوزراء البريطاني السابق، عريضة تحت شعار «أنا ملالا» يطالب من خلالها بألا يُحرم طفل من المدرسة بحلول العام 2015. وردتني رسائل من رؤساء دول ووزراء ونجوم سينما ورسالة من حفيدة السير أولاف كارو، الحاكم البريطاني الأخير لإقليمنا في باكستان. وقالت إنها تشعر بالخزي لأنها لا تستطيع أن تقرأ أو تكتب باللغة البشتونية، رغم أن جدّها كان يجيدها بطلاقة. وأرسلت لي المطربة الأميركية بيونسيه بطاقة ووضعت صورة لها على الفيسبوك. وأرسلت سلينا غوميز تغريدة عني عبر موقع تويتر وأهدت لي مادونا أغنية، بل وتلقيت رسالة أيضاً من فنانتي المفضلة والناشطة الاجتماعية، أنجلينا جولي - لا أطيق الصبر حتى أرى منيبة وأخبرها بذلك.

لم أكن أدرك وقتئذٍ أني لن أعود إلى وطني.

24

«لقد سلبوها ابتسامتها»

في اليوم الذي طار فيه والداي إلى برمنغهام، نقلت خارج العناية المركزة ووضعت في الغرفة رقم 4، جناح 519، التي كان بها نوافذ واستطعت أن أطلّ منها وأرى إنجلترا للمرة الأولى. سألت: «أين الجبال؟» كان الطقس ضبابياً وممطراً، ولذلك ظننتُ أنّها مخفية. لم أكن أعرف أني في بلاد لا تسطع فيها الشمس إلا قليلاً. ولم أرَ سوى منازل وشوارع، والمنازل مبنية بالآجر الأحمر وتبدو جميعها متماثلة تماماً. كان الهدوء والنظام يَطبعان كل شيء، وكان غريباً أن ترى الحياة تسير بشكل طبيعي وكأنه لا يوجد مطر.

أخبرني الدكتور جاويد أن والديّ قادمان وأقام سريري حتى يمكنني الجلوس لتحيتهم عندما يصلان. شعرتُ بسعادة غامرة. وخلال الستة عشر يوماً التي انقضت منذ ذلك الصباح الذي خرجت فيه مسرعة من منزلنا في منجورا وأنا أصيح «إلى اللقاء»، أُدخلت إلى أربع مستشفيات وسافرت آلاف الأميال. بدت هذه الأيام وكأنها ستة عشر عاماً. بعدئذٍ فتح الباب وسمعت أصواتاً مألوفة تقول «حبيبتي» و«قطتي» وكانا هناك، يُقبِّلان يدي، لأنهما خشيا أن يلمساني.

لم أستطع أن أتحكم في نفسي ورحتُ أبكي بأعلى صوتي. لم

أكن قد بكيت طوال ذلك الوقت الذي أمضيته وحيدة في المستشفى وحتى عندما حُقنت بكل تلك الحقن في رقبتي أو عندما أزيلت الدبابيس من رأسي. ولكن وجدتني الآن لا أستطيع الكفّ عن البكاء. كان والداي يبكيان أيضاً. بدا وكأن همّاً ثقيلاً قد أزيح عن قلبي، وشعرت بأن كل شيء سوف يكون على ما يرام الآن. سعدتُ كثيراً عندما رأيت أخي خوشال، لأنني كنت بحاجة إلى شخص أتشاجر معه. وقال أخواي: «افتقدناك، ملالا»، وإن استحوذت الدمى والهدايا على اهتمامهما سريعاً، بل وسرعان ما نشب الشجار بيني وبين خوشال من جديد عندما أخذ حاسوبي المحمول ليلعب عليه بعض الألعاب.

تملكتني الصدمة لدى رؤيتي لأبي وأمي. فقد بدت عليهما علامات الإرهاق من أثر السفر الطويل من باكستان، ولكن لم يكن ذلك هو كل شيء - فقد بدا وكأنهما قد أصبحا أكبر سناً وظهر الشيب في رأسيهما. كانا يحاولان مواراته، ولكني أحسست أيضاً أن شكلي الذي أبدو عليه قد أحزنهما. قبل أن يدخلا، كان الدكتور جاويد قد حذرهما، «الفتاة التي سترونها لم تتعافَ إلا بنسبة 10 في المائة؛ ما زال هناك 90 في المائة باقية»، لكنهما لم يكونا يدركان أن نصف وجهي لا يتحرك وأني لا أستطيع أن أبتسم. كانت عيني اليسرى متورمة، وأُزيل نصف شعري فيما كان فمي يميل جانباً وكأنه مبعوج، ولذلك عندما حاولت الابتسام بدت تكشيرة أكثر ممّا هي ابتسامة. بدا وكأن مخي قد نسي أن وجهي به جانب أيسر. لم يكن باستطاعتي أيضاً أن أسمع من جانب واحد، وكنت أتحدث بلغة أطفال وكأني طفلة صغيرة.

أُسكِن والداي في سكن مخصَّص لطلاب الجامعة. فقد رأى مسؤولو المستشفى أنه ربما يكون صعباً أن يقيما في المستشفى لأنهما سوف يتعرضان لحصار من قبل الصحفيين، فأرادوا أن يوفروا لنا الحماية في هذه المرحلة الحرجة من شفائي. لم تكن لدى أسرتي سوى الثياب التي يلبسونها وما قدَّمته لهم السيدة سونيا، والدة شيزا، لأنهم عندما غادروا سوات في 9 تشرين الأول/ أكتوبر لم يكونوا يدرون أنهم لن يعودوا ثانية. عندما عادوا إلى غرفة سكن الطلاب، بكوا بكاء شديداً وكأنهم أطفال. كنت دائماً مثالاً للطفلة السعيدة ودأب والدي على التباهي «بابتسامتي وضحكاتي السماوية». والآن كان يتحسر لوالدتي قائلاً: «ذاك الوجه الجميل متناسق القسمات، وذاك الوجه المشرق الصبوح قد تلاشى؛ لقد فقدت ابتسامتها وضحكاتها. كم قساة القلوب هم الطالبان - لقد سلبوها ابتسامتها. يمكنك أن تمنحي شخصاً عينين أو رئتين، ولكن لا يمكنك أن تعيدي له ابتسامته».

كانت المشكلة تكمن في عصب من أعصاب الوجه. ولم يكن الأطباء متيقنين في ذلك الوقت إن كان قد تعرّض لتلف وربما يُصلح نفسه، أو أنه قد قُطع. هدأتُ والدتي قائلة لها إنه لا يهمني إذا كان وجهي لم يعُد متناسق القسمات. أنا، التي كنت دائماً أُعنى بمظهري وبتصفيف شعري! ولكنك عندما ترى الموت، فإن الأشياء تتغير لديك. وقلت لها: «لا يهم إن كنت لا أبتسم أو أطرف بعيني بشكل سليم. ما زلت ملالا. الشيء المهم هو أن الله قد وهبني حياتي». ومع ذلك كنت في كلّ مرة يأتيان إلى المستشفى وأضحك أو أحاول الابتسام، كان وجه والدتي يُعتم وكأنّ ظلاً قد مرّ به. كان الأمر

وكأني أنظر في مرآة معكوسة - فعندما يعلو الضحكُ وجهي، يظهر الحزن على وجه والدتي.

وكان أبي ينظر نحو أمي التي كانت عيناها تحمل سؤالاً حائراً: «لماذا أصبحت ملالا هكذا؟» الفتاة التي جاءت بها إلى العالم وكانت تبتسم على مدى خمسة عشر عاماً. وذات يوم سألها أبي، «بكاي، أصدقيني القول. ما رأيك - هل الذنبُ ذنبي؟».

أجابته: «لا، حبيبي. إنك لم ترسل ملالا كي تسرق أو تقتل أو تقترف الجرائم. كانت تناضل لأجل قضية شريفة».

رغم ذلك، كان والدي يخشى من أن كل ابتسامة تعلو وجهها مستقبلاً سوف تذكِّره بحادثة إطلاق النار التي تعرضت لها. لم يكن ذلك هو الجانب الوحيد الذي رأوا فيه تغيري. فقد اعتادوا أن يروني في سوات تلك الفتاة بالغة الرقة والحساسية التي تبكي لأهون الأسباب، ولكن في المستشفى في برمنغهام حتى وأنا أتعرض لألم رهيب لم أكن حتى أتبرم.

رفضت المستشفى السماح للآخرين بالزيارة رغم الطلبات التي انهالت عليها، لأن القائمين عليها كانوا يريدون تمكيني من التركيز على إعادة تأهيلي في خصوصية. بعد أربعة أيام من وصول أبي وأمي، وصلت إلى المستشفى مجموعة من السياسيين الذين ينتمون إلى دول ثلاثة ساعدتني - رحمن مالك، وزير الداخلية الباكستاني؛ وويليام هيغ، وزير الخارجية البريطاني؛ والشيخ عبد الله بن زايد، وزير خارجية الإمارات. لم يُسمح لهم برؤيتي ولكن الأطباء أطلعوهم على حالتي والتقوا والدي. أثارت زيارة هؤلاء الوزراء الضيق لدى والدي، لأن رحمن مالك قال له، «أبلغ ملالا أن عليها

أن ترسل ابتسامة إلى الوطن». لم يكن يدري أن ذلك هو الشيء الوحيد الذي لا أستطيعه.

كشف رحمن مالك أن الشخص الذي حاول قتلي هو أحد عناصر طالبان واسمه عطاء الله خان، والذي بحسب قوله، قد اعتُقل في العام 2009 خلال العملية العسكرية في سوات ولكن أُطلق سراحه بعد ثلاثة أشهر. أشارت بعض التقارير الإعلامية إلى أنه حاصل على درجة في الفيزياء من كلية جيهانزب. وزعم مالك أن خطة اغتيالي قد أُعدت في أفغانستان. وقد أعلن عن مكافأة قدرها مليون دولار لمن يسهم في القبض على عطاء الله وتعهَّد بأن يجده. كنا نرتاب في ذلك، لأن أحداً لم يلقِ عليه القبض - لا قاتل بناظير بوتو، ولا ذاك الشخص الذي دبَّر لحادث طائرة الجنرال ضياء الحق، ولا قاتل أول رئيس وزراء لدينا، لياقت علي خان.

ولم يُلقَ القبض سوى على شخصين بعد محاولة قتلي، وهما سائق حافلتنا المدرسية المسكين العزيز عثمان بهاي جان ومحاسب المدرسة، الذي تلقى الاتصال من عثمان بهاي جان لينقل الخبر، وقد أُطلق سراح الأخير بعد بضعة أيام، أما عثمان بهاي جان فلم يزل رهن الاحتجاز من قبل الجيش، الذي قال إنه بحاجة منه إلى التعرف على بعض الأشخاص. أثار ذلك ضيقنا الشديد. لماذا ألقوا القبض على عثمان بهاي جان وليس عطاء الله؟

أعلنت الأمم المتحدة أنها سوف تخصص 10 تشرين الثاني/ نوفمبر، أي بعد شهر ويوم من محاولة قتلي، باعتباره «يوم ملالا». لم أهتم كثيراً لذلك، لأني كنت أستعد لجراحة كبيرة في اليوم التالي لإصلاح عصب وجهي. أجرى الأطباء اختبارات عبر النبضات

الكهربية ولم يستجب، ومن ثم قرروا أنه قد قُطع وأن عليهم التدخل في أسرع وقت ممكن وإلا سوف يظلّ وجهي مشلولاً. اعتادت إدارة المستشفى أن تقدم موجزاً منتظماً إلى الصحفيين بشأن حالتي، ولكنها ارتأت عدم إطلاعهم على ذلك كي يبقى الأمر في نطاق الخصوصية.

أُدخلت إلى غرفة العمليات في 11 تشرين الثاني/ نوفمبر حيث تقرر أن يجري العملية جراح اسمه ريتشارد إيرفنج. أوضح لي أن هذا العصب يتحكم في جانب وجهي، وأن وظيفته هي فتح وإغماض عيني اليسرى، وتحريك أنفي ورفع حاجبي الأيسر، وجعلي أبتسم. استغرق إصلاح العصب ثماني ساعات ونصف وذلك لكونه عملاً دقيقاً للغاية. نظَّف الجراح أولاً قناة أذني من ندبة وشظايا عظام واكتشف أن طبلة أذني اليسرى كانت قد أُتلفت. ثم تتبَّع العصب الوجهي من العظم الصدغي حيث يدخل الجمجمة ويمرّ منها حتى خروجه، وفي الطريق إلى ذلك أزال الكثير من الشظايا العظمية التي كانت تعوق حركة فكي. وجد سنتيمترين اثنين من العصب مفقودين عند خروجه مباشرة من الجمجمة وقام بتغيير مساره ليمر من أمام أذني بدلاً من مساره الطبيعي خلفها، وذلك لتعويض الفجوة.

سارت الجراحة جيداً، رغم أنه كان عليّ الانتظار لثلاثة أشهر قبل أن يبدأ وجهي في العمل شيئاً فشيئاً. كان لزاماً عليّ أن أؤدي تمرينات وجه يومية أمام مرآتي الصغيرة. وأخبرني السيد إيرفنج أن العصب سوف يعمل من جديد بعد ستة أشهر، وإن كنت لن أعود أبداً كما كنت تماماً. وكان من دواعي سعادتي أنني سرعان ما استطعت أن أبتسم وأغمز بعيني، وأسبوعاً وراء أسبوع، رأى والداي

حركة أكبر في وجهي. ورغم أنه كان وجهي أنا، فقد كان والداي هما أسعد الناس لاستعادتي له. بعد ذلك قال السيد إيرفنج إن تلك هي أفضل النتائج التي رآها على مدى عشرين سنة من عمله في جراحة أعصاب الوجه، وأن العصب قد تعافى بنسبة 86 في المائة.

كانت النتيجة الجيدة الأخرى لتلك الجراحة هي أنني تخلصت أخيراً من الصداع وعدت للقراءة من جديد. بدأت بقراءة رواية «**ساحر أوز العجيب**» أو *The Wonderful Wizard of Oz*، وهو كتاب واحد من بين كومة كتب أرسلها إليّ جوردون براون. راقت لي القراءة عن دوروثي وكيف أنها ورغم محاولتها العودة إلى المنزل قد توقفت وساعدت هؤلاء الذين احتاجوا إليها مثل الأسد الجبان ورجل القصدير الصدئ. كان عليها أن تتخطى الكثير من العقبات كي تصل إلى وجهتها، ورأيت أن المرء كي يبلغ هدفه، فإن عليه أن يتخطى ما يعترض سبيله من عقبات. تملكني حماس بالغ للكتاب حتى إنني قرأته سريعاً وبعد ذلك قصصته كله على والدي. أسعده كثيراً أنني استطعت تذكُّر تلك التفاصيل وسردها، معتبراً ذلك علامة على أن ذاكرتي بخير.

كنت أدرك أن القلق يساور والديّ بشأن ذاكرتي، لا سيما بعد أن أخبرتهما بأني لا أذكر شيئاً عن محاولة قتلي ودأبت على نسيان أسماء صديقاتي. ولم يستطيعا إخفاء قلقهما. وذات يوم سألني والدي: «ملالا، هل تستطيعين أن تغني بعض أبيات الشعر البشتوني؟» غنيت بيتاً كنّا نحبه: «عندما تبدأ رحلتك من طرف ذيل الثعبان/ فسوف ينتهي بك الطريق عند رأسه فتغرق في بحر من السموم». كان ذلك يشير إلى كيف استخدمت السلطات الباكستانية المسلحين في بادئ

الأمر، وكيف أنها تعيش الآن فوضى من صنع يديها. ثم قلت: «في الواقع ثمة بيت شعري أريد إعادة صياغته».

بدت علامات الاهتمام على والدي. أبيات الشعر البشتوني المعروفة باسم «تابا» تضم خلاصة الحكمة التي راكمها مجتمعنا عبر قرون؛ ولا يمكن لأحد أن يغيرها. سألني: «أي بيت تريدين تغييره؟»

قلت: «هذا البيت».

إذا كان الرجال لا يستطيعون كسب المعركة، يا وطني،
فسوف تتقدم النساء وتجلبن لك الشرف

أريد أن أغيرها لتصبح:

سواء كسب الرجال المعركة أم خسروها، يا وطني،
فالنساء قادمات وسوف تجلبن لك الشرف

ضحك وراح يكرِّر القصة على مسامع كل من يلتقيه، مثلما اعتاد دائماً.

كنت أتدرب بجدية في قاعة التمرينات ومع اختصاصيّ العلاج الطبيعي لجعل ذراعيّ وساقيّ تعمل مرة أخرى بالشكل السليم، وكوفئت على ذلك في 6 كانون الأول/ ديسمبر بأول رحلة خارج المستشفى. أخبرت يِما تشودري بشغفي بالطبيعة، ولذلك عهدت إلى ممرضتين أن تصطحبانا أنا ووالدتي في رحلة إلى حدائق برمنغهام النباتية، التي لم تكن بعيدة عن المستشفى. لم يسمحوا لوالدي أن يصحبنا، فقد ظنوا أنه ربما يكون معروفاً نظراً إلى ظهوره المتكرر في وسائل الإعلام. رغم ذلك، شعرت بسعادة غامرة، في أول عودة إلى العالم الخارجي، وأنا أرى برمنغهام وإنجلترا.

طلبوا مني أن أجلس في مؤخرة السيارة في الوسط، وليس بجوار نافذة، وهو ما ضايقني، لأني كنت أريد أن أرى كل شيء في هذا البلد الجديد. لم أكن أدرك أنهم يريدون حماية رأسي من أي مطبات أرضية. عندما دخلنا الحديقة ووقعت عيناي على كل النباتات والأشجار الخضراء، تذكرت بلادي بشدة. وظللت أقول: «هذه الشجرة في وادينا، ولدينا هذه أيضاً». أعتز كثيراً بالنباتات الجميلة في وادينا. كان غريباً أن أرى كلّ زوار الحديقة الآخرين وقد رأوا في هذا اليوم يوماً عادياً يمضونه بالخارج. شعرتُ بأني أُشبه دوروثي في نهاية رحلتها. شعرت والدتي بسعادة غامرة حتى إنها اتصلت بوالدي قائلة: «هذه هي أول مرة أشعر بأني سعيدة». ولكن الطقس كان قارس البرودة ودلفنا إلى مقهى حيث احتسينا الشاي والكعك، وهو ما يُسمى «شاي الكريمة».

بعد يومين من ذلك استقبلتُ أول زائر من خارج الأسرة - وهو الرئيس الباكستاني، آصف زرداري. لم تكن إدارة المستشفى ترغب في قدومه، لأنها تعلم أن ذلك سوف يخلق سعاراً لدى وسائل الإعلام، ولكن كان صعباً على والدي أن يرفض. فليس السيد زرداري رئيس دولتنا وحسب، وإنما قال إن الحكومة سوف تسدد كل الفواتير الطبية الخاصة بي أيضاً، وهو ما سيصل تقريباً إلى 200 ألف جنيه إسترليني. كما أن الحكومة استأجرت شقة أيضاً لأفراد أسرتي وسط برمنغهام كي يمكنهم الخروج من السكن الطلابي. كانت الزيارة مقررة يوم السبت 8 كانون الأول/ ديسمبر، وبدا كأن كل شيء مقتبس من فيلم لجيمس بوند.

في خارج المستشفى تجمع صحفيون كُثر منذ الصباح الباكر،

الذين افترضوا بطبيعة الحال أن الرئيس سوف يأتي لزيارتي في المستشفى، لكن وبدلاً من ذلك تمّ تغطيتي بمعطف كبير له قلنسوة وزهري اللون، ثم أنزلت عند مدخل موظفي المستشفى وتمّ توصيلي إلى مكاتب المستشفى. مرّت سيارتنا بمحاذاة الصحفيين والمصورين مباشرة، وكان بعضهم يعتلي الأشجار، لكنهم لم يلحظوا شيئاً. عندئذٍ جلست وانتظرت في أحد المكاتب، ورحت أمارس لعبة اسمها Elf Bowling على الحاسوب وتمكنت من هزيمة أخي أتال رغم أنها كانت المرة الأولى التي أمارسها. عندما وصل زرداري والوفد المرافق له في سيارتين تم إدخالهم عبر الباب الخلفي. كان قد جاء بصحبته عشرة أشخاص من بينهم رئيس موظفيه، وسكرتيره العسكري والمفوض السامي الباكستاني في لندن، الذي كان قد حلّ محل الدكتورة فيونا باعتباره ولي أمري الرسمي في المملكة المتحدة حتى يصل أبواي.

طلب الأطباء من الرئيس أولاً ألا يثير أي حديث معي بشأن وجهي. ثم دخل بعدئذٍ ليراني بصحبة ابنته الصغرى، آصفة، التي تكبرني ببضع سنوات. قدَّما لي باقة ورد. ووضع يده فوق رأسي، كجزء من تقاليدنا، ولكن والدي كان قلقاً، لأن رأسي لم يكن به سوى جلد بلا عظام لحماية مخي، وكان رأسي أسفل الشال مقعّراً. بعد ذلك جلس الرئيس مع والدي، الذي أخبره أننا كنا محظوظين لأنه جيء بنا إلى المملكة المتحدة. وقال: «ربما كانت ستعيش في باكستان، ولكنها لم تكن لتحصل على إعادة التأهيل وكانت ستعيش مشوّهة. أما الآن فسوف تعود ابتسامتها».

أمر السيد زرداري المفوض السامي أن يمنح والدي وظيفة

ملحق تعليمي حتى يحق له الحصول على راتب يعيش منه وجواز سفر دبلوماسي كي لا يتعين عليه طلب اللجوء السياسي للإقامة في المملكة المتحدة. شعر والدي بالارتياح، لأنه لم يكن يدري كيف سيوفر احتياجاته اليومية. كما طلب منه جوردون براون، بدوره الجديد في الأمم المتحدة، أن يكون مستشاره، وهو منصب بلا راتب، ولم يعترض عليه الرئيس زرداري؛ قائلاً إن بإمكانه أن يشغل المنصبين. بعد اللقاء وصفني السيد زرداري إلى وسائل الإعلام باعتباري «فتاة مدهشة ورصيداً لدى باكستان»، لكن ومع ذلك لم يُبْدِ الجميع في باكستان رأياً إيجابياً حيالي. ورغم أن والدي حاول أن يحجب ذلك عني، فقد علمت أن بعض الناس كانوا يقولون إنه هو من أطلق عليّ النار، أو أنني لم أتعرض لإطلاق نار مطلقاً وأننا اختلقنا ذلك كي يتسنى لنا العيش في الخارج.

كان العام الجديد 2013 عاماً سعيداً عليّ، ففيه غادرت المستشفى في مطلع كانون الثاني/ يناير ليلتئم شمل أسرتي مرة أخرى. كان المفوض السامي الباكستاني قد استأجر لنا شقتين مفروشتين في ميدان حديث وسط برمنغهام. كانت الشقتان تقعان في الطابق العاشر، الذي كان أعلى ارتفاعاً من أي طابق بلغه أي منّا من قبل. كنت أمازح والدتي، لأنها كانت تقول بعد الزلزال عندما أقمنا في مبنى ذي ثلاثة طوابق إنها لن تقيم أبداً مرة ثانية في شقة ضمن عمارة. وحدثني والدي أنهما عندما وصلا إلى الشقتين اعتراها خوف شديد وقالت: «سوف أموت في هذا المصعد!».

سعدنا كثيراً أنّ شمل أسرتنا قد التأم مرة أخرى. كان أخي خوشال مصدر إزعاج كما هو دائماً. وكان أخواي يشعران بالملل

كونهما حبيسين في الشقة في انتظار اكتمال شفائي، بعيداً عن المدرسة وعن أصدقائهم، رغم أن أتال كان متحمساً لكل جديد. وسرعان ما أدركت أن بوسعي أن أعاملهما كيفما أشاء دون أن ينالني أي توبيخ. كان شتاء بارداً، وبينما كنت أشاهد الثلوج تتساقط في الخارج عبر النافذة الزجاجية الكبيرة تمنيت لو كان بوسعي أن أركض في أرجاء المكان وألاحق ندف الثلج مثلما اعتدت في بلدي. كنا أحياناً نذهب للمشي لتعزيز قوتي، رغم أن التعب كان يصيبني سريعاً.

يوجد في الميدان نافورة ماء ومقهى من سلسلة كوستا له حوائط زجاجية يمكن للمرء أن يرى من خلالها الرجال والنساء يتجاذبون أطراف الكلام ويختلطون على نحو يستحيل حدوثه في سوات. كانت الشقة تطلّ مباشرة على شارع برود ستريت، وهو شارع مشهور بالمتاجر والملاهي الليلية ونوادي العراة. ذهبنا إلى المتاجر، وإن ظلّ التسوُّق لا يستهويني. وفي الليل كانت أعيننا تجحظ لدى رؤيتنا للملابس القليلة التي تلبسها النساء - من سراويل قصيرة تكاد تشبه الملابس الداخلية وسيقان عارية فوق كعوب عالية حتى في عزّ الشتاء. انتابت والدتي حالة من الفزع وصرخت «لا أستطيع احتمال ذلك» - وتوسّلت إلى أبي: «أرجوك خذنا إلى دبي. ليس باستطاعتي العيش هنا!» بعد ذلك أصبح الأمر مثار تندّرنا، فكانت أمي تتساءل: «هل سيقانهن مصنوعة من الحديد ولذلك لا تشعرن بالبرد؟».

تمَ تحذيرنا من البقاء في شارع برود ستريت حتى وقت متأخر من الليل خلال عطلة نهاية الأسبوع، لأن ذلك يمكن أن يمثل خطورة علينا. وهو ما أضحكنا، فكيف يكون غير آمن إذا قورن

بالمكان الذي جئنا منه، ولكني كنت أجفل كلما اقترب مني شخص ذو ملامح آسيوية، وكنت أحسب أن كل شخص يحمل مسدساً.

كنت أتحدث إلى صديقاتي في منجورا عبر موقع «سكايبي» مرة كل أسبوع، وقد أخبرنني بأنهن ما زلن يخصِّصن لي مقعداً في الصف. وقد أحضر المعلم إلى الفصل أوراق اختبار مادة الدراسات الباكستانية الذي أديته ذاك اليوم، يوم تعرضي لإطلاق النار. كنت قد حصلت على 75 من 75، ولأني لم أكمل الاختبارات الأخرى، فقد أحرزت ملكة النور المركز الأول في الصف. ورغم أني كنت أتلقى بعض الدروس في المستشفى، فقد ظلّ القلق يساورني بشأن تأخري عن قريناتي. وقد أضحت المنافسة الآن بين ملكة النور ومنيبة، وحدثتني ملكة النور ذات مرة عن ذلك قائلة: «المنافسة في غيابك تبعث على الملل».

كنت أستجمع قواي يوماً وراء يوم، ولكن جراحتي لم تكن قد انتهت. ما زالت جمجمتي بلا قمة. كان الأطباء قلقين أيضاً بشأن قدرتي على السمع. عندما كنا نخرج لنتمشى لم أكن أستطيع سماع كلمات والديّ وسط الزحام. وكنت أشعر بصفير خفيف في أذني يجعلني لا أستطيع أن أسمع سواه. وفي يوم السبت، 2 شباط/فبراير، عدت إلى مستشفى الملكة إليزابيث للخضوع للجراحة - هذه المرة ستجريها طبيبة واسمها آنوين وايت. أزالت عظمة الجمجمة أولاً من بطني، ولكن بعد أن فحصتها قررت ألا تعيدها، لأنها لم تكن محفوظة جيداً وكان هناك احتمال بحدوث عدوى. بدلاً من ذلك قامت بعمل شيء اسمه تيتانيوم كرانيوبلاستي "Titanium Cranioplasty" (أصبحت الآن على دراية بمصطلحات طبية كثيرة!)

وركبت طبقاً من التيتانيوم تمّ تصميمه خصيصاً في رأسي مستخدمة ثماني مسامير لأداء مهمة الجمجمة وتوفير الحماية لمخي.

بينما كنت أخضع لهذه الجراحة كان الدكتور إيرفنج، وهو الجراح الذي أصلح عصب وجهي، قد اجترح حلاً لطبلة أذني التالفة. فقد وضع جهازاً إلكترونياً صغيراً اسمه قوقعة سمعية داخل رأسي بالقرب من أذني وقال لي إنهم سوف يركبون الجزء الخارجي على رأسي خلال شهر، وسوف أتمكن بعدئذٍ من السمع. استغرقت الجراحة خمس ساعات خضعت خلالها لثلاث عمليات جراحية، ولكنني لم أشعر أني خضعت لجراحة كبيرة وعدتُ إلى الشقة في غضون خمسة أيام. بعد بضعة أسابيع عندما تمّ تثبيت أداة السمع خلف أذني، سمعت أذني اليسرى صوت بيب بيب لأول مرة. في أول الأمر كان كل شيء يشبه صوت روبوت، ولكن سرعان ما بدأ الوضع يتحسن يوماً وراء يوم.

ونحن البشر لا ندرك مدى عظمة الله. لقد وهبنا مخاً رائعاً وقلباً حساساً محباً. ومنحنا شفتين للكلام والتعبير عن مشاعرنا، وعينين لنرى بهما عالماً من الألوان والجمال، وقدمين نمشي بهما على طريق الحياة، ويدين تؤديان لنا الأعمال، وأنفاً نتنسم به أريج العطور، وأذنين نسمع بهما كلمات الحب. مثلما أدركتُ الحال مع أذني، فلا أحد يدرك قيمة كل عضو من أعضاء جسمه حتى يفقده.

أحمد الله أنه قيَّض لي هؤلاء الأطباء المُجدِّين، وأحمده على شفائي وإتيانه بي إلى هذا العالم الذي نناضل فيه كي نبقى على قيد الحياة. وبعض الناس يختارون سبيل الخير فيما يختار آخرون سبيل الشر. فقد أطلق شخص ما عليّ رصاصة، جعلت مخي يتورّم،

وسلبتني القدرة على السمع وقطعت عصب وجهي الأيسر في ظرف ثانية. ولم تنقضِ تلك الثانية إلا وأصبح هناك الملايين الذي يدعون الله لي بالنجاة، ووجدت أطباء موهوبين استطاعوا أن يعيدوا إليّ جسمي ثانية. كنت فتاة صالحة ولا ينطوي قلبي إلا على رغبة صادقة في مساعدة الآخرين. ولم يكن نيل الجوائز أو كسب المال والشهرة هدفاً لي قط. ودائماً ما أدعو الله قائلة: «أريد أن أكون في عون الناس، فأعنِّي يا الله على ذلك».

إن واقعةً يطلق فيها مسلحٌ من الطالبان النيران من مسافة شديدة القرب على ثلاث فتيات داخل حافلة ثم لا يُردي أياً منهن قتيلة، هي واقعة تبدو نتيجتها غير ممكنة الحدوث، كما أن شفائي من الإصابة التي لحقت بي لَهُو من معجزات الشفاء. وقد تلقت صديقتي شادية، التي تعرضت لإصابتين، منحة دراسية من كلية أتلانتك في ويلز وجاءت هي الأخرى إلى المملكة المتحدة للدراسة، وآمل أن تحذو زميلتي كاينات حذوها. أُدرك أن الله قد وهبني حياة جديدة بعدما كنت في عداد الموتى. ويبدو لي أن هذه الحياة هي حياة ثانية. كان الناس يدعون الله لي بالنجاة، وقد نجَّاني لغاية وهي أن أكرس حياتي لمساعدة الآخرين. وعندما يتحدث الناس عن حكاية تعرضي لإطلاق النار وما حدث معي، فإنني أعتبر ما يقولونه هو حكاية كل ملالا وكل فتاة، «فتاة أطلق الطالبان عليها النار»؛ ولا أشعر بأنها تخصني وحدي على الإطلاق.

خاتمة

طفل واحد، معلم واحد، كتاب واحد، قلم واحد ...

برمنغهام، آب/ أغسطس 2013

في آذار/ مارس انتقلنا من الشقة إلى منزل مستأجر يقع في شارع تظلله الأشجار، ولكن يبدو وكأننا نمضي فيه فترة تخييم. فما زالت كل متعلقاتنا في سوات. تتناثر في كل مكان علب الكرتون الملأى بالرسائل والبطاقات التي يرسلها إليّ الناس، وفي إحدى غرف المنزل يوجد بيانو لا أحد منا يستطيع العزف عليه. تشكو والدتي من الجداريات التي تصور آلهة يونانية على الحوائط والصور المنقوشة على الأسقف للأطفال الملائكة وكأنهم يشاهدونها.

يبدو منزلنا كبيراً وخاوياً. توجد له بوابة إلكترونية ويبدو أحياناً وكأننا نعيش فيما نسميه في باكستان شبه سجن، وهو نوع من الإقامة الجبرية المترفة. خلف المنزل توجد حديقة كبيرة بها الكثير من الأشجار ومرج أخضر يمكنني لعب الكريكيت فيه مع أخويّ. ولكن ليس هناك أسطح منازل يمكن اللعب عليها أو أطفال يتحاربون بالطائرات الورقية في الشوارع أو جيران يأتون ليستعيروا طبق أرز أو نذهب نحن إليهم لطلب ثلاث ثمرات من الطماطم. ورغم أنه لا

يفصلنا عن المنزل المجاور سوى مسافة جدار، فإنها مسافة تبدو وكأنها أميال.

عندما أنظر إلى الخارج، أرى والدتي تتجول في الحديقة فيما تغطي رأسها بشال وتطعم العصافير. يبدو وكأنها تدندن، ربما بذلك البيت الشعري الذي تحبّه: «لا تقتل الحمام في البستان/ لأنك إذا قتلت واحدة، فلن تأتي الأخريات». إنها تقدِّم للطيور بقايا عشائنا من الليلة السابقة فيما تدمع عيناها. نتناول هنا الطعام ذاته تقريباً الذي كنا نتناوله في بلدنا - الأرز واللحم على الغداء والعشاء، فيما يتكون الإفطار من البيض المقلي والجاباتي وأحياناً العسل، وهو تقليد بدأه أخي الصغير أتال، رغم أن اكتشافه المفضل في برمنغهام هو ساندوتشات النوتلا. ولكن دائماً ما يتبقى شيء من طعامنا نقوم بالتخلص منه، وهو ما يُشعر والدتي بالحزن. أعرف أنها تتذكر كل الأطفال الذين كنا نطعمهم في منزلنا كي لا يذهبون إلى المدرسة ببطون خاوية وكانت تستغرب من أنهم يؤدون أداء حسناً في المدرسة.

لم يحدث قط أن وجدت منزلنا خاوياً من الناس لدى عودتي من المدرسة في منجورا؛ أما الآن فلا أكاد أصدق أنني كنت أتوق ليوم واحد من الهدوء وبعض الخصوصية كي أؤدي واجباتي المدرسية. هنا الصوت الوحيد هو صوت الطيور ولعبة الإكسبوكس الخاصة بخوشال. أجلس بمفردي في غرفتي أمارس أحاجي الصور المقطوعة (بازل) وكُلي شوق لأن يأتينا ضيوف.

لم نكن نملك الكثير من المال وجرَّب والداي ما معنى أن يكون المرء جائعاً. لم يحدث أن ردَّت والدتي أحداً يقصدنا. وذات مرة طرقت بابنا امرأة فقيرة، هرباً من الحر والجوع والعطش. سمحت

لها والدتي بالدخول وقدَّمت لها الطعام، فسعدت المرأة لذلك كثيراً. وقالت لها: «طرقت كل باب في هذا الحي، ولم يُفتح لي سوى هذا الباب. أدعو الله أن يبقيه مفتوحاً دائماً، أينما حللتم».

أدرك أن والدتي تشعر بالوحدة. فهي ذات طبيعة اجتماعية للغاية وقد اعتادت كل نساء الحي على التجمع بعد الظهيرة في الباحة الخلفية لمنزلنا، كما كانت النساء اللواتي يعملن في منازل أخرى يأتين منزلنا للراحة. والآن أجدها دائماً تتحدث مع الجميع في بلدنا عبر الهاتف. يصعب عليها العيش هنا، لأنها لا تعرف شيئاً من الإنجليزية. ورغم أن منزلنا مزودٌ بكل التجهيزات، فقد كانت تعتبرها في أول الأمر طلاسم، واحتاجت إلى مَن يدلها على كيفية تشغيل الفرن والغسالة والتلفزيون.

كما هي عادته لا يساعد والدي في أعمال المطبخ، ولذلك أقول له مداعبة: «أبي، إنك تتحدث عن حقوق المرأة، ولكن أمي هي من تقوم بكل شيء! إنك حتى لا تنظف أدوات الشاي».

توجد حافلات وقطارات، ولكننا نخشى استخدامها. وتفتقد والدتي الذهاب للتسوق في بازار تشينا. وقد أصبحت أكثر سعادة منذ أن جاء ابن خالي شاه للإقامة. فهو لديه سيارة ويأخذها للتسوق، ولكنه تسوق مختلف، فليست لديها صديقات وجارات يمكنها أن تحدِّثهن حول ما اشترته.

ما إن تسمع دقة على الباب إلا وتهبّ والدتي واقفة - فهي تجفل هذه الأيام لأهون الأصوات وتبكي كثيراً ثم تعانقني وهي تقول: «ملالا على قيد الحياة». وأجدها الآن تعاملني وكأني أصغر أطفالها ولست البنت الكبرى.

أعرف أن والدي يبكي هو الآخر. إنه يبكي كلما أزحت شعري جانباً ورأى أثر الجرح في رأسي، ويبكي عندما يستيقظ من قيلولة الظهيرة فيسمع أصوات أطفاله يلعبون في الحديقة ويشعر بالراحة لكوني ما زلت بينهم. وهو يدرك أن الناس يحمِّلونه مسؤولية تعرُّضي لإطلاق النار، ويقولون إنه هو من دفعني للجهر بالرأي مثل مدرب التنس الذي يُخرِّج بطلاً، وكأنني لست أملك عقلاً خاصاً بي. إنه يواجه موقفاً صعباً؛ فقد خلَّف وراءه كل ما عمل من أجله لأكثر من عشرين سنة تقريباً: المدرسة التي أنشأها من لا شيء والتي تشمل الآن ثلاثة مبانٍ وتضم 1100 تلميذ وسبعين معلماً. أعرف أنه يعتزّ بما صنعه، لا سيما وأنه كان صبياً فقيراً خرج من تلك القرية الصغيرة المحصورة بين الجبلين الأسود والأبيض. وهو يقول: «إنه وكأنك قد غرست شجرة وغذيتها - فمن حقك أن تستظلّ بظلها».

كان حلم حياته هو أن ينشئ مدرسة كبيرة في سوات تقدم تعليماً عالي الجودة، وأن يعيش حياة هادئة وأن تسود الديمقراطية في بلدنا. كان قد اكتسب في سوات احتراماً ومكانة مجتمعية بفضل نشاطاته والمساعدات التي كان يقدِّمها للناس. لم يدُر بخلده قط أن يعيش في الخارج ويغضب عندما يُلمح الناس إلى أننا كنا نريد القدوم إلى المملكة المتحدة. «شخص أمضى في التعليم ثمانية عشر عاماً، وعاش حياة طيبة، ولديه أسرة، ثم تلقي به خارجاً هكذا وكأنك تلقي بسمكة خارج الماء لنضاله من أجل تعليم الفتيات؟» وأحياناً يقول إننا تحولنا من «أشخاص نازحين داخلياً» إلى «أشخاص نازحين خارجياً». وحتى ونحن نتناول الطعام، لا نكفّ عن الحديث عن بيتنا ولا نملّ من استحضار الذكريات. إننا نفتقد كل شيء، حتى

جدول الماء ذي الرائحة الكريهة. ويقول والدي: «لو كنت أعلم أن ذلك سيحدث، لكنت قد ألقيت نظرة أخيرة مثلما فعل النبي وهو يغادر مكة مهاجراً إلى المدينة. فقد ظلّ ينظر وراءه المرة تلو المرة». وتبدو بالفعل بعض القصص القادمة من سوات وكأنها قصص آتية من مكان بعيد، وكأنها من مكان قرأت عنه في الكتب.

يمضي والدي كثيراً من وقته في التردُّد على المؤتمرات التي تُعقد حول التعليم. أعرف أنه من المستغرب لديه أن الناس يريدون أن يستمعوا إليه بسببي، وليس العكس. فقد اعتدت أن أُعرف باعتباري ابنته؛ أما الآن فإنه يُقدَّم باعتباره والدي. عندما ذهب إلى فرنسا ليتسلم جائزة بالنيابة عني، قال للحضور: «في ذلك الجزء من العالم الذي جئت منه يُكنَّى معظم الناس بأسماء أبنائهم. أما أنا فإني من بين القلة المحظوظة من الآباء الذين يكنون بأسماء بناتهم».

يتدلى زي جديد وأنيق على باب غرفة نومي، بلونه الأخضر الداكن بدلاً من الأزرق الملكي، وذلك من أجل الذهاب إلى مدرسة لا أحد ممّن فيها ينتابه حلمٌ يتعرض خلاله لاعتداء بسبب ذهابه إليها أو تتعرض المدرسة ذاتها للتفجير. في نيسان/ أبريل تحسَّنت حالتي بما يكفي للبدء بالذهاب إلى المدرسة في برمنغهام. كم كان شعور رائع أن أذهب إلى المدرسة دون خوف، وذلك على العكس ممّا كنت عليه في منجورا حيث دأبت وأنا في طريقي إلى المدرسة على الالتفات حول نفسي خوفاً من أن يبرز لي أحد مسلحي طالبان.

إنها مدرسة جيدة. وكثير من المواد الدراسية هي نفس ما كنا ندرسه في بلدنا، ولكن المعلمين يستخدمون برامج الباور بوينت

والحواسيب بدلاً من الطباشير والسبورات. لدينا بعض المواد المختلفة مثل الموسيقى والفنون ودراسات الحاسوب والاقتصاد المنزلي، حيث نتعلم الطهي - ونُجري التجارب المعملية في العلوم، وهو أمر نادر في باكستان. ورغم أنني لم أحقِّق سوى 40 في المائة في اختبار الفيزياء، فإنها ما زالت مادتي المفضلة لأني أتوق لمعرفة المزيد عن نيوتن والقوانين الرئيسة التي تحكم حركة العالم كله.

ولكن وكما هو حال والدتي فإني أشعر بالوحدة أيضاً. سوف يستغرق الأمر طويلاً حتى أحظى بصديقات رائعات مثل هؤلاء اللائي تركتهن في بلدي، كما أن الفتيات في المدرسة هنا يعاملنني على نحو مختلف فتقلن: «آه، هذه هي ملالا» - ينظرون إليّ باعتباري «ملالا، الناشطة المدافعة عن حقوق الفتيات». أما في مدرسة خوشال، فقد كنت ملالا وحسب، الفتاة ذات المفاصل المرنة كما عرفوها دائماً، والتي تحب إلقاء النكات ورسم الصور لإيضاح الأشياء. نسيت أن أضيف، والتي كانت دائماً ما تتشاجر مع أخيها وصديقتها الحميمة! أعتقد أن كل صف دراسي يضمّ فتاة في غاية التهذيب، وفتاة لامعة الذكاء أو عبقرية، وفتاة تحظى بشهرة كبيرة، وفتاة أخرى جميلة، وفتاة لديها بعض الخجل، وفتاة معروفة بسلوكها السيئ... ولكني هنا لم أعرف بعد ماذا تكون كلّ منهن.

ولأنه لا يوجد هنا مَن أُلقي عليه نكاتي، فإني أحتفظ بها كي أقولها لمنيبة عندما نتحدث عبر موقع «سكايبي». ودائماً ما يكون سؤالي الأول لها هو «ما هي آخر أخبار المدرسة؟» أحب أن أسمع مَن تشاجرت مع مَن، ومن تعرضت لتوبيخ ومَن المُعلم الذي وبّخها. وقد علمت أنّ منيبة قد أحرزت المركز الأول في الصف في

معظم الاختبارات الأخيرة، وعلمت أيضاً أن زميلاتي في الصف ما زلن يحتفظن بمقعدي خاوياً وعليه اسمي، وأما في مدرسة البنين فقد وضع الأستاذ أمجد لوحة كبيرة تحمل صورتي عند مدخل المدرسة ويقول إنه يلقي عليها التحية كل صباح قبل دخوله إلى مكتبه.

أَصف لمنيبة الحياة في إنجلترا وأُحدِّثها عن الشوارع التي تصطفّ المنازل المتناسقة على جانبيها، وذلك على العكس من بلادنا، حيث يتنافر كل شيء ويختلط الحابل بالنابل حيث تجد كوخاً من الطين والحجارة يقف بجوار منزل ضخم مثل قلعة. وأُحدثها أيضاً عن متانة البيوت هنا وقدرتها على تحمّل الفيضانات والزلازل، ولكنها بلا أسطح مستوية للعب عليها. أقول لها إني أحب إنجلترا لأن الناس هنا يتقيّدون بالقانون ويحترمون رجال الشرطة وكل شيء هنا يحدث في ميقاته. الحكومة هنا هي مَن تتولى المسؤولية وليس بأحد حاجة إلى أن يعرف اسم قائد الجيش. أرى النساء تمارسن أعمالاً لا يمكن لأحد تخيّلها في سوات، حيث تعملن هنا في الشرطة والحراسات الأمنية؛ ويُدرن شركات كبرى ويلبسن ما يحلو لهن من الثياب.

لا أفكر كثيراً في محاولة قتلي، رغم أني أتذكرها كل يوم عندما أنظر في المرآة. لقد حققت جراحة العصب أفضل النتائج الممكنة، ولكني لن أعود أبداً مثلما كنت. فلا أستطيع أن أطرف بعيني طرفاً طبيعياً، وما زالت عيني اليسرى تُغمض كثيراً كلما تحدثت. ويقول هداية الله صديق والدي إنّ عيني يجب أن تكون مثار فخر: «إن جمالها ينبثق من تضحيتها».

لم تُعرف بعد على وجه اليقين هوية مَن أطلق عليّ النار، ولكن شخصاً اسمه عطاء الله خان قال إنه هو مَن ارتكب تلك الفعلة. لم تتمكن الشرطة حتى الآن من العثور عليه، ولكنهم يقولون إنهم يتقصّون الأمر ويريدون استجوابي.

ورغم أنني لا أتذكر بالضبط ما حدث ذاك اليوم، فإنه تعتريني بين الحين والآخر حالة استعادة للأحداث، وهي استعادة عندما تأتيني فإنما تأتيني بغتة. وكانت أسوأها في حزيران/ يونيو، عندما كنّا في أبو ظبي في طريقنا لأداء العمرة في المملكة العربية السعودية. فقد ذهبت إلى مركز تسوق مع والدتي، لأنها كانت تريد شراء برقع خاص للصلاة في مكة. لم أكن أريد واحداً. قلت لها سوف أكتفي بارتداء شالي، لأن المرأة ليست ملزمة بارتداء البرقع. وبينما كنا نتحدث معاً في مركز التسوق، رأيت فجأة عدداً كبيراً من الرجال حولي. حسبتهم لأول وهلة ينتظروني بالمسدسات وأنهم سوف يقتلوني. انتابني الخوف، رغم أني لم أقل شيئاً. وقلت في نفسي: «ملالا، لقد واجهت الموت بالفعل. وهذه هي حياتك الثانية. لا تخافي - إذا ظلّ الخوف يُكبلك، فلن تمضي قُدماً».

إننا نؤمن أنه عندما تقع أعيننا على الكعبة لأول مرة، فإن الله يحقق للمرء الأمنية التي يتمناها في قلبه. ولذلك فعندما دعونا الله ونحن أمام الكعبة، دعوناه من أجل تحقق السلام في ربوع باكستان ومن أجل تعليم الفتيات، وفوجئت بنفسي وقد طفرت عيناي بالدموع. ولكن عندما زرنا الشعائر المقدسة الأخرى التي مرّ بها النبي (ﷺ)، تملّكتني الصدمة وقد ألفيت الزجاجات الفارغة وأغلفة البسكويت متناثرة على أرضها. يبدو أن الحفاظ على التراث لم يعُد

أولوية لدى الناس. وقلت في نفسي ربما نسوا الحديث النبوي الذي يقول «الطهور شطر الإيمان».

اعترى عالمي تغيرٌ كبير. فوق أرفف غرفة المعيشة في منزلنا المستأجر توجد جوائز من شتى أنحاء العالم - من أميركا والهند وفرنسا وإسبانيا وإيطاليا وأستراليا، ودولاً أخرى كثيرة، بل لقد رُشحت حتى لجائزة نوبل للسلام، وأصبحت بذلك أصغر مرشحة لنيل الجائزة. عندما كنت أتلقى الجوائز تقديراً لتفوقي في المدرسة كنت أشعر بالسعادة، وكنت أجتهد في دروسي لنيل المزيد منها، ولكن الأمر يبدو مغايراً مع هذه الجوائز. صحيح أني أشعر بالامتنان لمن منحوها لي، بيْد أنها تُذكِّرني بحجم العمل الذي ينبغي لي النهوض به لإيصال التعليم لكل ولد وبنت. ولا أريد أن يراني البعض باعتباري «الفتاة التي أطلق عليها الطالبان النار»، بل «الفتاة التي ناضلت من أجل حق التعليم». فهذه هي القضية التي نذرت لها حياتي.

في عيد ميلادي السادس عشر كنت في نيويورك لإلقاء كلمة في الأمم المتحدة. كنت أرى الوقوف لإلقاء خطاب في قاعة ضخمة تحدَّث فيها أعظم قادة العالم مهمة ثقيلة، ولكني كنت أدرك ما الذي أريد قوله. وقلت في نفسي: «ملالا، لقد سنحت لك الفرصة». لم يكن يجلس حولي سوى 400 شخص، ولكني عندما نظرت إليهم خُيِّل إليّ أنهم يزيدون عن المليون. عندما كتبت خطابي لم أضع في ذهني وفود الأمم المتحدة فحسب؛ وإنما كتبته لكل شخص في العالم يمكنه أن يصنع فرقاً. أردت أن أصل من خلاله لكل هؤلاء

الذين يرزحون تحت نير الفقر، ولهؤلاء الأطفال الذين يُرغمون على العمل سُخرة، ولهؤلاء الذين يعانون من الإرهاب أو يفتقرون للتعليم.

وكنت في قرارة نفسي آمل الوصول لكل طفل وطفلة يمكنه أن يستمدّ من كلماتي الشجاعة ويدافع عن حقوقه.

ارتديت شالاً أبيض من شالات بناظير بوتو فوق قميص شالوار زهري اللون وناشدت قادة العالم أن يوفروا تعليماً مجانياً لكل طفل في العالم، قائلة: «دعونا نحمل كتبنا وأقلامنا. فهذه هي أَمضى أسلحتنا. طفل واحد، ومعلم واحد، وكتاب واحد، وقلم واحد يمكنهم أن يغيروا العالم». لم أدرك الأثر الذي أحدثه خطابي إلا عندما وقف الحضور تحية لي وانخرطوا في تصفيق حار. طفرت الدموع من عينيّ والدتي فيما قال والدي إنني قد أصبحت ابنة للجميع.

ثمة خطب آخر حدث ذاك اليوم. وهو أن والدتي وافقت على تصويرها علناً لأول مرة. ولكونها عاشت حياتها وهي ترتدي البرقع ولم تكشف عن وجهها أمام كاميرا قط، فقد رأيت في ذلك تضحية هائلة بذلتها وأمراً بالغ الصعوبة احتملته.

في اليوم التالي وبينما كنا نتناول طعام الإفطار في الفندق، قال لي أتال: «ملالا، لست أدري ما سر شهرتك؟ ما الذي فعلتيه كي تنالي كل هذه الشهرة؟» كانت أكثر الأشياء التي استقطبت اهتمامه خلال الفترة التي أمضيناها في نيويورك هي تمثال الحرية والحديقة المركزية ولعبته المفضلة، المسماة «بايبليد»!

بعد انتهائي من الكلمة انهالت عليّ رسائل الدعم من شتى أنحاء

العالم، ولكني لم أجد سوى الصمت غالباً من بلدي، وذلك عدا ما لمسته عبر شبكتي التواصل تويتر وفيسبوك حيث انقلب إخواني وأخواتي الباكستانيين ضدي، واتهموني جزافاً بأن «اشتهائي للشهرة» هو ما يحرِّكني. وقال أحدهم: «انسِ صورة بلادك، واصرفي النظر عن المدرسة. سوف تحصلين في نهاية المطاف على ما سعيت له، وهي الحياة المترفة في الخارج».

لا أقف كثيراً إزاء تلك الأقاويل لإدراكي أن هؤلاء الذين يردِّدونها إنما يفعلون ذلك لأنهم رأوا الزعماء والساسة في بلادنا يقدمون الوعود ثم لا يوفون بها أبداً. وهو السبب الذي يؤدي إلى تفاقم الأوضاع في باكستان يوماً بعد يوم، فقد أصبحت الدولة برمّتها تعيش حالة من الصدمة بسبب الهجمات الإرهابية المتواصلة، ولم يعد الناس يثقون في بعضهم بعضاً، لكني أودّ أن يعرف الجميع أني لا أطلب دعماً لنفسي، بل لقضيتين وهما إحلال السلام ونشر التعليم.

كانت أكثر الرسائل التي تلقيتها بعد خطابي إثارة للدهشة هي تلك التي تلقيتها من قيادي في حركة طالبان اسمه عدنان رشيد، فرَّ من السجن مؤخراً، وسبق له العمل ضمن القوات الجوية الباكستانية. وكان قد أُودِع السجن منذ العام 2003 لاتهامه في محاولة اغتيال الرئيس مشرف. وقد زعم في رسالته أن الطالبان لم يهاجموني لدفاعي عن التعليم، بل لأني حاولت أن «أُشوه جهودهم لإرساء النظام الإسلامي». وأضاف أنه يرسل لي برسالته لأنه يستنكر محاولة قتلي، وكان يتمنى لو استطاع أن يحذرني مسبقاً. وقال إن الطالبان سوف يعفون عني إذا ما عُدت إلى باكستان وارتديت البرقع والتحقت بمدرسة دينية.

حثّني صحفيون على الردّ عليه، ولكني سألت نفسي، مَن الذي أعطى هذا الشخص الحق كي يقول ما قاله؟ فالطالبان ليسوا حكامنا. إنها حياتي؛ وطريقة عيشي لها هي اختياري الشخصي. ولكن محمد حنيف كتب مقالاً أوضح فيه أن الأمر الجيد في رسالة الطالبان هي أن أناساً كثيرين كانوا يزعمون أني لم أتعرض لإطلاق نار، وهم بهذه الرسالة يعترفون بمسؤوليتهم عن ذلك.

لا أشك أني سوف أعود يوماً ما إلى باكستان، ولكني كلما أخبرت والدي برغبتي في العودة إلى وطني، أجده يتعلل بالحجة تلو الحجة. يقول: «لا يا ابنتي العزيزة، فعلاجك لم يكتمل بعد»، أو «المدارس هنا تقدم تعليماً جيداً. وينبغي لك المكوث وامتلاك المعرفة حتى تصبح كلماتك أقوى تأثيراً».

وهو محقّ في ذلك، فما أريده هو أن أتعلم وأتسلّح بسلاح المعرفة. فعندئذٍ سيكون بمقدوري أن أضطلع بدور فاعل ومؤثر في الدفاع عن قضيتي.

واليوم جميعنا يعرف أن التعليم هو حقّ من حقوقنا الأساسية. ليس في الغرب وحده؛ فالإسلام أيضاً منحنا هذا الحق والقرآن يحضّ على التعليم وطلب المعرفة، لا فرق في ذلك بين فتى وفتاة. ويحثنا أيضاً على السعي لمعرفة لماذا تبدو السماء زرقاء واستكشاف أسرار المحيطات والنجوم. أعرف أن الأمر يتطلب كفاحاً طويلاً - فهناك 57 مليون طفل حول العالم لم يُسجلوا في مدرسة ابتدائية، منهم 32 مليون فتاة. وما يؤسف له هو أن بلدي باكستان من بين أسوأ الدول سجلاً في ذلك: فلدينا 5,1 مليون طفل لا يذهبون حتى إلى مدرسة ابتدائية رغم أن دستورنا ينصّ على أن التعليم حق من

حقوق كلّ طفل، لكن ومع ذلك نجد لدينا زهاء 50 مليون شخص بالغ لا يقرؤون ولا يكتبون، ثلثاهم من النساء، مثل والدتي.

وما زالت الفتيات تُقتلن والمدارس يتمّ تفجيرها. وفي آذار/ مارس استهدف هجوم في كراتشي مدرسة بنات كنا قد زرناها، وذلك عندما أُلقيت عبوة ناسفة وقنبلة يدوية في ملعبها قُبيل انطلاق احتفالية لتسليم الجوائز. وقد أسفر الهجوم عن مقتل مدير المدرسة، عبد الرشيد، فيما أصيبت ثمانية فتيات تراوحت أعمارهن ما بين الخامسة والعاشرة. وتسبب الهجوم أيضاً في إعاقة جسدية دائمة لطفلة عمرها ثماني سنوات. وقد بكت والدتي بكاء حاراً عندما سمعت بالخبر. وراحت تقول: «عندما يكون أطفالنا نائمين نخشى أن نهزّ شعرة في رؤوسهم، ولكن ثمة أناساً يقتلونهم أو يلقون عليهم القنابل غير آبهين بكون ضحاياهم من الأطفال». وكانت أسوأ الهجمات هي تلك التي وقعت في حزيران/ يونيو في مدينة كويتا، عندما فجر انتحاري نفسه في حافلة تُقلّ أربعين تلميذة إلى مدرستهن، ما أسفر عن مقتل أربع عشرة فتاة منهن. وأما الجرحى فقد تمّ تعقبهن إلى المستشفى وأصيبت بعض الممرضات جراء إطلاق النار.

وليس الطالبان وحدهم هم من يقتلون الأطفال، فهم يصبحون أحياناً ضحايا لهجمات الطائرات بدون طيار، وأحياناً أخرى يُقتلون في الحرب أو يموتون جوعاً أو تقتلهم أسرهم. ففي حزيران/ يونيو قُتلت فتاتان في مثل عمري في منطقة جيلجت، وهي تقع إلى الشمال قليلاً من سوات، لأنهما وضعتا مقطع فيديو على شبكة الإنترنت تظهران فيه وهما ترقصان تحت المطر فيما ترتديان لباساً تقليدياً

وغطاء للرأس. وعلى ما يبدو فإن أخاهما غير الشقيق هو من قتلهما.

وينعم وادي سوات اليوم بهدوء لا تحظى به مناطق أخرى، ولكن الجيش لم يزل ينشر قواته في كل مكان رغم مرور أربع سنوات على إزاحته المفترضة للطالبان من هناك. وما زال فضل الله طليقاً وما زال سائق حافلتنا قيد الإقامة الجبرية. لقد بات وادينا الذي كان في الماضي مهوى للسياح، بات يُنظر إليه الآن باعتباره أرضاً للخوف. فالأجانب الذين يريدون زيارته يتعين عليهم أولاً استخراج شهادة عدم ممانعة من قبل السلطات في إسلام أباد. أما الفنادق ومحلات الحرف اليدوية فقد أضحت خاوية من زائريها، وسوف ينقضي زمن طويل قبل أن يعود السائحون.

ورغم أني قد شاهدت على مدار العام الماضي مناطق أخرى كثيرة، فإن وادي سوات يظلّ في نظري هو البقعة الأجمل في العالم. لست أدري متى سأراه ثانية، وإن كنت متيقنة أني سأفعل يوماً ما، ولست أدري ماذا جرى لبذرة المانجو التي غرستها في حديقة المنزل خلال شهر رمضان، وما إن كان هناك من يسقيها كي يتسنى ذات يوم للأجيال القادمة من فتيات وفتيان أن يأكلوا من ثمارها.

واليوم نظرت في المرآة إلى نفسي وفكرت لبرهة. كنت قد سألت الله أن يرزقني زيادة في طول قامتي بمقدار بوصة أو بوصتين، ولكنه بدلاً من ذلك قد أطال قامتي حتى بلغت عنان السماء ولم أعد أستطيع قياسها. ولذلك فقد أديت المئة ركعة من النوافل التي نذرتها لله في حال زاد قامتي طولاً.

أُحب الله كثيراً وأحمده على نعمائه وأناجيه ليلاً ونهاراً؛ فعظمته وكرمه لا حدود لهما. وهو سبحانه وتعالى عندما وهبني هذه القامة التي تتيح لي تقديم العون للآخرين، قد ألقى على عاتقي بمسؤوليات كبيرة. وأصبح حلمي الذي يراودني هو أن يسود السلام كل بيت وكل شارع وكل قرية وكل دولة، وأن يحظى كل طفل وطفلة حول العالم بحقه في التعليم. وبات حقاً من حقوقي أن أجلس على مقعد في مدرسة وأطالع كتبي برفقة صديقاتي. وأما أمنيتي فهي أن أرى كل إنسان وقد علت وجهه ابتسامة عريضة.

أنا ملالا. تغيَّر عالمي ولكنِّي لم أتغير.

شكر وتنويه

لقد تكشَّف لي خلال العام الماضي عمق الكراهية التي يمكن للإنسان أن يطوي عليها أَضلُعَه مثلما تكشَّفت لي سعة حبَ الله لخلقه ورحمته بهم. كثيرون هم أولئك الذين مدّوا إليّ يد العون خلال محنتي حتى إنه لا يسعني المقام هنا لذكرهم جميعاً، وإلا لاحتجت أن أضع كتاباً آخر لتلك الغاية، لكني ومع ذلك أودّ أن أسجِّل شكري وامتناني لكلِّ مَن دعا الله لأجلي سواء في باكستان أو حول العالم، وأيضاً لأطفال المدارس وطلابها وغيرهم ممّن ساندوني وهبُّوا لنجدتي في محنتي، بل إني أشعر بالامتنان إزاء كلّ بتلة وردٍ أو بطاقة تهنئة بالنجاة أو رسالة دعم تلقيتها خلال فترة علاجي.

ولحُسن حظي فقد وُلدت لأبٍ احترم حرية تفكيري وتعبيري وجعلني جزءاً من دعوته للسلام، ولأمٍّ لم تشجِّعني أنا فحسب على ذلك، بل أعانت أبي أيضاً في دعوتنا للسلام ونشر التعليم.

وقد قيَّض الله لي مدرِّسين رائعين، أخصّ بالذكر منهم السيدة أُلفت التي علَّمتني أشياء كثيرة لا تحويها الكتب الدراسية مثل الصبر والتسامح والأخلاق.

يرى أناسٌ كثيرون أنّ شفائي كان بمثابة المعجزة، ولذلك لا يسعني إلّا أن أتوجه بشكر خاص للأطباء وهيئة التمريض في مستشفى سوات المركزي والمستشفى العسكري المختلط في بيشاور ومستشفى القلب في روالبندي، وأخصّ بالذكر هنا بطليَّ الاثنين وهما العقيد جُنيد والدكتور ممتاز، اللذين أجريا الجراحة السليمة في الوقت السليم وإلا لكنت الآن في عداد الموتى. وأود أيضاً أن أسجل شكري للعميد أسلَم الذي استطاع أن ينقذ أعضاء جسمي الرئيسة من الفشل بعد الجراحة التي أُخضعتُ لها.

وأتوجه بعظيم الشكر للجنرال كياني أيضاً، الذي أولى علاجي اهتماماً خاصاً، وللرئيس زرداري وأسرته، لما أسبغوه عليّ من حبٍّ ورعاية، ولوليّ عهد أبوظبي سمو الشيخ محمد بن زايد آل نهيان وحكومة دولة الإمارات العربية المتحدة على وقوفها بجانبي وتكفّلها بنقلي على متن طائرة خاصة للعلاج.

أما الدكتور جاويد كياني فهو مَن رسم الابتسامة على وجهي في الأيام العصيبة وكان لي بمثابة الأب خلالها. وفوق ذلك أشرَف على علاجي في المملكة المتحدة ووفَّر لي عملية إعادة تأهيل ممتازة.

ولا يفوتني هنا أن أذكر الدكتورة فيونا رينولدز؛ إذ كانت مصدر السلوان لوالدَيَّ في باكستان ولي في المملكة المتحدة، وأشكرها أيضاً على شجاعتها في مصارحتي بحقيقة حالتي.

وأودّ أن أعبر عن عظيم امتناني للعاملين في مستشفى الملكة إليزابيث في برمنغهام فقد كانوا رائعين. جولي وفريقها من الممرضات كُنَّ في غاية اللطف معي، أما بيث وكيت فلم تكونا مجرد ممرضتين، بل أختين محبتين. ويطيب لي أيضاً أن أسجل

شكراً خاصاً لـ يِما تشودري التي أولتني اهتماماً كبيراً وحرصت على توفير كل احتياجاتي، حتى وإن كلَّفها ذلك الذهاب شخصياً إلى مطعم وجبات كنتاكي لأجلي يومياً.

وأما السيد ريتشارد إيرفنج فيستحق إشادة خاصة على جراحته التي ردَّ لي بها ابتسامتي، وكذلك السيدة آنوين وايت، التي أعادت لي جمجمتي.

أما فيونا ألكساندر فلم تُظهر براعة في إدارة شؤون الإعلام فحسب، بل ساعدتنا أيضاً في الإجراءات اللازمة لالتحاقنا أنا وشقيقيّ بالمدرسة، ولم تكن الابتسامة تفارق وجهها.

وكذلك كانت ريحانة صدِّيق خير سلوان لي بما بثَّته داخلي من طاقة إيمانية وسَكينة.

والشكر موصول أيضاً إلى شيزا شهيد وأسرتها على جودهم ودعمهم لي في إطلاق صندوق ملالا، ولشركتها، ماكنزي، التي تدعمها في ذلك. ولا يفوتني هنا أن أسجِّل امتناني لكل الأشخاص الرائعين والمنظمات الشريكة التي ساعدت في إنشاء الصندوق، ولا سيما ميجان سميث ومؤسسة الأمم المتحدة وفايتال فويسز وبي سبيس. وأقدم الشكر أيضاً للسيدة سمر منة الله على دعمها الكبير لقضيتنا ولصندوق ملالا.

ولا يسعني أيضاً إلّا أن أتقدَّم بالشكر والعرفان لكل شخص في شركة إلدمان، ولا سيما جامي لوندي وزميلته لورا كروكس. فبدونكما كان والدي سيفقد صوابه!

ويطيب لي أن أوجه الشكر للسيد جوردون براون، الذي أطلق حركة عالمية داعمة للتعليم، ولموظفي مكتبه الرائعين، وإلى السيد

بان كي مون الأمين العام للأمم المتحدة الذي لم يتوانَ عن دعمي منذ اللحظة الأولى.

ولا يفوتني أن أعبر عن بالغ امتناني للسيد وجيد شامسول حسن، المفوض السامي لباكستان في لندن سابقاً، ولا سيما إلى أفتاب حسن خان، رئيس الملحقية وزوجته إيروم جيلاني، اللذين لم يبخلا عليّ بكل دعم ممكن. فقد كنا غرباء في بلد غريب وساعدانا على التأقلم مع ظروف هذا البلد حتى وجدنا مكاناً للعيش فيه. وأشكر السائق شهيد حسين أيضاً.

وأما فيما يتعلق بالكتاب، فأودّ أن أُزجي شكراً خاصاً إلى كريستينا، التي استطاعت أن تحوِّل ما كان حلماً يرادوني إلى حقيقة واقعة. ولم نتخيل أبداً أن امرأة لم تولد في خيبر بختونخوا أو باكستان يمكنها أن تُظهر هذا القدر الكبير من الحب والفهم الرائعين لبلدنا.

وقد أسعدنا الحظ أيضاً بأن يكون لدينا وكيل أدبي مثل كارولينا سيتون، التي ساندت هذا المشروع ودعمت قضيتنا بكل شغف والتزام، وكذلك فريق المحررين المدهش: جودي كلين وآرزو تحسين اللذين أظهرا عزماً جلياً على إخراج قصتنا على أكمل وجه ممكن.

وأود أن أشكر أيضاً عبد الحي كاكار، مرشدي والصديق العزيز لوالدي، الذي راجع الكتاب مراجعة دقيقة، وصديق والدي إنعام الرحيم على إسهاماته القيمة فيما يتعلق بتاريخ منطقتنا.

ولا يفوتني أن أشكر أنجلينا جولي على إسهامها السخي الذي وجهته لصندوق ملالا.

والشكر موصول أيضاً إلى كلّ مدرِّسي مدرسة خوشال الذين أبقوا المدرسة على قيد الحياة ورعوها في غياب والدي.

ونحمد الله على ذلك اليوم الذي قَدِمَت فيه إلى بيتنا سيدة اسمها شهيدة تشودري. فقد أصبحت سنَداً رائعاً لأسرتنا وتعلَّمنا منها المعنى الحقيقي لكلمة متطوع.

وأخيراً وليس آخراً أودّ أن أشكر منيبة فقد كانت لي خير الصديقة الداعمة، وكذلك لشقيقيّ خوشال وأتال فإليهما يعود الفضل في بقائي طفلة حتى الآن.

ملالا يوسفزاي

إنّ أي غريب يسوقه حظّه الطيب لزيارة وادي سوات سوف يلمس مدى الجود والكرم اللذين يَسِمان طبائع أهل هذا الوادي، وأودّ أن أسجل شكري لكلِّ مَن ساعدني هناك، ولا سيما مريم ومُدرِّسي مدرسة خوشال وطلبتها وأحمد شاه في منجورا، وسلطان رومي الذي اصطحبني في جولة حول شانجلا. ويطيب لي أيضاً أن أشكر الجنرال عاصم باجوا، والعقيد عابد علي عسكري والرائد طارق وفريق العلاقات العامة في جهاز الاستخبارات الباكستاني على ما قدموه لي من تسهيلات خلال الزيارة. والشكر موصول أيضاً إلى آدم إليك الذي لم يبخل عليّ بملاحظاته.

أما في المملكة المتحدة، فأودّ أن أشكر موظفي مستشفى الملكة إليزابيث على التعاون الكبير الذي أبدوه، ولا سيما فيونا ألكساندر والدكتور جاويد كياني. أما وكيلي دافيد جودوين فقد كان كما هو رائعاً دائماً، وقد أسعدني حظّي حقاً أن يكون محرِّري

الكتاب هما جودي كلين وآرزو تحسين. وأودّ أن أعبِّر عن بالغ امتناني لمارتن إيفنز، مدير تحرير صحيفة **صنداي تايمز** فقد أتاح لي الوقت لإنجاز هذا المشروع المهم. أمّا زوجي باولو وولدي لورينسو، فلا يمكنني أن أوفيهما حقهما من الثناء على ما أبدياه من تفهُّم واحتمال لانشغالي بهذا الكتاب الذي استحوذ على حياتي كلها.

وأخيراً لا يسعني إلّا أن أشكر ملالا وأسرتها الرائعة على مشاركتهم لقصتهم معي.

كريستينا لامب

أحداث مهمة في تاريخ باكستان وسوات

14 آب/ أغسطس 1947 - تأسست باكستان باعتبارها أول وطن للمسلمين في العالم؛ وانضمت إليها دولة سوات الأميرية ولكنها احتفظت بوضعية خاصة.

1947 - الحرب الهندية الباكستانية الأولى.

1948 - موت مؤسس باكستان، محمد علي جناح.

1951 - اغتيال أول رئيس وزراء لدى باكستان، لياقت علي خان.

1958 - الجنرال أيوب خان يستولي على السلطة فيما اعتُبر أول انقلاب عسكري.

1965 - الحرب الهندية الباكستانية الثانية.

1969 - أصبحت سوات جزءاً من الإقليم الحدودي الشمالي الغربي.

1970 - انعقاد أول انتخابات وطنية في باكستان.

1971 - الحرب الهندية الباكستانية الثالثة؛ واستقلال باكستان الشرقية تحت اسم بنغلاديش.

1971- ذو الفقار علي بوتو يصبح أول رئيس وزراء منتخب.

1977 - الجنرال ضياء الحق يستولي على السلطة في انقلاب عسكري.

1979 - إعدام ذو الفقار علي بوتو؛ والغزو السوفيتي لأفغانستان.

1988- مقتل الجنرال ضياء الحق وقادة عسكريين بارزين في حادث تحطم طائرة؛ وإقامة انتخابات جعلت من بناظير بوتو أول امرأة تشغل منصب رئيس وزراء في العالم الإسلامي.

1989- اكتمال الانسحاب السوفيتي من أفغانستان.

1990 - إقالة حكومة بناظير بوتو.

1991- تولي نواز شريف رئاسة الوزراء.

1993- إجبار الجيش لنواز شريف على الاستقالة؛ ومجيء حكومة بناظير بوتو الثانية.

1996- استيلاء حركة الطالبان على السلطة في كابل.

1996- إقالة حكومة بناظير بوتو الثانية.

1997 - تشكيل نواز شريف لحكومته الثانية.

1998 - الهند تُجري أولى تجاربها النووية؛ وباكستان تفعل الأمر نفسه.

1999- إدانة بناظير بوتو وزوجها آصف علي زرداري بتهم فساد؛ نفي بناظير؛ وسجن زرداري؛ واستيلاء الجنرال مشرف على السلطة في انقلاب عسكري.

2001- وقوع هجمات الحادي عشر من سبتمبر على مركز التجارة العالمي والبنتاغون؛ بداية القصف الأميركي لأفغانستان؛ وفرار أسامة ابن لادن إلى باكستان.

2004 - إطلاق الجيش الباكستاني لعمليته ضد المسلحين في المناطق القبلية؛ تنفيذ أولى غارات الطائرات بدون طيار الأميركية على الأراضي الباكستانية؛ ونفي زرداري.

2005- إطلاق مولانا فضل الله إذاعته في سوات؛ وتعرّض باكستان لزلزال مدمر خلَّف أكثر من 70 ألف قتيل.

2007- الجيش يشنّ هجومه على المسجد الأحمر في إسلام أباد؛ وعودة بناظير بوتو إلى باكستان؛ وإنشاء فضل الله لمحاكمه الشرعية؛ وإرسال مشرف لقوات الجيش إلى سوات؛ والإعلان عن تأسيس طالبان باكستان؛ واغتيال بناظير بوتو.

2007 -2009 حركة الطالبان تمدّ سيطرتها على سوات كلها.

2008 - زرداري يتولى منصب الرئيس؛ ونفي مشرف.

15 كانون الثاني/ يناير 2009 - فضل الله يأمر بإغلاق جميع المدارس في سوات.

شباط/ فبراير 2009 - الحكومة الباكستانية تبرم اتفاق سلام مع الطالبان.

نيسان/ أبريل 2009 - انهيار الاتفاق بعد استيلاء الطالبان على سوات.

أيار/ مايو 2009- الجيش الباكستاني يشنّ هجوماً عسكرياً على الطالبان في سوات.

تموز/ يوليو 2009 - الحكومة الباكستانية تعلن عن طرد الطالبان من سوات.

كانون الأول/ ديسمبر 2009 - الرئيس أوباما يعلن عن تعزيز

القوات الأميركية في أفغانستان بـ 33 ألف جندي إضافي، وهو ما أوصل قوات حلف شمال الأطلنطي إلى 140 ألف جندي.

2010 - تعرُّض باكستان إلى فيضانات أسفرت عن مقتل 2000 شخص.

2011 - اغتيال حاكم البنجاب، سلمان تيسير؛ ومقتل ابن لادن في أبوت أباد؛ وفوز ملالا بجائزة السلام الوطني.

9 تشرين الأول/ أكتوبر 2012 - إطلاق النار على ملالا.

2013 - مشرف يعود إلى باكستان ويُلقى القبض عليه؛ استمرار الانتخابات رغم هجمات الطالبان؛ نواز شريف يفوز بنتيجة الانتخابات ليصبح رئيس وزراء للمرة الثالثة.

12 تموز/ يوليو 2013 - ملالا تلقي خطاباً في الأمم المتحدة في نيويورك في عيد ميلادها السادس عشر وتناشد العالم إتاحة التعليم لكل الأطفال.

كلمة عن صندوق ملالا

إن غايتي من وضع هذا الكتاب هي أن أرفع صوتي بالنيابة عن ملايين الفتيات حول العالم ممن يُحرمن الحق في التعليم ويُحال بينهن وبين إطلاق قدراتهن. ويحدوني الأمل أن تصبح حكايتي مصدر إلهام للفتيات وأن تحفزهن على رفع أصواتهن وإطلاق قدراتهن الكامنة، بيد أن مهمتي لا تتوقف عند هذا وحسب. إن مهمتي، بل مهمتنا جميعاً، تتطلب منا أن نسعى بعزم لا يلين نحو تعليم الفتيات وتمكينهن من تغيير حيواتهن ومجتمعاتهن.

وهذا هو ما دفعني لإنشاء صندوق ملالا.

إن صندوق ملالا يؤمن أنّ كل بنت، وكل ولد، لديهم القدرة على تغيير العالم ولا يحتاجون سوى الحصول على فرصة. ولتحقيق ذلك، يتطلع الصندوق لأن يدعم الجهود الرامية إلى تمكين المجتمعات المحلية، واجتراح حلول مبتكرة تنبثق من الطرق التقليدية، والإسهام لا في تعليم أسس القراءة وحسب، بل توفير الأدوات وتوليد الأفكار وإنشاء الشبكات التي من شأنها مساعدة الفتيات على اكتشاف ذواتهن وخلق غد أفضل لأنفسهن أيضاً.

والأمل يحدوني في أن تنضموا جميعاً إلى قضيتنا كي نعمل معاً لجعل تعليم الفتيات وتمكينهن أولوية حقيقية دائماً وأبداً.

أرجوكم انضموا إلينا.

للمزيد من المعلومات، يرجى زيارة الموقع malalafund.org

وللتواصل عبر وسائل الإعلام المجتمعي

Facebook.com/MalalaFund

Twitter.com/MalalaFund

المحتويات